도서출판 대장간은
쇠를 달구어 연장을 만들듯이
생각을 다듬어 기독교 가치관을
바르게 세우는 곳입니다.

대장간이란 이름에는
사라져가는 복음의 능력을 되살리고,
낡은 것을 새롭게 풀무질하며, 잘못된 것을
바로 세우겠다는 의지가 담겨져 있습니다.

www.daejanggan.org

지구정치신학

지은이 캐서린 켈러
옮긴인 박일준
초판발행 2020년 9월 15일

펴낸이 배용하
책임편집 배용하
등록 제364-2008-000013호
펴낸 곳 **도서출판 대장간**
www.daejanggan.org
등록한 곳 충청남도 논산시 가야곡면 매죽헌로1176번길 8-54
편집부 전화 (041) 742-1424
영업부 전화 (041) 742-1424 전송 0303-0959-1424

분류 기독교 | 신학 | 생태 | 정치
ISBN 978-89-7071-590-2 03230

값 20,000원

지구정치신학

지구적 비상사태와 새로운 생태신학의 전환점을 위한 투쟁

캐서린 켈러

박 일 준 옮김

이 번역서는 2017년도 대한민국 교육부와 한국연구재단의
지원을 받아 수행된 연구(NRF-2017S1A6A3A02079082)임을 일러둔다.

차례

지구행성적 비상사태 속에서 생태신학의 전환점을 성찰하다

1. 복잡하고 난해한 것을 기피하는 세대를 위한 경고로서의 기후변화와 생태위기 그리고 팬데믹

캐서린 켈러Catherine Keller의 글을 읽어 내기란 쉽지 않다. 이것은 영어의 문제라기 보다는 무엇보다도 켈러 자신이 쉬운 해법이나 대답을 제시하지 않기 때문이다. 일부러 제안하지 않는 것이 아니라, 그녀가 보고 있는 실재가 너무나도 복잡하기 때문이다. 현실은 너무나도 복잡하고 중층적인데, 너무나도 쉬운 흑/백의 논리가 해법들로 너무 쉽게 제시되고 있는 상황에서, 그녀의 글은 매우 당혹스럽고, 복잡하고, 어렵게 느껴진다. 왜 이렇게 어렵게 이야기하지? 라는 물음이 들게 하기도 한다.

하지만 오늘 우리가 당면한 문제들은 결코 쉬운 해법을 보여주지 않는다. 현실은 복잡한데 그 복잡성을 이해하기는 어렵다. 그러니 그 복잡성을 단순 요인들로 분해해서 선명한 해법을 모색하는 것이 우리가 아직도 추구하고 있는 해결책이다. 근대 과학의 융기 이래 이 환원주의적 방법은 매우 효율적이었고 많은 성과와 진보를 이루었다. 적어도 우리 눈에는 그렇게 보였다. 그런데 이 환원주의적 방법을 통해 분석되고 환원되지 않는 물物의 초객체적 측면들이 우리에게 응답하기 시작했다. 기후변화와 생태위기 그리고 팬데믹 같은 재난의 모습으로 말이다.

우리는 존재를 개체individual라고 생각하고, 각 개체들의 상호작용이 얽힘과 관계를 만들어 낸다고 통상 생각한다. 하지만 카렌 바라드Karen Barad는 그런 우리의 생각이 틀렸다고 말하면서, 존재를 '얽힘'entanglement으로 본다. 오히려 존재는 '얽힘'이고, 이 얽힘 가운데 각 행위주체들이 독자적인 행위주체적 절단agential cut을 시행하면서 그리고 존재의 얽힘을 각 행위주체의 시점과 각도에서 조망하면서 다른 객체들이 주체에게 현시한다는 것이다. 바라드는 그래서 오히려 주체와 객체로부터 상호작용이 유래하는 것이 아니라, 얽힘으로부터 주체와 객체가 구별되어 보이는 것이고, 우리가 상호작용interaction이라고 생각하는 것이 오히려 '내적-작용'intra-action이라고 말한다. 그것이 얽힘 안에서 이루어지는 작용이기 때문이다.

문제는 우리가 존재를 얽힘으로 보기보다는 오히려 개체와 그들 간의 상호작용으로 인수분해해서 분석하고 진단하고 예측하는데 능하다는 것이다. 그러나 오늘 우리가 맞이한 기후변화와 생태위기 그리고 팬데믹 상황에서 이러한 방법은 더 이상 효과적이지 않은 것으로 드러났다. 지난 수십년 간의 열띤 토론과 활발한 운동, 섬뜩한 경고들에도 불구하고 기후변화와 생태위기 문제가 더 이상 진전되지 않는 이유는 우리가 존재의 얽힘을 다룰 사유의 패러다임과 방법을 온전히 갖고 있지 못하기 때문이다. 원전 딜레마처럼 말이다. 방사능오염과 폐기물만 없다면 원자력보다 좋은 에너지원도 없지만, 문제는 그 방사능폐기물을 처리할 방법도, 방사능 노출을 치료할 마땅한 방법도 우리에게는 없다는 것이다. 기후변화와 생태위기는 우리에게 쉬운 해법을 제시하지 않는다. 그런데 모두가 기후변화와 생태위기를 타개하기에는 '이것이' 대안이라며 확신에 차서 앞장서고 있지 않은가? 그것이 바로 문제의 일부이다. 오늘 우리에게 필요한 것은 실재의 복잡성을 쉽지 않게, 다시 말해 어렵게 이해하는 일이다.

2. 여전히 근대적 환원주의적 사고의 틀을 벗어나지 못한 우리의 생태담론과 생명담론

2018년 이 책원서이 출판되기 전, 나는 뉴욕에서 캐서린을 만났었다. 아마도 그녀의 책 『길 위의 신학』의 번역이 거의 끝나가던 중이었다. 이 소식을 전하면서 당시 내가 공부하고 있던 '포스트휴먼'에 대해 그녀와 이야기를 나눌 때였는데, 그녀의 이야기는 늘 '정치신학' 이야기로 돌아가곤 했다. 나는 속으로 생각했다. 기후와 생태 문제가 정치적이라는 것을 이제 알았냐고. 우리는 이미 수십 년째 그 문제를 고민하고 있다고. 그래도 궁금했다. 그녀는 어떤 식으로 이야기하는지. 그래서 이 책이 출판되자마자 구입하고 읽어가면서, 나는 내가 예상했던 것과 전혀 다른 글을 접하게 되었고, 지금까지 내가 생각하던 방식이 너무나 협소한 사고였음을 알게 되었다.

사실 내가 기후변화와 생태계 위기에 대해 알고 있던 것들은 대부분 90년대에 습득한 지식이었고, 국내 신학계에서 유통되던 관련 지식들은 로즈마리 류터Rosemary R. Ruether나 샐리 맥페이그Sallie McFague 시절의 생태신학이었다. 내가 유학하던 시절만 해도 딱 그 정도의 내용들이 신학담론을 이루고 있었다. 이후 카렌 바라드의 *Meeting the Universe Halfway*2007가 출판되면서 소위 신물질주의new materialism 담론이 영미권과 유럽 철학계에 큰 반향을 일으키고 있었고, 같은 해 영국에서는 이안 해밀턴 그랜트Ian Hamilton Grant, 그레이엄 하만Graham Harman, 퀸텐 메이야수Quentin Meillassoux 그리고 레이 브래시어Ray Brassier 등이 모여 '사변적 실재론'speculative realism 운동을 일으키고 있음을 나는 모르고 있었다. 아울러 이후 철학의 주제가 구성주의constructivism 패러다임으로부터 '객체-지향의 존재론'object-oriented ontology으로 매우 급진적인 선회를 하고 있다는 것도 거의 모르고 있었다. 따라서 앤디 클라크Andy Clark나 로지 브라이도티Rosi Braidotti 및 카트린 말라부Catherine Malabou의 포스트휴먼적 담론들이 이 사조들과 어떤 연관성을 맺고 있는지 짐작조차 하지 못하고 있었다. 한 마디로 나는 2000년대 초반 이후 영미권과 유럽의 철학과 신학이 기후변화, 생태문제와 연관하여 어떤 사유들을 깊이있게 전개하고 있는지에 대한 구체적인 정보를 결여하고 있었다.

이 책을 읽어가면서 나는 생각했다. 신학은 이제 이 책, 혹은 적어도 이 책에서 다루는 주제들을 우회해서는 더 이상 불가능하다. 이 책이 읽기 어렵게 느껴지는 이유 중 하나는 현재 국내 신학계에서 기후변화와 생태계 위기 문제를 다루는 책들이나 논문들이 대부분 나처럼 지난 시절의 낡은 정보들에 기초하고 있기 때문이다. 그래서 우리의 사유가 여전히 푸코 이후 전 세계 철학계를 풍미했던 구성주의 패러다임에 머물러 있고, 이 주체의 철학과 신학이 기후변화와 생태계 문제와 정면으로 충돌하고 있다는 사실을 인식하지 못한 채, 이 문제들을 알고 있다고 생각하기 때문이다.

이 책은 우리가 기존에 생각하고 있던 방향대로 논의를 전개하지 않는다. 우리가 갖고 있던 생각과 매우 다른 생각을 전개하기 때문에 이 책을 읽어가기가 쉽지 않다. 하지만 이 책은 우리의 편협하고 협소한 생각의 틀을 깨주고 있다. 이제 우리의 신학이 주체가 아니라, '객체' 지향으로 바뀌어야 한다는 것을 말이다. 실재는 언어를 통해 구성되지 않는다. 언어가 실재를 직접 접하지 못하는 인간의 사유에 실재를 구성해주는 기능을 하지만, 그럼에도 불구하고 언어는 실재 자체가 아니다. 데리다는 '텍스트 밖에는 아무것도 없다'고 선포하면서 실재와 신을 해체하였지만, 최근 서구 학계를 주도하는 철학과 신학의 담론들은 '실재 없이, 언어는 아무것도 아니다'라고 선포하고 있다. 더 나아가 물物에 대한 급진적 생각들을 전개한다. 우리도 물질세계의 일부라는 너무 당연한 생각을 말이다. 하지만 우리의 생각은 인간중심주의를 극복하려고 노력하는 가운데도 여전히 데카르트의 정신과 물질의 이분법에 사로잡혀, 틀을 깨지 못하고 있다.

생태위기와 환경오염을 말하면서도 우리는 매년 2년의 약정이 끝나면, 미련 없이 새로운 스마트폰으로 갈아탄다. 그리고 쓰던 전화기는 버려진다. 그렇게 버려지는 스마트폰과 컴퓨터들이 어떻게 처리되는지는 그다지 관심을 두지 않은 채, 우리의 문화가 너무 소비적이고 물질주의적이라는 비판적 사유를 전개한다. 모순도 이런 모순이 없다. 전기, 수도, 가스를 끊고, 산속이나 시골에 가서 자연주의적이고 생태친화적인 삶을 산다고 해도, 우리는 스마트폰을 버리지 못한다. 이것이 세계와 소통하는 창구이기 때문이다.

이 책의 내용이 어렵게 느껴질 때, 이 책을 활용하는 하나의 방법은 켈러가 각주에 달아놓은 친절한 문헌정보들을 따라가 보는 것이다. 켈러는 글을 쓸 때, 나는 '이렇게 생각한다' 혹은 '이렇게 주장한다'라고 명확하게 쓰지 않는다. 그래서 늘 남의 생각을 인용만 하는, 창조적이지 못한 신학자라는 오해를 받기도 한다. 하지만 그것은 그저 오해일 뿐이다. 켈러는 타인의 글과 생각을 인용 없이 사용하는 것은 우리의 작업을 창조적으로 보이게 만드는 것이 아니라, 지적 부정을 수행하는 것이고, 우리 시대 자본주의적 실천양식을 그대로 따라가는 것이라고 생각한다.

다른 이들의 이야기를 정직하게 인용하고 그들의 작업들을 소개하면서, 켈러는 나름의 인문학적 운동을 전개하고 있는 것이다. 제자들이 쓴 박사학위 논문의 내용들까지도 틈나는 대로 자신의 저술 속에 꼼꼼히 소개하고 인용하는 켈러의 모습 속에서 인문학이 어떤 모습이어야 하는지에 대한 그녀의 생각을 알 수 있다. 남의 이야기와 개념들을 마치 내 것인 양 전달하면서 나를 돋보이게 만드는 방식, 그것이 바로 자본주의적 약탈경제의 모습이 아닌가. 그 정직한 인용들이 나에게 지금까지 알지 못했던 많은 담론들을 소개시켜 주었고, 그녀의 인용들을 따라 책을 읽어가면서, 기후변화와 생태문제에 대한 기존의 나의 생각들을 깨고 새롭게 출발할 수 있었다. 이 책은 기후변화와 생태계 위기에 대한 현대의 새로운 담론들을 아직 접하지 못한 독자들에게 새로운 출발점을 제시해 줄 수 있는 매우 적합한 책이다.

3. 문제는 정치다!

캐서린 켈러의 『지구정치신학』은 오늘날 우리가 당면하고 있는 기후변화와 생태위기를 신학적으로 성찰하기 위해서는 '정치신학'이 필요하다고 역설한다. 하지만 이 정치신학은 민중의 해방을 위한 신학과는 다르다. 민중해방은 중요한 해방의 신학이지만, 그 해방의 범위가 '인간'으로 제한되어 있어서 비인간 존재들을 여전히 인간의 해방과 삶을 위한 도구와 수단으로 간주하는 경향이 있다. 하지만 그 해방의 신학이 비인간 존재들을 위한 해방으로 해석될 수 있다면, 이 책의 정치신학은 민중의 해방을 위한 신학의 연장선 상에 있다고 할 수 있을 것이다. 문제는 기후변화와 생태위기를 위한 정치신학을 새롭게 주창하는 것이다. 그것은 곧 '지구'를 신학적으로, 보다 정확히는 정치신학적으로 성찰하는 작업이 될 것이다.

이를 위해 켈러는 우선 '정치'를 재규정하고자 한다. 현재의 정치politics는 기후변화, 생태위기와 같은 지구적 위기들에 대응하고 준비하는데 실패했다. 더욱이 이 책이 출판되던 2018년, 미국에서는 도널드 트럼프가 45대 대통령으로 당선되면서, 파리기후협약 탈퇴는 물론 경제성장을 저해하는 생태지향적 정책들을 되돌리거나 취소시켰다. 심지어는 기후변화나 생태계 위기를 부정하는 가짜뉴스들을 유포하고, 그에 동조하는 극우국가주의자들이 이를 공유하는 일들이 빈번하게 벌어졌다. 트럼프 당선 이후 국제/국내 정치는 이런 일들을 계속 자행하고 있으며, 2022년 대선을 앞둔 대한민국도 같은 일들이 반복되고 있다.

현재 정치는 그 본래 의미를 상실하고, 선거에서 이기기 위한 정치로 전락해버렸다. 승리전략은 간단하다. 극도로 양분화된 사회정치풍토를 만들고, 거기서 51 대 49의 선거전략을 실행하는 것이다. 양분화된 정치지형에서 압도적인 승리는 없다. 승리는 49 대 51의 차이, 즉 3%의 유권자를 누가 차지하느냐에 따라 판가름 난다. 그래서 늘 선거는 '중도층'이라 지칭되는 3%를 끌어오기 위한 전략과 선심성 공약들이 남발된다. 애초부터 선거정치의 승리를 위해 달려가는 정치인에게 모든 사람이 내 편일 수 없고, 그럴 필요도 없다. 따라서 정치인들이 말하는 '국민'이란 자기 편이 될 수 있는 시민들을 말할 뿐이다. 이 정치적 분열을 켈러는 칼 슈미트Carl Schmitt의 정치신학을 통해 돌아본다. 법학자였던 슈미트는 정치를 '모든 이를 이롭게 하기 위한 정치'로 보지 않고, '친구와 적의 이분법'이 작동하는 장으로 이해했다. 즉 정치란 적에 대항하여 결집한 우리를 연대하고 구성해내는 능력이며, 그렇게 구성된 소위 '우리'가 얼마나 결집된 힘을 과시할 수 있느냐가 곧 정치적 역량을 의미한다.

본래 슈미트는 친구와 적의 이분법적 정치를 통해 자유주의자들의 무능한 정치를 넘어서고자 하였다. 모두의 이성적인 합의를 통해 정치를 이끌어간다는 생각은 이상적일지 모르지만, 현실문제에 대해서는 너무도 무능할 수밖에 없다. 현실의 시민들이 도대체 어떤 문제를 두고 만장일치를 이룰 수 있겠는가? 팬데믹이 진행되는 가운데 방역 문제도 의견일치를 이루지 못하고 있다. 그러니 자유주의 민주정치가 무능할 수밖에. 슈미트는 이 무능한 정치를 파고들어, 실천력을 담보한 정치적 역량을 끌어내기 위한 전략을 제시했고, 거기에 '정치신학'political theology이라는 이름을 붙였다. 물론 이 '정치신학'은 우리가 알고 있는 정치신학과는 전혀 무관하다. 이 정치신학은 다양한 의견들이 난립하는 다원주의적 상황에서 어떻게 정치적 세력을 규합하여 동력화하는가를 간파한 효과적인 전략이었다. 각자의 정치적 입장은 좀처럼 바뀌지 않는다. 그렇다면 그에 따라 '친구와 적'을 구별하고 친구들을 규합해 적의 위협에 대응해야 한다고 사람들을 몰아가면 된다. 오늘날 이 슈미트식의 분열정치가 전 세계적으로 극우주의와 파시즘의 형태로 창궐하고 있으며, 이 분열된 정치구도를 소위 진보 혹은 민주 진영도 함께 즐기고 있다. 그렇게 정치는 선거용 구호로 전락하고, 모두를 위한 정치는 뇌리에서 지워진다.

정치권력은 언제나 법을 제정할 수 있는 예외적이고 폭력적인 힘을 통해 자신을 정초한다. 즉 권력은 처음부터 자신을 예외, 즉 법 바깥의 존재로 규정하면서 힘을 과시한다. 이는 단지 권력자의 문제만은 아니다. 우리는 모두 남과 다른 혹은 남보다 돋보이는 나름의 조건들을 통해 자신의 존재감을 느끼지 않는가. 그래서 인간집단 속에서 권력은 언제나 집단의 규칙들을 능가하는 초월적 권력을 희구한다. 그리고 오늘날 인간문명은 지구와 자연으로부터 스스로를 예외화할 수 있는 권력을 집단적으로 추구하고 만끽하면서 여기에 이르렀다.

그러면서 신학은 초기부터 고대의 정치신학적 텍스트인 창세기 1장을 '무로부터의 창조', 즉 예외성 속에서 모든 만물을 창조할 수 있는 권력의 관점에서 하나님 아버지를 상상해 왔다. 정작 창세기가 추구하는 정치신학적 메시지는 외면한 체 말이다. 창세기는 분명 고대 권력의 위계질서를 모방하고 있다. 하지만 그 모방은 고대의 절대권력을 추종하는 모방이 아니라, 그 절대권력을 희롱하고 조롱하는 모방이었다. 창세기 1장은 인간을 신의 형상을 부여받은 자로 그린다. 고대 제국 시절, 신의 형상을 부여받은 자는 제국 안에 단 한 사람뿐이었다. 바로 황제다. 그런데 창세기는 모든 사람이 신의 형상을 부여받았고, 그래서 모든 만물을 정복하고 다스릴 수 있는 권력을 부여받았다고 말한다. 이것은 황제의 절대권력에 대한 정치적으로 가장 위험한 도발이 아닌가?

그리고 나서 하나님은 '채식주의자 본문'창 1:28-29을 우리에게 주신다. 우리에게 뿐만 아니라 동물에게도 말이다. 채소와 과일을 우리의 양식으로, 풀과 식물을 동물의 먹거리로 말이다. 그럼 하나님은 채식주의자이신가? 글쎄? 동물에는 포식자들이 포함되어 있다. 늑대와 어린 양이 함께 뛰노는 비전은 양과 우리에게는 매우 평화롭고 목가적인 환상의 장면이 되겠지만, 육식동물 포식자인 늑대나 맹수에게는 매우 고통스럽고 잔인한 시간일 것이다. 먹을 것을 먹을 수 없으니 말이다. 그 포식자 동물들도 결국 하나님이 만드신 것 아닌가? 그런데 창조 직후 바로 풀과 식물만 먹을거리로 주셨다는 것이 매우 이상하지 않은가? 채식주의자 본문이 우리에게 말하는 것은 분명하다. '잡아먹지 말라.' 강하고 거대한 제국이 약한 민족과 나라를 잡아먹으며 황제의 초월적 권력과 힘을 과시하던 시절, 성서는 서로 잡아먹지 말라고 명령한다. 바로 여기에 창세기의 정치신학이 있다. 사람들에게 부여한 '정복하고 지배하라'는 명령은 제국의 통치권력을 모방하라는 말이 아니라, 그들과는 다른 지배와 다스림의 모델을 실천하라는 명령이다. 그런데 오늘 우리의 정치는 여전히 창세기를 비롯한 성서의 본문들을 제국주의적 통치권력의 모습을 따라 읽으면서 예외적인 통치권력을 실천하고 있지 않은가?

4. 서툰 희망은 집어치우자.

오늘 우리에게 생태정치를 위한 비전과 희망이 존재할 수 있을 것인가? 켈러는 서툰 희망을 품지는 말자고 말한다. 그래서 그것을 "수의에 덮인 희망"hope draped in black이라고 표현한다. 이는 희망을 포기하자는 말이 아니다. 우리의 실패를 외면하고, 낙관주의와 결합하여 희망이라는 말이 아편으로 기능하는 상황을 염두에 둔 것이다. 아편opium이 진통제 기능을 할 수는 있다. 하지만 진통제는 증상을 치유하지는 못한다. 문제를 치유하는 것이 아니라, 문제는 그대로 내버려둔 체 단지 통증을 느끼지 않고 견뎌낼 수 있도록 할 뿐이다. 물론 치유가 진행되는 동안에 때로 진통제는 매우 유용한 기능을 하기도 하지만, 치료가 병행되지 않은 채 진통제만을 처방하는 것은 도리어 증상을 악화시킨다. 오늘 우리에게 '희망'이라는 말이 그런 역할을 하는 것은 아닐까?

얼마 전 유튜브 영상으로 우리나라 남단 어딘가에서 전기, 수도, 도시가스 없이 친환경적 삶을 추구하며 살아가는 젊은 부부의 영상을 보았다. 젊지만 결혼 이후 삶에 대해 고민하며 함께 삶을 만들어 나가는 모습이 너무나 행복하고 아름다워 보였다. 그런데 전기, 수도, 도시가스 없이 살아가는 친환경적 삶이 모두를 위한 대안이 될 수 있을까? 남북한의 대치 상황은 제외하더라도, 세계 여러 곳에서 생존의 위협에 시달리며 살아가는 사람들에게 그런 삶이 대안이 될 수 있을까? 우리 각자의 죄책감을 덜고 조금의 위로를 갖고 살아가는데는 도움이 되겠지만, 그것이 모두의 희망일 수는 없을 것 같다. 그렇다면 도대체 우리의 생태담론의 희망과 대안은 무엇인가? 우리의 생태담론 조차 자본주의적 삶의 방식에 이중 구속되어, 결국 이 약탈적이고 파괴적인 자본주의적 방식을 대적하는 상황에서만 대안으로 인식되는 그런 의미의 대안은 아니었는가? 이런 맥락에서 켈러는 '수의에 덮인 희망'을 이야기한다. 너무 자포자기하는 심정으로 어둡게 결론을 내는 것은 아닐까?라고 질문할지도 모른다.

그런데 희망을 무조건적으로 강조하기에는 우리 상황이 너무 참혹하다. 이 시간에도 지구촌 곳곳에서 벌어지는 총성의 위협과 억압, 폭력 등은 자본주의적 무한경쟁을 공정하게 수행할 수 없는 수많은 지하세계가 있다는 것을 알려준다. 그 지하세계에서 우리는 지하공유지를 개척해 낼 수 있는 '지하서민들'the undercommons이 될 수 있을 것인가? 밑바닥이라고 생각했던 자리가 맨 밑바닥이 아니라, 그보다 더 밑바닥인 지하가 있다는 사실을 발견하고도 우리는 희망을 말할 수 있는가? 희망이 현실의 절망을 은폐하는 수단으로 전락하면, 그것은 그저 현실도피용 마약에 불과할 것이다. 절망과 좌절에 내몰린 이들에게 희망은 지금까지 올바르게 희망을 품지 못해서 실패했다는 말로 다가가지 않을까? 서툴게 희망을 이야기하는 것보다, 지금의 절망적인 상황들이 얼마나 심각한지를 인지하는 게 먼저 아닐까? 그렇다면 희망은 무로부터 피어나는 것이 아니라, 오히려 절망으로부터 피어나는 것일 것이다. 절망을 은폐하거나 외면함으로써가 아니라, 절망을 철저히 받아들이고 곱씹으며 진지하게 받아들이면서 말이다. 그래서 희망은 쉬운 일이 아니다.

그런데 그 지하에서 밀려난 존재들이 결집하여, 지상의 정치를 에워싸기 시작한다면? 이 결집은 밀려난 이들의 상처와 좌절과 적대감을 존중하지만, 그 적대감은 결코 제도권 선거정치가 공작한 분열정치의 적대감이 아니라, 서로의 아픔을 나누며 함께 하는 적대감, 즉 서로에게 빚진 자들의 부채의식이다. 사실 창세기는 무로부터가 아니라, 심연의 어두운 얼굴로부터 만물을 창조하고 있으며, 전능한 하나님이 절대적으로 만들기보다는 땅에게 식물을 내라고 명하는 형식, 즉 'let ~ be ~' 형식으로 이루어진다. 즉 땅이 그 본연의 역량으로 식물을 내라고 하나님은 명하신다. '그대로 되도록 하는 역량', 그것이 바로 창조의 역량이다. 모든 존재가 그 본연의 모습으로 되어갈 수 있도록 하는 창조, 그것은 무한경쟁과 승자독식의 구조 속에 모든 존재를 욱여넣고, 공정이라는 허울 아래서 정의와 상식을 운운하는 절대자의 심판이 아니었다. 그렇다면 희망은 아직 이루어지지 않은 것에 대한 기대로부터가 아니라, 하나님의 형상이 부여한 그 본연의 역량을 피워낼 수 있다는 것에 대한 희망이 아닐까?

따라서 지하서민들의 적대감은 끊임없이 패자들만을 양산하는 무한경쟁과 승자독식 시스템의 자본주의 체제에 대한 적대감이다. 우리의 실패와 좌절이 나와 경쟁을 벌였던 다른 이들 탓이 아님을 자각하는 적대감 말이다.

5. 절룩거리더라도 오늘을 걸어가자.

2016년 도나 해러웨이Donna Haraway는 『난국과 더불어 머물기』*Staying with the Trouble*, 한글판 『트러블과 함께하기』라는 책을 출판하였다. 우리가 '희망'이란 단어를 어떤 맥락에서 쓰느냐에 따라 희망은 매우 잔혹하고 중독적인 말이 될 수 있다. 우리가 지구적 위기의 극복을 말하면서도 이 약탈과 추출에 기반한 자본주의적 경제의 대안을 찾아내지 못하고, 기껏 전기자동차와 원자력으로 그 대안을 말한다면, 그런 희망은 전혀 희망이 아닐 것이다. 해러웨이는 우리 종의 멸종이 불가능하지 않다는 것을 받아들이고, 우리 종이 멸종하더라도 결국 지구행성은 그 나름의 길을 걸어갈 것이라는 믿음으로 '난국과 더불어 머물기'를 이야기한다. 이 난국에 머물러 살아가는 동안 존재란 '함께-만들어-나가는-것'sympoiesis이며, 이 '함께-만들어-나감'을 꼭 우리 인간이 주도하지 않아도 될 수 있다는 것을 묵묵히 받아들이면서 덤덤히 길을 걸어자고 해러웨이는 제안한다.

켈러는 더 나아가, 우리가 그런 희망과 절망의 엇갈림에 휘둘리지 말고, 바로 지금 여기에서 '더 잘 실패하기'를 시도하자고 제안한다. 그 어떤 희망의 달콤한 속삭임을 만들거나 절망의 암울한 우울증에 빠져들기보다, 우리가 실패했던 일들로부터 우리가 예외가 되기를 꿈꾸지 말고, 우리 역시 실패할 것이라는 사실을 염두에 둔다면, 오늘 우리는 우리에게 구원이 보장될 것인지를 염려하기보다 오늘을 주신 분께 감사하며 지금의 시간을 채워갈 수 있지 않을까? 오히려 우리는 지금 지구적 위기들이 엄습해 오는 가운데 이렇게 물어야 하지 않을까? '실패하더라도 그럼에도 불구하고 포기할 수 없는 것은 무엇인가?' 이것은 정치가 실패하더라도 우리가 정치를 통해서 추구하고자 하는 것은 포기할 수 없다는 말이 될 것이다.

십자가는 메시아를 상징한다. 하지만 동시에 십자가는 메시아가 아직 완전히 실현되지 못한 미완성을 나타내기도 한다. 메시아는 아직 도래하지 않았다. 이 '아직-아님'the not-yet의 차원은 실패의 상징일 수도 있으나, 그 실패가 있었기에 우리는 여전히 꿈을 꾼다. 꿈을 꾼다는 것은 희망한다는 것이지만, 이 희망은 '내가 혹은 우리가 바라는 것'으로부터 도래하는 것이 아니다. 오히려 그 "아직-오지-않은-것"the not-yet이 우리로 하여금 계속 꿈을 꾸게 한다. 하지만 이 희망은 낙관적 기대와는 다르다. 그 희망은 '카이로스'의 시간이고, 그래서 태초가 아니라 바로 지금 여기에서의 '시작'에 근거한다. 아직도 우리가 다시 시작할 수 있다는 희망, 그것은 바로 발터 벤야민Walter Benjamin이 말하는 "지금의 시간"Jetztzeit이다.

6. 하나님 나라의 실현으로서 공통선을 위한 결집

지구적 위기들은 곧 우리가 함께 얽힌 존재라는 것을 의미한다. 이 얽힘 속에서 본래 정치가 추구하는 것, 곧 "공통선을 위한 결집"을 향하여 나가야 한다고 켈러는 말한다. 이것이 기존 제도권 정치 안에서 이루어질 수 없다면, 우리는 제도권 정치 바깥에서 우리의 정치적 목소리를 결집하여, 오늘날 정치가 추구할 것은 우리 모두를 위한 공통선이라는 것을 주창해야 한다. 본래 한국의 문화전통에서 정치 혹은 다스림이란, '널리 세상을 이롭게 한다'는 홍익인간弘益人間 이

념에 근거하고 있다. 여기서 '인간'이 '세상'으로 해석된다는 사실이 흥미롭다. 세계는 지구 혹은 자연과 별도로 존재하지 않는다. 그럼에도 불구하고 세계란 우리가 실재를 인식하는 지평과 같다. 세상이 하나의 공유지이고, 거기서 함께 잘 살기를 추구하는 정치적 연방으로서 공동체가 바로 사람 사는 공동체일 것이다.

이를 위해 우리는 무수한 차이들과 그로부터 야기되는 갈등들을 지나가기 위해 노력해야 한다. 우리의 정치가 너무 이기적이고 너무 속물스러워서 소란스럽고 번잡하게 느껴지지만, 바로 그것이 우리가 살아가는 세상이고 사람이 살아가는 이치다. 하지만 이 소란스럽고 복잡한 세상에서 일부는 우리를 친구와 적으로 나누고, 그 분열의 힘을 규합하여 정치세력화하면서 권력을 추구한다. 트럼프만 이런 것이 아니라 소위 민주진영도 트럼프식의 극우정치를 거울처럼 반영하면서 우리만의 정치를 추구하고 있지 않은가? 그래서?

켈러는 그렇기 때문에 우리는 차이와 갈등을 민주적으로 소통하는 정치의 방법을 익히는 것이 중요하다고 강조한다. 이 책에서 켈러는 윌리암 코놀리William Connolly와 샹탈 무페Chantal Mouffe의 '경합주의'agonism을 인용하면서, 서로 다른 의견들이 차이에 기반하여 치열하게 담론 투쟁을 벌여나가지만, 서로를 적으로 혹은 원수로 삼지 않고 차이를 존중하며 나아갈 수 있는 정치의 길을 도모한다. 선거정치는 정치를 all or nothing의 게임으로 전락시켜 버렸다. 그래서 승자와 패자만 있을 뿐이다. 그리고 모든 것을 승자가 독식하는 구조로, 오늘 우리가 살아가는 무한경쟁의 모습을 선거에 투사해 놓은 꼴이다. 51%의 득표율로 선거에서 이기면, 49%의 다른 의견을 지닌 사람들이 있다는 것을 간과한다. 당선이 승리가 되어 버렸다. 그런 정치구조에서는 공통선을 위한 치열한 토론과 고민과 대안이 나오기 어렵다는 것을 우리는 그동안의 역사적 경험을 통해 절감한다.

정치적 경합주의를 실천하면서 잊지 말아야 할 것은 '우리 모두가 모두에게

빗지고 있다'라는 사실이다. 그러나 정치가 승자독식의 게임으로 전락했을 때 가장 철저히 망각되는 것이 바로 이것이다. 그래서 좌파나 우파 모두 '적대 기계'에 놀아난다. 서로를 적으로, 원수로, 악마로 투사하면서 말이다. 그래서 우리를 그 적의 손아귀로부터 구해내는 것, 그 적대적인 권력으로부터 면제되는 것을 목표로 한다. 하지만 오늘 우리의 정치가 유념해야 하는 것은 바로 그 어떤 것도 존재의 얽힘으로부터 예외되거나 열외되지 않는다는 것이다.

7. 물物의 행위주체성

우리는 그동안 비인간 존재들을 우리의 일부로 생각하지 않았다. 왜냐하면 그들과 우리는 다르다고 생각했기 때문이다. 그렇다. 기독교 전통이 하나님의 전지전능함을 무로부터의 창조로 상상했던 것은, 곧 그 '다름'이란 이 얽힘과 연결됨으로부터 예외가 되는 '권력'이 되는 것이라고 생각했기 때문이다. 황제는 일반 국민과는 전혀 다른 존재이지 않았던가? 그래서 황제를 따르는 무리들은 스스로를 귀족으로, 권력으로부터 멀어진 평민들과는 다른 존재로 규정하면서 자신들의 권력을 지키기 위해 노력하지 않았는가. 그래서 벤야민은 바로 그 원초적 차이를 창출하는 힘은 언제나 예외적인 힘이고, 그 예외성이 권력의 핵심임을 밝혀 주었다. 이것은 법질서를 창출하는 힘은 법 바깥의 예외적인 힘, 즉 법을 위반할 수 있는 힘이라는 말이다. 하지만 오늘 우리가 맞이한 지구적 위기들이 보여주는 것은, 존재의 근원적인 힘은 그런 예외적인 힘이 아니라, 우리 모두가 함께 얽혀있음으로부터 오는 힘이라는 것이다. 그리고 이 지구적 위기들이 우리에게 경고한다. 그 누구에게도 예외는 없다.

그뿐만 아니라, 이 위기들은 우리가 존재를 근대적 정치 주체와는 다른 눈으로 조망해야 한다고 경고한다. 이것은 비인간 존재들과 더불어 연대할 수 있는

'우리'가 되어야 한다는 말이다. 오늘 우리의 정치는 더이상 우리 삶의 물질적 구성과 분리되어 추상될 수 없다. 기후변화와 생태위기 그리고 팬데믹은 우리 삶의 조건이라는 물질이 그의 행위주체성을 발휘하여 인간의 문명적 삶에 응답-역량을 발휘한 결과이다. 물질은 우리에게 응답하고 있다. 우리가 원치 않는 방법으로 말이다. 우리는 지금까지 물物, matter이 행위주체성을 갖고 있다는 사실을 묵인해 왔다. 하지만 물질문명의 최첨단을 달리는 21세기에 물질들은 존재의 얽힘 속에서 우리에게 기후변화로 응답하고 있으며, 그들이 그런 행위주체성을 발휘하는 것을 우리는 그동안 인식할 수 없었다. 왜냐하면 인간의 인지와 인식은 인간 유기체의 생존과 번식에 중요한 정보를 중심으로 자신의 주변환경을 소위 "주변세계"Umwelt로 구성하도록 되어 있어서, 애초부터 인간중심적이었기 때문이다. 그러나 물物은 우리의 인식과 인지를 초월하는 "초객체"hyperobject의 측면을 담지하고 있다.

성서는 창조 이야기를 "우리가 만들자"let us create라는 제안으로 표현하고 있다. 인간중심적인 제작 이야기에 물든 우리는 그 '우리'를 신의 내적 삼위일체나 외적 삼위일체로 읽으려 하지만, 하나님은 식물을 직접 만들기보다는 땅으로 하여금 '내도록 하라'고 명령하신다. 'Let ~ be ~'의 형식으로 말이다. 그들이 그렇게 하도록 하라는 말이다. 하나님은 심연과 더불어 창조하셨으며, 존재들이 그들 본연의 모습대로 될 수 있도록 하자고 말씀하셨다.

8. 여인與人, staying with humans의 신학

생태위기와 대멸종의 시대에 우리는 비인간 지하서민들의 존재를 '여인'與人, staying with humans의 개념으로 포괄할 수 있어야 한다. 이는 인간을, 자신의 존재역량을 다른 존재로 연장하여 함께 삶을 만들어 갈 수 있는 존재로 새롭게 인식하는 것을 의미한다. 즉 '인간' 개념을 개체가 아니라, 함께 행위를 구성하는 '행위주체'agency로 이해하는 것이다. 데리다는 일찍이 데카르트의 '나는 생각한다. 고로 존재한다'를 뒤집어, '그러므로 나는 동물이다'라고 말한 적이 있다. 이것은 인간과 동물 사이의 경계를 '동물성을 뛰어넘는 인간적 고유성,' 즉 인간적 예외성에서 찾았던 서구철학과 문화의 우월주의를 뒤집는 발상이었다. 또한 이것은 인간과 동물 사이의 차이를 지워내거나 씻어내는 것이 아니라, 차이를 보다 응집하는 방식이었다. 말하자면, 동물과 인간의 차이는 각자가 주변세계를 구성하고 활용해 나아가는 방식의 차이를 말하는 것으로, 이제는 그 차이가 서로 연대하여 인간-동물의 새로운 차이를 발생시킨다. 즉 '차이'는 인간과 동물 사이의 차이가 아니라, 인간-동물의 행위주체가 함께 만들어가는 차이를 의미한다. 이 차이가 일어나는 자리를 일찍이 다윈은 종의 기원이라고 하였다. 다만 다윈이 말한 종의 기원으로서 변이가 개별 종의 '개체'를 중심으로 차이가 만들어지는 자리를 설명하는 것이었다면, 우리는 이제 존재를 '서로에게로-연장된-존재', 즉 함께 행위를 만들어 나가는 행위주체로 묶인 존재로 본다는 점에서 다를 뿐이다.

인간 본연의 모습을 이성이나 인격 혹은 의지와 감정이 아니라, '연장능력'extendibility으로 볼 수 있는 가능성을 열어준 것은 사실 다윈의 진화론이었다. 인간과 동물 사이의 경계는 절대적인 분리의 선이 아니라, 역량의 차이라는 것이다. 성서는 하나님이 동물과 인간의 경계를 절대적인 것으로 만들지 않으셨다고 증언한다. 오히려 짐승처럼 변해버린 인간이 약육강식과 승자독식의 체제를 모든 존재에게 폭력적으로 부여하는 행위를 그만두어야 한다고 경고한다. 고대 제국시대에 신의 형상을 부여받아 인간을 노예처럼 다스릴 수 있는 권력을 소유한 이는 황제뿐이었다. 그런데 성서는 '모든' 사람에게 하나님의 형상뿐만 아니라,

정복하고 다스리고 통치할 권한까지 부여한다. 이는 고대 황제의 제국적 질서를 정면으로 뒤집는 급진적인 정치적 사유였다.

하지만 창세기의 정치신학은 제국의 권력에 대항해 반란을 일으키라고 말하는 것이 아니라, 지배와 정복의 역사 자체를 벗어던지라고 말한다. 소위 '채식주의자 본문'이라 불리는 창 세기 1:28-29은 자기보다 약한 나라와 민족들을 잡아먹으며 성장하는 제국주의적 권력 기계와는 다른 삶의 방식을 실천하라는 메시지다. 그것은 곧 다른 사람들과 다른 존재들과 더불어 함께 삶을 엮어 나가는 행위주체성을 발휘하라는 것이다. 그렇게 인간-동물-기계는 서로를 지배하고 복속하는 것이 아니라 서로-함께-만들어-나가는 관계가 될 수 있으며, 그것은 바로 하나님의 형상을 부여받은 인간이 다른 존재들로 연장하여 새로운 차이의 관계를 창출하는 존재가 될 수 있음에서부터 비롯된다. 우리의 동물성이 오히려 하나님의 형상이 담지한 것을 이 땅 위에서 실현해 나아가는 '매체'가 되는 것이다.

이런 의미에서 우리의 '감정'은 우리가 본래 '공생'symbiosis, 나아가 '공-산'共-産, sympoiesis의 얽힘 안에 있는 존재라는 것을 명증하게 만들어 주며, 동물-존재와 우리의 연속성을 연결해주는 매체이기도 하다. 예를 들면 반려동물들과 우리가 맺는 감정적 유대는 우리가 다른 존재와 연결되고 엮여 다른 존재가 되어 갈 수 있음을 보여준다. 그래서 감정이 결여된 냉혈한은 가장 인간적인 인간이 아니라, 가장 비인간적인 존재가 된다. 기후변화와 생태위기 시대의 윤리적 책임감의 번역으로서 '응답-능력'을 말할 수 있는 것은 인간이 다른 존재들과 더불어 감정적 유대를 형성할 수 있는 종이기 때문이다. 그러나 유일하게 인간만이 이런 유대관계를 만들어 나갈 수 있는 것은 물론 아니다.

9. 우리는 한배를 타고 있다. 모두 익사하든지, 함께 헤쳐 나가든지.

다른 동물들을 대량으로 멸종시켜 가면서 우리 자신을 포함한 생명의 6번째 대멸종을 향해 달려가는 인류세 시대에 우리는, 나오미 클라인이 경고하듯이, 기후변화와 생태위기 극복을 하기 위해 자원활용 감축을 시행하든지 경제성장을 위해 규제없는 확장을 도모하든지 선택해야만 한다. 하지만 '우리'가 경제성장을 포기할 가능성은 좀처럼 없어 보인다. 그렇다면 현재 기후변화와 생태위기 문제는 정치와 정부의 문제가 아니라, 우리의 문제가 아닌가? 우리는 무한경쟁과 승자독식의 체제 속에서 끊임없이 패자가 되어 사다리 아래로 굴러떨어지고 있으면서도 어찌하여 이 체제에서 벗어나기를 꿈꾸지 못하는가? 우리는 모든 존재가 6번째 대멸종의 나락으로 떨어지더라도 나만은 예외가 될 수 있을 것이라는 환상을 여전히 꿈꾸고 있는가? 이 예외주의 심리를 극복하지 않는다면, 그 어떤 것도 대안이 되지 않을 것이다.

존재란 '얽힘'entanglement이고, 이 얽힘에 예외는 없다. 그러나 모든 개체, 주체, 객체가 각 행위주체들의 시각에 따라 절단되어 분류되었다. 따라서 우리는 존재를 온전히 혹은 똑바로 볼 수가 없다. 우리의 인식역량으로는 전체를 볼 수 없기 때문이다. 하지만 그 인식역량의 한계를 넘어 기후변화와 생태위기 시대 우리의 정치는 이 '얽힘'을 정치적으로 반영할 수 있는 대안을 찾아야 한다. 그래서 해러웨이는 인류세를 넘어 '술루세'Chthulucene를 제안하는데, 이것은 땅속 지하적인 것the chthonic과 '새로운 것'-cene을 의미하는 두 단어를 합쳐 만든 단어다. 즉 존재는 흙적으로 얽힌 것이고, 그래서 하나님은 흙으로 사람을 만드셨다.무로부터 창조하지 않으셨다 이것은 곧 우리가 흙과 얽힌 존재일 뿐만 아니라, 식물을 만들어 내는 '땅'은 식물들이 그 본연의 모습대로 자라날 수 있도록 하는 역량을 담지한 하나님의 창조사역의 '공동-창조자'co-creativity라는 사실이다. 말하자면, 존재는 얽힘entanglement일 뿐만 아니라 "공-산"共-産, sympoiesis이라는 것이다. 이것은 "우리의 성패는 서로에게 달려있다"는 것, 그렇기에 "우리는 같이-되어간다"는 것을 의미한다. 존재의 얽힘과 공-산을 염두에 둔다면, 이제 우리는 이 땅이 하나의 오이코스oikos, 즉 '가정'임을 상기할 수 있다. 생태학ecology과 경제학economics 모두 이 오이코스라는 말로부터 유래했다. 하지만 경제학이 이 가정을 풍지박산내 버렸다.

10. 우리는 하나님을 실패했다. 그것이 하나님의 실패를 의미하는 것일까?

우리는 어디에서 생태신학의 대안을 찾아야 할 것인가? 해러웨이는 '난국과 더불어 머물기'staying with the trouble라는 전략을 제시한다. 난국을 넘어가거나, 난국을 회피하거나 혹은 우회하는 것이 아니라, 그것과 더불어 버티고 머무는 전략 말이다. 이것을 쉘리 람보Shelly Rambo는 "머물러 남기"remaining로 표현한다. 상실과 트라우마의 여파 속에서도 살아남아 버틴다는 것은, 우리가 승리주의 전략을 거절한다는 뜻이기도 하다. 이기는 것도, 지는 것도 없다. 난국 속에서의 어설픈 희망은 문제를 덮고 악화시킬 뿐이다.

이 '난국과 더불어 머물기'가 희망을 말할 수 있다면, 그것은 '희망의 부정신학'일 것이다. 부정신학을 '네가 신이라 이름하는 것은 결코 진정한 신이 아니다'라는 말로 압축할 수 있다면, 이를 응용하여 '네가 희망이라고 생각하는 것은 결코 진정한 희망이 아니다'라는 것을 생각나게 하는 신학 말이다. 그것은 곧 성육신incarnation을 '사이의 육화'intercarnation로 상상할 수 있는 신학적 상상력이다.

'난국과 더불어 머물기'는 또한 우리가 "하나님을 실패했다"는 사실을 인정하는 것이다. 기독교의 유구한 역사를 통해서도 우리는 이 땅을 하나님 나라로 변혁시키는데 실패했고, 기후변화와 생태위기 그리고 팬데믹 같은 재난들이 이어지면서 우리의 신학이 '하나님을 실망시켰다'라는 사실을 보다 명증하게 표현하고 있다. 우리는 하나님을 실패했다. 그런데 우리가 '하나님을 실패했다'는 것이 하나님의 실패나 혹은 하나님의 죽음을 의미하는가?라는 난제에 부딪히게 된다. 여기서 신학은 이 신학의 난국과 더불어 머무르는 전략을 선택한다. 이 어려운 문제를 우회해서 신학을 할 수는 없다.

희망이 실패와 좌절로부터 피어나지 않고, 그것들을 외면하거나 은폐하는 힘으로 작용한다면, 그것을 "잔혹한 낙관주의"라고 해야 할 것이다. 증상들이 악화되어 가는데도, 치료는 외면하고 고통의 완화만을 추구하고 있기 때문이다. 결과는 참혹할 수밖에 없다. 하지만 이 실패들이, 이 좌절들이 결코 무의미와 허무로 떨어지지는 않는다. 오히려 잘못됐다는 것, 졌다는 것, 그래서 실패했다는 것을 뼈저리게 자각하는 과정을 통해서, 실패를 통해서 열매를 맺을 가능성을 갖게 된다.

실패와 좌절이 우리를 무너뜨리는 것은, 우리가 무한경쟁과 승자독식의 구조를 당연시하고 그 체제의 승자예찬에 세뇌되었기 때문이다. 그런데 무한경쟁과 승자독식의 구조 속에 승자가 있기는 할까? 경쟁이 무한히 반복되는데 말이다. 잠깐의 승리를 맛볼 수는 있을 것이다. 그래서 이 구조 안에서 노력하면 목표한 것을 성취할 수 있다는 성공이데올로기에 잠깐 취할 수는 있을테지만, 결국 무한경쟁을 이겨낼 개체나 주체는 없다.

그렇기에 우리의 신학은 '부정신학'negative theology일 수밖에 없다. 체제를 부정한다는 의미에서가 아니라, 성공을 추구하지 않는다는 의미에서 말이다. 그래서 켈러는 "부정신학적 대안은 결코 성공할 수 없다"고 말한다. 부정신학은 우리가 신학적으로 성공했다고 생각하는 바로 그것을 해체하고, 보다 진정한 것을 찾아나서도록 독려하는 신학이기 때문이다. 오히려 부정신학적 관점에서 모든 실패는 "창조적 가소성creative plasticity의 용기를 일으켜 세우는 자극"이다. 그것은 실패하고, 실패하고, 또 실패하지만, 그 실패를 좌절과 허무에게 넘겨주지 않는다.

그래서 켈러는 사무엘 베케트Samuel Beckett를 인용한다. "언제나 도전했다. 언제나 실패했다. 상관없다. 다시 도전한다. 다시 실패한다. 더 낫게 실패한다." 켈러는 이것을 "보다 나은 실패"a failing better라고 표현한다. 우리의 인식과 시스템이 잘못되었을 때, 우리는 차라리 실패하는 게 낫다. 잘못된 성공에 취하여 잘못된 길로 가는 것보다는 실패하는 게 더 낫지 않은가? 차라리 "지금은 모르는 게 더 낫지"unknow better now 않을까? 우리는 이 얽힘 속에서 더 나은 것을 알지 못한다. 모두가 얽혀있는 존재의 엮임 속에서 누군가에게는 더 나은 것이, 누군가에게는 더 나쁜 것으로 돌아갈 것이다. 우리는 이것을 "상호적 내재"mutual immanence의 상황이라고 할 수 있을 것이다.

그래서 더 잘 실패하는 것이 중요하지 않을까? 사실 성공이나 실패는 중요한 것이 아니다. 오히려 우리는 "함께-만들기"共-産, sympoiesis를 통해 하나님의 창조사역에 협동하는 동역자로서 참여하고 있다는 것이 중요하다. 그리고 창조는 태초의 단 한 번의 창조가 아니라, 바로 지금 여기서 매번 새롭게 시작하는 '시작inception의 사역'이다. 하나님은 우리와 함께 걸어가는 '동반자'companion로서, 우리의 즐거움에 함께 기뻐하시고 우리의 아픔과 고통과 실패와 좌절에 같이 아파하신다. 여기서 다시금 주지해야 할 것은 '우리'가 인간들만을 말하는 것이 아니라, 특히 기후변화와 생태위기 시대에는 '비인간 존재들'도 포괄한다는 사실이다.

11. 신과-함께-만들기theopoiesis: 모든 것 안에 모든 것 되시는 그분을 믿다.

그래서 우리는 '공-산'共-産, sympoiesis에서 더 나아가 신학적으로 "신과-함께-

만들기"theopoiesis를 이해하고, 바울이 의도했던 "만물 중에 만물되기"becoming all in all로 조망할 수 있어야 할 것이다. 켈러는 이것을 '사이의 육화'intercarnation라고 해석하는데, 이것은 하나님을 우주의 에로스로 표현했던 화이트헤드의 철학이 의미했던 바를 재해석하는 시도이기도 하다. 우리는 우리가 함께 할 때 개인이었을 때 보지 못했던 어떤 초월적 역량과 모습이 창발하는 것을 볼 수 있다. 그러나 이 초월은 우리 모두와 독립되어 어떤 다른 곳에 존재하는 곳이 아니라, 우리 안에 즉 우리 모두 안에 내재되어 있는 초월이다.

존 카푸토John D. Caputo는 "하나님은 존재하시는 것이 아니라, 고집하신다"라고 말한바 있는데, 여기서 하나님의 고집insistence은 우리를 향한 하나님의 목적, 즉 'let ~ be ~'의 형태로 드러난 하나님의 창조명령이다. 하나님은 우리가 우리 본연의 모습대로 존재하고 삶을 만들어가기를 원하시고, 유혹하신다. 하나님의 고집은 세상의 눈으로 보자면, 강한 권력과 위엄으로 드러나지 않고, 낮고 미천하고 나약한 음성과 모습으로 온다. 그래서 우리는 우리를 구원하시기 위해 도래한 메시아를 결국 십자가에 못 박고 말았다. 우리가 기대했던 메시아의 모습이 아니었기 때문이다. 하지만 그 십자가의 실패에도 불구하고, 그를 믿는 자들은 모여서 그의 부활을 증언했다. 하지만 그의 부활을 직접 본 이는 없었다. 그들은 그가 부활했다는 믿음을 통해 하나님의 부르심을 들었을 뿐이다. 그리고 그들은 그 부르심에, 하나님의 고집에 응답했다.

실패와 좌절과 상처를 통해 우리를 부르시는 하나님의 고집스러운 부름을 바울은 하나님이 "이 세상의 없는 것들을 택하여 있는 것들을 아무것도 아닌 것으로 만드신다."고전 1:28고 번역했다. 우리는 없는 것things that are not, ta me onta을 경멸한다. 그런데 하나님은 우리가 경멸하고 차별하고 비하하는 그것들을 통해 우리를 구원하신다. 있는 것들을 지향하는 이들에게는 약한 메시아적 힘의 현존에 응답할 수 있는 능력response-ability이 없기 때문이다. 실패와 좌절과 절망과 눈물 속에서, 즉 난국 속에서 우리는 없는 것들 혹은 작은 것들에 응답할 수 있는 역량을 갖출 수 있다. 이 약한 메시아적 힘은 세속적인 권력의 위계질서에 익숙한 이들에게 '근거없는 근거'로 다가올 것이다. 그래서 데리다는 이것을 '메시아주의'를 넘어선 '메시아성'messianicity이라고 표현한 바 있다. 그러나 십자가가 없었다면, 부활도 없었을 것이다. 그 고난과 실패의 이야기가 없었다면, 오늘 우리의 신앙이 가능했을까? 그렇기에 오늘 실패하는 게 더 나을지도 모른다.

12. 비가시성 전략으로서 꼽추신학

이러한 입장을 켈러는 '노틀담의 꼽추' 이야기를 본떠 "꼽추신학"이라고 표현한다. 꼽추 난장이는 성당을 운영하기 위해서는 꼭 필요하지만, 공적으로는 외부에 보여서는 안 되는 존재를 가리킨다. 오늘날 우리 시대의 신학은 내적으로는 매우 요긴하고 필수적이지만, 공적 영역에서 보여서는 안 되는 존재가 되어버렸다. 알랭 바디우Alain Badiou와 슬라보예 지젝Slavoj zizek 등의 좌파 철학자들이 전개하는 철학 속에서 바울은 그들의 철학에 매우 요긴하고 필요한 존재지만, 공적으로 모습을 드러내기 위해서 보편적 윤리철학자로 각색되거나 마르크스-레닌의 관계와 비유하여 레닌이 되었다.

그런데 만일 우리가 바디우와 지젝의 전략을 뒤집어 공적 영역에서 우리가 안 보이게 하는 전략으로 하나님의 진리를 믿는다면 어떨까? 우리의 믿음을 강하고 확고하게 공적 영역에서 외치고 주장하기보다는 우리의 삶과 실천으로 그들이 우리를 따라오게 하면 어떨까? 비록 그들의 눈에는 소위 '개독교인'으로 간주되지만, 함께 살아가면서 도저히 없어서는 안 될 사람, 없어서는 안 될 공동체가 된다면 어떻게 될까? 사실 한국교회 선교 초기의 모습은 정확히 이와 같은 모습이었다. 오늘 우리가 이 모습을 회복할 길은 없을까? 분리주의적 신학의 입장을 벗어나서 이 비가시성 전략으로 세속에서 기후변화와 생태위기에 대처하기 위해 공공대중을 새롭게 연대하고 결성하는 일에 나서보는 것은 어떨까? 지금까지 인간중심주의에 기반했던 기독교의 구원 신학이 비인간 존재들과 함께 하나님 나라를 지구 위에 건설하기 위해 비인간이 되어보는 것은 어떨까?

약한 메시아성의 힘처럼, 화이트헤드를 인용하자면, "갈릴리 사람이 품었던 겸손의 비전은 짧은 시간을 살다 갔지만, 시대를 넘어 여전히 불확실하게나마 깜박거리고 있다." 오늘 이 무종교 사회 가운데서 신학은 '부정의 신학' 혹은 '묵언의 신학'apophatic theology이 되어야 할지도 모른다. 우리의 입을 닫고, 그들이 왜 종교를 혐오하는지 왜 종교를 기피하는지를 먼저 듣는 신학 말이다. 즉 우리의 진리를 위해 다른 이들의 믿음을 우상과 거짓으로 몰아가기 보다는 오히려 그들 안에 내재되어 있을 하나님의 내재적 목소리를 듣는 묵언수행의 신앙은 어떨까?

많은 신앙인과 신학자들이 의도적으로 혹은 무의식적으로 바울의 이 유명한 구절을 외면한다. "모든 것 안에 모든 것" 되시는 하나님 말이다.고전 15:28 하나님이 모든 것 안에 모든 것 되시니, 우리가 구태여 우길 필요가 없지 않을까? 우리가 해야 할 일은 '하나님과-더불어-함께-만들어-나가는-것', 즉 theopoiesis의 삶이 아닐까?

열정적인 선교의 시대를 지나고 나서 인구의 60%가 무종교인이 된 현대 대한민국 사회는 신학에 어떤 말을 건네고 있는가? 우리의 기독교 신앙과 하나님만이 진리라고 소리 높여 외쳤던 시간들에도 불구하고 점점 더 많은 사람이 기독교를 외면하고 있는 이 시대, 우리의 신앙과 신학의 방법이 달라져야 한다는 것을 말하고 있지 않은가?

켈러는 기독교회와 신학이 사회의 공적 영역으로부터 외면받는 무신론의 시대에 교회와 신학이 무의미해졌다고 보지 않는다. 하지만 교회성장주의가 각광받던 시절, 우리의 교회와 신학은 유능한 교회, 유능한 목회자, 유능한 신학자가 되기를 추구했고, 팬데믹 시대를 맞이하면서 우리는 그 부정적인 되먹임의 효과를 극명하게 경험하고 있다. 작년2021 갤럽에서 실시한 종교인구조사에 보면, 우리나라 무종교 인구는 60% 정도이다. 이것은 우리의 성장주의 신학이 교회와 사회에서 유능한 역량을 전혀 발휘하지 못했음을 반증한다. 이제 신학은 더 낮은 곳으로 내려가야 한다. 우리의 무능을 철저히 곱씹으면서 말이다. 십자가에 달려 피 흘리며, 군중을 바라보던 예수는 어떤 생각을 했을까? 자신의 공생애 사역을 돌아보면서 말이다.

이 시대는 그 어느 때보다 무능한 신학과 교회의 손길을 필요로 한다. 6번째 대멸종으로 달려가는 이 시대에 물질만능주의의 삶을 추구하면서 착취와 추출의 경제를 실현하고 있는 자본주의적 구조와 그 안에서 벌어지는 무한경쟁과 승자독식의 생존게임, 그래서 끝없이 양산되는 사회의 루저들losers, 그들의 아픈 마음을 위로하며 다가갈 존재가 교회와 신학 말고 또 누가 있을까? 이 일을 위해 우리가 다른 종교인들과 협력할 때가 되었다. 종교를 경멸하는 시대에 진정한 종교의 의미가 무엇인지를 찾는 것은 교리나 설교를 통해서가 아니라, 그들과 더불어 함께 삶을 만들어가면서 찾아야 한다.

아울러 비인간 존재들을 염두에 두고 존재의 얽힘을 신학적으로 사유하면서, 하나님과-더불어-만들어-나갈 방법을 모색할 때가 되었다. 6번째 대멸종은 우리 인간을 포함한 수많은 생물 종들의 멸종을 말하기 때문이다. 이 위기 앞에서 우리는 신학적 대안을 어떻게 만들어 갈 것인가? 켈러의 이 책이 명확한 대답이나 제안을 주지는 않는다. 하지만 이 책은 오늘 우리의 신학이 다른 학문분야들과 더불어 어떻게 그 대안을 만들어 나갈 수 있을지에 대해 진지하게 고민한다.

그리고 켈러는 그것을 '신과-함께-만들기'theopoiesis라고 말한다. 그녀의 소망이 이루어지기를 나도 소망한다.

마지막으로 이 책의 번역이 출판될 수 있도록 함께 이들에게 감사를 표하지 않을 수 없다. 우선 이 책은 초벌번역을 마친 후 감리교신학대학교 대학원에 재학중인 백다현 전도사, 양정남 전도사 그리고 이왕용 전도사와 3년에 걸친 긴 시간을 함께 읽으며 우리말로 다듬어졌다. 그 긴 시간을 함께 해준 세 사람에게 감사를 전합니다. 아울러 출판 전에 이 책의 원고를 수업 중에 학생들과 더불어 읽으면서 귀한 번역어 제안을 해준 장로회신학대학교 김은혜 교수님께 감사의 말을 전합니다. 귀한 제안들을 통해 이 책이 더욱 충실한 번역이 될 수 있었음을 고백하며, 함께 공부하는 동료로서 마음 깊이 감사를 드립니다.

아울러 긴 시간 함께 공부하고 있는 신학-기술 공생목회 네트워크Korea Theology and Technology Network, KTTN의 송용섭 교수님, 이은경 교수님, 이성호 교수님, 김정형 교수님, 손화철 교수님, 이준우 교수님, 김승환 교수님 그리고 정대경 교수님께 감사를 전합니다. 끝으로 제가 속한 그리고 이 책의 출판을 지원해 준 원광대학교 한중관계연구원 동북아시아인문사회연구소 김정현 원장님과 동료 교수님들께 깊은 감사의 마음을 전합니다. 다양한 전공의 동료 교수들로부터 나의 학문이 작은 우물에 머물러 있었음을 배우며 이들과의 교류를 통해 새로운 대안들을 공상할 수 있는 기회가 나에게는 무척이나 행운이었고 은혜였습니다. 독립운동연구자 김주용 교수님과 대만문제전문가 김용신 교수님과의 밤을 새는 학/술의 향연은 늘 홀로 갇혀있던 나의 세계를 깨는 계시와도 같은 만남들이었습니다. 또한 여기서 〈지구인문학〉을 기획하는 동반자들의 만남도 인문학과 철학을 매개로 다양한 배경과 경계의 의 학자들과 만날 수 있도록 해주었는데, 특별히

조성환 교수님, 허남진 교수님, 이주연 교수님, 이원진 교수님, 박길수 선생님께 감사를 전합니다. 또한 종교문제연구소의 박광수 소장님과 김재익 전철후 박찬양 연구보조원님들 덕에 삶의 은혜를 체험할 수 있었음을 고백하며 감사의 마음을 전합니다.

들어가는 글

옛날 옛적에 우리는 … 시간을 갖고 있었다.

우리 각자의 도덕성들이 어떻게 발휘되고 있든지 간에 우리 모두로부터, 즉 함께하는 우리 모두로부터 하나의 공유된 시간이 공간적으로 연장되고, 하나의 공유된 공간의 시간이 연장되어 나가고 있었다. 그 공유는 모순적으로 대여된 것이었다. 우리는 미래의 설계에 대해서 일치된 견해에 이르지 못했다. 우리는 시간이 지체된 그 공간을 무시하고, 그 시대의 알파와 오메가를 곁눈질하며 지나갔었을 것이다. 미래에 대한 우리의 미래적 계산들은 충돌하고, 미래에 대한 생각들의 대립으로 전쟁을 벌이고, 오로지 약물에 취해서만 희망을 꿈꾸거나 희망 자체를 파괴해 버리기도 했다. 그러나 우리가 종말을 신봉하는 근본주의자들이 아니라면, 거기에는 여전히 재건을 위한 최소한의 시간이 펼쳐져 있었다. 함께함의 경이로움을 보다 만끽할 공간을 만들어낼 수 있는 충분한 시간이 있었을 것이다: 새 하늘과 새 땅, 유토피아적 지평, 일곱 번째 세대, 끝없는 리듬, 영원한 회귀, 진화/혁명적r/evolutionary 도약, 단속적 진보, 마치 공상과학-소설같은 내일. 이야기들은 그렇게 나아간다. 우리에게는 시간이 있었다.

그리고 지금 우리는 그 시간을 잃어버린 듯하다.

시간, 우리의 시간, 인간 문명의 시간은 그 명을 재촉하고 있는 것처럼 보인다. 기후과학은 히스테리적 변덕 없이, 끊임없이 점점 더 강하게 신호를 보내왔다: 시간이 지나가고 말 것이라는 사실보다는 만일 우리가 지금의 진로에 그대로 머무른다면 그렇게 될 것이라는 사실을 말이다.… 2016년 미국 대선에서 가속화라는 문제가 표면화되기 이전에 우리는 최소한 기후변화가 허용하는 한정된 시간의 창을 가지고 있었고, 그 안에서 문명의 진로를 바꾸기 위해 투쟁할 수 있는 기회가 있었던 것 같다. 하지만, 정치적 지형은 변했고, 그 창이 쾅 하고 닫혀버린 것만 같다. 그 창은 모든 생명을 보여주는 창도, 지구를 보여주는 창도 아니었고, 그렇다고 우리 생물 종을 보여주는 창도 물론 아니었다. 그것은 바로 미래로 흘러가고 있는 인간 문명의 역사를 보여주는 창이었다. 그런데 바로 이 문명이 이 자기-모순적인 순간으로 우리를 데려왔고, 우리는 바로 이 시점에서 흑인들, 이민자들, 무보험자들 또는 성적으로 학대받는 사람들과 같은 취약한 인구 집단에 가해지는 긴급한 위협들에 정치적으로 응답하느라 너무 바빠서 지구의 문제를 신경 쓸 여력이 없을 것이다.

우리는 정치 과정이 야기하는 새로운 위협과 그 정치 과정에 대한 새로운 위협들에 대응하면서, 동시에 물, 대기, 땅, 온난화 등과 같은 비인간적 요인들, 즉 추출에 기반한 세계 경제[1]에 어떻게 주의를 기울일 수 있을까? 멸종위기에 처한 코끼리들은 말할 것도 없이 말이다. 심지어-우리 중 많은 이들이 계속해서 주장하듯이- 우리가 사회정의와 생태적 생존능력이 떼려야 뗄 수 없이 얽혀 있다고 주장하더라도 말이다.

그렇다면 나는 그 창문이 닫혔다고 선포하기 위해 이 책을 쓰고 있는 것일까? 좌파를 마비시킬 자기-충족적인 종말End의 예언을 수행하기 위해서? 우파의 입장에 유리하게도, 우리는 그렇게 스스로 창문을 닫아버릴 것만 같다. 그렇게 절망의 이야기에 합리적으로 굴복하여, 다시 말해서 허무주의가 전하는 비판적 설득력에 굴복하여, 우리는 결과적으로 반동적 현실부정주의와 하나가 된다.

---

1) 역주: 추출에 기반한 세계경제(global economics of extraction)는 천연자원과 지하자원을 지구로부터 추출(extraction)하는데 기반을 둔 경제를 가리키는 말로, 화석연료에 기반한 세계경제를 일컫는 다른 표현으로 사용된 것이다.

카이로스와 응축contraction

그러나 만일 그렇게 창문이 닫혀버렸다면, 나는 이 책을 쓰는 수고를 하지 않았을 것이고, 장담컨대, 당신도 이 책을 읽는 수고를 하지 않을 것이다. 그러나 그 시간의 창문이 닫히는 중인 듯하다. 우회로는 없다: 시간이 촉박하다.the time is short 그래서 묵시주의적 기독교 우파가 선호하는 본문을 인용하고자 한다: "약속된 시간이 짧다." 고전 7:29 2) 그러나 사도 바울이 이 "짧다"라는 말을 통해 2천여 년의 긴 시간을 의미한 것은 분명코 아니다. 그렇다고 사도 바울이 여기에 생태적 재난을 맞닥뜨릴 것을 미리 정해놓았다고 읽혀질 수도 없다. 이와 달리 신약성서에서 이 본문과 이웃하고 있는 밧모섬의 요한은 그런 것 같기도 하다.

그렇지만 나는 바울과 만날 약속을 했다. 내가 이 성차별적/이성애적/대치주의자3)의 편지에 반대하며, 해방적/유대인적/예언적 복음을 주장하는 20세기 페미니스트 신학의 견고한 습관에서 좀처럼 벗어나지 못했다는 것을 고려하면, 이것은 기묘한 일이다. 기독교 우파나 주류 정통주의가 바울을 부득불 전용하고 있음을 고려할 때, 내 마음속에 두텁게 퇴적된 바울에 대한 의혹을 내려놓게 만든 것은, 점차 성장하고 있는 대체로 비기독교인, 무신론자 혹은 대체로 마르크스주의자인 유럽대륙 정치사상가들의 아상블라주assemblage 4)가 전하는 바울의 매력들 때문이었다.

---

2) 역주: 개역개정 성서의 번역원문은 "그 때가 단축하여진 고로"로 되어 있다. 하지만 켈러가 인용한 NRSV의 영어번역문은 "the appointed time is short"로 되어 있어서 그대로 직역하였다.

3) 역주: '대치주의'(supercessionism)란 오로지 유대인과 맺은 언약인 '구약'(Old Covenant)이 예수 그리스도를 통하여 '신약'(New Covenant)으로 대치되었음을 주장하는 신학을 말한다.

4) 역주: 아상블라주(assemblage)는 존재하는 것이 집단체(the collective)로 구성되어 있으며, 특정한 기능과 의미를 생산하는 단위로 작동하는 것을 의미한다. 영어로 '어셈블리지'는 여러 구성단위가 모이는 것 혹은 조립되는 것을 가리키지만, 이 책에서 켈러는 프랑스 철학자 들뢰즈가 사용하는 '아상블라주'라는 의미에서 이 단어를 사용하고 있다.

그리고, 보자, 내가 발견한 것은 다름 아니라 "약속된 시간이 짧다"는 NRSV의 일견 충실해 보이는 번역이 두 가지 점에서 잘못되었다는 것이다. 그리스어 *sunestalemnos*를 번역한 "짧다"short라는 표현은 훨씬 더 복잡하고, 훨씬 매력적이고, 실제로는 보다 정치적 의미를 지닌 것으로, *sunestalemnos*는 "함께 모였다"gathered together, "응축되었다"contracted를 의미한다. 나는 이 실마리를 성서학자가 아니라 바로 정치철학자 조르조 아감벤Giorgio Agamben의 바울에 대한 성찰인 『남아 있는 시간』에서 얻었다.[5] 또한 "약속된 시간"appointed time에서 "약속된"이란 말은 오히려 "남아있는"remaining으로 번역하는 게 더 낫다. 아감벤은 그의 상투적 인용이 술어동사를 구문론적으로 잘못 배치하고 있음을 놓치고 있어서, 그의 인용문은 오히려 "그 시간이 응축되었다"the time is contracted로 번역하는 것이 보다 정확하고 단순하다는 사실을 놓치고 있다.

다른 말로 표현하자면, 바울은 아감벤이 이점에 대해서 명확히 하고 있는 것처럼, 시간표상에 미리 결정되어 있는 종말을 공표하거나 재림 예수와 만날 급박한 약속을 잡은 것이 아니다. 바울의 데살로니가 서신들은 임박한 종말을 기대하고 있었던 것으로 여겨지지만, 데살로니가 교회에 초기 서신들을 보낸 이후로 바울의 사상에 중요한 전환이 일어났다고 성서학자들은 주장한다.[6]

고린도서에서 사용하는 단어는 "시간"을 가리키는 표준단어인 *chronos*가 아니다. 사상적 전환 이후 전혀 다른 모습의 바울은 카이로스*kairos*라는 표현을 사용하는데, 카이로스의 본래적 의미는 "알맞은 시간, 어떤 것이 이루어질 수 있는 시간[으로서, 이는] … 측정되는 시간 혹은 시계가 알려주는 시간인 크로노스와

5) Giorgio Agamben, *The Time That Remains: A Commentary on the Letter to the Romans*, trans. Patricia Dailey (Stanford, CA: Stanford University Press, 2005).

6) Kristina Zolatova, "Eschatological Developments Within the Pauline Corpus," in Per Caritatem, 4 February 2010, http://percaritatem.com/2010/02/04/ecchatological-developments-within-the-pauline-corpus/.

대비되어야만 한다. 카이로스는 질적인 시간이고, 크로노스는 양적인 시간이다."[7] 따라서 계산가능한 시간의 연속을 의미하는 연대기적 시간과 대비하여, 폴 틸리히는 "종교사회주의의 맥락에서" 카이로스의 사건적 순간을 신학적으로 표면화했다.[8] 카이로스는 구체적인 역사를 벗어나는 바깥으로의 돌파가 아니라, 구체적인 역사 안으로의 돌파를 의미한다. 사도 바울이 정통했던 고대 수사학과 스토아철학에서 카이로스의 시간은 적절한 혹은 결정적인 순간을 뜻하는데, 이것은 "성공이 이루어지려면, 기회의 문이 열릴 때 힘으로 밀치고 지나가야만 하는 순간"[9]을 가리킨다. 이 말은 처음에는 화살에 대해 서술할 때 사용되었는데, 베틀의 북실통을 서술할 때도 마찬가지로 사용되었다. 북실통의 속도를 필자는 어릴 적 그리스에서 목격한 바 있다. 아파르트헤이트 즉 인종차별정책을 무너뜨린 직후, 남아프리카 공화국의 카이로스 문서는 복수가 아니라 정의를 위해 메시아적 사건성을 정치적으로 실천하는 일에 신속히 착수한 바 있다.[10]

---

7) Pual Tillich, *Systematic Theology*, vol.3: *Life and the Spirit/History and the Kingdom of God* (Chicago: University of Chicago Press, 1976[1963]), 369: "이 (카이로스라는) 용어는 제1차 세계대전 이후 독일의 종교사회주의 운동과 연관된 신학적, 철학적 토론에서 도입되었고, 그 이래로 빈번히 사용되어왔다. 이 용어는 구약뿐만 아니라, 신약의 성서 저자들이 역사의 자기-초월적 역동성을 인식하고 있었다는 사실을 기독교 신학자들에게 주지시키기 위해 선택되었다. 그리고 또한 역사를 논리적이고 범주적인 구조에 의해서만이 아니라, 역동성에 따라 다루어야 할 필연성을 철학에 주지시키기 위해 선택되기도 했다. … 그 본래적 의미는 알맞은 시간, 어떤 것이 이루어질 수 있는 시간을 가리키며, 이는 측정되는 시간 혹은 시계가 알려주는 시간을 가리키는 크로노스(chronos)와 대비되어야만 한다. 카이로스는 질적인 시간이고, 크로노스는 양적인 시간이다."

8) Tillich, *Systematic Theology*, 3:369: "역사가 어떤 구체적 상황에 의해 성숙해지는 순간, 즉 하나님 나라가 우리 가운데 현현하도록 하는 돌파(breakthrough)를 수용할 수 있을 만큼 성숙해지는 순간에 관해 우리는 이야기했다. 신약성서는 이 순간을 '시간의 완성, 즉 그리스어로 카이로스(kairos)라 불렀다." 필자에게 틸리히를 다시 상기시켜준 존 타타마닐(John Thatamanil)에게 감사한다.

9) Eric Charles White, *Kaironomia: On the Will-to-Invent* (Ithaca, NY: Cornell University Press, 1987), 13.

10) Kairos Theologians, *The Kairos Document: Challenge to the Church, Theological Commnet on the Political Crisis in South Africa* (25 September 1985) (Grand Rapids, MI: Eerdmans, 1986).

아감벤의 분석에서 "카이로스는 응축되고 축약된 크로노스이다."11) 이것은, 곧 드러나겠지만, 아감벤이 발터 벤야민Walter Benjamin의 정치적 메시아주의를 강화하여 전달하는 표현이다. 종교사회주의가 말하는 정치와 입장이 그리 다르지 않았던 벤야민은 20세기 초 "지금의 시간"*Jetztzeit*, now-time이라는 개념을 제시했는데, 이는 정치신학에서 현재 진행되는 대화들을 이해하는 열쇠가 되며, 또한 이 책의 입장도 이와 겹쳐진다.12) 축약 개념은 수축, 다시 말해서 단순히 시간의 결핍으로 잘못 읽힐 수도 있다. 하지만 바울에게 "카이로스는 완전히 충만하다."13) 성서신학자 웰본L.L. Welborn이 매우 집약적으로 서술한 바울서신 주석에서 표현하고 있듯이, "카이로스는 크로노스를 체포하여 정지시킨다."14) 그와 다르게 아감벤은 카이로스를 뒤틀어, 세속적 내재성과 초시간적 초월의 이원론을 회피한다: "메시아적 시간은 완전히 변혁적인 응축을 겪고 있는 세속적 시간의 일부이다."15)

크로노스적 시간chronotime의 공허한 연속성이 하나의 결정적인 "지금"에서 메시아적 응축에 의해 멈추는데, 이 결정적 지금의 시간은 카이로스의 사건에 내재하는 "하나님 나라" 복음에 대한 급진적 가르침으로부터, 다시 말해서 정치-영성적으로politico-spiritually 충전된 변혁에 대한 급진적 가르침으로부터 자라나고 있다.16) 그러므로 고린도 공동체를 세상의 종말을 가지고 위협하는 것이

11) Agamben, *The Time That Remains*, 19 (my emphasis).

12) Walter Benjamin, "Theses on the Philosophy of History," in I*lluminations*: *Essays and Reflections*, ed. Hannah Arendt, trans. Harry Zohn (New York: Schocken, 2007 [1968]), 253-264. 또한 Daniel Weidner, "Thinking beyond Secularization: Walter Benjamin, The 'Religious Turn,' and the Poetics of Theory," *New German Critique* 37, no.3(2010): http://www.zfl-berlin.org/tl_files/zfl/downloads/personen/weidner/Benjamin_secularization.pdf을 참고하라.

13)L.L. Welborn, *Paul's Summons to Messianic Life*: *Political Theology and the Coming Awakening* (New York: Columbia University Press, 2015), 20.

14) Welborn, *Paul's Summons to Messianic Life*, 16.

15) Agamben, *The Time That Remains*, 64.

16) 바울의 카이로스와 복음서의 하나님 나라 가르침 간의 유사성에 관해서 웰본은 다음과 같

바울의 요지는 아니었을 것이다. 그 서신은 바로 세 구절 후에 이렇게 말한다: "이 세상의 현재 도식schema은 지나가 버리기 때문이다."17) 여기서 도식은 "형태", "질서", "도식주의"schematism를 의미하는데, 이것은 세계관과 정치 경제적 권력 형태들에 대한 이론 모두를 암시한다. 끝나야 했던 것은 인간이 구성하는 세계이지, 결코 "세계" 자체가 아니었다. 그리고 바울이 덧붙인 "너희가 염려없기를 원하노라"고전 7:32는 말은 실제적인 위기에 직면했을 때 느껴지는 파멸의 마비적 정서를 불식시키기 위함이었다.

나 역시 그러하기를 원한다.

예외 없이

그러한 마음으로 심지어 이 시간에 우리는 함께 지구정치신학*political theology of the Earth*을 숙고하고 있다. 위기가 축적되어가는 이 인류세의 순간에 세계 도식은 그 명을 다하고 있는 것 같다. 지구 자체의 명운이 아니라, 충적세의 안정된 기후가 펼쳐진 만 천 년이라는 시간에 기반하여 전개된 문명의 도식주의가 이제 그 운을 다한 듯이 보인다. 도식들 안의 도식들, 말하자면 정치 안에 담긴 종교의 "고대 도식들"은 이제 경제 도식들의 덫에 걸려 근대 정치의 도식들 안에 묻혀 버렸고, 그리고 기후변화라는 행성적 상황에 둘러싸여 있다.18) 거기서 인간의

이 적고 있다: "막 1:15와 눅 10:9-10에 보존된 예수-전통과 롬 13:11-12 간의 유사성은 바울이 말하는 바로 지금의 카이로스(nun kairos) 개념이 예수의 하나님 나라 선포를 전제한다는 것을 암시한다. 따라서, 예수에게서처럼 바울에게서도 카이로스는 시간의 종말 이전의 휴지기(interval)가 아니라, '지금'의 현존으로 충만한 시간이다." Wellborn, *Paul's Summons to Messianic Life*, 20.

17) 역주: 본래 개역개정 번역성서는 "이 세상의 외형은 지나감이니라"(고전 7:31)로 번역되어 있으나, 켈러가 인용하는 영어성경의 "schema"라는 단어가 도드라지지 않아, 켈러가 인용한 영어성경을 직역했다.

18) 나는 여기서 제임스 맨리(James K. Manley)의 "영이시여, 온후함의 영이시여"("Spirit, Spirit

기획들은 영향력의 한계가 아니라, 통제력의 한계를 절감하는 중인 듯하다. 그리고 이렇게 예측가능한 크로노스에 기반하여 구성된 인간적 기획들의 한계도 드러나고 있다.

위기의 질감은 바울이 예견했던 것과 조금도 닮지 않았고, 또한 그의 서신들이 우리에게 그 답을 줄 것 같지도 않다. 그러나 신학 본래의 장 바깥에서 "정치신학"이라는 이름으로 누적된 텍스트적 상호연관성intertextuality이 이제는 불가항력적으로 사도의 편지들을 통해서 다시 유통되고 있고, 그 텍스트적 상호연관성이 우리가 세계의 도식을 꿰뚫어 볼 수 있도록 도와줄 것이다. 심지어 신학 안에서도 그 상호텍스트성이 인간the human과 더불어 응축된 비인간 생명과의 예비적 접촉을 적어도 가능케 해 왔다.[19] 우리 스스로의 자문을 통해 지구의 다양한 생명들에 답할 수 있을까? 인간의 끝없이 도발적인 삶은 헤아릴 수 없이 광대한 비인간 존재들과 얽혀있다: 서로 함께—각각 다르게 그리고 예외없이—모여 응축된 모든 피조물들. 그렇게 각 피조물은 지구 안에 그 일부로서, 보다 정확히 표현하자면 바로 그 지구로서 집결되었다. 심지어 어떤 인류세적 기술적 환상들technodreams이 상상하듯이, 우리가 집단으로 우주선을 타고 올라가 이 행성과 분리된다고 하더라도, 우리는 여전히 지구의 흙으로 지어진 존재들earthlings로 남을 것이다.

지구는 이 정치신학의 공간을 지칭하지만, 결코 우리가 살아가는 평평한 표면이나 딱딱한 구球를 가리키지 않는다. 지구는 통치권력과 망각의 정신 속에서

---

of Gentleness" [1978])를 듣는다: "당신은 내일로부터 부르십니다 / 당신은 고대의 도식들을 깨부수셨습니다, / 슬픔의 속박에 사로잡힌 이들은 꿈들을 꿉니다, / 우리의 여인들은 환상들을 보고, 우리의 남자들은 눈이 맑아집니다, / 대담한 새로운 결정들과 더불어 당신의 백성들은 일어납니다."

19) 예를 들어 Peter Scott, *A Political Theology of Nature* (New York: Cambridge University Press, 2003); 그리고 Michael S. Northcott, *A Political Theology of Climate Change* (Grand Rapids, MI: Eerdmans, 2013)을 참고하라.

그저 당연시되는 세계라는 구체the globe로 매끄럽게 손질되지는 않을 것이다. 지구는 우리가 인간 예외주의anthropic exceptialism라고 부르는 종교적-정치적-경제적 도식주의들로 순순히 대치되지 않을 것이다. 지구는 우리보다 못한 물질이 아니고, 시간 안에 고정된 공간도 아니지만, 무엇보다도 인간들이 바글바글한 영역을 지칭한다. 지구는 우리의 상상을 넘어 그 자체로 다양하고 활기찬 우주 안에 놓여있는 행성의 폴리리듬적 시간성들과 함께 박동한다. 기독교에서 우주의 무한성을 가르친 최초의 사람은 단연코 니콜라우스 쿠자누스Nicholas of Cusa인데, 그가 성찰했던 것처럼, 우주적 전체cosmic All가 각각의 피조물에게 응축한다: "우주는 실제로 존재하는 각각의 것 안에 응축되어 있다."[20] 그리고 보다 최근의 우주론적 도식의 도움을 빌리자면, 우주적 환경이 개별 피조물로 응축하는 일은 지금의 시간now-time [21] 속에서 일어나는데, 여기서 지금의 시간이란 각 존재의 형성 사건이 이루어지는 시간으로, 각 "현실적 사건계기"actual occasion나 "경험의 방울"로 서술된다는 사실을 덧붙여 언급한다.[22] 우리는 나중에 모든 미세한 시공간 발생이 인간 피조물이나 다른 피조물 모두에게 예외없이 어떤 사회적 의미를 지니고 있는지 그래서 어떤 정치적 의미를 갖게 되는지 생각해 볼 것이다. 그리고 그렇다면 모든 '형성'becoming의 사건성은 위기와 새로움을 연출하는 카이로스-사건과 어떤 관련이 있는가?

20) Nicholas of Cusa, "On Learned Ignorance," in *Selected Spiritual Writings*, trans. H. Lawrence Bond (Mahwah, NJ: Paulist Press, 1997), 140 [II.5.118]; 또한 쿠자누스의 우주론에 대한 필자의 작업은 Catherine Keller, *Could of the Impossible: Negative Theology and Planetary Entanglement* (New York: Columbia University Press, 2014), 특히 3장 "Enfolding and Unfolding God: Cusanic Complicatio"를 참고하라.

21) 역주: 발터 벤야민의 Jetztzeit를 인용하면서, 켈러는 이것을 now-time으로 표기한다.

22) 이 책의 후반부인 2장과 3장에서 현실적 사건 계기(actual occasion) 개념을 더 다루어보겠지만, 이 개념은 세계의 기초 단위들을 가리키는 화이트헤드의 용어이다: "최종적 사실들은 모두 마찬가지로 현실체들(actual entities)이고, 이 현실체들은 복잡하고 상호의존적인 경험의 방울들이다." Alfred North Whitehead, *Process and Reality: An Essay in Cosmology*, *corrected ed.* (New York: Free Press, 1973 [1929]), 18.

그리고 인류*anthropos*가 체현하고 있는 지구 위기를 바라보면서, 도대체 어떤 카이로스가 이 행성적 파멸의 크로노스를 "체포하여 정지"시킬 수 있을지 궁금증을 갖게 될 것이며, 어쨌든 또 다른 가능성의 실현을 촉발할 수 있을 만큼 충분할지도 궁금해질 것이다. 만일 우리가 처한 상황의 예외존재로서 위대한 메시아가 도래하여 우리를 위해서 그런 일을 해줄 것을 기대하고 기다린다면, 그런 일은 분명코 일어나지 않을 거라고 생각한다. 그렇지만 우으로 빚어진 인간 집단체로서 우리가 스스로를 위해 하고 있는 일이 이제 제시간에 이루어질 것 같지는 않아 보인다.

그러나 꼭 그렇지는 않다. 내 경험상, 결국 마감시간에 쫓기다 보면 때로 놀랄만한 성과들을 일구어낼 수도 있지 않은가.

이 정치신학

우리의 지구적 순간을 집단적으로 함께 읽어내기 위해 우리는 이 고집스럽게 응축된 훈련을 반복할 것이고, 그것을 통해 정치적인 것the political과 지구 그리고 신학에 대한 기술을 나선형으로 반복하며 진행할 것이다. 이 책『지구정치신학』을 구성하고 있는 3개의 장은 정치철학을 생태학과 그리고 신학과 연결하고 있다. 이것은 이론화를 위해서가 아니라, 고민하고 동원하기 위해서이다. 불안해하지 않고 말이다.

정치적인 것the political은 응축contraction의 사회적 도식을 의미한다: 그것은 부족적 응집력을 넘어 도시polis 안의 시민civis, 즉 문명의 도시 단위들 안에 있는 사람들의 모임과 결집이다. 그리고, 웨인 미크Wayne Meek의『최초 도시 기독교인들』*First Urban Christians*이 고전적으로 입증하듯이, 후일 기독교로 불리게 된 운동은 바울에 의해 급속히 도시화 된 이래로 언제나 정치적이었다. 비록 기독교 운동의 고대 선조들은 제국주의적이었고, 후대의 유대출신들은 반제국주의적이었다는 차이에도 불구하고, 그들의 신론은 언제나 이미 정치적이었다. 점진적으로 기독교는 당대에 알려진 우주, 즉 당대의 세계도시를 가로질러 다변적인 신정정치를 유포했을 것이다.23) 그 운동의 물질적 구현들materializations은 그 문명만큼이나 도식적으로 다양하고, 내적으로 갈등적이었다.

우리 시대 공존의 도식인 세계는 도시 엘리트들로 인해 빈민가와 쓰레기더미들로 가득 찬 행성으로 급격하게 질이 떨어지고 있다.24) 애매모호하게 진동하는 메트로폴리스의 안팎에서 신구약의 정신을 물려받은 후예들 중 그 누구도 지금 도시polis에 집중되어 응축되고 있는 경제와 생태학의 물질적 도식주의들을 외면한 채 책임 있는 실천을 시도할 수는 없다. 세계시민적이든 아니면 토착적이든 간에 그 어떤 영적 전통의 후예들도 말이다. 비록 우리 관심을 끌지는 못하지만, 성서에는 도심이라는 기표들의 연쇄가 서구의 정치적 심상들에 무겁게 매달려 있다: 바벨, 새 예루살렘, 바빌론의 창녀, 하나님의 도성, 사람의 도성, 언덕 위 도성 ….

만일 종교가 결코 정치에 관심이 없고apolitical, 심지어 정치적 입장의 하나로 정치에 대한 무관심을 주장한다 해도, 종교는 결코 정치politics와 단순히 동일시될 수는 없다—말하자면, 국가 구조들과 동일시될 수 없다. 그래서 종교적 실천들이 만들어내고, 정당화하고, 질문하고, 저항하는 제도들과 동일시될 수는 없

---

23) 참조 - Namsoon Kang, *Cosmopolitan Theology: Reconstituting Planetary Hospitality, Neighbor-Love, and Solidarity in an Uneven World* (St. Louis, MO: Chalice, 2013); 그리고 Daniele Archibugi, ed., *Debating Cosmopolitics* (New York: Verso, 2003); 그리고 "하나님 나라"에 대한 최고의 번역을 보려면, Dhawn Martin, "The Cosmopolis of God: A Political Theology of the Kingdom" (Ph.D. Diss., Drew University)를 참고하라.

24) Mike Davis, *Planet of Slums* (New York: Verso, 2006).

다. 신학theology은 종교의 이론적 실천을 가리킨다. 즉 신[theo]은 이중의 작업을 한다는 것을 뜻한다. 그렇다면 신학은 정치가 아니라, 언제나 이미 정치적이다.

그러나 동시에 이 논제를 뒤집어 말하자면, 정치는 언제나 이미 신학적이다. 그리고 여기서 우리는 여러 학문분야에 걸쳐 정치신학이라 불리는 실천을 회피할 수 없다. 또한 우리는 정치신학의 핵심적 문제작으로서, 법 이론가 칼 슈미트Carl Schmitt의 작은 책 『정치신학』Political Theology, 1921을 외면할 수 없는데, 그가 진술한 핵심 가설은 다음과 같다: "국가에 관한 근대 이론의 모든 중요한 개념들은 신학적 개념들을 세속화한 것이다."25) 이는 "세속이라는 것"the secular이 순전히 근대성의 창작물이라고 생각하는 사람들에게는 충격적인 과장법이다.

무로부터의 창조 개념에 맞선 세속주의의 대안은 역사와는 상관없는 것으로 추정되기도 하지만, 결국 그것은 세속적인 것을 세속화된 것the secularized으로 인식하는 것일 수밖에 없을 것이다. 시간의 과정을 세속성 자체에 포함하면 이해된다. 결국 세속을 의미하는 단어 saeculum은 "시간", 어떤 시대나 신기원 혹은 보다 정확히 말하자면 도식을 의미한다. 슈미트는 정치적 개념들이 어떻게 "신학으로부터 국가 이론으로 전이되었는지를" 분석하면서, 근대적 통치권력 개념에 초점을 두었다. 통치권력이 근대성으로 전이되는 대표적인 사례에 따르면, "전능한 하나님은 전능한 입법자가 되었다."26) 슈미트는 신학의 작업으로서가 아니라 사회학의 작업으로서 『정치신학』에 대한 법률적 분석을 제공한다. 근대 정치학에 은닉되어 있던 전능한 하나님deus omnipotens 이론이 세속 사회 이론을 통해서 이렇게 드러난다.

슈미트의 정치 신학이라는 표현이 최근 다양한 학문분야들을 가로지르며 전

---

25) Carl Schmitt, *Political Theology: Four Chapters on the Concept of Sovereignty*, trans. by George Schwab (Chicago: University of Chicago Press, 2005), 36.
26) Schmitt, *Political Theology*, 36.

개되면서, 정치신학들의 분출을 부추기고 있다—그들 중 대부분은 노골적으로 세속적이고, 당연히 그들 중 대다수는 신학이 아니다. 슈미트는 이 말을 발명하지 않았다. 그는 이 표현을 조롱에 대한 조롱으로 사용한다. 이 말을 만들어낸 사람은 19세기 최고의 무정부주의자였던 미카일 바쿠닌Mikhail Bakunin으로, 그는 기독교 신앙이나 유대교 전통에 기반하여 정치적 동기를 동력화하고 있었던 동료 혁명가들을 조롱하느라 이 말을 만들어냈다. 바쿠닌에게 종교는 그 자체로 원죄the original sin였다. 그는 당시 선도적인 이탈리아 혁명가들의 우물쭈물하는 하나님을 폭로하고 조소하기 위해 "마치니Mazzini의 정치신학과 인터내셔널"1871이라는 글을 썼다.[27] 바쿠닌에 대한 많은 토론을 생략한 채, 슈미트의 『정치신학』은 "19세기 가장 위대한 무정부주의자 바쿠닌이 이론적으로는 반신학적인 것the antitheological의 신학자가 되고, 실천적으로는 반독재의 독재자가 되어야 했던 기묘한 역설"[28]에 대해서 결론을 짓는다. 역으로 비꼬는 바쿠닌의 표현에 대한 슈미트의 반어법적 전개는 지금의 기획을 도착적인 3중의 반어법으로 흐르게 만들어, 비신학자인 슈미트가 제공하는 해독제, 즉 통치권력을 적극적으로 지지하는 전능한 독재자 신학이라는 해독제에 대항하는 신학적 반신학antitheology을 수행할 것이다.

독재 반대를 위한 큰 투쟁을 다시 한번 명령하는 일은 피할 수 있기를 희망한다. 그런데 나는 그 풍자의 연쇄반응을 벗어날 길을 찾지 못하겠다. 이것은 현재의 텍스트가 슈미트가 가정한 논리를 더 이상 회피하기보다는 오히려 요즘의 수많은 포스트모던 좌파 이론가들을 따라가리라는 것을 의미한다. 대부분 무신론

---

27) Mikhail Bakunin, "The Political Theology of Mazzini and the International," trans. Sarah E. Holms, available via Libertarian-Labyrinth Wiki, http://wiki.libertarian-labyrinth.org/index.php?title=The_Political_Theology_of_Mazzini_and_the_International.
28) Schmitt, *Political Theology*, 66.

자인 이 좌파들은 슈미트의 반동적 정치학에 반대함에도 불구하고 그의 정치신학을 최고로 진지하게 받아들였다. 조르조 아감벤Giorgio Agamben으로부터 슬라보예 지젝Slavoj zizek에 이르기까지 그들은 또한 그리스도의 팬이었던 바울을 추종하며 비기독교인이지만 팬이 되기까지 했다. 이 연쇄반응은 멈추지 않는다. 그들은 슈미트를 끌어들이긴 하지만, 그의 이데올로기를 추종하는 팬 클럽을 구성하지는 않는다. 정치신학의 이 새로운 제안자들 대부분이 겨우 슈미트 정도 수준의 신학자였기 때문에 신학자라는 사실을 숨길 수 없는 이 책의 저자는 이 책에 지금과 같은 제목을 붙이게 되었다.

만일 정치신학이 기본적으로 신학 분야의 그저 한 분야를 가리키는 것이라면, 그것은 현대 신학에 별 쓸모가 없었을 것이다. 19세기 후반 유럽계 미국인과 아프리카계 미국인 사이에서 일어났던 사회복음주의 운동 이래로, 다양한 여러 이름으로 형성된 진보종교에 내재하는 정치적 반감은 아주 오랫동안 노골적으로 세속적 사회운동들과의 연대를 강화하고 공감대를 넓히려는 노력을 지속해 왔다.29) 정통노선의 선명성 논쟁을 벌이는 가운데 일어난 이 상호작용은 근대 자유주의 신학 역사 전반의 학제성을 확립하는 계기가 되었다. 그러한 자유주의적/진보적 종교전통들이 주류교단에서 통계적으로 줄어들고 있음을 전제로 할 때, 그렇다 우리 시대는 줄어들고 있다 이러한 형태의 기독교가 그저 우리 자신의 근대적 혹은 탈근대적 혹은 탈세속적 적합성을 계속 선포하는 것은 정치적으로 부질없어 보인다. 그런데 정치적인 것 안에서 좋건 싫건 늘 은폐된 형식으로 신학을 전개하고 있는 정치 이론가들의 인정은 환영할 수 있지 않을까? 그들의 인정이 신학의 문화적 특권과 그 신학이 주장하는 하나님을 지킬 강력한 요새를 어쨌든

---

29) 특별히 흑인 사회복음주의 운동에 대한 유용한 역사 자료로서 Gary Dorrien, *The New Abolition: W.E.B. Du Bois and the Black Social Gospel* (New Haven: Yale University Press, 2015)를 참고하라.

강화해주기 때문은 아니다. 오히려 그들의 인정은 교차학문성의 활로를 생생하게 열어줄 것이고, 그 안에서 신학은 종교적인 것과 세속적인 것 사이에서 스스로 정치적으로 유용한 교차부호들을 제공할 수 있을 것이다. 물론 그렇게 되면 그들의 정치적 인정은 신학들간의 차이에 의해 그리고 그에 따라서 정치적 세속화의 형식 사이의 차이에 의해서 복잡해질 것이다.

신학은 여기서 무조건적으로 중요한 것을 분명하게 표현한다. 아브라함 전통을 물질적으로 구현materializations하면서 신학은 "하나님"에 대한 도식화를 받아들이지만, 그 신theos을 존재하는 모든 것의 무조건적 조건을 의미하는 하나의 길로 인식한다. 그러므로 신학은 "비교신학"comparative theology의 실천을 요청하는데, 비교신학은 종교적/영적 실천들의 동양/서양/북반구/남반구 등의 전체 범위를 가로질러 비非개종주의적인 상호대화를 받아들인다.30) 종교문화적 다원주의, 물질적 구현의 다수성에 대한 대안, 모순의 겹층들, 그리고 신학 자체의 잠재성의 양식들 등에 대한 신학적으로 세련된 형식들의 도움이 없다면, 이 정치신학이라는 개념 자체는 슈미트의 조롱거리로 남게 된다.

만일 그러한 정치신학이 상당히 최근까지 신학의 한 분과로 발전해 오지 못했더라면, 정치신학은 거의 그렇게 조롱거리가 되고 말았을 것이다. 정치신학이라는 표현은 반세기 전 시작된 독일의 홀로코스트-이후post-Holocaust 신학자들에 의해 다시금 결연히 복구되었다. 지구촌 남반구 해방신학의 신선한 목소리들과 더불어 유럽연대운동을 전개하면서 요한네스 메츠Johannes Metz, 위르겐 몰트만Jürgen Moltman 그리고 도로테 죌레Dorothee Sölle는 나치와의 공모관계로부터 정치신학을 해방시켰는데, 슈미트는 나치와 공모했던 전력으로 인해 그 용어를 오염

30) 참조, John Thatamanil, *Theology Without Border: Religious Diversity and Theological Method* (New York: Fordham University Press, forthcoming).

시켰었다.31) 존 캅John B. Cobb Jr.은 『정치신학으로서 과정신학』1982에서 그들의 작업을 발판으로 삼았다. 이 네 명의 신학자들 각각의 작업은 엄청난 영향력으로 남아있지만, 그들의 말은 신학자 집단을 넘어 영향력을 거의 행사하지 못했다. 정치신학이라는 말이 남은 세기 동안 진보적 기독교 사상가들 사이에서 유행하기에는 너무나 유럽중심적인 것으로 느껴졌다. 적어도 미국에서는 그 말이 해방, 흑인, 여성, 게이, 레즈비언 등의 정체성을 표방하며 분출하고 있던 특수주의를 희석하려는 위협으로 다가왔을 것이다. 그래서 이 말은 인간을 이해하는데 너무 미성숙한 너무 일방적으로 보편적인 시각을 담지한 것처럼 보였다. 그리고 생태신학의 관점에서 그 말은 너무나 인간중심적인 도시polis를 나타내는 말로 느껴졌다. 이런 반응들은 논쟁이라기보다는 오히려 공감의 실패였다.

이제 그때와는 사뭇 다른 시대에 정치신학은 우리가 철학과 사회참여뿐만 아니라, 최근의 정치이론과 맺고 있는 불가분의 관계로 인해 신학자들에게로 귀환하고 있다. 이는 우리가 종교 좌파의 혹은 어떤 다른 좌파의 정체성 정치를 마침내 초월하기 위해 정치신학에 의지한다는 것을 의미하지 않는다. 나는 오히려 우리의 차이들을 탈-본질화하여, 밀집된실로 응축된 얽힘으로 결집하고자 노력하는 그 누구와도 함께 사유할 수 있기를 희망한다. 이 노력은 몰트만이 염세주의의 기반이 점점 확장되는 것을 염려하면서 우리 시대의 "희망의 연대"the solidarity of hope32)라 불렀던 것에서 신학적 형식을 구성한다. 신의 죽음과 불확정적 미래 사이에서 균형을 이루며 이제 "급진 정치신학"radical political theology을 제시하는 종교철학자들은 낙관적인 연대를 요구하는 것이 아니라, 급진적으로 민주적인 가

31) 20세기 중엽 메츠와 몰트만과 죌레 각각의 정치신학 참여에 대한 연구서로서 John B. Cobb Jr., *Process Theology as Political Theology* (Philadelphia: Westminster, 1982) 중 특별히 1장 "The Challenge of Political Theology"를 참고하라.

32) Jürgen Moltman, *The Living God and the Fullness of Life*, trans. Margaret Kohl (Louisville, KY: Westminster John Knox, 2015).

능성들을 주창하는 "반란자 선언"을 제시한다.33) 그렇게 이 대안은 필요에 따라 신theos을 언급하든지 혹은 하지않든지 할 것이다. 그 대안이 슈미트적 통치 권력 개념에 대한 활기 넘치는 대안을 제공하는 한, 제프리 로빈슨이 급진적 민주주의의 이름으로 쓴 것처럼, 그 대안은 "우리가 공통으로 함께 하는 삶의 내재성과 협동의 양식들로부터 도래하는 생성력을 주장할 것이며, 이것들은 이미 우리 안에 현재하면서 동시에 도래하고 있다." 왜냐하면 "이것 또한 신정정치적theopolitical 프로젝트이기 때문이다."34) 그리고 생태신학은 기후변화를 자본주의적으로 추동해가는 주동자들뿐만 아니라 그들의 정치적 도식에도 주의를 기울이고 있는데, 예를 들어 마이클 노스콧Michael Northcott은 슈미트와 치열하게 교전하는 가운데 정치신학과 생태신학을 아주 엄밀하게 대조하면서 "혁명적 메시아주의"35)를 그에 대한 대답으로 제시한 바 있다.

요점은, 반복해서 강조하는 바이지만, 신학이 겨우 최근에야 정치적으로 번지르르하게 되었다는 것이 아니다. 바울의 도시적 성향urbanity뿐만 아니라, 어거

33) 클레이톤 크록켓(Clayton Crockett)과 제프리 로빈슨(Jerry W. Robins)이 와드 블랜튼(Ward Blanton).과 노엘 바하니안(Noëlle Vahanian)과 함께 편집한 책, *An Insurrectionist Manifesto: Four New Gospels for a Radical Politics* (New York: Columbia University Press, 2016)을 참고하라. 또한 Clayton Crockett, *Radical Political Theology: Religion and Politics After Liberalism* (New York: Columbia University Press, 2013)과 Jeffrey W. Robinson, *Radical Demoracy and Political Theology* (New York: Columbia University Press, 2011)을 참고하라.

34) Robinson, *Radical Democracy and Political Theology*, 191.

35) 슈미트의 *The Nomos of the Earth, in the International Law of* Jus Publicum Europaeum, trans. G.L. Ulmen (Candor, NY: Telos, 2006 [1950])에 대한 노스콧의 성찰들이 특별히 그의 *A Political Theology of Climate Change*, chap.3: "The Nomos of the Earth and Governing the Anthropocene"에 담겨있다. 생태학적으로 추동된 정치신학 장르의 첫 번째 주요 텍스트로서 인상적인 삼위일체적 창조론을 전개한 Peter Scott, *A Political Theology of Nature* (Cambridge: Cambridge University Press, 2003)을 참고하라. 아울러 이 분야를 미국적 상황에 뿌리를 두고 기술된 텍스트로서는 Michael S. Hogue, *American Immanence: Democracy for an Uncertain World* (New York: Columbia University Press, 2018)과 S. Yael Dennis, *Edible Entanglements: On a Political Theology of Food* (Eugene, OR: Cascade, 2018)을 참고하라.

스틴의 "두 도성들"36)의 영향력을 벗어난 역사신학적 사유는 거의 없다. 또한 19세기 후반 사회복음운동social gospel movement이 보여주듯이, 신학이 이제 막 진보적으로 변한 것도 아니고, 겨우 최근에야 다수의 긴급한 사회적 이슈들을 이론화하는 법을 배운 것도 아니다. 생태여성주의자와 생태 우머니스트들의 관계의 신학들은 철학적인 과정 신학과 함께 거의 반세기 동안 정치적인 것, 생태적인 것 그리고 궁극적인 것의 담론 사이에서 학제간 교차로들을 만들어왔다.37) 그들은 종교적 담론의 세속적 경계들을 존중하며 그런 작업들을 전개해 왔다—부분적으로는 그들이 종교적 과잉, 주로 기독교인들의 과잉에 대한 세속적 비판들에 상당 부분 공감하고 있었기 때문이다.

간단한 예를 들자면, 나는 신학을 고집해 왔는데, 이것은 부분적으로 파울 틸리히Paul Tillich의 책, 그의 전쟁 경험으로 심화된 카이로스 그리고 그의 하나님으로부터 영향을 받았기 때문이다. 틸리히의 하나님은 "존재"하는 것이 아니라 "실존의 근거," 즉 "존재 그 자체"로서, 메리 데일리Mary Daly의 동사적 표현 "존재-중"Be-ing으로부터 영감을 받았다. 거의 엇비슷한 시기인 1970년대에 나는 화이트헤드의 과정철학을 기독교적으로 전개하는 이들의 영향력 안에 들게 되었다. 이들은 전능성 개념의 붕괴와 급진적 관계주의를 추구하였는데, 이들의 작업을 통해 존 캅은 지구 생태학과 세계를 움켜쥐고 있던 당대 "경제주의 종

---

36) Augustine, *The City of God*, trans. Macus Dods, D.D., intro. Thomas Merton (New York: Modern Library, 1950); 어거스틴의 두 도성의 정치신학뿐만 아니라, 칼빈 식의 정치신학에 대한 강력한 분석에 대해서는 Martin, "The Cosmopolis of God"을 참고하라.

37) 생태여성신학의 고전은 Rosemay Ruether의 *Gaia and God: An Ecofeminist Theology of Earth Healing* (New York: HarperCollins, 1992)이다. 21세기의 핵심 텍스트들 가운데, Cynthia D. Moe-Lobeda, *Resisting Structural Evil: Love as Ecological-Econimic Vocation* (Minneapolis: Fortress, 2013); Melanie L. Harris, *Ecowomanism: African American Women and Earth-Honoring Faiths* (Maryknoll, NY: Orbis, 2017); 그리고 Grace Ji-Sun Kim and Hilda P. Koster, eds., *Planatery Solidarity: Global Women's Voices on Christian Doctrine and Climate Justice* (Minneapolis: Fortress, 2017)이 있다.

교"에 대한 경고들을 일찍이 촉발할 수 있었다.[38] 모세, 소크라테스, 공자, 노자, 예수, 무함마드와 같은 위대한 도道의 창시자들은 시대를 앞선*avant la lettre* 세속주의자들로서, 그들의 공동체는 "종교"를 넘어 자신들이 속한 사회 세계를 향하고 있었다고 캅은 가르쳤다. 그는 이 "세속성"secularity을 "세속주의"*secularism*와 구별했는데, 전자가 세속 시대saeculum 속에서 일어나는 사회 정의의 도전을 지향한다면, 후자 즉 세속주의는 그저 또 다른 종교일 뿐이다.[39] 이들의 강력한 영향력들이 나뿐만 아니라 많은 다른 사람들 안에서 결합되고 또 재결합되어, 성과 젠더, 인종, 계층 그리고 생물종 정치의 카이로스들로 폭발적으로 분출되었다. 그러나 과정 사상의 연결성은 보다 광범위한 영향력을 행사하는 데에는 한계가 있었다. 그러다 해방의 다원적 정체성들이 때로 여전히 서로 간에 제로-섬 게임을 하고 있었다 해도, 지난 세기 마지막 십수년을 주도한 탈구조주의를 통해 해체적 불안정성을 찾을 수 있었고, 그래서 학제간의 변환을 새롭게 경험할 수 있었다. 그리고 화이트헤드적 사유에 기반한 다원주의는 이제 들뢰즈적 리좀과 강렬한 생태사회적 행성성planetarity 속에 얽혀들어, 세속적으로, 종교적으로 그리고 영적으로도 쉽게 규정할 수 없는 새로운 공공대중을 부단하게 찾고 있다.

진보 신학의 이 예언적 전통들은 하나가 아니다. 그리고 이 간략한 서술은 1960년대 후반 이후 신학 텍스트들에서 일어났던 극적인 전환에 대한 나의 개인적 응축을 제공할 뿐이다. 그러나 신학적으로 얽혀있는 이 생태사회적 정의 실험들은 모두 예외 없이 그들 각자의 종교적 유산들에게 자신들의 사유를 되돌

---

38) 예를 들어 John B. Cobb Jr., *Is It Too Late?: A Theology of Ecology*, rev. ed. (Denton, TX: Environmental Ethics, 1995 [1971])을 참고하라. 또한 경제학자 허먼 데일리(Herman E. Daly)와 함께 작업한 *For the Common Good: Redirecting the Economy Toward Community, the Environment, and a Sustainable Future*, 2d ed. (Boston: Beacon, 1994 [1989])를 참고하라.
39) John B. Cobb Jr., *Spiritual Bankruptcy: A Prophetic Call to Action* (Nashville: Abingdon, 2010)을 참고하라.

려 주었다고 말할 수 있을 것이다. 이것은 또한 자기비판autocritique의 정신으로 이루어진 일이며, 여기서 자기비판은 각각의 종교전통들 안에 담겨있는 운동적 변혁을 동원한다는 것을 의미한다. 그래서 구체적인 예를 들자면, 남성우월주의와 이성애주의라는 규범성의 견고한 습벽들을 극복하려는 투쟁이 여러 종교제도들 안에서 계속 이어지고 있다. 자유주의적 자기만족에 저항하여, 우리 자신의 제도들 안에서 그리고 그 제도들의 벽을 넘어 인종차별주의에 반대하여 혁신을 주장하는 물결들이 그렇듯이 말이다. 그러나 예언자적 운동들은 언제나 종교 너머의 변혁을 목표로 해왔다. 예를 들어, 라틴 아메리카의 해방신학자들과 그들의 변혁적인 기독교 기초공동체들이 1980년대 미국정부의 지원을 받는 독재정권들에 저항하는 대가로 극단적 위험을 감수했듯이 말이다.

사회정의의 풍토와 창조 생태학을 의식적으로 포용하면서, 신학은 외면해왔던 정치신학 담론을 슈미트적 유물과 더불어 겨우 최근에야 집어 들고 있다. 이 지연이 문제라고 생각하지는 않는다. 이 창발하는 정치신학 담론이 구원을 가져다주지는 않을 것이며, 단지 시의적절한 교차학문적 통찰을 전달하여 그 지연의 구조들을 파괴해 나아갈 것이다. 정치신학 담론 도입의 지연은 1980년 첫 번째 지구의 날 행사 이래 다소 치명적이었지만, 이제는 새로운 지연에 종속되었다. 이 새로운 지연은 "야망의 파시즘"40)이나 "권위주의적 대중야합주의"populism의 언어를 요구하는데, 이 언어들이 시민들과 이민자들을 향해 사용될 소지가 농후한 보복적 인종차별주의와 힘을 합칠 뿐만 아니라, 지구 자체를 겨냥하는 기후변화 부정주의와 결탁하여 새로운 지연을 만들어내고 있다. 그리고 이 정치-생태적 정의의 이중 지연은 우리를 행성적 파국으로 재촉하고 있다: 우리는

---

40) William E. Connolly, *Aspirational Facisim: The Struggle for Multifaceted Democracy Under Trumpism* (Minneapolis: University of Minnesota Press, 2017).

당장 오도가도 못하는 희망에 갇힌 채 종말을 향해 돌진한다. "가짜 뉴스"의 엉뚱한 소리들은 파멸로 향하는 진보의 길을 재촉한다.

이 숨가쁜 발걸음 속에서 부정의와 지속불가능성의 깊은 교차관계들이, 이 책이 분명히 보여줄 것인바, 화려한 예외주의로 모습을 드러낸다. 지구촌 경제를 펴 올리는 채굴주의와 말살주의exterminism를 절대적으로 지지하는 그 예외주의가 "우리"us 그래서 U.S.의 주권적 의지로 지구적인 것을 사용하거나 남용할 수 있도록 용인하는 미국적 예외주의와 협력하여 작동한다. 만일 그 의지가 광기로 폭발 직전인 인물로 최근 구현되고 있다면, 그것은 장기적인 사회-경제적 도식을 일시적 흥분으로 재편성하는 것 이상을 의미하지 않겠는가? 트럼프가 체현한 예외주의적 의지가 오랫동안 지속되어온 인종적, 성적 그리고 계급적 분노심을 통해 새로운 통합을 만들어내고 있다. 하지만-이는 다행으로 판명될 수도 있고, 파국적인 것으로 입증될 수도 있지만-국가적으로 그리고 지구적으로 갈등을 초래하며, 정치적인 것을 경제적인 것과 결합하는 그 예외주의 도식의 강점은 그만큼 불안정성도 드러내고 있는 것처럼 보인다.

분석의 확실성을 주장하는 것은 지금으로선 그저 부정직한 주장일 수밖에 없을 것 같다. 확실성은 통치권력을 단순화시켜서, 그의 지식을 통합하고 그렇게 세계를 통합한다. 그렇게 통합된 세계가 바로 근대적 세계였다: 결국 "아는 것이 힘이다"라는 베이컨의 말은 특정한 종류의 앎을 의미했는데, 바로 확실성certainty이다. 확실성은 타자를 대상으로 단순화시켜서 정복하는 일을 용인한다. 그와 동시에 다수의 상호연결된 위협들을 어떤 하나의 원인으로 단순화시키는 것도 거짓이다. 그 단순화된 원인이 정치적이든, 성적이든, 인종적이든, 경제적이든, 생태적이든 혹은 종교적이든 간에 말이다. 무조건적인 것the unconditional은 그 자체로 확실성을 가져다주지 않는다. 하지만 불확실성은 책임져야 할 부담감은 줄여주고, 오히려 그것은 응답을 위한 가능성들은 늘려준다.

어두워지는 희망

우리가 알 수 없는 것이 드리우는 어둠과 우리가 알고 싶지 않은 것이 드리우는 어둠을 식별하기란 불가능하다. 이 두 어둠은 하나의 그림자를 형성한다: 우리가 생각할 수 있는 역량들을 초과하는 것과 윤리적으로 생각할 수 없다고 느끼는 것이 하나의 그림자를 형성하고 있다. 그런데 곧 분명해지겠지만, 신학은 확실성으로부터 통찰을 해방시키는, 그래서 생각할 수 없는 것의 가장자리에서 생각할 수 있게 만드는 고대의 실천을 알고 있다. 소위 부정 신학negative theology 혹은 아포파시스apophasis, 즉 "말하지 않음"unsaying, 혹은 묵언이라 불리는 이 신앙적 실천은 신적인 것에 대한 그 어떤 이름이나 교리나 지식을 부인하는 부정으로서, 고대에 시작되었다. 그 신성이 얼마나 진실하고 비타협적이든 간에 말이다. 무조건적인 것the unconditional은 언제나 말할 수 없는 것the unsayable으로 꼬여진다. 묵언의 신학apophatic theology은 이론적이면서 동시에 영적인 실천으로서 신비적 통찰의 수단을 작동시킨다.

무한자를 유한한 확실성으로 규정하려는 그 어떤 시도도 부인하는 이러한 부정은 이제 또 다른 부정성의 그림자들을 짊어지게 되는데, 그 그림자는 쉽사리 염세주의로 융합되어 버리는 윤리적 비평의 그림자이다. 예를 들어, "흑인-염세주의"Afro-pessimism라고 멋지게 포장된 어둠처럼 말이다. 신비한 사유 불가는 윤리적 사유 불가로 연결된다. 부정성의 심연은 생태정치적 공포로 변한다. 그렇게 어둠은 가시적 미래를 위한 그 어떤 희망도 어둡게 만든다. 그러나 신학적으로 표현해서, 그 "불가능한 것의 구름"*could of the impossible* – 이 표현을 이보다 훨씬 오래된 구름에 대한 헌정으로서 내가 저술한 책의 제목으로 삼은 적이 있다, 그 구름은 그 자신의 증식하는 부정들을 포용한다. 불확실성은 모든 낙관주의를 해체한다. 그러나 바로 그렇기 때문에 그 부정성의 구름은 우리의 상황들 속에서 "어둠 속의 희망"hope in the dark 41)을 가능케 할 수 있다.

그래서 신학이 정치신학의 싸움에 다시 가담할 수 있는 것은 그 구름을 염두에 두고 있기 때문이라고 주장할 수 있을 것이다. 나는 신학을 "말 없는 얽힘"apophatic entanglement의 정치 생태학으로 엮어왔다. 이 신학은 우리의 상호의존성이 불가피하고 예외 없이 피조물의 취약성들을 가지고 있음을 드러나게 하는데, 말하자면 관계성이 스스로 증식하고 심화해 가면서 예측불가능하게 전개되고, 결국 알 수 없는 것the unknowable을 계속 노출할 수밖에 없다는 것을 가리킨다. 우주적 관점에서 보자면, 그 미지의 것은 신성divinity의 은유 속으로 들어가, 어두워져 간다. 하지만 지구의 관점에서 보자면, 인류와 다른 피조물 집단이 행성적 규모의 약탈과 죽음에 노출되는 일이 상상할 수 없던 것에서 심지어 상당히 개연성있는 가능성으로 다가올 때, '알 수 없는 것'은 감당할 수 없는 것the unbearable으로 어두운 그늘을 더해간다.

지구정치신학은 언제나 신중하게mindfully 이 짙은 어둠의 그림자를 드리운다. 그러므로 지구정치신학은 때로 "부정적인negative 정치신학"으로 보일 수 있다. 그것은 우리로 하여금, 얼마나 좋은 의도로 기획된 개념들이었든지 간에, 확실성들을 체계적으로 불신하도록 만든다. 그것을 통해서만 지구정치신학은 인식론적으로 그리고 윤리적으로 생각할 수 없는 것the unthinkable을 생각할 수 있는 용기를 제공할 수 있다. 그 어떤 확실성의 이면에도 불투명한 안감이 덧대어 있다

41) 활동가이자 작가인 Rebecca Solnit의 *Hope in the Dark: Untold Histories, Wild Possibilities*, 3rd ed. (Chicago: Haymarket, 2016 [2004])를 참고하라.

는 사실을 인식하면서, 우리는 덜 생각하기보다는 오히려 다시 생각해야 한다. 우리는 어두운 곳들에서 실마리들을 발견할 것이다.

그래서 이 책에서 우리는 "예외의 자리에서"in the exception 결정을 내리는 슈미트의 통치권력 개념을 재고할 것이다. 그럼으로써 예외주의들의 현재 도식체계들 전체를 풀어낼 실마리를 발견할수도 있을 것이다. 그리고 당대 파시즘과 슈미트의 연관관계가 우리에게 일종의 내부자 시선을 제공할 것이며, 이를 통해 우리는 이 시대 즉 그때와는 다르지만 무관하지 않은 우리 시대의 성향, 다시 말해서 우리 시대의 성향에 담겨있는 어두운 내면을 넘겨볼 수 있는 기회를 얻는다. 이 시대란 언제를 말하는가? 내가 이 글을 쓰는 지금 이 시간은 불량배 같은 통치권자의 원초적 파시스트 익살극42)이 전개되고 있는 시간이다. 당신이 이 글을 읽고 있을 즈음에는-책들의 시간은 좀 느리다- 파시즘의 가능성이 희박해졌기를 바란다. 어쨌든 우리 민주주의의 불안정성precarity은 가시지 않았을 것이다. 이 정치적 위기 가운데 미국도 사실 거의 예외는 아니다. 오히려 백인-우월주의적 독재주의로의 유혹들로 고통받는 다른 여러 나라들과 다를 바 없고, 그래서 각 나라에서 전개되는 백인우월주의적 권위주의로의 유혹은 서로 다르지만 그럼에도 불구하고 연관되어 있다. 그리고 전쟁으로 인해 강제로 떠밀려 나는 이주민들이 더욱더 늘어나고, 범람하는 해안가의 파도나 확산되는 가뭄의 혹서를 피해 탈출하는 수백만의 기후난민들의 물결이 증가할 가능성이 높아지면서, 이 일련의 요인들이 민주주의를 전세계로 전파했던 원조 국가들에서 최악의 사태를 초래할 위협도 높아지고 있다.43) 그것은 또한 여기저기서 최선의 노력

42) 역주: 켈러는 미국의 제45대 대통령 도널드 트럼프의 정치를 이렇게 풍자적으로 표현한다.
43) 기후 불안정성에 수반되는 지정학적 위기들에 대한 기술은 Christian Parenti, *Tropic of Chaos: Climate Change and the New Geography of Violence* (New York: Nation, 2011)을 참고하라.

을 불러일으키고, 그에 상응하여 더 나쁜 최악의 사태가 일어나고, 그리고 아마도 다시금 나아지고, … 누가 그 결말을 장담하겠는가….

그러나 그 연쇄반응은 묵언의 생략부호 속에서 끝난다. 다른 말로 표현하자면, 책임 있는 생태사회적 예측들은 그 생략부호의 자리에 건전한 과학과 거짓되지 않은 사실들을 덧대어 보강할 것이다. 그러나 그 예측들은 희망이나 파멸의 목적론을 따르지 않는다. 그리고 신학으로서, 이 정치신학은 메시아의 역할을 수행하거나 그의 도래를 알리지도 않는다. 실제로는 "메시아적인 것the messianic이 시간의 목적론적 전개를 좌초시킨다. ㄴ메시아는 결코 제시간에in time 모습을 드러내지 않을 것이다."[44] 이것이 주디스 버틀러가 발터 벤야민의 사유를 통해 통찰한 바이다. 예측가능한 크로노스의 가식적 주장들이 우리를 실망시킨다. 그것들이 주장하는 미래는 제시간에 도래하지 않는다. 그러나 이 유대교적 메시아는 시간 자체를 초월하여 보좌에 앉아있지도 않고, 그래서 영원한 것도 아니다. 메시아적인 것은 언제나 "도래하는 중"coming으로서, 아마도 '호 크리스토스'*ho christos*라 불리는 바울의 메시아조차도 마찬가지다—결코 선혈이 낭자한 최후의 영광스러운 계시 속에 메시아적인 것은 포박되지 않는다.

만일 위기의 순간이 그 위기의 끝자락에서, 그 위기의 종말*eschatos*에서 카이로스로 열려야 한다면, 이것은 데리다가 말하는 "메시아성"messianicity의 망령이 그 속에서 물질적으로 구현되기 시작한 것으로 보아야 한다. 역사적으로 보자면 닳고 닳은 상투적인 말이지만, 그럼에도 불구하고 결코 고갈되지 않는 하나의 가능성이-베틀의 북처럼- 불가능성의 뒤얽힘들을 뚫고 나와 얼굴을 내민다. 그 가능성이 자신에게 부족한 힘을 창조적으로 보완할 수도 있다. 누가 알겠는가?

---

44) Judith Butler, "Walter Benjamin and the Critique of Violence," in *Parting Ways: Jewishness and the Critique of Zionism* (New York: Columbia University Press, 2012), 91.

사전적 개괄

이 책 『지구정치신학』은 세 개의 장을 도식적으로 배치하는 삼중의 논증을 통해 그의 길을 엮어갈 것이다. 정치적인 것에 관하여, 지구에 관하여, 그리고 신학에 관하여 차례로 논증을 이어갈 것이다. 1장 "정치적인 것: 통치권력의 예외성인가 아니면 집단적 시작인가"는 친구 대對 적의 대립적 구도에 기반한 슈미트의 정치 고전과 그에 대한 응답을 다룬다. 모든 정치적 관계들을 그저 적대관계로 통합하는 슈미트의 정치신학에 맞서 윌리암 코놀리William Connolly와 샹탈 무페Chantal Mouffe는 "경합주의"agonism 개념으로 대답한다. 우리 대 그들로 대치하고 있는 현재의 정치 지형 속에서 그러한 적대관계를 포착하지 못하는 게 더 어렵다. 만일 슈미트에게 통치권력이 "예외의 자리에서" 수립되는 것이라면, 다른 말로 통치권력이 지도자의 예외적 권력을 보여주는 비상사태 가운데 수립되는 것이라면, 그 개념은 신학의 전능성 개념을 세속화함으로써 살아간다. 우리는 켈리 브라운 더글라스Kelly Brown Douglas가 기술하는 백인 예외주의의 계보를 고려하면서, 행성적 비상사태를 지향하는 예외주의의 여러 목록과의 상관관계를 보여줄 것이다. '지금의 시간'now-time은 유대교 전통과 바울 전통의 밀도 짙은 텍스트적 상호연관성intertextuality을 통해 지금의 정치 대안을 모색하는 신학을 추구할 것이다.

위기를 겪고 있는 지구행성의 시간이 기후변화로 표현되고 있다. 책임감 있는 정치학은 이제 신학적으로 용인된 인간적 예외주의의 효과들을 정면으로 마주하고 있다. 아니면 빤히 보면서 부정한다. 그래서 2장 "지구: 폐쇄의 기후, 전개의 물질"은 묵시종말론에 반대하는counterapocalyptic 의도를 가지고 촌각을 다투는 문제를 추적한다. 이 책을 출판할 즈음이면 언제나 그래왔듯이 기후변화 지표들은 더욱 악화되어 있을 것이다. 위대한 아프리카계 미국인이자 생태시인인 에드 로버슨Ed Roberson의 시 "세계의 종말 이전에 지구를 보기 위하여"가 우리의 논의를 이끌어 갈 것이다. 인류세에 이미 물질적으로 구현되고 있는 해빙과 홍수들, 가뭄과 화재들, 이민과 불평등들을 성찰하면서, 도나 해러웨이Donna Haraway와 카렌 바라드Karen Barad는 비인간 존재들과의 활력 넘치는 되먹임 고리들로 우리를 초대한다.

만일 생태사회적 시작의 기회가 정치신학의 전환에 달려있다면, 우리는 실제로 신theos의 문제를 재고해야만 한다. 왜냐하면 신학은 결국 민주주의와 생태학과 함께 동행하는데 실패하고 있는 것처럼 보이기 때문이다. 3장 "신학: 지금은 모르는 게 낫다Unknow Better Now"는 기독교 예외주의 신학의 규범적 확신들과 관련해서, 신학적 무지의 지unknowing, 즉 묵언의 신학apophatic theology에 대해서 생각해 볼 것이다. 과정신학은 여기서 구성적인 대안의 은유들을 제시하는데, 그 은유들 속에서 통치권력적 전능성은 창조적 불확정성의 심연에 길을 양보한다. 거기서 사랑으로 투쟁하는 대안, 즉 세속종교적인secularreligious 정치적 잠재력이 물질적으로 구현되기 시작한다.

우리가 불안을 벗어버리면, 카이로스는 보다 충만하게 채워진다. 생성하는 지금으로서 카이로스의 시간은 교차하는 관계들의 두터운 질감 속에서 미래를 결정하지 않는다. 그것은 가능성으로서 현재를 넘쳐흐른다. 가능성, 그것은 다른 가능한 미래들을 위한 가능성이다. 그 카이로스가 희망을 불어넣는다면, 그 희망은 초자연적 구원이나 세속적 진보 혹은 그 어떤 역사 속 낙관주의의 상투적인 희망들과 반대로 작동할 것이다.

그 희망은 무엇을 위한 것인가? 왜냐하면 지금이라는 시간the now-time은 단순히 반대against를 위한 반응으로는 열릴 수 없기 때문이다. 우리는 그 어두운 기회,

그래서 희망이라고 거의 말할 수 없는 기회를 어떻게 이름할 수 있을 것인가? ~을 위한 잠재력이라 할 수 있을까? 정의, 지속가능성, 생태사회적 공공대중, 사회적 민주주의와 같은 말들은 거의 아무런 내용도 말해주지 않는데, 우리는 그 말들을 어떻게 찾을 수 있었을까? 아니면 그 말들은 너무 많은 말을 하고 있는지도 모른다: 성장지상주의를 의미하는 세계화의 흐름 가운데, 인종차별주의자와 이성애적 남성우월론자의 실망과 분노를 끝없이 유발하는 자본주의 정치와 기후변화가 연출하는 죽음의 나선, 그 죽음의 나선을 중단시킬 만큼 충분히 방대하고 두터운 교차횡단적 연대를 그 말들은 가리키고 있는지도 모른다. 그러한 연대가 단지 저항에 그치는 것이 아니라, 그 아상블라주assemblage가 정치적 대안을 고집할 수 있는 활력을 불어넣을 수 있을까? 그러한 연대의 물화物化, mattering 실험이 아무리 공간상 국지적이고, 시간상으로 덧없다 하더라도, 그래서 그러한 연대가 의도한 목표를 실현해 내는 데 실패하더라도, 그 실험들은 충분히 정의롭고 지속가능한 공통의 삶을 촉진한다. 난삽하고 무질서한 차이의 연대들 안에, 즉 우리의 불안정한 조건들 속에서, 음침하게 함께 엮인 그래서 흔히 "지하서민들"undercommons이라는 말로 표현될 수 있는 이 연대의 작업은 무조건적으로 중요하다.matter45)

너무 많은 것들이 문제지만, 여전히 전혀 충분하지 못하다. 가진 대안들이 너무 적지만 그럼에도 불구하고 우리는 발걸음을 내딛는다: 하나의 시작.

---

45) Stefano Harney and Fred Moton, *The Undercommons: Fugitive Planning and Black Study* (New York: Minor Compositions, 2013).

1장 • 정치적인 것

통치권력의 예외성(sovereign exception)인가 집단적 시작(collective inception)인가?

2017년의 여름이 깊어가던 때, 프란시스 교황과 가까운 동료 둘이 "정치적 마니교"political Manicheanism를 경고하는 논문을 발표했는데, 최근 미국 역사에서 전개되는 "묵시종말론적 지정학"apocalyptic geopolitics을 경고하는 논문이었다.[1] 정치와 기독교 근본주의 간의 특히 복음주의권과 보수적인 가톨릭 간의 새로운 융합현상을 보면서, 이 논문은 소위 9/11 이후 "악의 세력으로부터 세계를 자유롭게 하기 위한다"는 사명으로부터 "'나쁜' 심지어 '더 나쁜 세력'의 보다 광범위하고 총체적인 집단적 실체에 맞서는" 미국의 제45대 대통령 트럼프의 싸움으로 수사법의 핵심이 바뀌는 과정을 추적하고 있다. 백인복음주의권의 지지를 끌어내려면 이제 낙태라는 기호뿐만 아니라, 기독교적 의미와 도덕성을 나타내는 또 다른 최소한의 기호들이 필요하게 되었다고 아마 논문의 저자들은 덧붙여 말하고 싶었을 것이다. 적개심을 불러 일으켜 세를 통합할 수 있으면 충분히 승리할 수 있다. 즉, 흑인들과 이민자들과 이슬람교인들에 대한 적개심, 환경보호론자들에 대한

1) Antonio Spadaro and Marcelo Figueroa, "Evangenlical Fundamentalism and Catholic Integralism: A Surprising Ecumenism," La Civilt   Cattolica, 13 July 2017, http://www.laciviltacattolica.it/articolo/evangelical-fundamentalism-and-catholic-integralism-in-the-usa-a-surprising-ecumentism/.

적개심, "그녀"에 대한 [즉 페미-여성들에 대한] 적개심을 통합하는 힘 말이다. 나쁜 '저들'*them*에 대항하여, 나치의 십자표지卍와 하얀 두건으로 각을 세운 '우리'*us*가 다시 모습을 드러내기 시작했다. 북한과의 핵폭탄 놀이 가운데 묵시종말론적 지정학의 요인들이 급증하고, 종교 우파에 대한 선물로 예루살렘을 이스라엘의 수도로 선포하였다.

프란시스 교황이 직접 실천하고 있는 정치신학, 즉 반묵시종말론적counterapocalyptic이고 생태지정학적*eco*geopolitical 신학을 곧장 따르고 싶은 생각이 치밀어 오른다. 프란시스 교황이 보기에, 몸을 낮추어 더러운 발을 씻겨주는 예수의 실천은 두려움과 증오의 정치에 대한 대안, 즉 식민지화와 자본주의화의 정치에 대한 대안을 상징한다. 지구를 염려하는 정치신학은 지구적으로 영향력 있는 친구를 갖는 것이 아니라, "공통의 집인 지구를 위한 돌봄"의 지지자가 되는 것을 의미한다.[2)]

그렇다면 거기에 동조하여 우리는 정치적인 것the political을 공통선을 위한 결집*gathering for the common good*이라 말할 수 있을 것이다. 그렇다면, 이는 하나의 공유지 행성,[3)] 함께 잘살기를 추구하는 정치공동체로서 하나의 연방,[4)] 우리 모두를 위한 집단적 선을 의미하는데, 이러한 의미에서 정치적인 것은 결코 "나쁜

2) 2015년 교황 회칙, "'Laudato Si': On Care for Our Common Home"을 참고하라. 이 회칙은 2015년 5월24일 로마에서 발표되었다. http://w2.vatican.va/content/francesco/en/encyclicals/documents/papa-francesco_20150524_enciclica-laudato-si.html.

3) 미국적 상황에서 "연방" 개념에 대한 새로운 설득력있는 작업들로는 다음의 작품들이 있으며, 각각 신학적으로 정초된 작업들이다: 참조, David Ray Griffin, John B. Cobb Jr., Richard A. Falk, and Catherine Keller, T*he American Empire and the Commonwealth of God: A Political, Economic, Religious Statement* (Louisville, KY: Westminster John Know, 2006); 그리고 경험과 참여를 강조하는 신학적 성향의 작업으로서 특히 미국의 현재에 초점을 맞춘 Marcia Pally, *Commonwealth and Covenant: Economic, Politics, and Theologies of Relationality* (Grand Rapids, MI: Eerdmans, 2016)을 참고하라.

4) 역주: 원문은 a commonwealth라고 간단하게 되어있지만, 'commonwealth'의 역사적 함의가 공유되지 않은 독자들을 위해 풀어서 의역하였다.

놈"을 향한 적개심에서가 아니라, 공통의 것을 향한 투쟁 속에서 만들어질 수 있는 것이다. *sunestalemnos*가 말하는 바울의 카이로스는 단순히 시간을 줄이는 것이 아니라 결집하는 응축을 의미하는데, 이 바울의 카이로스가 반향 되어 울려 퍼지기 시작한다.[5] 여기까지는 그런대로 괜찮다.

그런데 그러한 정의는 그 자체만 놓고 보면 비판적 역동성을 상실할 수도 있다. 정치적인 것the political은, 예를 들어 가족이나 공동체 혹은 종교 모임과는 다른 응축contraction 혹은 다른 모임이다. 가족이나 공동체 또는 종교가 정치politics를 가득 채워 그 정치의 광장에서 살 수는 있지만, 그러나 그것들 자체가 "정치적인 것"the political을 구성하지는 않는다. 정치적인 것은 첨예한 차이를 동반한 투쟁들struggles with acute difference과 동떨어져 생각될 수 없다. 그러한 차이 그 자체가 공통선에 대한 위협, 혹은 도전이나 변화 혹은 심지어 적으로 모습을 드러낼 수도 있다. 그에 대한 응답이 마니교식 이분법이나 묵시종말론보다는 프란시스코 교황처럼 발을 씻겨주는 방식일 수도 있다. 혹은 선거 정치나 사회적 운동을 우선시할 수도 있을 것이다. 그러나 그 응답이 정치적인 것으로 간주될 수 있으려면, 그 응답이 공유된 투쟁을 통해 그리고 그 가운데서 그에 동참하는 공중public을, 소위 "우리"we로서, 결집할 수 있어야만 한다. 응축하고 있는 시간과 더불어, 어떤 의미의 집단적 투쟁이 지구정치신학을 조직화하고 있는가?

친구와 적들

그러면 우리란 도대체 누구인가? 그 '우리'에 대한 물음은-하나의 물음이 되

5) 조르조 아감벤(Giorgio Agamben)이 공들여 구성했듯이, 바울 서신들에서 이 응축 (contraction)에 대한 간략한 분석을 이 책의 서론에서 다루고 있으니 참고하라.

었을 때- 모든 관계engagement를 적절히 정치화한다. 단토Tanto의 "'우리' 백인이란 말이 무엇을 의미하는가?"라는 포스트모던적 물음으로부터 "내"가 줄곧 호소하는 "우리"라는 독법에 이르기까지 말이다. 정치적 주체란 누구인가? 투쟁은 주체를 어떻게 결집해내는가?

여기서 우리는 정치신학을 창설하는 대화에 다시금 참여하게 된다. 1920년대 칼 슈미트Carl Schmitt는 정치적인 것을 단일한 공적 주체의 형성으로 정의했다. 인민을 하나의 인민으로 통합해 낼 수 있는 것은 그들이 하나의 공동의 적을 공유할 때 비로소 일어난다. 이제는 고전이 된 1927년에 출판된 『정치적인 것의 개념』에서 슈미트는 "정치적 행위들과 동기들을 체계적으로 환원할 수 있는 구체적인 정치적 구별은 친구와 적 사이의 구별"6)이라고 단언한다. 사회적 정체성이란 갈등을 통해 성취되는 통일성으로 형성되며, 이 환원 속에서 정치적 "우리"는 어떤 대타자Other, 즉 어떤 "그들"을 향한 공유된 적대감에 의해 만들어진다. 공유된 적대감은 집단을 단순화시켜 만들어낸 통합이지, 결코 차이를 가로지르며 일어나는 순수한 일관성이 아니다. 슈미트는 자유주의적 민주주의의 허약함과 관료주의 그리고 그로 인한 실패를 비평하고 있다. 그래서 정치적인 것에 대한 그 어떤 평화주의적인 생각이나 다원주의적인 생각도 이 슈미트의 비평을 넘어서지 못한다.

그러나 정치철학자 샹탈 무페Chantal Mouffe는 슈미트가 여기서 "거짓된 딜레마"를 제시하고 있다고 주장한다. 집단의 다양성을 창출하는 이종성heterogeneity 異種性이 "정치적 통일성과 인민의 존재를 부정하는 류의 다원주의로 나가든지", 혹은 그렇지 않으면 "인민의 통일성이 존재하고, 그래서 이 통일성이 우리로 하

---

6) Carl Schmitt, *The Concept of the Political*, expanded ed., trans. George Schwab (Chicago: University of Chicago Press, 2007 [1996]), 26.

여금 인민들 외부로 모든 분열을 쫓아내고 적대감을 뿜어낼 것을 요구"한다고 그녀는 말한다.[7] 슈미트는 후자를 주장한다. 그 배제는 단번의 숙청이 아니라 계속 진행되는 통합의 작업이다. 하지만 "그 인민"은 자유로운 토론을 통해서가 아니라, 오직 분열적인 것으로 간주되는 것을 단호히 배제함으로써만 유지될 수 있다.

자신과 반대되는 기독교적 관점을 가볍게 무시하면서, 슈미트는 "적을 사랑하라"는 성서 계명이 정치적 적들과 아무 상관이 없다고 주장한다: "그것은 우리가 인민의 적들을 정녕 사랑하고 지지해야 한다는 것을 의미하지 않는다."[8] 이 해석을 통해 정치신학은 슈미트의 정의definition를 즉각 따라간다: "정치적인 것은 가장 강렬하고 극단적인 적대감이며, 모든 구체적인 적대감은 가장 극단적인 지점, 즉 친구-적의 집단적 구별에 가까우면 가까울수록 더욱더 정치적으로 되어간다."[9] 이 극단의 지점에서 감정적 강렬함이, 자유주의적 합리성과 달리, 불타오르게 되고, 그래서 그의 통합된 정치적 주체와 함께 융합한다. 우리는 그 "우리"라는 의식을 활성화시키는 공동의 적이라는 개념이 가진 힘을 인식하고 있다. 우리 중 많은 이들은 가족이라는 정치 이전의 역학관계를 통해 이 협상의 감정적 힘을 배우게 된다. 가족적 구조에서 공유되는 공동의 증오심이 가족 구성원 간의 허약한 일체감을 순식간에 회복하는데, 이 증오심은 대개 인종차별적 증오심이다.[10]

---

7) Chantal Mouffe, *The Democratic Paradox* (New York: Verso, 2005 [2000]), 54.
8) Schmitt, *The Concept of the Political*, 29.
9) Schmitt, *The Concept of the Political*, 29.
10) 여기서 나는 나의 난삽한 가족적 기원의 역학뿐만 아니라 인종적 백인(whiteness)과 같은 것으로 형성되는 기본적 "우리"의 의식이 '가족적 우리' 대 인종화된 타자로부터 기원하는 방식을 염두에 두고 있다. 참조) Thandeka, *Learning to Be White: Money, Race, and God in America* (New York: Bloomsbury, 2013 [1999]).

"너의 적이 누구인지 내게 말해주면 네가 누군지 말해주겠다."11) 반박하기 어려운 말이다. 그런데 그렇게 되면 그 어떤 공동선이란 것도 결국 공동의 적에 기생하며 살아가는 것이 되어버린다. 물론 비근본주의자이면서 정치적으로 참여적인 신학이라면, 슈미트적인 친구 대 적의 정치를 그 자체로 적으로 읽어내고 싶은 유혹이 든다. 우리의 "우리"는, 예를 들어 우리 우호적인 기독교 진보주의자들의 경우처럼, 우호적 관계를 원하지, 증오를 원하지 않는다. 애들 같은 낙서체로 "사랑이 증오를 이긴다"12)고 선포하는 문구들이 필자가 근무하는 신학교와 같은 곳들에 2016년 11월 9일 밤사이 생겨났다. 그러나 여기서 주목할 점은 이것이다. 그토록 적나라하게 이 증오를 체현하고 있는 이를 당연하게 적으로 부르고 있다는 사실을 어떻게 부인할 수가 없다. 정말 "우리의" 적으로 말이다. 친애하는 낙서동지들이여. 보다 중요한 것은 그렇게 공유된 증오가 우리를 정서적 임계점을 넘어 강력한 연대로 불러 모을 수 있는 기회라는 사실도 부인하기 어렵다는 점이다. 이 증오 대 증오의 구도는 함께하는 연대감을 불러 일으키지만, 그것은 정말로 사랑, 정의 그리고 무엇보다도 공동선을 위한 것이 아니다. 그 연대는 인종차별주의자/성차별주의자/부정론자denialist 체제에 반대하여 그만큼 호전적으로 일어난 것일 따름이다.

"원수를 사랑하라?" 물론, 아멘이다. 우리는 그들을 혐오하기 위해 사랑하지 않는다. 그렇지 않다면, 우리는 그들을 흉내 내고 있는 것이다. 아가페agape라 불리는 어려운 사랑은 증오를 강하게 밀어낸다. 그 사랑은 증오를 가라앉히고 전환시킬 수도 있다. 그럼에도 불구하고, 그 사랑은 적을 그 자체로 인식한다. 그리고 슬프게도 그 아가페는 당신의 적들이 적대적 행위를 멈출 것을 보장하지 않

11) Carl Schmitt, "Theory of the Partisan: Intermediate Commentary on the Concept of the Political (1963)," *Telos* 127 (2004): 85.

12) "Love trumps hate!"는 미국 대통령 트럼프라는 이름을 동사로 사용하여, 트럼프식 정치에 반대한다는 정치적 농담이자 구호이다.

는다. 그들이 당신을 십자가에 못 박아 버릴지도 모른다. 보다 공통의 선을 위한 사랑은 감성적 호소로 둘러대는 정치에 그렇게 쉽사리 밀려나 버린다. 그렇다고 해도 마이클 하트와 안토니오 네그리의 세속적 "사랑의 정치"처럼, 마르시아 펠리의 "관계들 가운데 구별"처럼, 혹은 종교 간의 "혁명적 사랑"처럼, 그 공통선을 향한 사랑은 정치적인 사랑투쟁을, 그래서 참으로 지정학적인 사랑 투쟁을 정녕 그 자체로 타진할 것이다.[13] 그리고 증오의 체제들이 보여주는 현재 징후들에 맞서 우리는 그럼에도 불구하고 시종일관 공공대중a public과 맞서는 것이 아니라, 오히려 공공대중을 위하여 그리고 공공대중과 함께 투쟁하고 있다. 그렇지 않다면 우리는 선제적으로가 아니라 그저 반동적으로reactively 투쟁하는 것에 불과하다.

성서적으로 말해서, 두 번째 증언신약[14]의 강렬한 사랑 명령은 첫 번째 증언구약에 나오는 명령의 반복이자 축약인데, 후자 또한 "이웃"에 대한 사랑을 넘어서서, 이민자, 외국인, 이방인 그리고 그 외 쉽사리 적으로 간주될 수 있는 이들에 대한 사랑을 요구한다. "너희는 나그네를 사랑하라. 전에 너희도 애굽 땅에서 나그네 되었음이니라."신 10:19 그러나 슈미트적 기독교 정치신학에서는 이방인도 적도 사랑해서는 안 된다. 오히려 그들은 하나의 적대적 대타자Other로 슬그머니 붕괴되어 버린다. 그는 적을 "타자와 이방인으로서" 정의한다. "그래서 그 적가 구체적으로 두드러지게 실존적으로 우리와 다르고 낯선 어떤 것이라는 사

13) 사랑이 종교 간 참여(interfaith engagement)를 통한 "공공 윤리"(public ethic)가 되는 "미래의 탄생"을 향한 활발한 활동을 보고 싶다면 남가주 대학(University of Southern California)이 주도한 the Revolutionary Love Project의 홈페이지를 참고하라: http://www.revolutionary-love.net/.

14) 역주: 우리가 통상적으로 사용하는 성서의 구약(Old Testament)과 신약(New Testament)이라는 명칭이 구약과 신약의 대체주의를 함의한다는 비판을 수용하여, 켈러는 신구약이라는 명칭 대신 첫 번째 증언(the First Testament)과 두 번째 증언(the Second Testament)이라는 용어들을 의도적으로 사용한다. 켈러의 용어 사용이 혼동을 초래할 위험도 있으나, 본서에서 '대체주의'에 대한 비판의식을 전개하고 있으므로 켈러의 용어 사용을 따라 '첫 번째 증언'과 '두 번째 증언'이라고 표기한다.

실만으로 그 적의 본성을 입증하기에 충분하다."[15] 그 적이 공격을 감행하거나 전쟁을 위협하는 것과 같은 어떤 잘못을 할 필요도 없다. 이렇게 우리는 1930년대 널리 존경받던 이 사상가가 어떻게 유대인을 통합된 적으로서 가공해내는 일에 지지를 보낼 수 있었는지를 이해하게 된다. 만일 정치집단이 대립적 정체성을 중요하게 여긴다면, 민족적 타자에 대한 종교적 인종적 동일시는 그 즉시 적의 특성을 묘사하고 그래서 그 즉각적인 효과로서 '우리'를 규정하는 가장 효과적인 수단이 된다. 우리라는 일자a we-One 대 저들이라는 타자the they-Other의 구도로 말이다.

종교적 이방인과 비백인 인종을 지목하는 범주는 바뀔 수도 있다. 그러나 그 전략만큼은 고스란히 반복된다. 그러면 우리는 증오심을 실어 나르는 이들에 대한 나의 증오심을 공유하는 우리 중 일부는 어떻게 적대관계의 거울 놀이를 회피할 수 있을까? 우리도 우리의 적을 양산하는 적의 대립적 정체성identitarian oppositionalism에 맞서 우리의 정치적 정체성을 형성하고 있지 않은가? 사실 우리 또한 연대와 정치적 영향력을 위해서 대립적으로 정체성을 형성하고 있지 않은가? 우선은 우리를 반대하는 이들과는 다르게 그리고 이내 성, 젠더, 인종, 계급, 종 … 등의 문제에서 우리와 같은 방향으로 분노를 표출하는데 공감하지 않는 이들과는 대조적으로 우리의 정체성들을 구성하고 있지 않는가?

만일 대안적으로 적개심을 회피하고자 한다면, 우리는 당장 아무런 영향력이 없는 예의바른 공손함civility으로 물러나 거기에 의지하게 되는데, 이는 자유주의적 합리성의 발휘를 기대한 포용주의inclusivism에 의존하는 꼴이다. 슈미트가 1920년대 상황에서 이 입장을 실패라고 판단한 것은 이유가 없지 않다. 그는 베르사유 조약 아래 놓여있는 바이마르 공화국의 참담한 상황을 보고 있었다. 공손한 예의civility는 분

15) Schmitt, *The Concept of the Political*, 29.

명히 시민적인 것의 기초를 형성한다. 즉 도시적 폴리스, 말하자면 공적 투쟁의 상황으로서 정치적인 것의 기초를 형성한다. 그런데 만일 그 예의바른 공손함이 진보를 당연하게 생각하는 합리적 자유주의와 결합하고, 그다음으로 세계 자본주의의 신자유주의적 논리와 결합한다면 어떻게 될까? 점잖은 시민성의 태도가 민주적 '우리'를 형성해 내는데 점차 무력해지고 있는 것은 전혀 놀랄 일이 아니다. 급진주의자들과 온건주의자들 사이에서, 문화적 정체성들과 경제적 계급들 사이에서, 세속주의와 종교 사이에서 발생하는 우리의 내적 모순들이 의견의 일치와 합의consensus를 당연하게 여기는 느슨한 시민적 공손함의 이면에서 곪아가고 있다.

혹은 경합주의

샹탈 무페Chantal Mouffe는 자유주의적 합의나 단순한 적대감의 길을 넘어 "민주주의적 경합주의"16)democratic agonism라는 제3의 길을 명시한다. 경합주의agonism는 증오가 아니라 투쟁을 의미한다. 자유주의가 주장하는 합리적 합의에 대한 정치적 기대를 비판하는 슈미트를 진지하게 받아들이면서, 무페는 "건전한 민주주의적 과정은 정치적 입장들의 활발한 충돌과 이해관계들의 공개적인 갈등을 촉구한다. 만일 그러한 [충돌이] 실종될 경우, 민주주의적 과정은 양보 불

16) 옮긴이주: 무페의 agonism을 국내 일부번역은 "경합주의"로 번역하고 있는데, 이렇게 번역할 경우 agonism이 함의하는 agony의 느낌이 누락되고 만다. agonism은 상대방과 끊임없는 의견과 논리의 경합을 추구하지만, 이 과정에서 'agony'가 일어난다는 것, 그 결과는 결코 장담할 수 없다는 것을 동시에 함의한다. 그래서 '경합주의'는 공정한 경쟁을 추구하는 입장인듯한 인상을 주는 약점이 있다. 그럼에도 불구하고 '아고니즘'이란 음역은 번역용어의 신비주의를 추구하는 느낌이 있어, 기존 번역 용례를 따르지만, 이 경합주의는 공정한 경쟁을 지향한다는 의미뿐만 아니라, 고통과 번민이 동반되는 경합이라는 의미를 담지하고 있음을 일러둔다.

가능한 도덕적 가치들의 대결과 본질주의자의 정체성들 간의 대결로 매우 쉽사리 대치될 수 있다"[17]고 주장한다. 예를 들어, 사회 민주주의라는 보다 민주적인 가능성에 대한 동경심 때문에 단번에 마음이 맞은 활동가들 사이에서 또한 정치 조직과 정체성정치의 안전공간 사이를 혼동하는 이들을 우리는 빈번히 마주치게 되는데, 정체성정치의 안전공간이란 심지어 비슷한 관점들 간의 충돌조차 피할 수 있는 공간을 말한다. 우리가 정치조직과 안전공간을 혼동하게 되면, 우리는 다원주의와 민주주의를 요구하는 보다 광범위한 연대들을 단순한 조직으로 환원시켜 위험을 초래하고 위기를 불러일으키게 된다.

정치철학자 윌리암 코놀리William Connolly는 현재 시행되고 있는 민주주의에 대한 열쇠로서 "경합주의적 존중"agonistic respect의 실천을 제시한다. 이 개념은 무페의 민주주의적 경합주의와 여러모로 유사하다.[18] 코놀리의 관점에서 무페의 경합주의는 적대주의와 보복의 정서를 부채질하는 종교적, 사회적, 혹은 경제적 분노에 저항한다.[19] 그는 정치신학이라는 이름을 사용하지 않은 채, 세속의 한

17) Chantal Mouffe, *The Return of the Political* (New York: Verso, 2005), 6.

18) "경합주의"에 대한 무페와 코놀리의 개념은 서로 매우 가깝지만, 그들은 각자 평행적으로 그 개념을 발전시켜온 듯하다. 다음의 기술을 제공해 준 렌 힐리스(Wren Hillis)에게 감사를 전한다: "코놀리와 무페 모두 아도르노와 푸코의 작업에 의존하며, 또한 (예를 들어, 슈미트, 하버마스, 롤스 처럼) 탐문하고 비평하려는 자료들이 서로 교차하고 있다. 그러나 이러한 공통점들을 제쳐두면, 코놀리는 니체적 패러다임에 보다 강력하게 이끌리고 있는 반면, 무페는 그람시와 같은 전거들을 활용하여 보다 포스트-마르크스적인 투사적 (militant) 급진화를 다루고 있다. 무페는 또한 코놀리를 거명하지 않지만, "레비나스, 아렌트, 하이데거 혹은 심지어 니체"의 어휘들을 활용하는 "윤리적-특수주의 접근법"(ethical-particularist approach)의 입장에서 논리를 전개하는 이들을 비평한다 (*The Democratic Paradox*, 129). 이것이 일깨우는 미묘한 차이들 중 하나는 코놀리가 실존적 고난과 분노/원한에 폭넓게 주목하고 있다면, 무페의 작업에서는 이것들이 잘 드러나지 않는 것처럼 보인다는 것이다. 다른 사람들과 마찬가지로, 무페의 경합주의는 합의가 사회의 이상이나 규범이 아니라는 것, 투쟁은 민주주의적 과정에 본래적이라는 것을 인식한다." 2018년 2월 19일에 주고받은 개인 이메일.

19) William E. Connolly, *The Fragility of Thing: Self-Organizing Processes, Neoliberal Fantasies, and Democratic Activism* (Durham, NC: Duke University Press, 2013), 133.

복판에서 작동하고 있는 종교의 모습들에 주목한다. 복수심 가득한 익살꾼[20]이 미국 통치자의 자리에 오르기 훨씬 전부터 코놀리는 후기 자본주의의 자만과 그 결과, 그리고 그에 따른 실망 속에 담긴 위험들에 대하여 경고하고 있었다. 그는 특히 분노에서 촉발된 감정적 정서가 어떻게 20세기 후반 수십 년간 종교적 우파와 경제적 엘리트 간에 불가능할 것 같은 연합을 부채질해 왔는지를 논증한다. 이 종교와 경제의 연합이 레이건 정부 때 종말론적 지정학을 아주 성공적으로 출범시켰던 융합이 되었던 바가 있다.

"오늘날 '종교'는 신조, 예전, 그리고 영성을 하나의 범위로 뭉개버린 일률적인 단어로서 정치의 존재양식들에 스며들어 융합되어 버렸다."[21] 많은 종교사상가는 "종교"의 일률성에 머리를 끄덕일 것이다 세계에 대한 분노, 그리고 그 세계로부터 불공평한 이득을 얻기 위해서든 아니면 미래에 대한 책임감을 촉구하기 위해서든 간에 그 세계를 구현한 이들에 대한 분노, 다르게 믿는 사람들에 대한 분노 등 종교적으로 점화된 분노는 자본주의적 권력 피라미드의 기단에 동력을 공급한다. 코놀리는 이 동맹이 지닌 강렬한 긴장관계를 논증하기 위해 노고를 아끼지 않는다. 정당정치의 지도자들은 "지금의 극단적인 경제적 혜택을 변호하기 위해 미래에 대한 지구의 책임을 깎아내리고, 반면 복음주의 진영은 불신자들을 심판할 날을 예비하기 위해 미래에 대한 책임을 하찮게 여긴다. 이 두 진영의 전기적 부하가 앞뒤로 공명하면서, 정치라는 기계를 그 부품들의 집합 이상으로 훨씬 강력하게 만들고 있다."[22] 현재 본서가 기획하는 관점에서 결정적인 것은 코놀리가 이러한 형태의 종교와 그들이 가진 믿음이 무엇이든지 간에, 이들과 더 책임

20) 역주: 미국 대통령 트럼프를 풍자하는 표현이다.
21) 참고 William E. Connolly, *Capitalism and Christianity, American Style* (Durham, NC: Duke University Press, 2008), x.
22) Connolly, *Capitalism and Christianity*, 49.

있는 형태의 종교들을 혼동하지 않는다는 점이다.23)

코놀리가 "자본주의적-복음주의 감응 기계"capitalist-evangelical resonance machine라는 별명을 붙인 것에 담긴 그 "우리"는 이제 새로운 전기를 맡게 될 듯하다. 그의 적들은 이제 복음주의나 그 어떤 종교의 가르침을 통해서가 아니라, 폭스Fox방송과 "친구들"의 가르침teaching을 통해서24) 지명될 것이다.25) 그러나 그 "우리"의 정치력이 줄어들고 있다는 징후는 전혀 없다. 분노의 감정이 무언가, 즉 어떤 경제적 특권이나 성적 특권 혹은 어떤 위협적 범죄행위를 부추기거나 혹은 어두운 태도 등을 벗어나려는 동료 시민들을 값싸게 낙인찍어 집단화하고, 그리고 지난 수십 년간 그들을 향해 쏟아지는 분노를 능수능란하게 조작해 왔고, 이제 그 분노의 감정이 "우리"를 위한 보상과 "그들"을 향한 응징을 약속한다. 이 복수의 정서가 보다 심층적인 조건과 융합하게 되는데, 니체는 이 심층조건을 이 땅에서의 삶과 죽을 수밖에 없는 운명mortality에 대한 르상티망*ressentiment*,26) 그래서 시간 자체에 대한 르상티망, 다시 말해서 "예전에 그랬던""it was" 시간의 허약함들fragilities에 대한 르상티망이라 진단했다.27)

최선의 상황들을 가정해도, 그리고 기후변화 이전에도 생명은 불안정하게 남

---

23) "어떤 초월적 존재에 대한 신앙이 자동적으로 분노와 복수의 정서를 표현한다거나, 이 정서가 기독교 자체에 본래적이라거나, 모든 류의 복음주의에 고유한 것이라고 나는 주장하지 않는다." Connolly, Capitalism and Christianity, 52.

24) 역주: '폭스 방송'은 미국 폭스 코퍼레이션이 운영하는 24시간 뉴스채널을 가리키는데, CNN보다 높은 시청율을 갖고 있으며, 미국의 보수주의자들을 뭉치게 하는 뉴스채널로 유명하다.

25) 필자의 "Foxangelicals, Political Theology, and Friends," in D*oing Theology in the Age of Trump: A Critical Report on the Threat of Christian Nationalism*, ed. Jefferey W. Robbins and Clayton Crockett (Eugene, OR: Wipf and Stock, 2018)을 참고하라.

26) 역주: ressentiment은 문자적으로 '원한' 같은 것을 가리키는 단어이지만, 니체의 철학에서는 강자에 대한 반감으로 형성된 원한을 가리키며, 도덕에서 노예의 반란을 추동하는 감정을 말한다.

27) Connolly, *The Fragility of Things*, 171.

아있고, 번민들agonies은 증식하고, 그리고 시간이 얼마 없다. 모든 신앙은 미래의 불확실성을 미지의 것에 솔직한 방식으로 다룬다. 물론 신앙이 다 그런 것은 아니다. "자본주의는 미래에 대한 신앙에 의존한다."[28] 그러나 심지어 자본주의적-근본주의 도식이 보장하더라도 성공의 연대기[29]는 매번 우리에게 전달되지 못한다. 크로노스의 시간은 실망을 안겨준다. 약속된 보상은 다시금 지연된다—내세라는 보상은 발전이라는 측면에서 보자면 결코 충분치 못하다. 적대감이 증가한다. 그리고 이 감정은 손쉽게 이방인과 낯선 사람들을 적으로 간주하는 이야기들을 통해 부추겨진다. 그래서 그 유대무슬림멕시칸흑인동성애난민[30]은 우리의 적이 된다. 부와 건강과 행복이 불확실한 것은 그들 탓이니 그들을 비난하고, 당신의 폭스 방송 친구들 탓으로 돌리지 말라. 시절 탓이다.

우리가 바울서신의 카이로스라는 기표로부터 실마리를 얻을 수 있는 것은 바로 바울이 말하는 지금의 시간이 우리가 시간의 한계들로부터 자유롭게 되기를 원하기 때문이 아니라, 시간의 한계들에 대한 두려움에서 벗어나기를 원하기 때문이다. 카이로스는 시간적 형성들의 엄청난 긴장을 그 자체 안에 응축한다. 시간들 안의 시간, 세계들 안의 세계, 신체들 안의 신체, 이 모든 것이 우리 시대의 지구 속으로 응축되었다. 지구의 연약함을 마음 깊이 간직한 정치신학을 만들어내기 위해 우리가 정확하게 설명할 수 없는 카이로스의 시간과 상호존중의 경합주의 간의 상호관계를 이끌어내는 것을 시작할 수 있지 않을까? 이 카이로스와 경합주의의 상호관계가 점점 더 불길하게 다가오는 크로노스와 적대감 사이의

---

28) Connolly, *Capitalism and Christianity*, 25.
29) 역주: 연대기(chronology)는 '크로노스'의 시간으로서, 이 책에서 '카이로스'의 시간과 대비되는 개념으로 사용된다.
30) 역주: 켈러가 "jewishmuslimexicanblacklgbtqaliens"이라고 한 것은 낯설고 이상한 사람들을 '적'으로 만들어버리는 논리가 '유대인-이슬람-멕시칸-흑인-동성애-외래인'을 잡탕으로 섞어 말들을 만들어낸다는 것을 표현한 것이다.

상호관계에 정치적으로 저항할 수 있을까?

"우리는 서로에게 모든 것을 빚지고 있다"

경합주의는 투쟁을 의미한다. 그래서 상호존중의 경합주의에 담긴 민주적 윤리는 투쟁의 중단을 예견하지 않는다. 그것은 행동을 위한 의견의 일치에 의존하지도 않는다. 그러므로 경합주의는 시간의 고통들을 지우지 않는다고 말할 수 있다. 적대주의적 구조가 일상적으로 가하는 고통들을 포함해서 말이다. 우리는 경합주의agonism가 괴로움agony과 맺고 있는 관계를 증폭할 것이다. 즉 그 관계가 들려질 수 있도록 표현할 것이다. 그러나 이 정직한 경합주의가 정치적 부동성immobility과 절망으로 나아가는 뒷문을 열지 않을까?

아니면 그와는 아주 다르게, 경합주의는 "탄식의 공적 실천"[31]을 가르쳐줄 수도 있을 것이다. 동아프리카를 괴롭혀온 끔찍한 폭력의 흔적 속에서 가능치 않은 삶을 지속해야 하는 현장들을 추적한 소중한 작품을 저술한 엠마누엘 카통골Emmanuel Katongole은 기도와 시와 노래 속에서 이 탄식의 현상을 거듭 거듭 발견한다: "많은 행위들을 동반하는 복잡한 공연, 훈련": "울부짖기, 기억 단련하기, 침묵 유지하기."[32] 아프리카의 현대 문화 속에서 탄식은 구약의 『예레미야 애가』에서처럼 "산산이 부서진 삶의 폐허들 속에서 희망을 피워나가는 길이다."[33] 괴로움을 나누는 것은 트라우마의 역사를 덮는 것이 아니라 드러낸다.

---

31) 애도(lament)로 인해 가능했던 활동가적 희망을 다룬 보다 깊이 있는 정치신학을 살펴보려면 Emmanuel Katangole, *Born from Lament: The Theology and Politics of Hope in Africa* (Grand Rapids, MI: Eerdmans, 2017)와 또한 그의 *The Sacrifice of Africa: A Political Theology of Africa* (Grand Rapids, MI: Eerdmans, 2013)을 참고하라.

32) Katongole, *Born from Lament*, 60.

33) Katongole, *Born from Lament*, 60.

오직 그 괴로움을 나눔으로써, 그것에 함께한 이들은 다시 살아갈 수 있을 것이다. 분노와 연민의 정서들은 연대성이 유지되도록 작용한다. 그때 거기서 요구되는 구조적 정의systemic justice는 보복과 혼동되지 않는다.

다른 말로, 트라우마를 살아내려는 투쟁은 정치적 변혁을 위한 투쟁에 관하여 많은 것을 우리에게 가르쳐준다. 왜냐하면 함께 투쟁하고 때로 우리 자신의 차이들에 관하여 함께 괴로워하는 일을 거절하는 것은 "정치적 입장들의 활발한 충돌"이 일어날 수 있는 정치적 공간의 억압을 의미하기 때문이다. 그렇게 되면 공통선의 가능성, 즉 공통의 안녕을 위한 가능성은 이미 패배하고 만다. 이 문제는 단지 우파에게만 내재한 문제는 아니다. 좌파도 차이를, 즉 이데올로기적인 증오는 말할 것도 없고 내적인 우호적 차이를 가지고 신실하게 존중하며 투쟁하는데 줄곧 실패해왔다. "다양성"이라는 우리의 구호는 늘상 하나의 단일한 차이로 환원된다. 그래서 우리와 다른 낯선 이들의 반동적 통합에 적대감을 투사하면서, 우리좌파는 우리 자신의 차이의 원리를 무너뜨린다. 이는 민주주의적 경합주의가 적대 기계the machine of antagonism에 직접적인 대안을 제공한다고 말하려는 것이 아니다. 올바른 성냄anger과 합법적인 분노resentment가 혼재된 상황 아래서 그것들을 구별하는 일 자체가 우리의 투쟁임을 의미한다.

정치적인 것the political은 정치politics로 환원될 수 없고, 그렇다고 정치의 제도들로부터 면제되는 것도 아니다. 그래서 우리는 정치적인 것the political을 보다 공동적인 선을 위한 투쟁으로 정의할 것이다. 투쟁은 언제나 첨예하다. 왜냐하면 공통적인 것the common은 정치적인 것 아래로 밀려나, 욕구와 서비스와 자원의 흐릿한 배경으로서 간주되기 때문이다. 그 공통적인 것이 전면에 떠오를 때, 공통적인 것은 정치적 집단의 급진적 사회성을 강력하게 공유하게 되고, 이것은 곧 실천하기 까다로운 평등주의를 강하게 공유한다는 것을 의미한다. 발을 씻겨주던 교황이 사회주의나 민주주의가 아니라, 지구적인 공통선의 "통전적 생태학"integral ecology을 주장하면서 가난한 이들과 지구로부터 "공통적인 것"the common이 무엇인지를 알려주고 있다면,34) 우리 역시 비인간적인 것the dehumanized과 인간 이외의 것the nonhuman으로부터 공통적인 것이 무엇인지에 대한 생각을 얻게 된다. 인간이라는 신분 아래로 영원히 미끄러져 들어가는 사람들, 사람들 아래로 우겨넣어진 비인간 존재들. 그런데 지구를 지배하는 정치경제를 조직하는 것은 분명히 공통적인 것이 아니라 예외적인 것이며, 공유지the commons가 아니라 울타리enclosure이다. 지구 자본주의는 지구 공유지global commons와 정확히 반대되는 것을 부각시키고 있다.

이 역설적 상황에도 불구하고 "공통적인 것"의 언어가 연대의 공통근거를 절박하게 찾게 될 때, 오히려 그 집단의 저 아래down-under 깔린 급진성을 상실할 수도 있다는 것을 우리는 알고 있다. 즉 그 공통근거의 토대를 이루는 지구를 잃어버릴 수도 있다는 것을 말이다. 다르게 말하면, 공통적인 것은 그의 공통적이지 않은uncommon 차이들을 상실할 수도 있다. 그런데 그 공통의 근거라 여겨지던 것 아래에 완전한 지하들이 만들어지고 중이라는 사실이 드러난다. 다시 말해서 비인간화된 존재들the dehumanized, 비인간 존재들the nonhuman과 함께 저 아래 밑바닥 흙 속에서 형성 중인 지하 말이다. 그러면 흑인 비판 이론이 '지하서민들'the undercommons이라 부르는 것과 그 광대한 공통성이 떼려야 뗄 수 없이 얽혀있음을 주장할 수 있을 때, 혹은 오직 그렇게 주장할 때만, 지구정치신학이 우리의 보다 공통의 선을 예인하도록 만든다고 말할 수 있지 않을까?

"도망자 계획과 흑인 연구"*fugitive planning and Black study*에 대한 관심 속에서 스

---

34) 많은 자료 중 회칙 Laudato에 대한 필자의 논평 "Encycling: One Feminist Theological Response," in *For Our Common Home: Process-Relational Responses to Laudato Si*, ed. John B. Cobb Jr. and Ignacio Castuera (Claremont, CA: Process Century, 2015)를 참고하라.

테파노 하니Stefano Harney와 프레드 모튼Fred Moten은 비범하게 아름다운 논증으로 "분열disruption 자체이자 또한 분열에 동의하는" 이들을 하나의 "우리"로 지칭할 수 있는 개념으로, 지하서민들the undercommons을 제안한다. 그 "우리는 격변을 지지한다."35) "뒤흔들어 쇄신하기 위해" 파송된, "돈의 위력이 실제 영역보다 훨씬 부풀려진 사유지의 울타리를 열어젖히기 위해" 파송된 "우리는 정치를 포위했다."

그 울타리가 폭로되어 개방되면서 이 '지하서민들'이—그 울타리를 친 사람들의 헤아릴 수 없는 르상티망원한에 비례하여—지구 행성의 사실상 주류를 구성한다. 이제 그 울타리는 지하서민들에 의해 감싸여 에워싸이고 포위된다. 그 지하서민들이 자신들의 배제에 맞서 동원될 수 있는가? "정치는 우리를 더 낫게 만든다고 제안하지만, 그러나 우리는 서로에게 빚지면서 잘살고 있고, 이보다 더 좋을 순 없다."36)

지하서민들은 비록 정치에는 희망을 잃었지만, 그럼에도 불구하고 저항과 자기-조직화를 통해 존속하는 공공대중public이라 불린다. 비록 그들이 모든 이름의 정치를 거절한다 해도, 그들은 결코 무정치적으로 간주될 수 없다. 왜냐하면 "당신이 하는 일이 아니라 당신이 하는 동안 일어나는 일이 중요하기 때문이고, 그리고 그 작업 자체가 존재의 두 양식의 결합이기"37) 때문이다. 그 '일어나는 일'은 시작된 카이로스의 사건성을 떠올려주지 않는가? 모튼의 시학詩學은 보답을 바라지 않는 은혜grace without payback의 음조를 띄고 있다. 그러나 그 시학은 현재의 실험이 안고 있는 불안한 기색을 노출할 뿐만 아니라, 우리가 제안한 경합

---

35) Stefano Harney and Fred Moten, T*he Undercommons*: *Fugitive Planning and Black Study* (New York: Minor Composition, 2013), 20.
36) Harney and Moten, *The Undercommons*, 20.
37) Harney and Moten, *The Undercommon*s, 104.

주의에 도전한다: "우리는 … 정치에 대한 일반적 적대감general antagonism이며, 그래서 모든 통치권력의 결정과 그의 타락한 꼬마인형, 모든 신생 정부와 단란하고 행복한 우리 집을 … 정치화하려는 모든 시도 바깥에서 어렴풋이 모습을 드러낼 뿐이다."38)

"통치권적 결정"이란 강력한 결정권자, 정부 그리고 단란한 민족Heimat, home sweet race 개념에 결정적인 슈미트의 권력 개념을 단지 참조한 것일 수도 있다. 하지만 통치 권력의 결정적 힘은 정확히 적대관계로부터 나온다. 그래서 곧 분명해지겠지만, "예외의 자리에서 내리는 결정"으로부터, 말하자면 통치권자가 비상사태로 간주하는 것과 대면하여 내리는 결정으로부터 나온다. 이때 그 통치권력이 구성한 적대관계와 그것이 가식적으로 연출하는 민주주의적 절차들에 저항하여, 적대주의에 대항하는 세력counteranatagonism이 어렴풋이 나타나 필요한 힘을 결집할 수도 있다. 그렇지만 지금의 정치신학이 지하서민들과 불가분리하다는 것이 그 적대감을 차용하거나 그 적대감의 공간을 차지하고, 그 투쟁에 참여하는 것을 의미하지는 않는다. 그렇지 않다면, 상호존중적인 경합주의와 분열적 경합주의 사이의 차이 자체가 분열의 지점이 되어, 통치권자가 나누고 정복하고 박탈하고 빚을 지우는 명분이 된다. 얼마나 낭비적인가.

그 대신, 정치가 아니라 결집할만한 가치가 있는 하나의 정치적 공유지political commons가, 우리의 적대감의 판단기준으로서, "일반적 적대감"general antagonism39)을 존중할 것임을 인식할 수도 있다. "우리" 안에 담긴 백인의 목소리가 그것을 희석시키지 못하도록 하자. 이 일반적 적대감을 존중하지 못하면, 응축을 의미하는 고린도서의 **sunestalemnos** 즉 결집ingathering 고전 1:7의 용어은 그 순간으로부

38) Harney and Moten, *The Undercommons*, 20.

39) 역주: '일반의 적대감'(general antagonism)은 마르크스의 '일반 지성'(general intellect)을 반영하는 표현이다.

터의 단순한 퇴각을 의미하게 되며, 그래서 그 순간의 생기없는 축소판이 되고 말 것이다. 고린도전서의 결집 혹은 응축은 강렬해지는 어두움의 의미에 더 가깝다. 하지만 이런 인식은 우머니스트 윤리학자 에밀리 타운즈Emilie Townes가 "방법론적으로 불안정한 적대적 이분법들"40)이라 부르는 류의 정신 속에서만 일어날 수 있다.

우리가 관심하는 정치적 경합주의는 스스로를 타이밍의 문제로 인식한다. 통치권자의 증오심과 그 권력의 울타리가 정한 측정 가능한 크로노스의 시간에 맞서, 정치적 경합주의는 미결정적 탈/종료dis/closure41)를 위해 투쟁하는 불안정한 카이로스에 참여한다. 그 미결정적인 것은 그 통치권력이 얼마나 민주적이든지 간에 상관없이, 그 권력 앞에서 그 권력의 울타리를 넘어 결집하는 힘을 발휘한다. 그것은 정치에 사로잡히지 않고 정치적인 것의 힘을 발휘하는 것을 의미할 수 있다. 그 예언자적 지하서민들에 관하여 조금 더 귀 기울여 보면, "우리는 제도의 거짓됨을 증명하기 위해, 정치를 부정확한 것으로 만들기 위해, 우리 자신의 결정이 거짓임을 밝히기 위해 서로에게 빚지고 있다. 우리는 서로에게 미결정적인 것을 빚지고 있다. 우리는 서로에게 모든 것을 빚지고 있다."42)

만일 "우리가 서로에게 모든 것을 빚지고 있다면," 그 빚을 갚는 것은 가능하지 않다. 거기에는 끝없고 부담스러운 부채indebtness 의식만이 있을 것이다. 상품으로 용해되어 버린 생명들의 부조리한 불공평성, 착취와 추출에 기원하는 경제

40) Emilie M. Townes, "If You Quare It You Can Change It: Changing the Boxes That Bind Us," in *Unsettling Science and Religion: Contributions and Questions from Queer Studies*, ed. Lisa Stenmark and Whitney Bauman (Lanham, MD: Lexington, 2018), 64.

41) 역주: 켈러가 사용하는 dis/closure는 '종료' 혹은 '종말'은 끝이 아니라 새로운 시작을 의미한다는 뜻을 나타내기 위한 표현이로, '종료'(closure)를 부정하는 dis-를 '/'와 함께 사용했다. 본래 disclosure는 '폭로'한다를 의미하고, 이것은 대개 묵시적 종말을 가리키는 말로 '종말에 대한 계시'를 가리키지만, 켈러는 dis/closure를 통해 종말을 예언하는 모든 계시는 실상 새로운 시작을 의미한다는 뜻으로 사용하고 있다.

42) Harney and Moten, *The Undercommons*, 20.

의 불공평성, 인간-이외-존재와 더불어 비인간화된 이들이 처한 예속상태의 불공평성, 지불이 끝없이 지체되고 있는 백인들의 부채가 드러내는 불공정성 앞에서조차 부채 의식은 존재한다. "우리가 부채에 대해 말하면서, 부채를 갚을 수 없다고 말하는 것은 그 부채를 인정하지 않는다는 것을 의미하는 것이 아니다."43) 미결정적인 것the indeterminate은 그 어떤 제도로 통제되거나 가두어질 수 없는 시간성 안에 존재하는데, 그 시간 속에서 미결정적인 것은 모든 결정론을 교란한다. 특히 생물학적, 역사적, 종말론적, 그리고 단연코 정치적 결정론을 무질서하게 교란한다. 아마도 제도 정치의 눈으로 보기에 미결정적인 것으로서 정치적인 것the political의 결집은 올바르지 않은 것 그래서 구제 불능한 것으로 간주될 것이다. 왜냐하면 정치적인 것은 정치의 통치권력을 가리키는 왕정주의자든 전체주의자든 민주주의자든 어쨌든 백인만을 가리키는 "우리"에 저항하기 때문이다. 따라서 조셉 윈터스Joseph Winters는 정치적 책임감이란 긴장감으로 가득 차고 우울증 속에서 받아들여야 하는 것이라고 주장하는데, 그는 이것을 『검은 수의로 덮인 희망』*Hope Draped in Black*으로 제시한다. 카통골이 말하는 탄식 가운데 희망의 탄생처럼, 아직은 알 수 없는 것의 어둠처럼, 검게 덮인 천은 울타리가 아니라 층층이 쌓인 탄식을 애도하는 가능하지 않은 가능성을 서술한다.44)

매우 다양한 인종 집단이 의식적으로 미결정성을 지향하고, 서로에게 부채의식을 지면서, 여러 역경에 맞서 행성 공중의 지구적 지하서민을 자신 안에 조직화해 낼 수 있을까? 그 집단은 "정치를 포위했다." 만일 그러한 집단이 가능하다면, 그 집단은 보편적 자유라는 환상으로부터가 아니라, 서로에게 빚진 바 된 이

---

43) Harney and Moten, *The Undercommons*, 151.

44) Joseph R. Winters, *Hope Draped in Black: Race, Melancholy, and the Agony of Progress* (Durham, NC: Duke University Press, 2016). 이 책을 찾아준 내 조교 Winfield Goodwin에게 감사를 전한다.

모든 것의 우발성 속에서 창발한다. 그 집단은 의지할 그 어떤 것도 가지고 있지 않다. 어떤 것이 있다면, 그것은 행동해야 할 어떤 것일 것이다.

자본주의적 신정론, 결정적 차이

결정된 것the determinate은 황급히 그의 약속들을 어기고 있다. 우리의 기회는 미결정적인 것the indeterminate에 달려있다. 만일 우리에게 기회가 주어진다면 말이다. 그 미결정적인 것의 다수성이 연출하는 **무시간적 상황**anarchros의 혼돈 속에서, 다시 말해서 모든 통치권력적 질서의 기원인 하나의 **근원**arche에 맞서 미결정적인 것을 구성하는 다수들의 저항 속에서도 조직성organaization은 결여되지 않는다. 인간들과 비인간 존재들 사이에서 자기-조직화는 모두 '아상블라주'assemblage 혹은 조립체45)의 활동이다. 즉 상호작용적 차이를 간직한 아상블라주 조립체들의 생산활동이다. 마치 세포, 유기체, 재즈밴드, 혁명이 그렇듯이 말이다. 그 미결정적인 것의 자기-조직화의 복잡성은 질서 자체를 전복하는 것이 아니라 통합적인 단순화를 전복한다.

그러므로 이제 우리는 공통선을 위한 투쟁으로서 정치적인 것이라고 앞에서 표현했던 것의 미묘한 뉘앙스를 표현할 수 있다. 우리는 정치적인 것the political을 이런 식으로 정의할 수도 있다. **결정적 차이를 가로지르는 집단적 아상블라주**

45) 역주: assemblage는 철학자 들뢰즈의 '아상블라주'를 인용한 개념으로, 통상 국내 번역에서는 프랑스어의 음역을 따라 '아상블라주'로 표기한다. 하지만 들뢰즈의 용어가 여러 학자들에게 인용되는 과정에서, 이 개념은 더 이상 들뢰즈의 개념을 기계적으로 인용하기 보다는 'assemblage'가 함의하는 다양한 의미를 담지한채 회람되고 있다. 특히 영어권에서 assemblage는 영어 단어의 '조립체'라는 의미를 담지하는데, 존재하는 것은 하나의 독립된 개체가 아니라 '집단체'(the collective)이며, 이 집단체는 그냥 여러 다수들을 무작위적으로 모아놓은 것이 아니라, 하나의 일정한 조직으로 구성하는 조립체라는 의미를 동시에 함의한다. 하여, 이하에서 '아상블라주'와 '조립체'라는 번역을 문맥에 따라 사용할 것이다.

조립체라고 말이다. 결정적 차이란, 차이가 창발적 공공대중public에게 가져오는 위기, 즉 새로운 자기-조직화의 활동들을 요구하는 분기점을 의미한다. 그때 다양성diversity은 민주적 전환이 아니라 집단적 다양화이다. 공공대중의 자기-조직화는 이를 가로막는 모든 제도institution의 오류를 입증할 것이다. 말하자면 자기 자신의 역사적 비결정성을 생각하지 못하는 제도의 오류 말이다.

과학 분야에서 자기-조직화란 복잡한 시스템들이 언제나 "혼돈의 가장자리에서" 창발하는 열린 과정을 의미하는데, 이 상황은 대개 비상상황emergency에서 출현한다. 여기서 혼돈의 가장자리란, 창발하는 시스템들 내부의 국면 전이phase transition를 가리킨다. 복잡성complexity은 혁명적 과정들에서 뿐만 아니라 진화 과정에서도 질서를 요구하지만, 그러나 너무 많은 질서를 필요로 하지는 않는다.46) 신학이 더 나은 세속화들을 위해 헌신하고자 한다면, 이것은 이미 창세기의 과정을 언제나 정치적인 것으로 읽어야 할 하나의 이유가 된다. 말하자면, 창세기의 이야기를 모든 것을 결정하는 군주적 존재의 창조 이야기와는 전혀 다른 이야기로 읽어야 할 이유 말이다. 다음 장에서 다시 상술하겠지만, 거기에는 상명하달식의 창조 대신 혼돈의 가장자리에서, 정말 "심연의 얼굴"the face of the deep47) 위에서 자기-조직화하는 복잡성에 대한 고대 이야기가 등장한다. 창세기 이야기는 의도적으로 시대착오를 저질러 창조 신학의 대양적 지하서민들undercommons인 두렵고 어두운 심연, 즉 태홈tehom의 "얼굴 위에 서린 어두움"을 인종적 치환displacement으로 읽어낸다.

---

46) 필립 클레이튼(Philip Clayton)은 사회주의적 이상의 정치적 희망과 생태적 잠재성을 *Organic Marxism: An Alternative to Capitalism and Ecological Catastrophe, with Justin Heinzekehr* (Claremont, CA: Process Century, 2014)에서 통합해 낸다.

47) 필자의 책 *Face of the Deep: A Theology of Becoming* (New York: Routledge: 2003), 특히 12장 "Docta ignorantia: darkness on the face"를 참조하라. 거기서 필자는 인종화(racialization)의 역동성을 창조의 해석학과 연결시켰다.

코놀리Connolly는 지구 온난화가 현재 만들어내고 있는 결정적 차이에 직면해서, 이를 다룰 수 있는 정치 이론을 구성하기 위해 복잡성의 과학을 요청한다. 우주는 "평형상태와 거리가 멀고, 비선형적이며, 비가역적인 과정들로 가득 차" 있는데, 그런 상태의 우주에서 취약성fragility은 예외적 비상사태가 아니다.48) 코놀리는 『사물들의 취약성』*The Fragility of Things*에서 1755년 리스본 지진을 성찰하면서, 그 상상할 수 없었던 비극을 신학적으로 정당화한 것에 대한, 말하자면 전지전능한 결정론을 주장하는 신앙에 대한 볼테르의 풍자를 성찰한다. 신정론 혹은 다른 말로 악을 대면한 "하나님의 변명"은 코놀리에게 신자유주의적 자본주의의 자기-변호에 대한 비유, 말하자면 그의 정치신학에 대한 비유로 간주된다. 가난한 이들과 지구에 부여된 모든 희생은 그 어떤 것이든지 간에 모두 "모든 가능한 세계들 중 최선[의 세계]"라이프니츠를 위한 것이다. "시장의 이윤착취를 허용하고, 국가 개입을 불합리하다는 이유로 용납하지 않는" 그러한 정치적 신정론은 "많은 해악을 인정하지만, 그럼에도 불구하고 그것들을 비인격적 시장의 필연적인 효과로 간주한다."49)

더 이상 공통선으로의 궁극적 낙수효과라는 명분조차 내세우지 않은 채, 이 단계의 자본주의는 그의 분배 없는 울타리를 진보라는 근대의 시간표를 가지고 계속해서 정당화하고 있다. 세속적이든 아니면 근본주의적이든 간에 신앙의 옷을 입고 말이다. 신자유주의는 지질학적, 생물학적, 기후적으로 다양하게 자기-조직화하는 지구의 생태학들을 그의 세계 조직에 부적합한 외부효과들externalities로 치부한다. 이 세계 도식은 추출과 침탈과 멸종을 용인하면서 세계의 취약성들을 무시한다. 그래서 처음에는 가장 취약한 이들이 위기에 처하게 되고, 이

---

48) Ilya Prigogine, 다음에서 재인용, William E. Connolly, *A World of Becoming* (Durham, NC: Duke University Press, 2011), 96.
49) Connolly, *The Fragility of Things*, 6.

내 우리 모두가 위기에 처하게 된다. 그리하여 선the good이 아니라 오히려 불안정성precarity이 모두에게 공유된다.

상호연결됨의 정서ethos

코놀리는 2013년 어떻게 "경제대공황이 서구 세계에서 파시스트 운동들을 촉발시키고 혹은 강화했는지"50)에 대한 칼 폴라니Karl Polanyi의 1944년의 분석을 경고하듯이 환기시켰다. 폴라니가 『위대한 변혁』*The Great Transformation*에 썼듯이, "자유주의적 자본주의가 처한 막다른 골목에 대한 파시스트적 해법은 시장경제 개혁이라고 할 수 있는데, 이것은 산업과 정치 영역 모두에서 민주적 제도들을 근절하는 대가로 성취되었다."51) 그러면서, 2016년 선거가 있기 몇 달 전, 코놀리는 폴라니의 예지력에 자신의 말을 덧붙여서 더 자세히 썼다. 야심찬 새로운 파시즘의 잠재력을 주시하면서, 코놀리는 새로운 파시즘이 예전의 복음주의적-자본주의 공명 기계를 업데이트할 것이라고 언급한다. "그때 그 낡은 기계는 대치되는 것이 아니라, 시장자유주의의 기존 우선순위들을 그대로 간직한 채 새로운 변형을 시도할 것인데, 이는 민족주의자와 우월주의자 그리고 보호무역주의자와 기독교 세력을 보다 노골적으로 섞어서 세력 강화를 도모할 것이다."52) 이 변형은 우파정치와 종교가 결합하면서 일어난 변태metamorphosis에 대한 코놀리의 초기 언급들에 예고되어 있었다. 취약성fragility을 바라보는 코놀

50) Connolly, *The Fragility of Things*, 190.
51) Karl Polanyi, T*he Great Transformation: The Political and Economic Origins of Our Time* (Boston: Beacon, 2001 [1944]), 245.
52) 참조 William E. Connolly, "Donald Trump and the New Facism," The Contemporary Condition, August 2016, http://contemporarycondition.blogspot.com/2016/08/donald-trump-and-new-facism.html.

리의 시선은 그가 "야망적 파시즘"aspirational fascism이라 불렀던 것이 미국 대선을 거머쥔 사실에 비추어볼 때 더욱 통렬하다. 이 파시즘은 신자유주의적 논리로 인종과 계급과 남성이 겪는 불안정성들을 조작하면서 선거를 쟁취할 수 있었다.53) 이 야망적 파시즘이 추구하는 경제시스템은 다른 시스템들과는 독립된 하나의 "비인격적인 시장의 합리성"으로 스스로 자기-조직화를 위한 양식들을 상정하고, 소위 "거대 정부"를 공격하는 한편, 국가의 정치력에 의존하여 시장의 과정들을 촉진하고 보호하고 확장하고, 또한 "무제한의 권리로 로비를 벌이고 선거 캠페인에 개입"하여 법인으로서 기업의 법률적 권리들을 지켜주고, 노동조합들을 감시하고, 기후변화 위기에 대한 대처를 촉구하는 행동을 사전에 방지하는 등의 일들을 가능케 한다.54)

코놀리는 자기-조직화하는 시스템들의 다수성을 경제로 은폐하는 일을 끈질기게 고발해 왔는데, 우리의 정치 경제가 다시 말해서 우리의 생명이 오히려 그 자기-조직적 다수성에 내장되어 있기 때문이다. "자기-조직화의 차등적 역량들과 더불어 상호작용하는 무수한 개방계들로 이루어진 우주는 시간과 행위주체성과 창조성과 점도와 속도에서 각각 다른 척도로 작동한다."55) 그는 제인 베넷Jane Bennett과 같은 신물질주의자들new materialists의 입장에 가깝지만, 경제 시스템뿐만 아니라 생태 시스템을 포함한 다중적 자기-조직화 시스템들의 상호의존하는 생동력과 불안정성volatility을 주목한다는 점에서 보기 드문 사상가이다. 우리의 정치적 자아를 구성하는 활동은 이 다중적 자기-조직화 시스템들 속에서 일어난다. 시스템들은 미결정적인 상태로 머물러 있지만, 정도의 차이가 존재

53) 참조 William E. Connolly, *Aspirational Facism: The Struggle for Multi-faceted Democracy Under Trumpism* (Minneapolis: University of Minnesota Press, 2017).
54) Connolly, *The Fragility of Things*, 21.
55) Connolly, *The Fragility of Things*, 25.

한다. 시간은 역사적 영향력들로부터 자유로운 순수한 개방성을 표현하지 않는다. 오히려 과거는 현재 속에서 스스로를 반복하지만, 그러나 그 모습은 매번 다르고, 그리고 결코 예측가능하지 않다. 여기서 코놀리는 화이트헤드에 기반하여 논리를 전개하는데, 화이트헤드의 과정 철학은 현재 이 책이 전개하는 신학에도 스며들어 있다.[56] 그리고 비록 코놀리가 "정치신학"의 깃발을 흔들지는 않지만, 종교와 신학은 그가 나열하는 복잡한 시스템들의 목록 중 일부를 구성하면서 영향력을 발휘하고 있으며, 그 영향력은 보수적이거나 혹은 다원주의적일 수 있고, 반동적이거나 혹은 민주적일 수도 있고, 직접적이거나 혹은 은밀할 수도 있다.

실제로, "신비를 대체할만한 요소"가 시스템적 미결정성들 가운데 있기 때문에 그의 철학은 "신학과의 언쟁을 마다하지 않으며, 동시에 이런저런 형태의 신학들 속에 있는 신비적 요소들과 정중한 논쟁을 주고받으면서 신학의 모험에 참여하기를 추구한다."[57] 인간과 비인간 존재들로 구성된 복잡한 시스템들이 때로는 협조적이지만 때로는 불행하게 서로 교차하면서, 다른 리듬들과 척도들과 시간성들 위에서 작동한다. 오직 우리 자신들과 우리 세계들의 취약성을 포용할 때만 우리는 평등주의적으로, 다원주의적으로 그리고 물질적으로 실효성있는 "새로운 아상블라주 조립체"를 진전시킬 체계를 마련할 수 있다. 야망적 파시즘은 또 다른 정서의 경합주의를 그가 추구하는 통합적인 적대주의의 강도intensity로 대체한다. "이것은 다원화를 추구하는 두터운 정서ethos가 정치에서 인식되지 못한 고난과 불확실성과 취약성의 요소들을 극적으로 표현할 때 드러나는"[58]

56) 니체와 화이트헤드를 서로의 눈을 통해 읽어내는 코놀리의 해석이 *The Fragility of Things*, chap. 4, "Process Philosophy and Planetary Politcs"에 나와 있으니 참조하라.
57) Connolly, *The Fragility of Things*, 9.
58) Connolly, *Aspirational Fascism*, 92.

경합주의를 적대주의로 대치한다는 말이다.

지구정치신학의 관점에서 볼 때, 정치적인 것에 제대로 된 이름을 부여하는 인간 집단the human collective의 자기-조직화는 더 이상 물질material로부터 추상화될 수 없다. 결정적으로 그리고 복합적으로 얽힌 인간 시스템들과 비인간 시스템들이 그물처럼 얽혀있는 세계로부터 추상화될 수 없다. 그때 지구는 통합하는 주체로서가 아니라 오히려 기반으로서, 실제로 공통기반으로 등장하는데, 다시 말하자면, 우리 생명들의 행성적 토대를 구성하는 혹은 토대를 떠받치는 토대 아래 토대가 되는 언더그라운드로서 등장한다. 해안지대들에는 너무 많은 물이 쏟아지고, 가뭄이 장기화 된 지역들에서는 물이 너무 부족하고, 너무 더운 기온과 너무나 부족한 식량 문제들에서 드러나듯이 비인간 존재들과의 시스템적 상호작용들이 점점 더 경련성 발작처럼 되어가면서, 기후 체계들은 그 자신만의 자기-조직화 과정 속에서 창발하는 중이다. 지구 온난화는 그 자신만의 시스템이 되어, 팀 모턴Tim Morton이 "초객체"hyperobject라고 부르는 것이 되어 버렸다. 그것은 사물들에 대한 우리의 개념 자체를 좌초시켜 버리는 "어떤 것"a 'thing'이 되었다.59)

우리 종의 관점에서 보자면, 기후라는 "것"thing 속에 암호화된 결정적 차이가 끝없는 위기를 알려주고 있다. 지구라는 기반earth-ground이 전권을 휘둘러왔던 인간 도시문명polis의 배경으로서의 역할을 고분고분하게 순응하기를 점차 거부하고 있기 때문이다. 인간의 기억 속에서 지구는 예전의 생명의 계절적 순환을 통해 신뢰할 수 있는 시간의 흐름들을 우리에게 전해주었고, 말러의 교향곡 〈대지의 노래〉Song of the Earth 마지막 부분인 "도처에서 그리고 영원히"에 나오는 성스러운 현현에서처럼, 우리는 이것을 때로는 환희에 찬 자각이 밀려오는 경험으로

59) Timothy Morton, *Hyperobjects: Philosophy and Ecology After the End of the World* (Minneapolis: University of Minnesota Press, 2013).

받아들이곤 했다.[60] 정확히 말해서, 이 시간의 리듬들이 중지된 것은 아니다. 그러나 그 리듬들이 이제 투쟁과 경합주의와 미결정성의 형태를 전면으로 드러내기 시작하고 있으며, 이 모습들은 우리가 예전에 인간 역사를 서술하기 위해 사용하던 용어들이다. 분명코 그 리듬들과 모습들이 우리의 불안정성에 대한, 즉 시간성 자체에 대한 인간의 르상티망ressentiment 또는 막연한 분노를 가중시킬 것이지만, 또한 다른 한편으로 우리의 긴박한 현재가 응축되고 있는 지구적 시간에 대한 보다 신중한 반응들을 불러일으키고 있기도 하다.

코놀리는 시간성에 매우 각별한 주의를 기울이는데, 시간성이 우리의 우주정치적 얽힘들의 불안정한 유한성과 폴리리듬적[61] 복잡성 모두를 의미하기 때문이다. 그 유한성과 복잡성에 대한 인식이 새로운 정치적 행동주의를 위한 시간, 즉 민주적 투쟁을 위한 시간을 현현하며, 이는 선거 정치를 생략하자는 것은 아니지만, 그것을 월등히 능가한다. 그것은 카이로스의 소리를 들으라는 음성으로 다가온다. "오늘날에 유의미한 행동주의는 일련의 동조자들에게 둘러싸인 핵심 계층에 의한 정치적 행동주의가 아니라, 오히려 서로 얽힌 거대한 무리의 소수자들을 요구한다."[62]

따라서 다양한 시스템들의 다중적 시간성들과 그들의 상호적 겹침은 "무리짓기"swarming라는 새로운 공공전략을 제안한다. 우리 때문에 멸종 중인 꿀벌들이 벌이는 협동의 리듬으로부터 배워야 할 것이 여기에 있다. "다원주의 아상블라주 조립체"가 여러 곳에서 창발하여 결집하면서, 그로부터 창발하는 공유지commons가 행성 규모의 다양한 지하서민들the undercommons과 더불어 웅웅거린다. 이 새로운 공공전략이 제

60) *Everywhere and Forever: Mahler's Song of the Earth*, a film by Jason Starr (Pleasantville, NY: Video Artists International, 2014), DVD4585.
61) 역주: 폴리리듬(polyrhythm)은 대조적인 리듬들이 동시적으로 사용되는 것을 가리키는 음악용어로부터 유래한다.
62) Connolly, *The Fragility of Things*, 19.

시하는 정치는 필자의 저서 『불가능한 것의 구름』*Cloud of the Impossible*에서 얽혀있는 차이의 '콤플리카치오'complicatio[63]라고 신학적으로 표현한 것과 닮았다. "우리는 얽혀진 세계에 거주하고 있고, 그 안에서 최선의 희망은 상호연결된 우리의 정체성들, 관심들 그리고 정서들ethos을 연장하고 넓혀 나가면서, 우리의 정치적 행동의 자리들을 증식시켜 나가는 것이다"[64]라고 코놀리는 적는다. 이 연장적 증식이 그 집중적 응축들 속에서 무리짓는 정치적 집단체를 만들어내고, 결집하고, 다시 이 정치적 집단체가 결정적 차이 앞에서 스스로를 조직한다. 여기서 결정적 차이란, 정치적 집단체의 다양한 정체성들과 우선순위들 가운데서 특히 두드러지는 차이를 의미한다.

그러나 우리는 분명히 물어야만 한다. 시간 그 자체가 우리에게 응축되고 있는 이때에 우리는 어떻게 "우리의 상호연결됨의 정서를 넓혀갈" 수 있을 것인가? 우리는 지구적 위기의 얽혀있는 차이들 앞에서 그 대신 이렇게 물을 수도 있다. 어떻게 우리가 그러지 않을 수 있을까? 만일 정말로 "우리가 서로에게 모든 것을 빚지고 있다"면 말이다. 그 모든 것은 다채롭지만, 신시아 모 로비다Cynthia Moe Lobeda가 인종적 특권에 빗대어 표현한 "기후 부채"climate debt 개념에서 드러나듯이, 다양성을 유지할 행성적 균형이 무너지고 있다.[65] 우리의 지구적 상호

---

63) 역주: complicatio는 켈러가 신학적으로 재해석(재구성)한 용어로, 어원적으로 com은 '함께' 혹은 '더불어'를 의미하고, pli의 어원은 ply에 해당하는데 이는 들뢰즈가 즐겨 쓰는 용어 'fold'와 맞닿는다. ply가 어원상으로 '열심히 일하다'(work diligently)는 뜻을 가진다는 것을 고려할 때, com-pli-catio는 '함께 열심히 작업하다'는 의미가 될 것이다. 여기서 영어 complication이 복잡하게 얽힘을 의미한다는 것을 염두에 두자. 얽힘은 복잡하고 까탈스러운 방향으로 일이 복잡해지는 것이기도 하지만, 동시에 다른 한편으로 함께 열심히 작업하면서 타래를 풀어나가는 작업이기도 하다는 것을 켈러는 complicatio에 담았다.

64) Connolly, *The Fragility of Things*, 193-94.

65) 참조 Cynthia Moe Lobeda, "Climate Debt, White Privilege, and Christian Ethics as Political Theology," in *Common Goods: Economy, Ecology, Political Theology*, ed. Catherine Keller, Melanie Johnson-DeBaufre, and Elias Ortega-Aponte (New York: Fordham University Press, 2015).

의존성은, 신경을 쓰든 혹은 무시하든 간에, 하나의 응축일까? 차이를 접어버리는 것으로서가 아니라, 서로 맞접는 콤플리카치오*complicatio*로서의 응축 말이다. 그리고 만일 우리가 지구정치신학을 고수할 거라면, 사람들을 정치적 자기-조직화로 응축하면서 도시문명polis을 더 이상 비인간 동반자들과 그것을 구성하는 요소들의 무한한 웅웅거림으로부터 추상화시켜서는 안 된다.

하지만 그런 생태적 지하서민들이 갑자기 인간의 다양성을 균일화시키지는 않는다. 비록 지구 온난화가 이제 우리를 결집시키는 적이 되기는 했지만 말이다. 생태적 지하서민들을 통해 인간의 다양성을 균일화시키는 일, 그것은 자연/문화라는 이항대립의 수정에 불과하며, 또한 상호연결됨의 정서에 정확히 반대되는 일이다. 통합적 적대주의를 추동하는 비판적 차이가 압박을 멈추지는 않을 것이다. 그러나 다원주의적 경합주의는 그 차이들을 단순한 모순으로서가 아니라 복잡성으로 다룬다. 이 책의 2장에서 강조하는 내용이지만, 보다 공통의 선을 지향하는 경합주의는 이제 비인간 종들과 요소들과 체계들로 이루어진 지하서민들과 연관되지 않을 수 없을 것이다. 그래서 그 경합주의의 투쟁은 복잡한 자기-조직화의 과정으로서 정치적인 것을 다룬다. 그것은 비판적 차이를 대면한 아상블라주 조립체assemblage이다.

통치권력의 예외성

정치적 투쟁의 "결정적 차이"critical difference는 비판적critical이라는 말에 담긴 심층적 의미를 요구한다는 사실을 기억하는 것이 결정적이다. 비판적이라는 말은 "분별하다" 혹은 "판단하다" 혹은 "결정하다"를 의미하는 그리스어 '크리네인'krinein으로부터 위기를 의미하는 크리시스krisis로 확장되어가는 과정과 관련된 말이다. 결정적 차이는 필연적으로 행동을 결단해야 하는 위기를 가리키며, 이것이 우리가 단지 함께 모이는 것에 그치지 않고 정치적으로 자기-조직화하는 이유이다. 관점에 관한 것이든 정체성에 관한 것이든 혹은 상황에 관한 것이든 간에, 결정적 차이는 위기를 창출하고, 결정을 요구한다. 그리고 이것은 그 절단cut의 단순화, 즉 결정de-cisere의 단순화에 저항하는 우리의 복잡하게 얽혀있는 상호연관성들을 고려할 때, 끔찍하게 어려운 일이 될 것이다.

문득 우리 자신이 『정치신학』의 첫 번째 중요한 공리로 인용되길 기다려왔던 슈미트의 과묵한 시선 아래로 돌아가고 있음을 보게 된다. "통치권자는 예외를 결정하는 자다."66) 여기서 예외란 비상사태emergency를 의미한다. 사실, 주권국가의 권력은 결정하는 지도자의 인격으로 응축되는데, 말하자면 비상상태가 일어났는지를 결정하는 자, 즉 법을 정지시킬 수 있는 입법자의 인격으로 응축된다. 예외적 위기가 무엇인지를 결정한다는 점에서, 그를 결정할 수 있는 통치권자의 예외적 권력이 바로 통치권력의 규칙 자체를 증명한다.

슈미트는 바로 거기, 즉 "예외 가운데" 있는 권력의 정점에 신학을 못 박아서 고정시켜 버린다. 만일 근대의 모든 정치적 개념들이 세속화된 신학이라면, 그것은 바로 역사적으로 "전능한 하나님이 전능한 입법자가 되었기"67) 때문이다. 그리고 이 세속화의 과정을 통해서 법은 그의 숨겨진 종교적 책임을 수행한다. "법적 예외는 신학의 기적과 유사하다."68) 그리고는 교묘하게 무장 해제시킨 키에르케고르를 자기 말로 풀어서 서술한다. "예외는 규칙보다 더 흥미롭다. 규칙은 아무것도 증명하지 못한다. 예외는 모든 것을 입증한다. … 예외 속에서 실

---

66) Carl Schmitt, *Political Theology: Four Chapters on the Concept of Sovereignty*, trans. George Schwab (Chicago: University of Chicago Press, 2005 [1985]), 5.
67) Schmitt, *Political Theology*, 36.
68) Schmitt, *Political Theology*, 36.

제 삶의 권력은 반복성으로 무뎌진 기제의 딱딱한 외피를 뚫고 들어온다."[69] 따라서 슈미트는 보편주의에 반대하기 위해 키에르케고르를 동원한다. 그 보편주의가 헤겔적인 것이든 자유주의적인 것이든 또는 마르크스주의적인 것이든 간에 말이다. 왜냐하면 보편적인 것은 형이상학적이든 유물론적이든 간에 어떤 포괄하는 전체를 지명하는데, 거기에서는 어떤 예외도 있을 수 없기 때문이다. 따라서 보편주의의 합리성은 이미 통치자의 권력을 구속한다.

슈미트는 인용하는 그 구절에서 키에르케고르가 자신의 변증법의 아이러니 가운데 적고 있는 내용, 즉 "합법적 예외는 보편적인 것 속에서 화해한다"[70]라는 내용을 언급하지 않는다. 왜냐하면 만일 예외가 진정한 새로움true novum을 주장한다면, 그것은, 아브라함이 이삭을 제물로 바치는 경우처럼, 거대한 경합주의agonism를 통하여 보편적인 것의 시선을 획득하기 때문이다. 그러면 이 "합법적 예외"는 보편적인 것과 무관하다고 생각하기가 어려워진다. 이 합법적 예외는 "보편적인 것을 강렬한 열정과 더불어 생각한다."[71] 키에르케고르는 보편과 특수 사이의 교착상태를 깨부수려고 했던 것이지, 보편을 무력화시키려는 것이 아니다. 그리고 "자유주의"liberal 신학만이 자신만의 보편적인 것을 변증하는 것도 아니다. 그래서 캐스린 태너Kathryn Tanner는 경제정의를 위해 "우리의 도덕적 나침판으로서 보편적이고 포괄적인 상호이익 공동체라는 신학적 비전"[72]에 고전적으로 몰두한다. 그렇게 정치신학은 적어도 다른 언어로 지구의 다중 공동체들에게 책임을 지고자 한다.

---

69) Schmitt, *Political Theology*, 15.

70) Søren Kierkegaard, "Concluding Letter, Repetition," in *Fear and Tembling / Repetition*, ed. and trans. Howard V. Hong and Edna H. Hong (Princeton: Princeton University Press, 1983), 227.

71) Kierkegaard, "Concluding Letter, Repetition," 227.

72) Kathryn Tanner, *Economy of Grace* (Minneapolis: Fortress, 2005), 142.

슈미트는 그 어떤 포괄적인 선good도 경멸하면서, 자유주의적 민주주의의 관료주의적 무기력을 겨냥했다. 그 관료주의적 무기력은 "현실적 삶의 힘"을 차단하기 때문이다. 그리고 불행하게도 자유주의적 기계는 통치권력의 두터운 외피를 뚫고 나갈 힘을 우파에게 양도하는 것처럼 보인다. 그렇게 "현실적 삶"의 성공적인 권력-움켜쥐기는 다음과 같이 이루어진다. "여러 사람의 요청을 받아들여, 비록 내 생각에 아주 따분한 두 시간이 되겠지만, 민주당 토론회를 트위터로 생중계할 것이다!"73)

슈미트에게, 자유주의의 관료주의는 "영원한 대화"*ewiges Gespräch*를 주장하는 다원주의적 민주주의와 합세하여, 모든 목소리에 귀 기울이고, 시민적 예절을 실천하면서, 결정을 연기하고 있다. 이 근대주의적 허비dissipation는 그가 보기에 자유주의적 기독교 혹은 이신론deism과 떼려야 뗄 수 없는 것으로, 여기서 자유주의적 기독교의 이신론이란 "세계로부터 기적을 추방한 신학과 형이상학"74)을 말한다. 20세기 초엽의 자유주의 신학들은 하나님의 전능성이라는 교리에 직접적인 물음을 제기한 적은 거의 없지만, 아버지의 통제와 간섭 같은 심상을 대수롭지 않게 여겼다. 그래서 슈미트가 젠더의 재구성을 도모하는 20세기 초의 실험들을 같은 구절에서 단칼에 정리하는 모습을 보는 것은 전혀 놀랄 일이 아니다. 그는 그 실험운동들을 "가부장적 가족제도와 일부일처제 속에서 죄의 현실적 상태를 보는 … 무정부주의자들"75)과 같은 부류로 내쫓아 버린다.

너무 해석학적이고, 너무도 그녀her 같기 때문이다. 기독교의 군주적 하나님이 가지고 있는 세속적 권세가 관건이었다. 그분His의 전능성이 침해받고, 비상사태 시 단호하게 행동할 수 있는 국가의 역량이 무기력해진다. 슈미트가 그의

73) Donald J. Trump, Twitter post, 13 October 2015, 2:43 am, http://twitter.com/realdonaldtrump/status/653868764094722048?lang=en.
74) Schmitt, *Political Theologyy*, 36.
75) Schmitt, *Political Theology*, 64.

통치권자를 마침내 총통the Führer76) 히틀러에게서 찾았다는 사실은 그 적대주의의 인종차별적 성차별적 종교정치religiopolitics가, 예외 가운데in the exception, 어디로 흘러가는지를 보여준다. 요점은 파시즘이 불가피하게 통치권력으로부터 흘러나온다거나, 심지어 비상사태 혹은 예외적 상황으로부터 흘러나온다는 것이 아니다. 신성한 독재권력은 더 이상 전능성 교리의 필수적인 결과물이 아니다. 그러나 위기가 깊어질 때, 권위주의적 지도력은 생기를 잃고 축 늘어진 체제들의 무기력을 돌파해 내면서 절호의 기회를 잡는다.

무로부터인가 생성으로부터인가

슈미트가 사법적 통치권력 이론의 신적 근원으로서 전능한 인물로 복귀하는 데에서 『정치신학』은 정점에 이른다. 여기서 그는 일견 카이로스의 지금의 시간과 유사한 어떤 것을 향하여 손짓한다. "결정의 순간을 향해, 이성이나 토론에 근거하지 않은 그리고 자신의 결정을 정당화시키려 하지 않는 순수한 결정을 향해. 말하자면, 무로부터 창조된 절대적 결정을 향해."77) 그에게 그 밖의 모든 다른 것은 생명력 없는 보편주의이거나 아니면 무정부상태와 혼돈이다. 공산주의자, 사회주의자, 무정부주의자, 그리고 자유주의자 이 환원할 수 없는 차이들이 그렇게 하나의 자극적인 적으로 병합되어 버린다.

"무로부터 창조된" 결단은 의심의 여지없이 실존적인 호소력을 발휘한다. 그것은 근대성의 합리화된 시간chronos,78) 즉 근대성의 타협적인 관성을 파열시킨

76) 역주: 여기서 총통은 히틀러를 말한다.
77) Schmitt, *The Concept of Political*, 66.
78) 역주: 크로노스(chronos)와 카이로스(kairos) 모두 시간을 의미하지만, 크로노스가 기계적으로 흘러가는 정량화된 시간을 가리킨다면, 카이로스는 무언가가 이루어지는 결단의 시간을 의미한다는 점에서 차이가 있다.

다. 하나의 정치적 돌파로서 이 "결정의 순간"은 무로부터의 창조creatio ex nihilo의 신학을 재현한다. 그러나 그 창조론의 시간성을 바울서신에 나오는 카이로스의 시간과 혼동해서는 안 된다. 그 '무로부터'ex nihilo는 지금의 시간이 아니라 그 자체로 단일한 기원, 즉 시간 자체에 대한 절대적 예외를 의미한다. 순수한 무로부터의 창조론을 고수했던 기독교의 오랜 전통은 분명히 끝없는 연속 혹은 기계적 연속으로서 시간관을 중단시킨다. 그런데 거기에서 이 기적적 행위가 근대성의 합리화된 시간에 대한 유일한 대안, 실로 유일하게 성서적으로 보증된 선택을 제시한다는 추정이 작동하기 시작한다. 하지만, 대부분의 제1 증언구약 학자들이 오랫동안 동의해 왔듯이, 무로부터의 창조는 그 자체로 성서-이후적postbiblical 개념, 즉 성서가 만들어지고 난 후에 만들어진 창조개념이다. 성서 이야기는 공허 속에서 이루어지는 전지전능한 결정을 지지하지도, 순환적이거나 선적인 시간의 공허한 연속을 지지하지도 않는다는 사실을 나는 다른 곳에서 제시한 바 있다.79)

성서를 여는 이야기에 등장하는 엘로힘Elohim은 자기 마음대로 세계를 결정했다고 말할 수 있다. 그러나 그 결정은 단연코 "무로부터" 이루어진 결정은 아니다. 그 결정은 그저 순수한 공허인 무"로부터"out of의 결정이 아니라, 2절에서 "깊음"the deep이라 불리는 것의 복잡한 잠재성으로부터 이루어진 결정이다. 어거스틴은 "혼돈" 혹은 "대양"으로 번역될 수 있는 태홈tehom을 "무와 같은 어떤 것"nothingsomething이라고 표현했다.80) 그러나 슈미트적 정치신학도 결코 그러한

79) 참고 Keller, *Face of the Deep*, 74-75.
80) "하지만 절대적인 무는 존재하지 않았다. 거기에는 어떤 구체적 특성을 결여한 형상없음이 있었다." (Confessions, XII.3). *The Confessions of Saint Augustine*, trans. John K. Ryan (Garden City, NY: Image, 1960), 306. 어거스틴이 자신의 사유를 "물체들 자체에" 고정시키고, 그들의 변하기 쉬운 성질을 보다 깊이 성찰할 때, 그는 "무와 같은 어떤 것"(nothingsomething, nihil aliquid)을 구별했다 (XII.6). Keller, *Face of the Deep*, 74-74에서 인용되었다. 아울러 Virgina Burrus와 함께 쓴 필자의 다음 논문을 참고하라: "Confessing Monica: Reading

대양적 혼돈으로부터의 창조의 해석학을, 즉 어둡고 불확정적이고 속절없이 유대적인 태홈으로부터의 창조 해석학을 용인할 수는 없을 것이다. 참으로, 무로부터의 창조라는 직선적 이야기는, 그에 담긴 정치가 무엇이든지 간에, 내가 심연으로부터의 창조creatio ex profundis라고 부르는 대항이론counterdoctrine을 용납할 수 없을 것이다. 그것은 하나님의 전지전능한 통제라는 전체 교리체계의 토대들을 범람하여 물에 잠기게 만든다. 그 심연의 렌즈를 통해 창세기 이야기는 그 자체로 "영원한 대화"로 읽혀지기 시작한다. 실제로 11세기 주석가 라시Rashi는 "우리가 만들자"let us create라는 구절의 복수대명사 속에서 창조가 하나의 상담적 과정이라는 증거를 본다.81) 그 복수적 단수명사82) 엘로힘은 부르시고, 형성되는 피조물들은 창조적으로 응답하고, 그리고 엘로힘은 흔쾌히 "좋다."it is good라고 응답하시면서, 전체 대양과 행성을 자기-조직화하는 우주의 진화적 상호창조성으로 유혹하신다. 그렇게 창발하는 특별한 우주는 전적으로 새롭고 그리고 좋고, 좋고, 좋은 것으로 모습을 드러낸다. 그러나 공허 속에서 이루어지는 절대적 결정으로 나타나는 것은 아니다.

지하에서 혹은 물속에서 작용하면서, 그 "본래적인" 심연으로부터의 창조는 하나의 정치신학으로서 다시금 응축하는 카이로스와 함께 행동할 것이고, 바로 거기서 언제나 다시금 새롭고 개방적인 그래서 계속적인 창조가 일어난다. 그 창조란 자리를 차지하면서taking place 시간을 들이는 일이다.taking time 진화론적 돌파의 순간들 속에서, 새로운 창발의 카이로스들 가운데서, 창조genesis는 70인역

Augustine Reading His Mother," reprinted in Catherine Keller, *Intercarnations: Exercises in Theological Possibility* (New York: Fordham University Press, 2017).

81) 참고 Keller, *Face of the Deep*, chap. 6: "Sea of Heteroglossia: return of the biblical chaos."

82) 역주: 엘로힘은 '신들 중의 신'이라는 뜻이며, 창세기 본문에서 드러나듯 하나의 신이 아니라 스스로를 '우리'라고 지칭하는 신들의 집단체를 가리키기도 한다. 이런 맥락에서 켈러는 '엘로힘'을 '복수적 단수명사'(plurisingular)라고 표현했다.

그리스어 성서에서는 “생성”becoming을 의미하는데, 이는 전지전능의 일방적인 통치가 아니라 “수면 위에 운행하는” 영the Spirit을 전달하며, 절대적 결정이 아니라 “거기에 … 있으라”는 부름call을 전달한다.

이 해석학적 뉘앙스는 정치신학에 중대한 결과를 야기한다. 심연으로부터의 창조 신학은 예외적 통치권력의 세속화와는 다른 세속화를 끌어낼 것이다. 그것을 시작the inception이라고 부르자. 왜냐하면 새로운 것의 기회는, 그리고 그의 진정한 가능성은 우리로 하여금 바로 이 위기의 순간에 다시 시작할 것을 촉구하기 때문이다. 결정적 차이와 대면한 현재의 순간에 말이다. 그리고 다시, 그리고 …. 영화 「인셉션」*Inception*과 달리, 이 새로움은 다른 사람의 무의식적 정신을 조종하지 않는다. 그러나 영화에서처럼 실천의 근본적인 변화가 의도적으로 시작되어서, 그 시작의 신학이 세속정치 속에 잠재의식적으로 삽입되기를 시도한다. 그 새로움은 공허 속에서가 아니라 우리 창조의 혼돈 속에서, 엉망진창인 우리의 형성becoming 속에서 우리를 일깨운다. 그 엉망진창인 우리의 형성 속에서 메시아적인 것과는 다른 어떤 것을 느낄 수도 있지만 말이다.

시작의 생성 속에서 자기 스스로 예외를 선포하는 것에 대한 저항이 불현듯 번쩍 일어난다. 그 어떤 단일의 군주적 결정권자로부터 자유롭게 풀려나, 정치신학은 또 다른 가능성을 신화(神話)한다.divines: 행성적 얽힘의 다면적인 공적 포용.

하나의 제국, 하나의 종교

그러므로 유신론자들, 무신론자들, 자연주의자들 그리고 그외 다른 사람들에게 정치적 책임감이란 낡은 도식들의 새로운 작동을 고려하는 것, 즉 낡은 도식의 새로운 작동들에 따른 정치적 책임을 유념하는 것이다. 말하자면, 다양하게 분기하고 또한 자주 대립하는 신학적 모티브들이 계속 정치적으로 작동하는 것에 주의를 기울여야 한다는 것이다. 주의attention는 개종이 아니다. 주의한다는 것은 신학 전통들 내의 경합과 신학전통들 사이의 경합들 그래서 그들 사이에서 갈등하는 세속화 방식들 간의 경합들에 대한 일정한 인식을 요구한다. 다른 말로 표현하자면, "정치신학"으로서 신학적 모티브들을 계속해서 사용하는 것은 방법론적 뒷거래를 유념한다는 것을 의미하는데, 그 뒷거래를 통해 오늘날 살아있는 종교 사상이 심지어 토착적, 힌두교, 불교, 유대교, 기독교, 무슬림 등의 구체적인 형식들을 유지하면서도 보다 왕성하고 폭넓은 대화에 참여할 수 있다. 그 폭넓은 토론이 생생하게 살아있어서, 공통선을 향한 다양한 길을 예비한다.

다원주의 문화는 세속 문화보다 언제나 그리고 이미 광범위하기 때문에 때로 탈세속주의postsecularist 문화라 불리기도 하지만, 이는 종교적인 것의 단순한 "복귀"return 혹은 종교적인 것으로의 복귀를 의미하지는 않는다.[83] 다원주의 문화는 소위 크리스천 아메리카의 꿈이나 근본주의의 부상으로 환원될 수 있는 것이 아니다. 해방의 신학들이 융기하던 지난 반세기처럼 다양한 진보운동 진영들 내에서 두드러지는 종교의 부활은 "세속적인 것"the secular으로부터의 퇴행도, 세속을 넘어선 진보도 아니다. 그래서 진보적인 것이 단순히 세속화를 대표한다는 인식의 연장선에서, 다원주의라는 이 반동적 선택권이 단순히 탈세속화desecularization를 대표하는 것으로 보아서는 안 된다. 왜냐하면 여기서 결정적인 것은 세속성secularity 그 자체가 아니라, 세속화의 다른 도식들에 맞서 어떤 것이 강화되고 있다는 사

83) 탈세속화 사회(the postsecular)는 특히 찰스 테일러(Charles Taylor)의 *A Secular Age* (Cambridge, MA: Belknap Press of Harvard University Press, 2007), 위르겐 하버마스(J rgen Habermas)의 "Secularism's Crisis of Faith: Notes on Post-Secular Society," *New Perspectives Quarterly* 25 (2008): 17-29 그리고 로지 브라이도티(Rosi Braidotti)의 "In Spite of the Times: The Postsecular Turn in Feminism," *Theory, Culture and Society* 25 (2008): 1-24와 연관된다.

실이기 때문이다.84)

슈미트는 신정국가의 성스러운 군주제에 매력을 느꼈다. 신정국가의 군주제에 대한 그러한 향수가 심지어 세속화된 형태로 포장되어 있을지라도, 혹은 바로 그렇기 때문에 예외주의적 전능성의 유산을 각별히 추앙하는 보수주의의 입장을 분명하게 알아보는데 도움이 된다. 군주적 통치권 모델이 기독교가 추구할 수 있는 유일한 정치신학이었던 적은 한 번도 없었다. 그러나 군주제 도식의 정당성은 이미 4세기에 노골적 형식으로 그 모습을 드러낸다. 콘스탄티누스 황제의 집사 신학자였던 유세비우스 주교는 기록하기를, "그리고 분명코 군주제는 다른 모든 형태와 구조의 통치체제를 월등히 초월한다. 왜냐하면 그와 반대되는 형태로서 평등에 기반한 민주주의적 권력은 무정부 상태와 무질서로 서술될 수 있기 때문이다."85) 기독교 제국의 근원에 이렇게 노골적인 반민주주주의적 사고방식이 있다는 사실에 놀라움을 고백하지 않을 수 없다. 유세비우스의 정치신학은 완전한 자기-일관성을 갖고 있다. "그렇게 동일한 하나님의 분명한 임명을

84) 참고 Jos Casanova, "Rethinking Secularization: A Global Comparative Perspective," in *Religion*, *Globalization*, *and Culture*, ed. Peter Beyer and Lori Beaman (Leiden: Koninklijke Brill NV, 2007), originally published in the *Hedgehog Review's* double issue, "After Secularization," vol.8, nos. I-2 (2006): 7-22.

85) Eusebius of Caesaria, "From a Speech for the Thirtieth Anniversary of Constantine's Accession," in *From Irenaeus to Grotius: A Sourcebook in Christian Political Thought*, ed. Oliver O'Donovan and Joan Lockwoood O'Donovan (Grand Rapids, MI: Eerdmans, 1999), 60. 아울러 Eusebius, "From a Speech on the Dedication of the Holy Sepulchre Church," in From *Irenaeus to Grotius*, 60도 참고하라:

> 왜냐하면 이전에 시리아, 아시아, 마케도니아, 이집트 그리고 아라비아와 같은 세계의 다양한 나라들은 각각 다른 원칙들로 통치되었기 때문이다. 다시금 유대 백성들은 팔레스타인 땅에 지배권을 수립했다. 그리고 이 민족들은 모든 마을과 도시와 지역에서 마찬가지로 그 미친 정신의 추동을 받아, 끝없는 살육 전쟁과 갈등 속에서 출현했다. 그런데 그 동일한 출발점에서 두 강력한 권력들이 출현하는데, 한 명의 통치권자가 다스리던 로마 제국과 기독교 종교는 그 경합하는 통치원리들을 제압하고 화합시켰다. 우리 구원자의 강력한 권력이 어둠의 권력을 행사하던 많은 통치체제와 신들을 단번에 파괴했고, 그리고 교양 없는 이들이나 문명인들을 막론하고 모든 이들에게 땅끝까지 하나님 자신의 유일한 통치주권을 선포했다.

받은 두 축복의 근원들인 로마 제국과 기독교적 경건의 교리는 사람들을 이롭게 하기 위해 함께 출현하였다." 유세비우스는 다수성multiplicity과 평등을 주장하는 모든 것에 맞서 유일신론의 통합하는 힘을 동원한다. 그렇게 하나의 제국은 하나의 종교와 쌍둥이를 이룬다.

이 단일-군주-기원mon-arche86)에 대한 헌신, 즉 모든 것을 통합하는 원칙과 함께 단 하나의 기원에 대한 헌신은 니케아 신조로 신앙적 통폐합을 진행하던 시기에 구체화되고 있었던 삼위일체 "인격들"의 동등성이라는 상징과의 불편한 긴장관계 속으로 유세비우스를 몰아넣었다. 그의 변호자 슈미트도 가톨릭의 반동적 운동에 대한 관심에도 불구하고, 마찬가지로 삼위일체 신학과 갈등을 느낀다. 비잔틴적 우주의 지배자pnatocrator로서 성자는, 그 기독교 황제의 왕좌 바로 위 보좌에 앉으신 만유의 지배자로서 성자는 성부의 속성들이 이 땅에서 공고해지도록 관장하고 있었다. 그러자, 삼위일체 위격들의 내적인 동등성은 그 자체로 외적 관계들의 위계질서에 대한 예외로서만 유지될 수 있었다.

그렇게 우리는 콘스탄티누스의 시대saeculum 이래로 통치권력적 예외성의 신-론theo-logic of the sovereign exception의 장구한 역사가 펼쳐지는 것을 목격하고 있다. 통치규범으로서 옥좌에 앉아, 그 신-론은 정치적 예외주의들이 역사적으로 끈덕지게 계속 태동할 수 있도록 해 주었다. 가장 먼저는 제국주의적인 기독교 우월주의의 예외주의, 그 필연적 추론 결과로서 종교적 배타주의의 예외주의 교회 밖에는 구원이 없다를 의미하는 *extra ecclesiam nulla salvus*, 그리고 인간의 모범으로서가 아니라 정확히 초자연적 예외로서 통치하는 탈역사화되고 탈유대화된 그리스도의 예외주의까지 말이다. 다음 장에서 보겠지만, 동시에 그 군주적 기독론은

---

86) 군주제를 의미하는 monarchy라는 단어를 어원적으로 해체적인 방식으로 읽으면, mon-arche가 되는데 이는 single origin 즉 하나의 기원이라는 뜻이 된다는 것을 켈러가 자신의 방식대로 표현한 것이다.

인간적 예외the anthropic로서 가부장적인 사람Man의 지배에 힘을 실어주고, 그래서 세속적 형태로 근대 전체의 자연-정복 프로젝트를 이끌어갈 수 있도록 해 주었다. 그렇다면 이제 보좌에 앉은 예외자의 정치신학이 반군주적이고 세속적인 기원으로 유래하는 미국 민주주의 한복판에 어떻게 자신을 심어놓게 되었는지를 살펴보자.

예외주의의 백인화

여기서 필자가 인용하는 미국 예외주의의 계보는 우머니스트 신학자 켈리 브라운 더글라스Kelly Brown Douglas가 딱 시의적절하게 출판한 『굴복하지 말아라: 흑인의 몸과 하나님의 정의』*Stand Your Ground: Black Bodies and the Justice of God*에서 얻은 것이다. 성공회 사제인 더글라스는 이렇게 쓰고 있다. “영국 국교회의 오랜 전통을 확립하려는 노력 가운데, 매튜 파커 대주교Archbishop Matthew Parker, 1504-1575는 앵글로-색슨의 역사와 정치에 대한 연구를 독려했다.”87) 그 후 두 세기 동안 연구는 타키투스의 『게르마니아』98 CE 독해에 집중되었는데, 이 책은 그 대주교가 자신의 조상이라 주장하는 푸른 눈의 부족들에 관한 고대 로마의 민속학책이었다. 이 민속지적 연구는 반-로마적 정서, 즉 반교황론의 정서에 의해 추진되었다. 동시에 이 연구는 또한 참여적 통치법을 육성했다. “타키투스에 따르면, 다양한 부족들 안에서 ‘전 부족’이 모든 중요한 문제들을 숙고했고, 그리고 최종결정은 사람들에게 달려있었다.”88) 이 원시-민주주의적 자기-조직화에 대

87) Kelly Brown Douglas, *Stand Your Ground: Black Bodies and the Justice of God* (Maryknoll, NY: Orbis, 2015), 7.
88) Brown Douglas, *Stand Your Ground*, 5.

한 기술이 평등주의자들the Levellers, 청교도들, 필그림들the Pilgrims[89]과 같은 급진적 정치 실험들을 되살리는 불쏘시개가 되었다. 그 앵글로-색슨의 신화는 영국의 종교개혁자들을 통해 미국에 이르게 되었는데, 이 종교개혁자들은 자신들을 하나님이 계획하신 새로운 이스라엘로 생각하고 있었다. "그들은 스스로를 하나님의 사명을 이어가는 앵글로-색슨의 남은 자들로 생각했고 … 그 뿌리를 독일의 숲을 넘어 성서에까지 … 소급했다."[90]

노예제로부터의 출애굽이라는 기념비적 순간은, 유럽의 모든 급진적 운동들에서 그랬듯이, 해방의 카이로스를 고무시켰다.[91] 통치권력의 정치적 형태가 군주로부터 "민중"the people으로 깊이 변하기 시작했다. 거기서 비판적 차이의 대양을 가로지르는 자기-조직화의 새로운 실험들이 일어났다. 그 메시아적 시작은 그 해방적 역사로부터 단절될 수 없고, 또한 단일한 모티프나 색으로 환원될 수도 없다. 새로운 폴리스New Polis의 신정정치가 흐름을 타게 되었다. 심지어 언덕 위에서 빛을 발하는 도성으로 악명높은 예외주의자의 도성[92]조차 본래는 해방의 에너지와 더불어 빛을 뿜고 있었다. 그것은 자신을 따르던 집없는 잡다한 무리에게 특유의 아이러니로 말씀하시던 예수의 한 비유를 암시한다. "너희는 세상의 빛이라. 산 위에 있는 [도성이] 숨겨지지 못할 것이요"마 5:14[93]

---

89) 역주: '필그림스'(pilgrims)는 1620년 메이플라워 호를 타고 신대륙으로 건너가 폴리머스 지역에 정착한 영국의 분리주의자들을 가리키는 말이다.

90) Brown Douglas, *Stand Your Ground*, 8.

91) Catherine Keller, *Apocalypse Now and Then: A Feminist Guide to the End of the World* (Boston: Beacon, 1996), 38f, 116, 136.

92) 역주: "언덕 위에서 빛을 발하는 도성"은 마태복음 산상수훈의 "언덕 위의 도성"으로부터 유래하는 문구이지만, 현대 정치에서는 "세계의 희망의 등불"을 자처하는 미국의 예외주의 정치를 가리키는 말로 회람된다. 그런데 "city on the hill"이라는 표현이 한글번역 성서에서는 "산 위에 있는 동네"(개역개정, 개역한글) 또는 "산 위에 있는 마을"(공동번역, 새번역)로 되어있어, 이 문장의 뉘앙스가 잘 전달되지 않을 수 있다.

93) 역주: 원서에서 켈러는 이를 누가복음 5:14로 표기하고 있는데, 명백히 마태복음을 잘못 기재한 것이라, 역자가 임의로 수정했다.

하지만 그 빛이 금방 어두워질 수 있다. 일단 신대륙 해안가를 따라 정착하자, 앵글로 색슨 예외주의는 노골적이고 세속화된 인종차별주의로 변질되기 시작한다. 다른 사람도 아닌 벤자민 프랭클린이 이렇게 언급하고 있었다.

> 모든 사람이 검거나 황갈색이다. 심지어 독일인들도 그렇다. 오직 색슨들만이 예외다. 영국 사람들과 함께 그들만을 지구상에 있는 백인의 몸의 원칙으로 삼는다. 이들의 숫자가 늘어가기를 바란다. 그래서 우리가 … 미대륙의 숲을 개간하여 우리 행성을 반지르르하게 만들고, 그래서 지구의 이쪽 면이 화성이나 금성에 살고 있는 존재들에게 보다 밝은 빛을 반사하도록 만들어가면서. 어째서 지상의 사람들은 검은 색으로 만들어 가고 있는지 그 외계인들은 의아해 하지 않을까? 왜 아프리카의 자손들을 미국으로 이주시켜 번성하게 하고 있는가?94)

그렇다. 행성 밖 존재들에 대한 다소 기발한 생각을 담고 있는 이 편지에서 동료 백인 북부인들에게 프랭클린은 대서양을 가로질러 벌어지는 노예무역에 반대하면서 인종차별적 논리를 구사하고 있다. 이 구절은 프랭클린의 초기 개인적인 성찰을 담은 표현이지만, 우리는 여기서 어두운 숲과 어두운 사람들이 일거에 정리된 빛나는 국가를 정겹게 표현하는 문구를 접한다. 지구정치신학의 관점에서 이 두 개의 쌍둥이 이미지는 사실 같이 어울린다. 백인 예외주의와 인간 예외주의가 여기서 끄집어낸take-out, [그래서 예외가 되는] 하나의 꿈으로 융합된다.

그런데, 그 "예외"exception라는 말이 라틴어 excipere, 즉 끄집어내다.to take out

94) Benjamin Franklin, "Observations Concerning the Increase of Mankind, Peopling of Countries, etc.," cited in Brown Douglas, *Stand Your Ground*, 17.

라는 말에서 유래한다는 사실에 주목하자. 이것은 양면적으로 작동한다. 통치권력의 예외성은 자신을 공통적인 것으로부터 끄집어낸다. 그러면 예외는 그의 상승을 가로막는 것은 무엇이든 간에 "끄집어-낼" 수 있다. 그래서 그 편지를 끄집어내는 것은 지구 행성의 생태인종차별주의적 통치권력을 지향하는 미국적 진보에 대한 양날의 검과 같은 비전이다. 우리는 여전히 우리의 빛나는 백인 우월주의에 대한 인간적인 방해물들과 비인간적non-human 장애물들을 끄집어내는 중이다. 그리고 그 과정에서 우리는 행성적 생명의 망으로부터 우리 자신을 끄집어내고 있는 중인지도 모른다.

그 이야기의 상세한 사항들은 계속해서 역동적으로 변할 것이다. 그러나, 브라운 더글라스가 교묘하게 논증하듯이, "앵글로-색슨 예외주의의 이야기는 곧 미국의 예외주의다."95) 이주민 혈통의 다양성은 곧 국가적 통합에 대한 도전이 되었다. 그 다양성이 19세기 후반 무렵 비상사태로 느껴졌다. "대통령 테오도르 루즈벨트는 … '인종적 자살'race suicide을 두려워했고," 그리고 브라운 더글라스가 보여주듯이, "아메리카의 앵글로-색슨과 이민자의 정체성 사이의 모순을 해결하기 위해" 가동되었던 것이 바로 "백인적 정체성"의 구성construction of "whiteness"이었다. "백인적 정체성이란, 이민자들은 앵글로-색슨만으로 충분하다는 것을 의미했다."96)

그러므로 인간만으로 충분하다. 왜냐하면 백인적 정체성은 그와 동시에 비인간 존재the nonhuman로부터, 동물로부터 그래서 "자연"으로부터 사람을 규범적으로 분리시키는 특징이 되었기 때문이다. 이 교차점에서 "흑인 자연주의"black naturalism 종교철학자 캐롤 웨인 화이트Carol Wayne White의 우아하고 명확한 표현은

---

95) Brown Douglas, *Stand Your Ground*, 15.
96) Brown Douglas, *Stand Your Ground*, 28, 39.

인종차별주의와 종차별주의에 대한 까다롭고 동시적인 대치상황으로 우리를 불러 세운다. 근대의 제국과 경제를 주관하는 통치권력에 결정적으로 멍에를 지우고 있는 한 쌍의 예외주의들을 한 번에 마주하는 것은 쉬운 일이 아니다. 화이트는 그녀의 자연주의적 윤리를 "초자연적인 것"이 아니라 "성스러움"the sacred에 분명하게 근거하여, "복잡한 상호연결됨의 [전 우주적] 매트릭스" 속으로 연장해 나아간다.97) 아마도 코놀리의 "상호연결됨의 정서"와 매우 밀접하게, 그러한 매트릭스만이 통치권력의 예외성이 감추고 있는 위계질서들을 지탱하고 있는 차별적 분리 도식들을 에워싸서 태업으로 무력화시킬 수 있다.

메시아적 백인남자

변화무쌍한 인종차별적 종교정치가 경찰의 폭력 속에서, 예를 들어 이민자를 추방하는 폭력적 상황 속에서 우리 대 그들이라는 세속화된 자극들을 활성화시키는 방식을 끄집어 넣기take in 위해 잠시 멈춰보자. 이 구도 속에서 '우리'는 다수성의 오점들을 씻어내고 통합을 이룬 '우리'를 말하며, '그들'은 언제든 "끄집어 내어"taken out 바깥으로 내 처질 수 있는 이들을 가리킨다. 적대주의는 미국 역사에서 필수적인 구성요소이면서 분노로 가득 찬 정서인데, 이 가장 노골적인 적대주의 속에서 인종차별적 종교정치는 흑과 백의 색깔론을 너무도 선명하게 재장전한다. 동시에 아프리카 사람이나 남미 사람 혹은 아시아 사람이나 이슬람 사람 등 백인이 아닌 이들의 피부색이 지닌 미묘한 차이의 복잡성, 성 혹은 젠더의 성향적 복잡성을 포함이 다수의 복잡성이 엄청나게 비대칭적으로 얽힌 차이

97) Carol Wayne White, *Black Lives and Sacred Humanity: Toward an African American Religious Naturalism* (New York: Fordham University Press, 2016), 33.

들의 역사 속에서 작동한다.

때로 민주화를 추구하는 경합주의의 물결들이 새로운 자기-조직화를 향하여 혼돈의 가장자리에서 일어나기도 한다. 그러나 위기의 시점들마다 통치권력을 차지한 백인들이 다시금 감성적 일체감을 공유하는 무리로 뭉쳐진다. 백인들에게 적대적 대상으로 지목된 그들이 자신들의 종속적 상황을 거론하고 저항하면서, 응집력이 약한 "우리"를 불복종이나 결혼을 통한 인종개량 혹은 폭동의 망령들로 위협할 때, 인종이 다른 "그들"은 손쉽게 적개심의 직접적인 대상이 되곤 한다. 그렇게 그들은 적의 정치에 편리한 외국인의 역할을 맡게 되고, 백인들은 광대한 계층적 문화적 차이를 가로질러 "친구들"의 연대를 만들어내는 역할을 담당하게 된다.

명확한 혈통 차이에 기반한 인종 개념은 인간의 자기-조직화들 중에서도 상당히 근대적인 도식 구조에 속한다. 노예제의 등장은 문명의 기원으로 거슬러 올라가고, 그것은 최소한 도시들이 건설되던 시기에 이미 정착되었다. 민족적 혈통에 의해서나 전쟁에서의 승리를 통해 정당성을 얻었을 것으로 추정된다. 그리고 민족성ethnicity은 생물학적이라는 획일적 기준보다는 언어와 그 밖의 다른 문화적 구별들에 의해 범주화된다. 『인종, 신학적 기술』*Race, a Theological Account*, 2008에서 카메룬 카터Kameron Carter는 "유대인"에 대한 중세후기 유럽의 인종화를 사람들을 인종 개념으로 재구성한 사례로서 설득력있게 논증하였다. 그 이전까지 유대인은 그저 "어떤 사람들"이거나 "종족"이었다. 그 이후로 인종 기계는 처음부터 기독교 우월주의의 근대화였고, 이 우월주의는 기독교 대체주의Christian supercessionism98)와 분리될 수 없는 것이 되었다.

---

98) 역주: 대체주의(supercessionism)는 유대교가 기독교로 대체되었다는 것을 가리키는 용어이며, 구약이 신약으로 대체되었다는 관점과 평행을 이룬다. 이것은 유대인 박해의 근거가 되는 신학적 논리가 되기도 했으며, 특히 2차세계대전 중 유대인 학살의 신학적 근거 중 하나였

그렇게 우리는 유대교로부터 기독교라 불리는 어떤 것을 끄집어내고, 유대인 집단으로부터 예수라 불리는 어떤 이를 끄집어내고, 메시아성으로부터 그리스도라 불리는 어떤 것을 끄집어내는 기독교 예외주의를 증언한다.

또한 슈미트적 모델에서 예외는 통치권력을 법 위라는 의미에서 법 밖으로 끄집어내기 위해, 그리고 종교적-인종적 타자를 법 아래라는 의미에서 "우리" 바깥으로 끄집어내기 위해, 그래서 결국에는 법 바깥으로 끄집어내기 위해 동시에 작동한다. 최근 카터는 정확히 정치신학의 관점에서 인종에 대한 분석을 제공해 주었다. 그는 "백인의 남성성을 제국 남자Man"로 동일시하는 구조가 "이 세상에서 메시아적이고 중재적 역할을 승계한다는 추정과 [어떻게] 엮이게" 되었는지를 폭로한다. 따라서 카터는 최근의 화려한 등장이 이루어지기 전에 이성애적 남성 우월주의자의 종교정치religiopolitics가 담고 있는 명백한 유독성을 다음과 같이 포착한다. "제국의 구세주[로서], 그[백인남자]는 신성한 권리를 윤허받았다.sanctioned"99) 달리 표현하면, 신학적 전능성 도식의 세속화는 신성한 통치권을 지배자나 민족 혹은 국민에게 분배하면서, 주님을 백인 남자로 표상하는 근대적 세속화 안에서 유사한 배치구조를 찾았던 것이다.

그때 문제는 무엇보다도 메시아적인 것the messianic이나 억압받는 민중의 투쟁들을 메시아적이고 세속적으로 강화하는 것에 있지 않다. 메시아적인 것이 성서에서 물질적으로 구현될 때는 명백하게 비백인적이다. 구조적 부정의로 축조된 거대한 피라미드들이 성서의 출애굽, 이스라엘의 예언자적 자기-비판, 그리고 외적 내적 억압에 대한 메시아적 해방의 희망에 선행한다. 근대 인종차별주의의

다.

99) J. Kameron Carter, "Between W.E.B. Du Bois and Karl Barth: The Problem of Modern Political Theology," in *Race and Political Theology*, ed. Vincent W. Lloyd (Stanford, CA: Stanford University Press, 2012), 89.

백색 피라미드들은 구미사람들이 출애굽과 그의 메시아적 종말론의 유산이 가진 에너지들을 교활하게 흡수함으로써 축조된 것들이다. 미국에서 백인적 정체성Whiteness은 스스로를 위협받는 다수로 그래서 예외로 간주할 수 있을 만큼 그 주위에 다양한 피부색의 사람들을 충분히 접하고 있다. 그래서 만일 기독교 우월주의의 방식으로 메시아주의를 도용하는 행위가 언제나 통치권력적 예외성의 정치신학을 부채질하는 행위로 이어진다면, 그것은 미국적 관점에서 백인 남성성을 계속해서 다양한 목적으로 우려먹는 일이 된다. 그러므로 합리적으로 생각해서 메시아적인 것 일체를 포기하는 것이 낫겠다고 생각할 수도 있다. 어쨌든 메시아들 간의 차이가 도대체 뭐가 있겠는가? 그러나 스스로를 성찰하는 정치신학은 메시아적인 것을 말소시켜 버리기보다는 그로부터 스스로를 구별하는 일에 더 전망을 둔다.

카리스마와 늑대

사도 바울의 메시아, 즉 크로스토스christos적 인물로의 복귀를 도발했던 것은 바로 슈미트에 대한 조르조 아감벤Giorgio Agamben의 해석이었다. 아감벤은 발터 벤야민Walter Benjamin과 야콥 타우베스Jacob Taubes와 같은 제2차 세계대전 당시 유럽대륙의 선도적인 유대인 사상가들의 눈으로 바울을 해석했는데, 아감벤의 해석은 슈미트와 바울에 대한 그들의 복잡한 관계를 반영하고 있다.

아감벤은 법을 무기한 정지시키는 예외 상태로부터 바울이 말한 성취로서의 법의 지양sublation, 즉 "율법의 메시아적 충만pleroma"으로서의 법의 지양sublation을 극명하게 구별한다.100) 『호모 사케르』1998, [번역] 2008에서 아감벤은 사람이나 집

100) Giorgio Agamben, *The Time That Remains: A Commentary on the Letter to the Romans*,

단이 인간적 조건으로부터 제외되어 "벌거벗은 생명"bare life으로 환원되는 과정을 분석했다. 그는 20세기 후반부에 갑절로 늘어난 유럽의 이민자 난민 캠프와 나치수용소 사이의 유비에 오랫동안 몰두해 있었다. 이민자 가족들을 수용하는 미국의 구류시설들은 당시에 아직 등장하지 않았었다. 그 후 그는 2001년 미국의 애국법Patriot Act101)에 자극받아 『예외 상태』*State of Exception* [2003]를 저술하였다. 예외 상태는 "예외적 기준이 아니라 점차 통치의 기술로 등장하고 있을 뿐만 아니라, 사법 질서의 구조적 패러다임으로 본색을 드러내고 있다."102) 고문과 구속을 규정하는 국제법을 상습적으로 위반하는 미국을 성찰하면서, 그는 "오늘날 예외 상태는 전 세계를 아우르는 구조의 최정점에 도달했다"103)라고 결론짓는다. 2003년에는 그것이 과장된 것으로 들렸을 수도 있다. 그러나 미국의 예외 상태는 예를 들면, 관타나모 만에 테러용의자들을 구금하는 과정에서 계속해서 존립하고 있다. 그리고 이제 우리는 새로운 공명들을 듣고 있는지도 모른다. "따라서 법의 규범적 측면은 망각되고 국가폭력으로 인해 모순에 처하게 되는데, 국가폭력은 외적으로는 국제법을 무시하고 내적으로는 영구적인 예외상태를 창출하면서 법을 적용할 뿐이라고 여전히 주장한다."104)

아감벤은 여기서 발터 벤야민을 소환하고 있는데, 벤야민은 "예외 상태를 규칙으로 만드는"105) 파시즘에 관한 글을 썼다. 법적 규칙들의 시행을 정지하는 법이라는 슈미트적 비유를 성찰하면서, 아감벤은 두 개의 구별된 권력들이 서

---

trans. by Patricia Dailey (Stanford, CA: Stanford University Press, 2005), 108.

101) 역주: 2001년 9월 11일에 있었던 세계무역센터 비행기 테러 사건을 계기로 제정된 일종의 테러방지법을 말한다.

102) Giorgio Agamben, *State of Exception*, trans. Kevin Attell (Chicago: University of Chicago Press, 2005), 6-7.

103) Agamben, *State of Exception*, 87.

104) Agamben, *State of Exception*, 87.

105) Walter Benjamin, 다음에서 재인용, Agamben, *State of Exception*, 6.

로에게로 붕괴하여 무너져내리는 것에 대하여 경고한다. "규범적이고 사법적인 것"으로서의 권력potestas과 아노미적이고 법의 배후에 있는 것metajuridical으로서의 권위auctoritas, 즉 지도자의 인격으로부터 발산되어 나오는 권위를 구별한다. 이것들이 한 사람 안에 융합될 때, "사법적-정치적 시스템이 스스로 하나의 살인 기계로 변환된다." "서구 사회를 지구적 내전으로 이끌어가는 그 기계의 작동을 중단시키기 위해 노력"들이 이 힘들을 분리할 것을 요구한다.[106]

최근 2016년 미국 대선 직후, 법 이론가 퀸타 주레식Quinta Jurecic은 〈법률전쟁〉*Lawfare*이라는 블로그의 게시물을 통해 핵심을 찌른다. 그녀는 아감벤을 인용하면서, "조지 부시의 모습 속에서 슈미트를 보았다고 생각하는 이들의 악몽"을 분석한다. "분명히 부시 행정부는 의도적으로 행정 권력을 보다 공격적인 관점으로 전향시켰다."[107] 그러나, 그녀가 지적하듯이, 대법원 결정에 이르기까지 압력을 행사하긴 했어도, "법 규범 자체의 근본적인 구조는 그대로 서 있었다." 그래서 아감벤은 늑대가 왔다고 외친 것인가?[108] "우리의 새로운 대통령 선출은 … 이제 그 슈미트적 부활에 흥미로운 문제를 제기한다. 부시 대통령의 임기가 끝난 지 8년 후에 우리는 이제 처음으로 슈미트적인 대통령을 선출한 것인가?" 이야기를 멋지게 마감하면서, 그녀는 이솝 우화의 핵심을 우리에게 주지시킨다. "늑대는 사실 맨 마지막에 모습을 드러낸다. 그렇다면 트럼프는 슈미트적인 늑대이고, 부시는 아니었던 것인가?"

실제 늑대들에게는 미안하지만, 우화의 양들은 주레식의 물음에 대한 답을

---

106) Agamben, *State of Exception*, 87.

107) Quinta Jurecic, "Donald Trump's State of Exception," *Lawfare*, 14 December 2016, https://lawfareblog.com/donald-trumps-state-exception.

108) 역주: 이솝 우화의 '늑대와 소년' 이야기에서 소년은 늑대가 왔다고 소리칠 때마다 사람들이 놀라는 모습이 재미있어서 두 번이나 거짓으로 늑대가 왔다고 소리친다. 결국 진짜 늑대가 왔을 때, 소년의 외침은 사람들에게 거짓말로 인식되어, 늑대가 왔다는 외침이 아무런 소용이 없게 된 이야기를 비유적으로 사용한 것이다.

갖고 있었을 것이다. 45대 대통령 트럼프가 "법과 질서"109)의 인종차별적이고 성차별적인 권력을 넘어 국제법이나 헌법의 예외 상태에 대해 도대체 알고나 있었는지는 제쳐두고, 트럼프는 언제나 법률의 지배를 받지 않는 인물로 묘사되는데, 이는 존경심으로 받아들여지거나 아니면 경악으로 다가온다. 그리고 그에게서 예외적 권위의 흥분된 감정이 임계점을 넘어서고 있다는 것이 느껴진다.

아감벤의 권위auctoritas는 막스 베버Max Weber의 "카리스마적 지도자" 개념을 발전시킨 것이다. 베버는 종교적 카리스마를 가진 지도자와 정치적 카리스마를 가진 지도자를 다른 유형의 리더십과 비교하여, 종교적 카리스마를 "전통적"보수적 리더십으로 그리고 정치적 카리스마를 "합법적"legal, 즉 행정적/관료적 리더십이라 불렀다. 카리스마charisma는 "일반 사람들과 구별되는 그래서 초자연적인 혹은 초인적인 혹은 최소한 예외적인 능력이나 성품을 부여받은 것으로 간주되는 개별 인격의 특정 성품"110)을 의미한다.

베버에게 카리스마 그 자체는 윤리적으로 중립적이다. 그러나 "은총"grace을 의미하는 그리스어로부터 유래하는 카리스마의 종교적 후광은 결코 사라지지 않는다. 이 개념의 신학적 배경은 종교 운동들의 창시자들 속에서 드러난다. 베버는 아주 적절하게 성 프란시스를 예로 드는데, 프란시스의 카리스마는 사람이나 비인간 존재들 모두에게 동일하게 느껴질 수 있었다. 그런데 우리는 통치권력의 시간성이라는 관점에서, 전통적 리더십은 규범적인 과거를 반복하는 반면, 민주적 혹은 사회주의적 합법적 제도들은 점진적 진보를 추정한다고 추론할지도 모르겠다. 하지만 카리스마적인 것the charismatic은 강렬한 현재 시제를 발판으로,

109) 역주: "법과 질서"(Law and Order)는 1990년 9월부터 시작해서 2010년 5월에 종영된 미국 NBC 법률 드라마이다.
110) Max Weber, "Charistmatic Authority," in *The Theory of Social and Economic Organization*, trans. A.R. Anderson and Talcott Parsons (New York: Free Press, 19644), 358-63 (필자 강조).

다시 말해서 그 힘의 영향력forcefield을 느끼는 이들에게 크로노스의 균질성을 파열시키는 지금의 시간now-time을 발판으로 그의 주도력을 발휘하는 것처럼 보인다.

그래서 '카리스'*charis*, 은혜의 종교적 후광이 그의 세속화들을 통해 빛을 반짝거린다. 이 후광들은 간디나 마틴 루터 킹의 카이로스적 순간kairos-moment에, 즉 세속적인 것과 종교적인 것을 분간할 수 없는 순간에 현현할 것이다. 혹은 다른 한편으로 "예외적 권력"이 권위auctoritas와 권력potestas의 융합을 추동하여, 그 인기있는 독재자와 그의 살인기계를 낳을 수도 있을 것이다. 한편으로는 공적인 사랑의 카리스마가 난입하고, 다른 한편으로 불한당의 통치권력적 카리스마가 긍휼이나 연민같은 것은 내팽개친 채로 난입한다. 전자는 새로운 지구와 그 공중公衆의 메시아적 잠재성을 전달하고, 후자는 백인 남자White Man의 메시아적 광대극을 전달한다. 두 개의 다른 신학들, 두 개의 다른 세속화들.

역사적으로 보자면, 메시아적 카리스마는 그 대적자들의 권력과 성공적으로 경쟁할 수 없었을 것이다. 심지어 격분할 때도, 메시아적 카리스마는 적대감을 품지 않는다. 하지만 그의 실천은 결코 정의로운 사랑과 용서와 자주 혼동되는 고분고분한 묵인을 의미하지 않는다. 메시아적 카리스마는 이 신학적 상황 속에서 사랑의 경합주의*amorous agonism*라고 부를만한 것을 낳는다. 무페와 코놀리의 상호존중적 경합주의의 솔직담백한 신학적 표현이다. 메시아적 카리스마는 권력potestas을 결여하고 있지만, 그러나 권위authority를 주장한다. 파시즘을 벗어나려고 시도하다 죽음의 목전에까지 내몰렸던 발터 벤야민에 따르면, 메시아적 카리스마는 모든 세대에 부여된 능력을 은사로 받는다. 그것은 "약한 메시아적 힘, 즉 과거가 소유권을 주장하는 힘"이다.

파울 클레Paul Klee의 스케치 작품 「새로운 천사」*Angelus Novus*에 대한 유명한 언급 속에서, 과거는 "역사의 천사"의 응시를 주장한다. 아이콘의 아이콘으로서 말이다. 벤야민은 그 스케치를 다음과 같이 읽는다. "뚫어져라 쳐다보고 있는 어떤 것으로부터 이제 막 떠나갈 듯이 보이는 한 천사 … 그의 얼굴은 과거를 향하고 있다. 우리가 사건들의 연쇄를 지각하는 곳에서, 그 천사는 하나의 파국을 본다."111) 벤야민은 회복될 수 없는 상실들, 즉 집단적 트라우마를 공포스럽게 응시하고 있는 천사를 읽어낸다. 린치들,112) 수용소들, 폭격들. "그러나 낙원으로부터 폭풍이 불어오고 있다. …" 그 폭풍은 "자신이 등지고 있는 미래로 그 천사를 저항할 수 없이 몰아간다."113) 천사의 것이든 메시아의 것이든, 혹은 신학적이고 정치적인 것이든 간에, 이 약한 힘weak power의 과거로의 응시는 미래를 예측하거나 감독하지 않는다. 그 메신저, 즉 천사는 그 어떤 전지전능한 구원을 예언하지 않는다. 그러나 그 천사의 긍휼한 마음compassion은 그렇다고 그 떨어질 수 없는 과거로 환원되지 않으며, 그렇다고 그 자신의 힘potentia을 결여하지도 않는다.

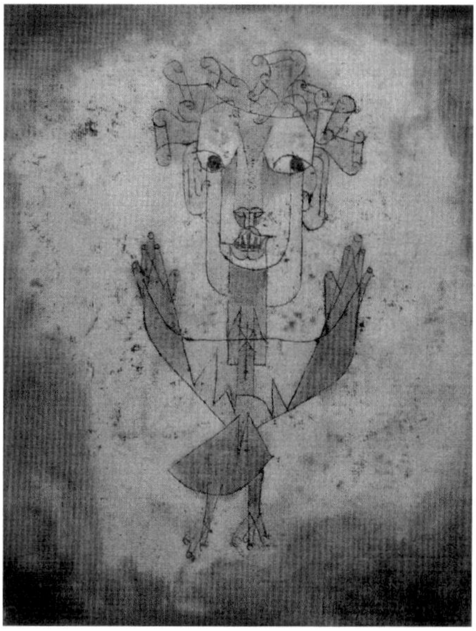

Paul Klee, Angelus Novus _ wikipedia

111) Walter Benjamin, "Theses on the Philosophy of History," in *Illuminations: Essays and Reflections, ed. by Hannah Arendt*, trans. Harry Zohn (New York: Schocken, 2007 [1969]), 254.

112) 역주: 본래 '린치'(lynch)는 '사형'을 의미하나, 특정 대상에게 폭력을 가해 죽게 만드는 행위를 가리키며, 특히 미국 독립전쟁 중 영국을 지지했던 미국인들에게 저질러졌던 폭력적 보복 또는 미국 역사에서 흑인들을 대상으로 저질러졌던 백인들의 폭력을 가리킨다.

113) Benjamin, "Theses on the Philosophy of History," 257.

실로 사랑의 경합주의는 새로워진 정치적 잠재력 속으로, 신학적으로 굴절된 운동 속으로 멈추지 않고 불어가거나 난입한다. 그 메시지를 뒤늦게 전달하는 배달부: "사랑은 적을 친구로 변혁할 수 있는 유일한 힘이다." 가능한 일이지만, 그런 일이 보장되는 것은 아니다. 그러한 메시아적 사랑agape은 마틴 루터 킹의 사랑처럼 천사들에게 맡겨질 일도 아니지만, 그렇다고 정치를 대신하지도 않는다. 그러나 이 사랑이 비정치적 사생활에 포박되는 것도 아니다. 비록 제한적일지라도 결코 사라지지 않는 그 영향력의 역사와 더불어 메시아적 사랑은 슈미트의 정치신학이 전제하는 적대주의를 부인한다.

감각적 교차성들

나중에, 그 천사의 시선은 다른 것이었을 수도 있었을 운무에 쌓인 바다와 땅의 죽어가는 생명들에게 사로잡히게 되는데, 그것들은 어쩌면 다른 것이었을 수도 있었다. 그렇게 혼돈의 가운데서 메시아적 약한 힘이 어떤 미래를 출범시킨다면, 천사의 응시는 맨 처음의 시작을 스케치한다. 그러자 처음에 예외로 보일 수 있었던 것이 시작inception으로 전환된다. 그 특이점singularity은 거의 무로부터 출현하는 듯 보였지만, 사실상 매우 불안한 관계들에 얽힌 그의 새로움을 드러낸다. 그러한 방향 전환 속에서 이 시작은 그의 과거로부터 미래를 추상하지 않고 이는 분명히 카리스마적인 유혹이긴 하다, 대신 그 역사의 전체성을 그 카이로스 속에 응축한다. 또한 "움직여짐"the being-moved 혹은 애통을 의미하는 열정은 그의 투쟁을 도래할-것the yet-to-come을 향한 욕망으로부터, 즉 사랑의 흘러넘침을 자극하는 에로스로부터 단절시키지도 않는다.114)

114) "신음과 산통 속에서" 동시에 우주를 겪어내고 향유하는 에로스로서 하나님의 "열정"(-

만일 그 약한 힘이 더구나 십자가형을 암호로 사용해 왔다면 벤야민의 저술 속에서는 그렇지 않다, 그것은 십자가가 후대에 승리주의로 도용되었음에도 불구하고 결코 지워질 수 없는 고통을 끊임없이 상기시켜주기 때문이다. 사실 십자가는 정치적으로 이중 암호의 역할을 수행한다. 통치권력적 적대관계와 사랑의 경합주의, 이 두 대립하고 교차하는 세계 도식들의 암호로서 말이다. 전자는 고통받고 있는 예수의 몸 위로 메시아적 약속에 대한 통치권자의 조롱으로서 유대인의 왕이라는 팻말을 못 박는다. 후자는 권력에 대한 패러디로서 가장 작은 자의 나라, 즉 하나님 나라basileia theou를 위한 투쟁의 긴 역사를 선동한다. 그 조롱은 교회의 진리와 승리의 상징을 자처하는 제국 군대가 투쟁의 아픔을 짓밟고 이긴 후에야 도래했다.

우리는 여기서 두 역사, 세속화의 두 거대한 흐름, 그래서 두 정치신학의 계속적인 영향력들을 구별할 수 있다. 예외 속에서 발휘되는 전능한 통치권력의 역사와 시작inception에서 일어나는 메시아적 서민들commons의 역사. 그래서 누군가는 반혁명적인 슈미트에 맞서 그와 동시대인으로서 마르크스주의자이자 무신론자이며 유대인이었던 에른스트 블로흐Ernst Bloch를 읽으려고 할 것이다. "메시아주의는 모든 혁명가의 빨간 비밀이다."115) 블로흐는 "아직-오지-않은-존재"the not-yet-being의 철학자이다. 그는 성서적 종말론들의 역사와 "기독교 사회주의적 유토피아"를 서구의 모든 민주주의 및 사회주의 혁명들의 근원으로, 실로 희망이라 불릴 수 있는 것의 원천으로 보고, 계보학적으로 풍성하고 상세하게 발굴하였다. 그러면서 블로흐는 "진정한 희망은 세계를 통하여 세상 속에서

---

passion)에 대한 풍성한 분석이 Elaine Padilla, *Divine Enjoyment: A Theology of Passion and Exuberance* (New York: Fordham University Press, 2015)의 탈식민주의 신학에 담겨있다.

115) Ernst Bloch, *Atheism in Christianity: The Religion of the Exodus and the Kingdom*, trans. J.T. Swann (New York: Verso, 2009 [1972]).

움직”이면서, “아직-오지-않은-것”a not-yet을 표현하는데, 그 ‘아직-오지-않은-것’은 “사태의 중심을 자신의 주도로 몰아가는 것, 즉 과정의 잠복된 순리tendency-latency 속에서 그의 발생을 기다리는 것”116)이라고 적는다.

『순항하는 유토피아』*Cruising Utopia*, 2009를 쓴 호세 에스테반 무노즈José Esteban Muñoz에게 끼친 블로흐의 강력한 영향력은 세속화된 메시아적 서민들로 나아가는 최근의 길을 밝혀준다. 한 유명한 언쟁 속에서 무노즈는 리 에델만Lee Edelman의 기발한 염세주의적 “노 퓨쳐”no future를 점잖게 공격한다. 에델만이 이성애적 규범에 기반한 미래의 출산을 위한 시간표라는 이슈로서 정치적 희망을 파괴한다면, 무노즈는 희망의 정치적 퀴어화로 대답한다. “내가 출산을 통한 미래성117)을 강력하게 거절하는 만큼, 나는 정치, 희망 그리고 미래와 같은 개념들을 포기하기를 거절하지만, 내가 생각하는 미래는 아이들로 대표되는 미래가 아니다.”118) “유색인종 퀴어들”을 변호하면서, 무노즈는 “정치적 상상력”을 통해 퀴어 수행성의 “아직-여기에-도래하지-않은-것”a ‘not-yet-here’을 재현한다. 그의 확고부동한 언어는 우리가 필요로 하는 언어이다.

> 중요한 것은 미래성을 백인적 출산 규범에 기초한 미래성에 넘겨주지 않는 것이다. 그 규범적 미래 양식이 참으로 “판치고” 있는 중이지만, 그럴수록 더 우리가 또 다른 시간과 장소를 꿈꿀 수 있는 유토피아적이고 정치

---

116) 참고 Keller, *Apocalypse Now and Then*, 122.
117) 역주: ‘출산을 통한 미래성’(reproductive futurity)은 에델만의 “출산을 통한 미래주의”(reproductive futurism)를 가리키는 말로, 에델만은 No Future에서 우리의 정치적 참여는 아이들을 위한 보다 나은 미래를 만들어내야 한다는 믿음과 욕망으로 추동된다는 믿음을 가리키는데, 이는 우리의 미래가 출산을 통해 열린다는 생물학적 믿음을 전제한다. 무노즈는 이 생물학적 신화에 기반한 미래적 상상력을 거절하는 것이다.
118) Jos Esteban Mu oz, *Cruising Utopia: The Then and There of Queer Futurity* (New York: New York University Press, 2009), 92.

> 적인 상상력을 요청해야 할 이유가 된다. 유색인종의 퀴어 청소년이 실제로 성장해 나아갈 수 있는 "아직-아님"a not-yet 말이다. 만일 우리가 이성애적 실용주의와 백인 규범에 치우친 염세주의의 위험들에 저항해야 한다면, 유토피아적이고 이상주의적인 사유들을 의지를 가지고 실천하는 것이 순리이다.[119]

그래서 블로흐의 메시아적으로 추동된 "아직-아님"not-yet이 계급을 통해 그리고 그것을 넘어 인종과 성의 가슴 아픈 얽힘 속에 이른다. 그러나 우리는 무노즈가 전개한 논증의 핵심주제가 동성애적 예외주의조차 저항하는 방식에 주목해야 한다. "우리의 경험적 지표인 감각적 교차성들로부터 추상된 퀴어 주체를 상상하는 것은 비효율적인 탈출구다. 특이성을 통한 그러한 탈출은 대부분이 구매할 수 없는 티켓이다."[120] "탈출용"out 티켓을 거절하는 것은 곧 자스비어 푸아르Jasbir Puar가 "성적 예외주의"라 부르는 것에 대한 대안을 수행하는 것이라 말할 수 있을 것이다. 그녀가 말하는 성적 예외주의는 일단의 엘리트 동성애가 백인 우월주의 정치에, 특히 이슬람-공포증적 정치에 공모하여 변질된 것을 가리킨다.[121] 도피주의자의 특이성을 거절하면서, "감각적 교차성들"은 집단적

119) Mu oz, *Cruising Utopia*, 95.
120) Mu oz, *Cruising Utopia*, 96.
121) 『테러리스트 아상블라주』(*Terrorist Assemblages*)에 쓰인 자스비어 푸아르(Jasbir Puar)의 말을 여기에 인용한다: "예외 상태 속에서 예외는 부지불식간에 규범이 된다. … 성적 예외주의는 또한 허용 가능한 젠더, 인종 그리고 계급의 구성 경계들에 대한 단속행위를 통해 다양한 경계들을 얼버무림으로써 작동한다." 그래서 그녀는 미국과 일부 유럽국가들에서 동성애자의 예외적 신분을 정치적 무기로 삼는 일을 "동성애 민족주의"(homonationalism)라고 부른다. 대개 백인이면서 부유한 동성애자자들은 예외적이지만 용납할만한 구성원으로 간주되는데, 그에 걸맞게 이들은 대체로 이슬람-공포증을 지니고 있어서, "성적 억압담론이 자행하는 것으로 일상적으로 일컬어지는 이슬람에 대립되는 이들로 만들어지는데, 이 이슬람적 성적 억압이 "인권, 자유주의적 퀴어 페미니스트 담론들뿐만 아니라 오리엔탈주의자의 음탕한 상상력을 소아성애, 남색 그리고 성적 도착으로 전염시켜 버린다. ." Puar, *Terrorist*

시작의 가능성과 더불어 진동한다.

메시아적 권력potestas의 이성애적-백인-남성성에 저항하는 퀴어적 다수성의 사랑 전략들이 없다면, 사랑의 경합주의에는 어떤 잠재력이 거기에 있을 수 있을까? 정치-신학적으로 사랑은 단순히 사적인 영역으로 들어가 걸어 잠그든지 아니면 모든 통치권력적 우월주의supremacism에 대항하는 투쟁의 열기를 높이든지 해야 할 것이다.

위험한 희망

무노즈는 정치적 희망에 대한 블로흐의 모든 신학적 파생물들을 다루지 않는다. 하지만 다른 각도에서 보면, 위르겐 몰트만J rgen Moltmann과 그의 초기 고전인 『희망의 신학』1964[122]은 기독교 정치신학을 향한 독창적인 발걸음을 열었다. 기독교 사상을 반체제적 종말론의 고대 예언자적 실천과 다시금 연계하면서, 몰트만은 처음으로 희망을 신학의 중심부로 끌고 들어왔다. 희망은 이제 기대라는 수동적 모습으로 등장하지 않는다. 서술적 지식으로서가 아니라, "가능한 것을 향한 열정"[123]으로서 등장한다. 자신의 기독교적 고백의 어휘를 발전시켜가면서 몰트만은 블로흐의 혁명적인 "희망을 생각하기"thinking of hope와 더불어 사

Assemblages: Homonationalism in Queer Times (Durham, NC: Duke University Press, 2007), 14.

122) 역주: 이 책은 이신건의 번역으로 『희망의 신학: 그리스도교적 종말론의 근거와 의미에 대한 연구』, 몰트만 선집 1 (서울: 대한기독교서회, 2017)로 출판되어 있다.

123) "왜냐하면 실재(reality)에 대한 우리의 앎과 이해 그리고 그에 대한 우리의 성찰들에서 그것은 최소한 다음과 같은 것을 의미한다. 희망을 매개로 우리의 신학적 개념들은 실재를 바로 그것(what it is)에 고정시키는 판단이 되는 것이 아니라, 실재에 그 전망과 미래적 가능성들을 보여주는 예감들(anticipations)이 된다." Jürgen Moltmann, *Theology of Hope: On the Ground and Implications of a Christian Eschatology*, trans. Margaret Kohl (Minneapolis: Fortress, 1993 [1967]), 35.

유하기를 결코 멈추지 않았다. 그러나 몰트만은 "궁극적인 것을 향한 희망이 없다면, 파생적인 것the penultimate을 향한 희망은 곧 그 힘을 잃거나 아니면 파생적인 것으로부터 궁극적인 것을 강탈하기 위해 폭력적이 된다"124)고 주장했을 것이다. 다른 말로, 희망은 쉽사리 그 이상의 미래를 우상화하면서 변질될 수 있다. 그리고 확실성이 신앙의 자리를 차지한다. 역사를 통해 드러나는 사상자의 수를 참고한다면, 혁명적 적대주의는 그 반동적 반대 입장과 함께 함으로서만 완성될 수 있다.125) 그래서 만일 정치신학이—궁극적인 것의 담론으로서—그의 신학을 마음에 두고 있다면minds, 정치신학은 역사를 전체화하는 모든 희망에 저항한다. 그러나 모든 혁명이 그런 것은 아니다.

물론 메시아적인 기운을 뿜어내는 그 어떤 희망도, 인정하건 인정하지 않건 간에, 그 세속화 과정 속에서 변증법적 진보에 대한 근대주의자의 신앙이라는 유혹에 직면한다. 정의를 향한 급진적 요구는 약속된 성과에 대한 믿음으로 희망을 연다. 그래서 대부분의 신학적 종말론이 그렇듯이, 약속은 보증으로 변질되어 간다. 참으로 『희망의 신학』에서 이것은 구별할 수 없는 것으로 등장한다. 만일 혁명이 그저 결정determination과 더불어 나아가는 것이 아니라 그 급진적 엘리트들만이 알 수 있는 유토피아적 종말을 향한 결정론과 더불어 나아간다면, 혁명은 완전한 확실성에 머물지 않고 전체주의로 변질된다. 그래서 혁명은 직진한다. 그러나 정의로운 세상을 향한 그 어떤 진보적 욕망도 지난날 가능했었을 사회주의의 망령에서 벗어나지 못할 것이고, 그렇기에 또한 그것이 가능할지도 모른다는 망

---

124) J rgen Moltmann, *The Living God and the Fullness of Life*, *trans*. *Margaret Kohl* (Louisville, KY: Westminster John Knox Press, 2015), 180.

125) 지난 20여 년 동안 동유럽의 역사자료는 스탈린이 히틀러보다 더 많은 수의 비전투원들의 사망을 야기했다는 널리 유포된 가정을 바로잡는다. 참고, Timothy Snyder, "Hitler or Stalin: Who Killed More?," http://www.nybooks.com/articles/2011/03/10/hitler-vs-stalin-who-killed-more/.

상으로부터도 자유롭지 못할 것이다. 데리다가 "마르크스의 유령들"이라 부르는 것을 염두에 두자면, 정의를 향한 성서적 희망의 줄기찬 목소리들은 "메시아주의"messianism가 아니라 "메시아성"messianicity으로 가득 차 있고, 이는 정치가 그 신학에 책임을 지도록 하기 위함이다. 그리고 그 역도 마찬가지이다. 그래서 그 망령적 현재의 과거성은 저-아직-도래하지-않은-것의 현재적 가능성이 계속 작동하도록 한다. 그 뒤돌아봄의 시선은 희망이 스스로를 그 육감적인 지금sensuous now으로부터 추상되지 않도록 한다.

유토피아는 그것이 문자적으로 의미하는 그대로 무장소無場所, no place를 의미한다. 도래할-것the to-come은 오지 않을 수도 있다. 유토피아는 이전의 모든 역사에 묵시적 예외apocalyptic exception의 역할을 수행하기 위해 어딘가에서 그저 기다리며 존재하는 것이 아니다. 하지만 그 유토피아는 비록 현실의 지금이 아니더라도 실재적인 어떤 무엇을 이름하고 있다. 그 가능성은 아직 실현되지 않은 것이 아니라, 제시되고 있다.presenting 시작inception은 그 현재 가능성을 적극적 잠재성으로서, 말하자면 가상적 실재로서 의미한다. 시작은 지금의 미결정성 속에 산다. 시작은 지하서민들을 통해 덜거덕거리며 나아가고, 그것은 여러 겹으로 교차하고, 그것은 지구에 기반한 시간으로부터 유래한다. 그래서 시작은 그 자신의 역사를 재활용한다고, 즉 그 역사를 화이트헤드가 "실재적 잠재성"real potentiality이라 불렀던 것의 자리로 응축하여 퇴적하고 있다고 말할 수 있다. 생성의 함께함the togetherness of becoming에 대한 화이트헤드의 가르침은 블로흐의 "창조"genesis에 영향을 주었는데, 후자는 "사태의 중심 속에서", 즉 "과정의 잠복된 순리"126) 속에서 기다리고 있었다.

126) 화이트헤드가 블로흐에 미친 명백한 영향력을 주목하도록 해 준 나의 연구조교 윈필드 굳윈(Winfield Goodwin)에게 감사한다.

현재적 잠재성으로서 과거는 취약한 '지금'의 사랑의 투쟁을 독살할 수 있다. 혹은 그와는 반대로 양육할 수도 있다. 희망의 작업은 그 어떤 낙관적 확실성과는 거리가 멀며, 그래서 블로흐는 "위험한 사업"hazardous business127)이라 불렀던 것이다. 그 공적 긴급성 가운데, 희망은 아직-도래하지-않은-것the not-yet을 연기하거나 예측하는 것이 아니라, 그것을 수행하기 시작한다. 모으고 응축하기 위해서 말이다. 그럴 때 희망은 낙관주의와 염세주의의 무감한 순환을 끊어낸다. 그러나 위험한 희망은 알지 못하고, 예측하지도 않는다. 또한 인내심을 가지고 기다리지도 않는다. "수의에 덮여"draped in black, 이 희망은 심지어 활동을 시작하자마자 애도한다. 심지어 지금도 말이다.

카이로스와 시작

정의를 향한 집단 투쟁들의 얼룩진 역사는 저항, 혁명, 무저항 불복종 운동satyagraha, 시민권 운동, 점령 운동Occupy, 흑인의 생명도 소중하다고 외친 운동, 미투#MeToo, 기후 행진, 총기 폭력에 반대하는 고등학생의 항의 퇴장 운동 등의 획기적인 돌파의 순간들에서 다양하게 세속화되었다. 이 다채로운 사회운동의 대양이 그 망령을 우리의 현재에 전달한다. 그 메시아적 모임의 순간들이 자신만의 카리스마적 지금의 시간들을 가지고 통치권력들의 정치-경제적 역사에 맞서 하나의 대안적 정치역사를 주장한다.

하지만 그 혁명적 잠재성 속에서도 시작the inception은 스스로를 통치권력에 대한 적대관계를 통해 규정하지 않는다. 통치권력 개념은 미국과 세계자본권력이 장악한 최고통치권력들에 대항하는 글로벌 사우스global South, 즉 개발도상국들

127) Keller, *Apocalypse Now and Then*, 122.

의 투쟁에 때로는 필수불가결하다. 통치권력은 특정 상황에서 예외가 되고 싶은 자신의 유혹에 저항하고, 민주적, 사회주의적 그리고 생태적 대안들을 강화할 수도 있다.128) 통치권력의 예외성에 대한 대안은 하나가 아니다. 대안의 시초적 아상블라주 조립체는 결정적 차이와 더불어 나아가는 투쟁 속에서 응축하고 모이기를 거듭한다. 보다 공통의 선을 위한 자신의 내부 결집으로부터 그리고 그를 넘어서 차이의 위기들은 결코 멈추지 않는다.

만일 예외성의 통치권력이 권력potestas과 권위auctoritas의 위대한 미국적 융합을 최근 완벽히 소화하고 있는 것처럼 보이긴 하지만, 그트럼프의 페르소나는, 말하자면 핵무기를 가지고 가이사르가 되고픈 그의 불안정한 정신은 라틴어에 담긴 품격을 결여하고 있다. 트럼프적 권력은 강탈을 통해 민주주의의 불안정한 생성을 방해하고, 심지어 행성적 생명의 유약한 공유지를 침해하면서 취약하게 만들고 있다. 이 순간 희망은 불가능한 것에 맞서 혹사당하고 있다. 희망은 에너지가 고갈되고, 시대에 뒤떨어져, 그렇게 뒤처져 간다. … 인종차별화되고, 성차별화되고sexualized, 금융화되고, 미국화되고, 이산화탄소화된 권력의 독성물질들이 우리의 공유된 세계에 스며들고 있고, 그렇게 우리의 도식은 붕괴하고 있다.

시간이 응축하고 있다. 지금 우리가 불가능한 것으로 대면하고 있는 것이 레너드 코언Leonard Cohen의 〈망가진 할렐루야〉처럼 예기치 못했던 가능성들로 침투해 들어갈 수도 있다는 사실을 서로가 주지해야 하지 않을까? 한순간에 말이다. 이것이 바로 카이로스의 순간일 것이고, 아감벤이 타우베스를 따라 벤야민의 숨겨진 바울신학을 통해 재빠르게 추적했던 메시아적 지금의 시간이다. "역사란 동질적이고, 텅 빈 시간이 아니라 지금*Jetztzeit*의 현존에 의해 채워진 시간이

---

128) Paulina Ochoa Espejo, *The Time of Popular Sovereignty: Process and the Democratic State* (University Park: Pennsylvania State University Press, 2011). 또한 S. Yael Dennis, *Edible Entanglements: On a Political Theology of Food* (Eugene, OR: Cascade, 2018)을 참고하라.

자리하는 구조의 주체이다"129)라고 벤야민은 적고 있다. 비정통 마르크스주의 자로서 벤야민은 근대의 도식적인 시간의 동질성이 진보의 필연성이라는 마르크스주의의 비전으로 흡수되어, 독일 노동계층의 투쟁을 배신했다고 생각했다. 그는 근대의 시간성에 대립하여 지금(의) 시간*Jetztzeit*을 주장했는데, 이것은 아감벤을 통해 바울의 *ho nun kairos*를 번역한 말이다.

"유대인들은 미래를 연구하는 일을 금지당했다," 즉 예측들과 확실성들을 탐구하는 일을 금지 당했다는 말인데, 흔히 예언prophecy과 혼동된다. 하지만 그 어느 것도 "동질적인 텅 빈 시간으로 변질된 미래"는 아니었다. 벤야민은 그 어떤 낙관주의도 갖고 있지 않다. 그러나 누구도 그의 『기여』*Beiträge*의 매혹적인 마지막 문장을 절망적이라고 부를 수는 없을 것이다. "왜냐하면 시간의 매초는 메시아가 진입하는 협소한 통로였기 때문이다." 모든 지금의 출입구는 그가 "메시아적 시간의 모델"로서 요약했던 시간적 도식들을 반복한다. 지금이라는 순간의 출입구는 인류의 전체 역사를 방대한 요약으로 포괄하거나, 아니면 보다 정확히 말해서, "괴물스런 축약"*abbrevatur*으로 구성된다.130) 따라서 그 요약은 거대한 역사를 그 자신 안에 응축한다. 그의 카이로스 안으로 말이다.

고린도전서의 sunestalemnos, 즉 시간 자체의 응축의 메아리가 들리지 않는가? 그 결정화의 압력을 상상해 보자. 이 역사적 순간을 그 고통들 속으로, 그 취약성들 속으로, 그 가능성들 속으로 그리고 당신 자신 속으로 모으게 되면, 즉 그 현재 시제 안에 당신을 구성하는 개인적-행성적 역사를 응축하게 되면, 지금 그것을 느낄 수 있을 것이다. 이 순간을 압박하는 긴장들, 모순들은 시간을 단축하는 것이 아니라, 까탈스런 차이를, 대립하는 요구들을 시간 속으로 쥐어짜 넣는

---

129) Benjamin, "Theses on the Philosophy of History," 261.
130) Benjamin, "Theses on the Philosophy of History," 264; 263.

다. 명백한 적들에 맞서 '우리'를 형성하는 이분법들을 포함해서 말이다 어떤 인물, 당, 정책, 계급, 세계경제 도식들 등으로 구성되는 이분법들의 도식들 말이다 그러나 그 순간으로의 응축은 복잡해져서complicates 함께 접히고, 그러므로 만일 우리가 그대로 둔다면, 민주적으로 그리고 사회적으로 공공성을 추구하는 정의를 강화한다.

하지만 결정적 차이를 가로질러 모이는 것assemble은 불가피하게 우리로 하여금 혼돈을 대면케 하는데, 그것은 우리/그들 간의 경계를 정확히 가로지르는 혼란스러움이다. 그것은 또한 나/당신의 경계도 가로지른다. 그것은 또한 내적 모순들을 대면케 한다. 예를 들면, 예외 없는 복합성으로서 인종과 계급과 이성애적 결혼의 안정성들에 공모하는 나의 행위들 말이다 우리는 순수성을 성취하기 위해 기다리지 않는다. 왜냐하면 그 시간이 너무 짧기 때문이다. 그러나 우리는 갈등들과 더불어 바로 가까이에서 그리고 행성적으로 신중하게 작업할 수 있을 거라고 생각한다. 만일 창조가 혼돈으로부터 왔다면 물론 결코 단순한 무질서로부터 도래했다는 말은 아니다, 우리 역사의 바로 그 엉망스러움이 그 메시아적 입구를 압박하여 열 수 있지 않을까?

그러나 슈미트적인 관점에서 보자면, 역사는 질서를 부여할 때만, 말하자면 메시아적 도래를 지연deferral할 때만 문명이 된다. 그래서 그는 바울의 카테콘catechon을 억제자restrainer로 읽는다. 살후 2:6-7131) "세상의 종말을 저지하고 체포할 수 있는 공권력에 대한 믿음은 모든 인간 행위의 종말론적인 비상사태로부터 위대한 역사적 행위주체성agency을 발휘하여 나아갈 수 있는 유일한 연결고리이며, 이때 역사적 행위주체성은 독일 황제들이 활약하던 시절의 기독교 제국의 행위주체성과 같은 것을 말한다."132) 그렇게 종말의 연기postponement는 메시아적 희

131) 역주: catechon은 데후 2:6-7에 등장하는 말인데, 켈러는 여기서 빌립보 후서 2장으로 잘못 기재한 것이라, 역자가 임의로 수정했다. "너희는 지금 그로 하여금 그의 때에 나타나게 하려 하여 막는 것이 있는 것을 아나니, 불법의 비밀이 이미 활동하였으나 지금은 그것을 막는 자가 있어 그 중에서 옮겨질 때까지 하리라." 한글 개역개정에서는 "막는 자"로 번역되어 있다.
132) Carl Schmitt, cited in Agamben, *The Time That Remains*, 110.

망의 그 모든 모순을 덮고 제국의 통치권력을 정당화한다. 그러나 대부분의 학자들이 바울의 위작pseudo-Pauline이라고 생각하는 데살로니가 후서133)의 카테콘에 대한 언급은 바울서신 어디에서도 반복되지 않는다. 고린도전서는 카이로스를 포용하는 가운데 대담할 것fearlessness을 가르친다. 그래서 결혼과 같은 사회적으로 규범적인 자의식들에 저항할 것을 가르친다. 타우베스는 슈미트의 "카테콘적 충동"catechonic impulse을 "당의 무질서한 권력들로부터 국가"를 구출하고, 날뛰는unruly 대중들을 가급적 억제하려는 반혁명적 충동으로 인식한다. 타우베스는 기독교가 또한 이 카테콘적 통치권력을 실천해 왔음을 특유의 재치로 언급한다. "우리는 국가의 보존을 위해 기도한다. 왜냐하면 만일 하나님이 금하시면, 국가는 남아있을 수 없겠지만, 그렇게 되면 혼돈이 풀려날 것이고, 심지어는 하나님 나라조차 존속할 수 없을 것이기 때문이다." 그런 혁명적 결과가 초래되지 않도록 하기 위해 우리는 "그 혼돈을 형식들로 포박하여, 그 혼돈이 주도권을 쥐지 않도록"134) 해야만 한다. 그러나 이 문장이 단순히 질서의 보존을 의미하는 것으로 오독되지 말아야 한다. 왜냐하면 언제나 어떤 형태의 혼돈이 비상사태the state of emergency135)를 정당화하고 있기 때문이다.

비상사태emergency는 예외가 다스리는 주권국가를 섬길 필요가 없음을 의미한다고 '새로움'이라는 이름의 천사Angelus Novus136)는 속삭인다. 대신 비상사태는 시작, 즉 새로운 집단체의 창발을 촉발할 수 있다. 그 진정한 잠재성이 2017년 1월 21일에 있었던 여성들의 행진women's marches에 참여한 지구촌 수백만의 사

---

133) 역주: 각주 130에서 언급했듯이, 켈러는 데살로니가 후서를 빌립보 후서라고 오기했다.
134) Jacob Taubes, *The Political Theology of Paul, trans. Dana Hollander* (Stanford, CA: Stanford University Press, 2003), 69.
135) 역주: state of emergency는 단순히 비상사태 혹은 긴급사태를 말하고 있지만, 단어 자체는 동시에 비상 상황 하에 있는 국가를 함의하는 말이다.
136) 역주: 파울 클레의 그림 〈Angelus Novus〉의 새로운 천사를 말한다.

람들에 의해 예시적으로 잠깐 체험되었다. 맹렬하면서, 신선하고, 창창한 어떤 것이 유머로 엮인 분노와 더불어 체험되었다. 그리고 그 이후 혼돈의 가장자리에서 자기-조직화의 어떤 카리스마들이 일어났는가? 우리는 아직 우리 자신을 결집할 수 있다. 그 고통스럽고 애잔한 [하나님] 나라를 끊임없이 떠올리며, 새로운 공중new public의 망령이 물질화하는 집단체들의 다중과 더불어 감각적으로 교차한다.137)

실천의 긴장들, 응축의 접힌 주름들.

하지만 심지어 그러한 운동들과 행진들에 동참할 것 같아서 초대받은 "우리들" 사이에서도 결정적 차이들이 솟아오른다. 그들의 결정들이 첨예한 이해관계로 부딪히는 일을 회피할 수는 없다. 응축 속에 있는 지금의 시간이 그 복잡한 아상블라주 조립체의 자기-조직화 과정들 안에 담긴 모순과 더불어 대여된다. 그렇다면 현재의 실천들이 담지한 공통적인 이항적 긴장들 네 가지를 고려해 보자. 이 이항대립은 적대주의로 나아가기 쉽지만, 그러나 꼭 그래야만 하는 파국적 운명은 아닌 대립들이다.

사회 운동 / 선거 정치

어느 곳에서든 세포조직들로 성장하고, 어디서든 가상적으로 네트워크를 연결하고, 그리고 군중들을 거리로 쏟아내는 사회운동들을 우리가 발판으로 삼지 않는 한, 보다 공통의 선을 향한 정치적 변혁은 일어나지 않을 것이다. 통상적인

---

137) 나의 예전 동료이자 (남미 여성신학을 지칭하는) 무에리스타(mujerista) 신학자인 아다 마리아 이사시 디아즈(Ada Maria Isasi Diaz)는 "하나님 나라"를 *basileia theou*의 해방적 번역으로 사용했다.

정치를 거절하면서 우리는 선거 정치에 참여하기를 그만두어야 하지 않을까? 그렇게 되면, 우리는 좌파의 무기력 즉, 자유주의적 무기력의 상당부분을 반추하면서, 슈미트의 우파적 관점을 공유하게 될 것이다. 그러면 그 배신을 초월하기 위해, 우리는 민주주의의 역사적 역량을 어떻게 신뢰할 수 있을 것인가?

그래서 그 어떤 진보에 대한 신뢰가 아니라, 정의로운 과정에 대한 고집으로 우리는 민주주의를 강화하고 급진화하고 심지어 사회화할 수 있을까? 공직을 위한 카리스마들, 즉 공적인 업무를 위한 재능을 분명히 보여주면서, 부패해버린 제도권 투쟁을 감내하며 우리와 연대하는 이들을 지지해야 할까? 그와 동시에 우리는 반란과 시작inception의 불가분성을 염두에 두면서, 비폭력적으로, 확실히 신학적으로 말할 수 있을까? 그래서 클레이튼 크로켓은 이렇게 말한다. "모든 것은 재고되어야만 한다, 모든 것은 해결되지 않은 채다, 심지어 우리가 두발로 서서 확고한 기반으로 삼고 있는 지구조차도 재고되어야만 한다고 반란자 신학은 단언한다."138)

이슈 / 연대

우리는 어떻게 특수한 그리고 특히 취약한 집단들을 대신해서 투쟁을 강화할 것인가? '흑인의 생명도 소중하다'Black Lives Matter, 출산의 자유reproductive freedom, 이민자들을 위한 피난처, LGBTIQ 인권, 미투, 총기규제를 위한 학생 생존자 모임? 사회계급과 그에 연루된 경제는 어떻게 해야 하는가? 그리고 모두를 위한 기후문제는? 하나의 이슈를 선택하고 다른 두 가지는 내려놓고? 어느 단계에서 그것은 우리가 단일한 이슈를 중심으로 정체성을 가지고 결집한다는 것을 의미

138) Clayton Crockett, "Earth: What Can a Planet Do?" in *An Insurrectionsit Manifesto: Four New Gospels for a Radical Politics*, ed. Ward Blanton, Clayton Crockett, Jeffrey Robinson, and No lle Vahanian (New York: Columbia University Press, 2016), 57.

하는가? 그래서 우리 자신의 진보적 예외주의를 드러내야 하는가? 다른 한편으로 만일 우리가 광범위한 교차횡단적 연합을 위해 일하고, 그 연합이 증식하고 글쎄 작동할 수 있게 한다면, 그것은 공통의 분모를 너무 낮게 잡는 것을 의미하는가? 혹은 아마도 충분히 낮게 잡은 게 아닐 수도 있다. 만일 우리가 너 낮게 내려가, 지하서민들undercommons과 더불어 흔치 않은 연대를 결성하기에 충분히 공통적이어야 한다면 어쩔 것인가? 기반들 아래로? 내가 제기하는 이슈의 강도가 다중의 운동을 흔들어, 하나로 획일화된 통일성에서가 아니라 거대한 연합으로 제시될 수 있는 곳으로서 사회적 기반들 아래로 말이다.

지역성 / 세계성

하지만 근대에 발전된 "다원주의의 다채로운 이미지"는 "이런저런 인간 예외주의의 신념들과 다소 편안하게 함께"139) 할 수도 있다. 그러나 새로운 인간 아상블라주 조립체들이 결집하는 현실적 지역들, 즉 그 살아있는 상황성들은 이제 그의 지하적 급진성을 숨기기를 거절한다. 지구 속에 펼쳐지는 그의 근원들, 즉 뿌리들 말이다. 그런데 우리 물질성의 그 불가분한 공유지는 지구the globe로 도식화되어왔다. 행성과 달리, 지구는 모든 지역성을 제거하고 그래서 모든 특수성을 제거하여, 그것을 온라인에 가두고, 거래하도록 위협할 수도 있다. 그래서 가야트리 스피박Gayatri Spivak은 "지구와 겹쳐 쓸 수 있는 행성" 개념을 제안했다. 신식민지적 경제에 대한 탈식민주의적 분석 속에서 세계화라는 말로 치환가능한 "지구화globalization는 모든 곳에 동일한 교환 시스템을 부과하는 것을 의미한다. 지구는 우리의 컴퓨터상에 존재한다. 아무도 거기 살지는 않는다."140) 따

---

139) Connolly, *Aspirational Fascism*, 93.

140) "행성은 타자성의 종들 속에 있으며, 또 다른 시스템에 속하지만, 우리는 그것을 대출하여 거주한다." Gayatri Spivak, *Death of a Discipline* (New York: Columbia University

라서 마이클 노스콧Michael Northcott의 정치생태신학에 따르면, "우상스러운 보편(금전적 축적)이 기업들과 금융업자들과 정부로 하여금 가깝고 먼 모든 자리를 파괴하도록 만든다." 그렇게 우리는 자유주의와 신자유주의 보편주의에 대항하는 포퓰리스트들의 반응들을 보고 있지만, 이 반응들은 우파 정치의 조작이 성공적이었음을 의미할 따름이다.141) 지역적 공간 대 지구적 도시,142) 하지만 정치적인 것은 도시the polis와 얽혀있고, 그 신학은 도시적 바울과 얽혀 있다. 정치적인 것은 어떻게 우리가 자리와 시간에 주의하며 다시 뿌리를 내리면서, 동시에 우상으로 변질된 지역성143)을 까발릴 수 있을 것인가? 말하자면, 분노한 정체성의 우상, 민족적 소속감의 우상, 그리고 이방인의 자리들과 함께 엮여 불안정한 상호의존성으로부터 자신이 면제된다는 우상을 폭로할 수 있을 것인가?

우리의 지역적 동맹들과 공명하면서, 우리는 세계화로서의 지구가 아닌 생명으로서의 지구의 힘과 영과 숫자들을 발견할 수 있을까? 우리를 통해 물질적으로 사실상 그 어떤 장소와 시간으로도 흘러가는 지구를 말이다. 생태사회적 자기-조직화가 어떻게든 어떤 대가를 치르더라도 생존을 위해서 마음 깊이 지구/지역적glocal이고, 대담하게 행성적인 새로운 도식을 해방시키지 않을까? 행성은 이 책 2장의 주제이기도 하다.

Press, 2003), 72. 아울러 Stephen D. Moore and Mayra Rivera, ed., *Planetary Loves: Spivak, Postcoloniality, and Theology* (New York: Fordham University Press, 2011)을 참고하라.

141) Michael S. Northcott, *Place, Ecology, and the Sacred: The Moral Geography of Sustainable Communities* (New York: Bloomsbury, 2015), 175.

142) 역주: '지구'는 globalization으로 만들어지면서 '세계화'로 번역되었고, 세계화란 전세계 금융도시들이 연결되어 자본을 창출하는 기호자본주의 체제를 말한다는 의미에서 '지구'는 '도시'로 표상되고 있음을 켈러는 지적하고 있는 것이다.

143) 역주: 지역성 즉 locality가 정체성의 정치와 결합되면서 지역성을 정치적 우상으로 변질시켜버렸음을 지적한다

종교 / 세속

정치신학에 관해서라면, 민주당의 세속주의는 말할 것도 없고, 대중과 진보정치에서 증가하고 있는 세속주의를 고려하면, 아마도 우리가 딱 포기해야 마땅하지 않을까? 만일 정치신학이 세속화에 관한 것이라면, 정치신학은 아마도 마지막으로 한번 더 스스로를 그저 세속화해야 하는 것인가? 이 낡은 가부장적 권위들의 끝없는 해석적 당혹스러움들을 자유롭게 끊어내고? 결국 종교적 좌파는 세속 언어와 강철같은 연대를 이어가려면 어떻게 해야 하는지 이미 알고 있다.

그러나 한쪽 발을 씻겨주던 프란시스 교황은 말할 것도 없고, 간디, 마틴 루터 킹, 말콤 엑스와 같은 메시아적 카리스마를 상징하는 인물들은 정치적으로 필수불가결한 아이콘들이지만, 우리가 번역의 역량을 발휘한다고 해도 그들의 실천들이 담지하고 있는 신학들을 깨끗이 씻어낼 수는 없다. 그리고 젠더, 인종, 성, 경제 그리고 생태의 정의를 향한 세계 종교의 운동들은 에큐메니즘[144]을 추구하면서도 모두 다원주의자일 수밖에 없고, 모두 세속성에 발을 담그지 않을 수 없다. 아브라함적 종교전통들의 우파들이 구사하는 신학언어가 고작 근본주의와 테러를 추동하고 있음을 고려할 때, 과연 근본주의적 세속주의가 여전히 그 대답인지 의문이 들지 않을 수 없다. 또한 세속성이 아니라 세속주의는 문화적으로 북반구로 표현되는 제1세계를 지구촌 남반구로 표현하는 제3세계에 맞서 배치한다. 그렇다면 특히 이슬람 공포증이 창궐하고 있는 현 상황에서, 그 세속주의의 반종교적 입장이 백인의 신식민주의적 세계화globalization에 어떻게 기여하지 않을 수 있겠는가?[145]

---

144) 역주: 본래 에큐메니즘(ecumenism)은 기독교 내 교단들이 갈등과 전쟁으로 파멸을 향해 나아가던 풍조를 극복하기 위한 교회 일치운동이었지만, 점차 아브라함계 종교들 간의 긴장과 갈등, 더 나아가 세계종교들 간의 긴장과 갈등 극복을 위한 일치운동으로 의미맥락을 확장시켜 왔다.

145) Saba Mahmood, *Politics of Piety: The Islamic Revival and the Feminist Subject* (Princeton:

그렇다면 현재 실험이 가진 다음의 가정은 그 자체로 신학의 난제를 고스란히 노출하고 있다. 심지어 정치신학의 가장 세속적인 입장조차도 정치로부터 신학을 제외할 수 없는 불가능성 말이다. 혹은 달리 표현해서 세속적인 것을 종교적인 것으로부터 제외할 수 없는 불가능성 말이다. "우리는 세속적-종교적 타자들이다."146) 아마도 통치권력들 중 최고의 통치권력에 맞설 수 있는 신학만이 지금 기독교 왕국이 이렇게 약화된 시대에 자신의 날개를 펼 수 있을 것이다. 신학은 과거의 유령이나 미래에 대한 소설이 아니라, 현재 가능한 것의 카이로스적 담론으로서 이제 공동의 지구 투쟁을 확산시키는 공공대중을 결집하는데 도움이 될 것인가? 심지어 혹은 특히 종교들 자체가 여기저기서 급격히 응축되고 있는 한복판에서? 그렇다면, 신학은 위에 언급된 이항대립들 각각에 도움이 되면서, 보다 상호존중적이고, 그리고 심지어 보다 사랑으로 충만한amorous 경합주의를 촉진할 것이다. 그러면 긴장을 불러일으키는 차이들은 배제의 절단들이 아니라, 응축의 주름들folds을 표시할 것이다.

우리 자신을 새로운 공공대중으로 결집하고 있는 위기들에 직면해서, 우리는 그러한 내적 긴장들에 대해 이쪽 혹은 저쪽의 단순한 결정으로 대답하지 않는다. 그러한 결단주의는 현재 정치의 괴물스런 응축 속에서 제공되는 교차횡단적 잠재력을 우리로부터 몰수해 버릴 뿐이다. 그 잠재력은 예전에 부정 신학에서 표현하

Princeton University Press, 2005). 또한 Keller, "The Queer Multiplicity of Becoming," in *Intercarnations* (2017)을 참조하라.

146) "기독교 신학의 입장에서 세속(the secular)은 종교적인 것(the religious)이 여전히 언제나 현재하는 자리이지만, 은연 중에만 그렇다. … 겸손하게, 은연 중에, 자랑함이 없이, 이것은 바로 모든 생명 속에 하나님이 뿌리를 내리고 있음을 경험하고 인정하는 영성에 아주 가깝다." Trygve Wyller, "The Discovery of the Secular-Religious Other," in *Reformation Theology for a Post-Secular Age: Logstrup, Prenter, Wingren and the Future of Scandinavian Creation Theology*, ed. Neils Henrik Gregersen, Bengt Kristensson Uggla, and Trygve Wyller (Göttingen: Vandenhoeck & Ruprecht, 2017), 255.

는 *coincidentia oppositorum* 즉, 대립들의 일치라는 형태로 스스로를 제시하고 있는지도 모른다. 이 대립의 일치가 우리를 멈춰 세우고, 그 멈춰선 출구에서 우리에게 제3의 길을 열어준다. 우리가 만약에 사랑으로 충만한 경합주의amorous agonism가 우리의 모든 가장 긴급한 정치적 물음들을 통과하여 나선형으로 되돌아오도록 하면 어떨까? 그래서 우리를 순수성과 동일성으로가 아니라 얽힌 차이로 결집하도록 하면 어떨까? 그럴 때, 결정들은 회피되는 것이 아니라 심화된다. 그 결정들은 무로부터가 아니라 혼돈의 한복판에서 발생한다.

더 이상 좌파 학자들의 형제간 경쟁의식이나 우파에 대한 우리의 즉흥적 반응들에 굴복하기 보다는 선제적으로 대처proaction하는 복합적 아상블라주 조립체complex assemblage는 보다 힘있고 활력있는 생명력을 위해서 확실성을 포기한다. 크로켓이 표현하듯이, "존재는 에너지 변형이다." 이 역동적 물질성으로부터 그는 놀랍게도 종교가 이토록 무기력해져 버린 시대에 "신학은 에너지"147) 라고 결론내린다. 에너지는 중요하다.matters 왜냐하면 우리는 우리 자신이 탈진burnout했을 뿐만 아니라 종교적, 민주적 그리고 지구적인 시스템들이 대부분 고갈된 사태를 맞이하고 있기 때문이다. 변혁의 에너지가 얽힌 차이의 접속점들 속에서, 감각적 교차횡단성들의 응축들 속에서 물질적으로 구현된다면 어쩔 것인가? 우리를 세속주의로 개종시키는 대신, 정치신학의 작업은 우리를 대담하게 세속화되도록 내버려두는 것이다. 심지어 우리가 심오한 에너지의 원천을 가지고 세속종교적 신앙을 담지하고 있다고 해도 말이다.

그렇다면, 시간이 짧으니, 바울의 힌트 하나를 더 인용한다. 고린도전서 7장의 메시아적 시간의 응축은 에베소서 1장 10절에서 그리스도 안에서*en christou* 만

147) Crockett, "Earth," 57.

물의 반복recapitulation148)으로 되풀이되고 있다. 여기서 그 메시아는 일자the One를 물질적으로 구현하는데materialize, 그 일자가 알려진 존재이든 익명의 존재이든 상관없이, 그 일자 안에서 "우리가 모두 살고 숨 쉬며 우리의 존재를 갖는다."행 17:28149) 모두, 예외 없이 말이다. 우리는 서로에게로 접혀 들어가, 서로의 구성원이 된다. 왜냐하면 모든 만물은 그의 한없는 체현 안에서 포개어지기 때문이다. 그 지금의 시간의 괴물스런 축약 속에서 세계의 퀴어스럽게 응축된 밀도의 존재들은 걱정을 떨치고, 불안해하지 않으면서 살아갈 수 있다. 우리라는 순간이 요약하는 카이로스 속에서 우리는 위기를 정면으로 마주하고 새롭게 우리 자신을 결집할 수도 있다. 묵시종말론적 지정학에도 불구하고 말이다.

"나에게 한 가지는 분명했다. 이 나라의 역사 속에서 이 시간은 카이로스적 시간이다." 트레이본 마틴Trayvon Martin의 살인사건150)을 깊이 생각하면서, 카이로스는 "잠재적으로 훨씬 광범위한 영향력을 갖는, 역사 내의 결정적 순간이다. 그것은 종종 혼돈스러운 시기이고, 위기의 시간이다"라고 브라운 더글라스

---

148) 역주: 에베소서 1:10의 "그리스도 안에서 만물의 반복(recapitulation)"은 한글 개역개정 성경에는 "하늘에 있는 것이나 땅에 있는 것이 다 그리스도 안에서 통일되게 하려 하심이라"라는 번역 속에서 크게 희석되어 있다. 영어 성경에서는 이 구절이 다르게 번역되어 있다. 예를 들어 NASB에는 "with a view to an administration suitable to the fullness of the times, that is, the summing up of all things in Christ, things in the heavens and things on the earth. In Him"이라고 되어 있는데, 이 영어번역 문장에서 "the summing up"을 recapitulation(반복)으로 해석한다. 이는 리용의 이레니우스가 처음 분명하게 제안한 해석으로서, "대속의 반복 이론"(the recapitulation theory of atonement)이라 불린다. 이 대속의 반복 이론이라는 관점 속에서 새로운 아담이신 그리스도는 첫 번째 아담이 잘못한 것을 원상태로 돌리고(undo), 성육신을 통해 인간과 하나가 되셔서 인류를 구원으로 이끈다.

149) 역주: 개역개정 성경의 본문은 "우리가 그를 힘입어 살며 기동하며 존재하느니라"라고 되어 있다.

150) 역주: 트레이본 마틴은 2012년 2월 26일 플로리다의 마이애미 가든스 시에서 동네 수퍼에서 과자를 사서 나오던 중, 동네 자경대원 짐머만(Zimmerman)에게 이유 없이 총을 맞고 사망했다. 당시 마틴은 17세 소년이었고, 짐머만은 마틴이 후드티를 입고 있어서 수상했다고 말하지만, 마틴은 아무런 혐의 없이 그저 흑인이라는 이유로 총을 맞아 죽었다. 그럼에도 불구하고, 짐머만은 2013년 7월 무죄선고를 받고 풀려났다.

는 결론짓는다. 그러면서 그녀는 신학자로서 장엄하게 덧붙인다. 지금의 시간은 "새로운 생명을 위한 무한한 가능성들로 가득 찬 시간이다."151)

카이로스는 여전히 그리고 다시금 언제나 지금이다. 혼돈의 가장자리에서 결정적 차이를 가로질러 결단하면서, 아상블라주의 조립체는 사실상 정치적 시작inception을 시행하지 않을까? 아니면 낙관주의에 정신없이 취해서 아니면 염세주의에 갇혀서 우리는 그 시작을 배제할 것인가? 그래서 들려지지 않은 가능성으로 현재 위기를 응축하는 경합주의들이 모두 수의를 걸친 채 시작할까, 제외할까?

"우리는 서로에게 모든 것을 빚졌다." 그 모든 것은 중요하다. 세상에what on earth 우리에게 문제가 아닌 것물질이 아닌 것은 뭐란 말인가?

151) 신학자로서 그녀는 이렇게 덧붙인다. "카이로스 시간은 하나님의 시간이다." Brown Douglas, *Standing Your Ground*, 206. 나는 여기에 "아멘"으로 답한다.

2장 • 지구

막장으로 향하는 기후, 막장을 여는 물질

사람들은 세상의 종말에 앞서 지구the earth를 볼 기회를 잡으려 하고 있다,

한 조각 한 조각이 우리보다 오래된 세계의 죽음을

– 에드 로버슨, "세계의 종말에 앞서 지구를 보기 위하여" –

마지막 기회를 움켜쥐려는 사람들처럼, 시의 묵시적 시작은 풍자적으로 우리의 시선을 움켜잡는다. 그러나 에드 로버슨의 지구earth와 세계world의 구별은 여느 단순한 종료와 모순된다. 왜냐하면 지구는 끝나는 것으로 언급되고 있지 않지만, 세계는 끝나고 있는 것으로 표현되고 있기 때문이다. "세계"는 하나의 집단적 도식을 의미한다. 비인간 존재들the nonhuman 속에 불가분하게 얽혀있는 인간의 자기-조직화 도식 말이다. 그래서 "지구"는 행성을 떠올리게 하는데, 그 결정적 차이 속에서 "볼 수 있도록" 거기에 현시하는 지구 말이다. 그리고 이 시의 긴박한 시간 속에서 지구는 시간의 짧음을, 즉 세계의 부서지기 쉬움을 보여준다. 이 시의 첫 구절이 상기시키는 시공간성은 조롱조로 복잡하게 변한다. "한 조각 한 조각이 우리보다 더 오래된 세계의 죽음." 그러나 어떤 시-공간의 틀 속에서 더 오래되었다는 말인가?

세계의 어떤 종말들은 우리가 살아낸 시간과 중첩되고,
여러 세대에 걸쳐
종의 멸종이라는 충돌사고 현장으로 미끄러지고 있다. …[1]

그리고 나서 로버슨은 멸종의 시간성을 충돌하는 기차, 민족, 땅의 사고 장면과 병치시킨다. 충돌사고 현장이라는 문구는 심지어 얼어붙은 정적으로 산처럼 거대하게 버티고 있던 안정성이 벗겨져 버린 풍경을 우리에게 던져놓으면서도, 가차 없는 속도감을 전달한다.

거대한 시간과 짧은 시간 사이의
미묘함
미디어는 계곡 위로 물러나고 있는 빙하들을 뒤쫓고 있는 사람들과
그 속도를 주목한다.…
보이는 얼음이 보이지 않게 되어 버린 속도였다,
지금—그 날들이 지나가고 있고, 그리고 몇 발짝 더 멀리…[2]

"시간의 미묘함"이라는 표현에서 '미묘함'을 의미하는 단어 subtilis은 "섬세한," "훌륭하게 잘 짜여진"이라는 뜻을 담고 있는데, 이는 미묘하게 잘 짜여진 시간이라는 직물의 씨줄과 날줄 속에 우리를 묶는다. 다양하고 쉽게 변하는 시간들의 상호적 엮임은 현실로 다가온 종말의 충격적인 속도로부터 탈출구를 제

1) Ed Roberson, "To See the Earth Before the End of the World," in *To See the Earth Before the End of the World* (Middletown, CT: Wesleyan University Press, 2011), 3.
2) Roberson, "To See the Earth Before the End of the World," 3.

공해 주지 않는다. 얼마 전 글레시어 국립공원[3]에 가족들과 함께 다녀왔는데, 그 이름 즉 '빙하 국립공원'이라는 이름이 곧 애도, 즉 묘비명이 될 것이라는 사실만 깨닫게 되었다. 이전까지 나는 미국의 빙하들에 주의를 기울여 본 적이 전혀 없었다. 19세기 후반부터 공원에 존재했던 150개의 빙하들 중 이제 겨우 25개의 빙하만이 남아있다는 사실을 그때 알게 되었다. 지구 온난화가 그것들을 끄집어 내버린 것taking them out이다. "추세는 일관적이고, 그건 뒤집어지지 않는다"고 산악 생태계 프로젝트 연구를 담당하는 생태학자이자 감독인 대니얼 파그리Daniel Fagre는 말한다.[4] 그는 1991년 이래 벤치마크 빙하 프로그램의 미국 지질학 연구 수석연구자였다. 모든 빙하들이 2030년 경 사라질 것이다. "이 빙하들보다 오래 사는 것은 우리의 아이들보다 우리가 더 오래 사는 것과 흡사한 일이 될 것이다. 그러한 일이 결코 일어나지 않도록 기도해라"[5]고 파그리는 말한다.

"빙하 속도"[6]란 표현은 더 이상 예전에 관용적으로 사용되던 의미를 가리킬 수 없게 되었다.

이 책 1장은 예외, 즉 비상사태의 정치적 개념을 숙고했다. 빙하 붕괴도 그중 하나로 간주될까? 공원을 벗어난 세상에서 최근 일어나고 있는 정치의 열기와 속도를 감안할 때, 나이든 얼음이 당면한 위기는 가장 싸늘한 반응 속에 방치될 것이다. 성스러운 갠지스 강의 물을 제공할 뿐만 아니라, 수십 억 명 이상의 사람들을 위한 물을 제공하는 히말라야 빙하들이 있는 동남아시아에서는 이렇게 방

---

3) 역주: 미국 몬타나 주에 위치한 이 국립공원의 고봉에는 60여 개 이상의 빙하가 있다. 그래서 '빙하'(Glacier) 국립공원이다.

4) 대니얼 파그리의 이말은 Andrea Thompson, "Glacier National Park Is Losing Its Glaciers," *Climate Central*, 10 May 2017에서 인용되었다. 접속링크, http://www.climatecentral.org/news/glacier-national-park-losing-its-glaciers-21436.

5) Christopher White, *The Melting World: A Journey Across America's Vanishing Glaciers* (New York: St. Martin's, 2013), 228.

6) 역주: '빙하 속도'(glacial pace)란 아주 느린 속도로 진행된다는 관용적 표현이다.

치되지 않는다. 지구 온난화는 다른 빙하들보다 몬태나 산맥의 빙하들에게 보다 빠르게 영향을 미치고 있다. 그 빙하들은 해빙sea ice과 빙원들, 그리고 북극과 남극을 포함하여 행성의 녹는 추세를 알려주는 "전조"bellwether다.7) 이 책을 집필하는 동안, 「뉴욕 타임즈」는 "알라스카의 영구동토층이 … 더 이상 영구적이지 않다"8)는 소식을 전송한다. 그 동토층은 2050년경쯤 모두 녹을 것이고, 그에 따라 해수면이 상승하고, 이는 다시 지구 온난화의 메탄 상승 고리를 강화시킬 것이다. 이 비상사태에서는 누구도 예외가 없다.

광대하게 다양한 지구의 속도들 위에서 움직일 시간이 부족하다. 그리고 그 차이는 아주 섬세하게 엮여서, 온난화까지 겨우 몇 도 상관의 문제가 되는데, 결정적이다.

> 거대한 멸종과 우리 작은 인간의 멸종 사이
>
> 시간의 미묘한 붕괴.9)

지구적 시간의 관점에서 우리의 멸종은 작은 문제다. 지구의 종말이 아니다.

---

7) "온난화는 몬타나 산맥 서부지역에서 보다 빨리 진행되고 있는데, 거기서는 지구 평균보다 거의 두 배나 빠르게 온도가 상승하고 있다"고 파그리(Fagre)는 몬타나 공영 라디오 방송에서 설명한다. "우리는 일종의 전조(bellwether)이다, 우리는 다른 곳에서 일어날 변화의 종류들에 대한 초기 지표이다." 이 발언은 Merrit Kennedy, "Disappearing Montana Glaciers a 'Bellwether' of Melting to Come?," *NPR*, 11 May 2017, http://www.npr.org/sections/thetwo-way/2017/05/11/527941678/disappearing-montana-glaciers-a-bellwether-of-melting-to-come에서 인용되었다. 전조들과 묵시들: 학술지 *Paleoworld*의 최근 한 연구는 빙하가 녹는 것과 북극의 메탄가스 방출이 가져올 묵시적 귀결들에 대해 경고한다. 참고: Darth Jamail, "Release of Arctic Methane 'May Be Apocalyptic,' Study Warns," *Truthout*, 23 March 2017, http://www.truth-out.org/news/item/29957-release-of-arctic-methane-may-be-apocalyptic-study-warns.

8) 알라스카의 동토층이 녹아내리는 것에 관해서는 「뉴욕 타임즈」의 멀티미디어 꼭지, Henry Fountain, "Alaska's Permafrost Is Thawing," *New York Times*, 23 Augest 2017에서 참고하라.

9) Roberson, "To See the Earth Before the End of the World," 3.

그러나 이 빠르고-느린 응축은 우리 세계에 결코 작은 문제가 아니다.

인류세의 붕괴현장

만일 우리 인류anthropoi가 결정적 차이 주변으로, 지정학적으로 다른 규모로 결집하고 있다면, 지구earth는 불안정하게 우리로부터 자신의 차이를 주장하고 있다. 우리의 정치는 계속해서 그것을 무시할지 모르지만, 그러나 지구는 우리의 물질로서 내재적으로 도시를 구성한다. 비록 지구가 지질학적으로 정치를 초월할 때도 말이다. 그렇다면 시의 "미묘한 붕괴"는 어떻게 그 응축sunestalamos, 즉 "남아있는 시간"의 짧음과 연관될 것인가? 우리가 미묘한 결집의 카이로스 속으로 얽혀들어감을 증언했던 그 짧은 시간 말이다. 바울은 우리와 다른 시간에 우리와 다른 두려움들에 맞서 지구라는 집earth-oikos의 종말이 아니라, "이 세계라는 도식"10)의 종말을 선언하고 있다고 우리는 읽었다. 이번 장에서 우리가 정치신학의 주체로서 지구를 주목한다면, 그것은 우리의 행성이 이 정치신학을 하는 주체라는 것을 공표하기 위함이 아니다. 행성은 신학자가 아니며, 책상머리의 생태여성신학자는 더더욱 아니다. 지구는 모든 정치와 신학의 주체적 주제로서 물질subject matter,11) 즉 물질화하는 생명을 의미한다. 우리의 주체성들은 지구 안에 있는 것으로서 지구의 주체성이다. 하지만 물질은 장구한 시간 동안 인간 예외주의에 종속되어왔던 것으로 보였다. 물질에 대한 정신의 우위 혹은 모든 것보다 우월한 인간.Man über alles

10) 이 책의 서론인 "시작"의 '카이로스와 응축' 부분을 참고하라.
11) 역주: 켈러는 '주제'를 가리키는 말 'subject matter'를 살짝 비틀어서 'subject matter'라고 이탤릭체로 표현하면서, 'subject'라는 단어가 '주체'를 가리키고 있음을 동시적으로 표현하고 있다. 번역에서는 이런 재치를 살리기 어려워 의역했다.

이런 시기에 물질은 우리의 세계 도식 속에 동봉된 채 별개로 남아 있기를 거절하고 있다. 물질은 우리 종이 얼음처럼 녹아내리는 가운데 있는 모습을 우리에게 차가운 얼음 거울처럼 비춰주고 있다. 그러면 이제 우리는 우리의 물질/문제에 마음쓰기를to mind 배울 것인가? 동료 인간들을 동물적이라고 혹은 식물 같다고 혹은 초보적elementary12)이라고 이야기하는 것은 말할 것도 없고, 동물과 행성과 물질 원소들에 대한 인간의 통치권력에 물음표 던지기를 배울 수 있을 것인가?

시간이 붕괴하는 이 시대는 여러 다른 이름을 갖고 있다. 현재 널리 알려진 이름은 인류세Anthropocene이지만, 또한 자본세Capitalocene, 술루세Chthulucene13), 생태대the Ecozoic14), 또는 생태세Ecocene라는 이름으로 불리기도 한다. 이 시대를 가리키는 이름들이 이번 장에서 지구정치신학이 말하는 현실의 지구를 그려내도록 도울 것이다. 행성은 아주 급격히 가속하며 달려오고 있는 위기들, 인종, 이주, 성, 경제 등의 위기들, 즉 사람들 사이에에 다양하게 벌어지고 있는 위기들을 다른 것으로 대체하지 않는다. 가이아는 이를 금하고 있다! 그 대신 행성은 그 모든 위기를 동일한 집, 즉 우리 생태사회성의 행성이라는 집oikos 속에 놓아둔다. 열외도 없고, 예외도 없다. 우리가 그 위기들이 공유하는 물질, 즉 그 위기들에 봉착한 물질적 지하서민들undercommons을 받아들이지 않는 한, 우리는 그 문제들이 서

---

12) 역주: elementary라는 말은 '초보적'이라는 뜻도 함의하지만, 동시에 '원소적' 혹은 '기초적'이라는 의미도 가진다. 물질은 기본적으로 원소들(elements)로 구성된다. 이를 암시하면서, 켈러는 여기서 동료 인간들을 '초보적'이라고 놀리는 우리의 모습을 풍자하고 있는 것이다.

13) 역주: 술루세(Chthulucene)는 도나 해러웨이(Donna Haraway)가 두 개의 그리스어 kthth n과 kainos를 합성하여, "손상된 지구 위에서 책임적으로 응답하며(response-ability) 살고 죽어가는 까탈스러움과 더불어 머물기를 배우기 위한 일종의 시공간"을 지칭하는 말이다(Donna Haraway, *Staying with the Trouble: Making Kin in the Chthulucene* [Durham: Duke University Press, 2016], 2).

14) 역주: 생태대(the Ecozoic)는 토마스 베리가 신생대(the Cenozoic era)를 이어 출현한 현생대를 가리키기 위해 만들어낸 것이다.

로에게 모두 관계하는 방식으로 파악할 수 없다. 이러한 지구적earthen 얽힘을 가르치는 것이 기후변화와 같은 거대한 비상사태들을 막지는 못할 것이다. 그러나 복합적인 행성적 공공대중complex planetary public의 창발을 촉진하고, 기초를 제공한다.

만일 정치신학에 대한 우리의 이해방식이 통치권력 개념을 비상사태 하의 결정역, 즉 예외적 권한을 정당화하는 예외적 상황 속에서의 결정력으로 생각하도록 이끌어왔다면, 그것은 칼 슈미트의 친구 대 적의 정치학 속에서 우리가 현재 첨예한 특정의 동기들을 조명해 보고 있기 때문이다. 우리는 그에 맞서 비상사태나 증오를 부정하지 않는다. 그 대신, 우리는 지구와 거기에 살아가는 인간과 비인간 존재들로 구성된 불안정한 주민들을 향한 미국의 고삐풀린 증오심이 그에 상응하는 비상사태를 도발하도록 유도하면서, 다중적 연대 속에서 자기-조직화를 이뤄낼 수 있는 기회를 도모한다. 적대주의는 불꽃을 일으킬 수는 있지만, 유지할 수는 없다. 마음을 다스린mindful 분노, 즉 탄식을 외적으로 표출하여 고양하는 것이 훨씬 더 큰 활력animacy을 가져온다. 사랑을 지향하는 경합주의amorous agonism 속에서 마음을 다스린 분노는 에로스와 우리를 둘러싼 모든 것의 활력에 의지하지 않는가? 우리를 차갑기도 하지만 또한 감미롭게 녹이면서, 시원하면서도 포옹하듯이, 비인간적으로 혹은 인간적으로 비춰주는 모든 것의 활력 말이다. 마음을 다스린 분노는 그 모든 것을 우리의 물질화하는 지금의 시간의 진흙, 즉 아다마adamah 속에 응축한다. 그렇게 더럽게 흙묻은dirty 사랑이 지구의 적들에게조차 자신을 내어준다. 그러나 그 사랑은 적들을 혐오한다.

현재의 신학적 응축 속에서 지구는 우리의 문제problem나 해결책으로서 나서지 않을 것이다. 지구the earth는 우리의 문제matter, 즉 우리와 함께 하는 물질이다.

화이트아웃[15)]

교차하는 예외주의들의 다시간적 연쇄 속에서 이 책 1장은, 어떻게 앵글로-색슨 예외주의가 백인 우월주의로 변질되어, 미국의 민주주의를 그 태동부터 감염시켰는지를 살펴보았다. 우리는 벤자민 프랭클린의 생태인종차별주의적 꿈을 훑어보았다. 검은 숲들을 정리하여 우리의 땅을 밝게 만들어감으로써, 우리 인간 집단의 흑색화darkening를 멈출 것이라는 꿈. 비록 이 하얀 지구White Earth라는 환상이 애초부터 인구통계, 노동 수요, 이민, 시민사회적 경합주의, 국립공원들의 역동성과 같은 요인들에 의해 자주 끊겨지는 시련을 겪었다 해도, 그 환상은 여전히 계속해서 미래를 섬뜩하게 겁주고 있다. 지난 세기 미국과 유럽에서 인종적 타자인 이민자들을 향한 반동의 물결들이 극우 파시스트의 잠재력들을 먹여 살리면서, 우리 시대를 섬뜩하게 겁주기 위해 귀환하고 있다. 그런데 독일의 파시즘이 혈통과 영토Blut und Boden로 대변되는 지역 환경과의 동일시를 조작했다면, 지금의 백인 우월주의는 환경문제를 부인하는 부정주의denialism와 발맞추어 행진하고 있다. 그래서 백인 우월주의의 승리는 하나의 지우개로 영구히 상징화되었다. "트럼프 대통령의 취임을 즈음하여 백악관 공식 웹사이트는 … 기후변화에 대한 거의 모든 언급을 지워 버렸다."[16)]

모든 환경 단체와 그와 연관된 법을 향한 통치권자의 공격이 그 후 매일 일관

---

15) 역주: 본래 whiteout은 극지방에서 적설과 안개로 지형을 알 수 없게 온통 백색화되어 버리는 현상을 가리키지만, 이 책에서 켈러는 'whiteout'이라는 현상을 흥미롭게 사용하고 있다. 켈러는 우리의 문명이 백인우월주의라는 폭설로 백색화 되어버려, 아무것도 보지 못하는 시각 상실을 겪고 있다고 주장하기 위해 'whiteout'이라는 표현을 반복하여 사용한다.

16) Coral Davenport, "With Trump in Charge, Climate Change References Purged from Website," *New York Times*, 20 January 2017, https://www.nytimes.com/2017/01/20/us/politics/trump-white-house-website.html. 다른 여러 취약집단들에 대한 언급들도 또한 빠르게 삭제되어 지워졌는데, 특별히 LGBTQ 권리에 대한 언급들이 그렇다.

성 있게 이어졌고, 자본주의자들의 환호를 받았다. 백악관이 하얀 속물들의 소굴White folk-house-earth이 되어 버렸다. 과학이 얼음처럼 투명해지자마자, 이런 일이 일어났다. 생태적 붕괴를 모면하기 위해서 우리가 과정을 변화시킬 시간이 겨우 한 십년 남짓 남았다. 우리가 변화하든지 못하든지 간에 이 글을 쓰는 동안 우리 빙하들에게 "남아있는 시간"이 딱 그 정도이다 그즈음이면 무슬림 폭력이나 이민자 범죄에 버금가는 것을 대면할 것이다. 수백 혹은 수천만의 기후 이주민들의 도래하는 물결, 해수면 상승과 길어지는 가뭄을 피해 도피하는 그들 중에 백인은 거의 없을 것이다. 크리스티안 파렌티Christian Parenti는 그에 상응하는 "기후 파시즘"17)에 대해 오랫동안 경고해 왔다.

로버슨이 세계의 느리고-빠른 시간성들 즉, 그 움켜쥠과 붕괴와 더불어 "한 조각 한 조각씩 … 세계의 죽음"이라 불렀던 시간 속에서 우리는 서로에게 묻지 않을 수 없다. 우리는 이 순간 어떻게 우리 스스로를 다시 추스르고recollect, 다시 물질적으로 구현해rematerialize낼 수 있을 것인가? 우리는 어떻게 응축이 폐쇄로 함몰되어가지 않도록 할 수 있을 것인가? 묵시적 종말의 파국과 절망, "백인-규범적 염세주의"anglo-normative pessimism 그리고 자포자기로 이어지는 순환을 일으키지 않고 그 결말들을 말할 수 있는 방법 말이다. 우리는 어떻게 묵시적 종말apokalypsis을 귀찮게 졸라서, 탈/폐쇄dis/closure를 만들어갈 수 있을 것인가? 다른 말로, 우리는 어떻게 "시간의 섬세함"the subtlety of time에 마음을 쓰고, 언어의 섬세함에 주의를 기울일 수 있을 것인가? 관습적으로 인간보다 못한 존재들로부터 "사람"Man을 분리하는 영어가 어떻게 인간중심적이고, 앵글로-색슨적 예외주의로 합류하게 되었는지를 생각해 보라.18) 그렇게 합류할 필요가 없었다.

---

17) Christian Parenti, *Tropic of Chaos: Climate Change and the New Geography of Violence* (New York: Nation, 2011)을 참고하라.

18) 이 책 1장의 "메시아적 백인(남자)" 부분에서 다룬 토론을 참고하라. 또한 J. Kameron Carter,

로버슨은 자기 시의 흑인적 억양에 대해 이렇게 말한다. "나는 새로운 언어를 창조하는 것이 아니다. 그저 우리가 가진 것을 비백색화un-White-Out하려고 노력할 뿐이다."[19] 인종과 기후의 위기들이 떼래야 뗄 수 없어지면서, 그 위기들은 우리 세계의 동공화blanking out, 즉 창백화blanching, 그래서 백색화[blanche]!의 위협을 가져온다. 하얗게 되어버려 아무것도 안 보이는 화이트아웃. 예외주의자의 끄집어냄이라는 행위가 가지고 있는 인종적 얼굴.[20] 우리가 타고난 피부색을 '하얗게-되지-않도록'to unwhiteout 노력해야 할까? 말할 수 없이 아이러니하게도 백색 빙하봉우리들이 영원히 녹아내리는 중에?

예외적으로 창조되어

지구정치신학에게 언어의 신성한 통치권력들이 더 이상 하늘로부터 내려온 말씀Word으로 포장될 수는 없다. 신구약 두 성서에 담긴 언어와 유산을 비백색화unwhitingout하는 일은 남반구와 북반구의 즉 제1세계와 제3세계의 해방신학들이 오랫동안 해온 작업이었는데, 이 두 경전은 다양한 작가 집단들에 의해 다양한 시

"Between W.E.B. Du Bois and Karl Barth: The Problem of Modern Political Theology," in *Race and Political Theology*, ed. Vincent W. Lloyd (Stanford, CA: Stanford University Press, 2012)도 참고하라.

19) "로버슨은 유럽 (혹은 백인) 문화의 자연에 대한 정의들이 덮어왔던 (혹은 순화해 왔던) 것을 벗겨내려는 자신의 의도를 두드러지게 하기 위해 이중 부정(double negative)을 사용하는데, 이는 흑인 영어 특유의 공통적인 특징이다. 그의 '벗겨내는 작업'은 19세기 초 이래, 특별히 무한한 풍요의 뿔로서 개발될 수 있는 자연에 대한 미국의 이해와 '삼각 무역'의 역사와 계속되는 유산 간의 관계와 연관하여 일상적으로 벌어져 왔던 은폐들을 벗겨내는 일을 포함한다." John Yau, "The Earth Before the End of the World: Ed Roberson's Radical Departure from Romantic Tradition," Poetry Foundation, 13 July 2011, https://www.poetryfoundation.org/article/69719/the-earth-before-the-end-of-the-world.

20) 화이트아웃(whiteout)과 끄집어내기/열외(takeout)의 상관성을 지적해준 수잔 팬색(Susan Pensak)에 감사한다.

대에 걸쳐 쓰인 시학들로서, 그 성서 저자 중 백인은 없다. 제국주의적 권력뿐만 아니라, 또한 신제국주의적 권력과 결탁한 기독교에 맞서 성서의 저자들이 메시아적 저항을 동원하면서, 그 기독교가 말하는 "하나님의 말씀"은 불확실하게 흔들거린다. 그리스도와 인자라는 기독교의 예외주의는 눈에 띄게 흐려지기 시작한다. "중간기 시간의 미묘함" 속에서 로고스는 자신이 재분배되고 있음을 알고 있는 듯하다. 로고스는 검은색 피부, 여성의 피부, 동물의 피부 혹은 식물의 피부 속에서, 짠물과 빙하 속에서, 지구와 별 속에서, 창조의 모든 몸속에서 퀴어적으로 사이의 성육신화intercarnate21)를 드러내고 있는 중이다.

그렇지만 인간 예외주의를 증언하는 성서 본문은 언제나 창세기 1장 26절의 "지배"라는 상징에 근거를 두어왔다. "하나님의 형상으로" 창조된 인간들, 그래서 오직 인간 존재들만이 모든 동료 피조물들에 대한 신성한 지배권을 수여받았다. 이 해석이 늦어도 근대에는 강고하게 세속화되어 버렸다. 이 말이 얼마나 효과적으로 자본화되었고, 정치화되었고, 그리고 성화되어 왔던가!22) 그래서 통치governance를 의미하는 특정한 통치권력 개념이 성서의 선언 속에 이미 내재해 있음을 부인할 수 없다.

창세기의 이 천부적인 형상imago은 그 어떤 우월주의와도 무관하고, 오히려 혼돈의 가장자리에서 일어나는 창조성을 의미한다. 지구정치신학의 맥락에서

---

21) 역주: intercarnate는 '성육신'(incarnate)의 의미를 'inter' 즉, 사이(間)의 의미로 연장한 표현이다. 동북아시아 문명권에서 '인간'(人間, human between-ness)으로 표현하는 맥락과 맞닿는 부분이 있다. Catherine Keller, *Intercarnations: Exercises in Theological Possibility* (New York: Fordham University Press, 2017)을 참고하라.

22) Laurel Kearns, "Christian Environmentalism and Its Opponents in the United States," in *Religion in Environmental and Climate Change: Suffering, Values, Lifestyle*, ed. Dieter Gerten and Sigurd Bergmann (New York: Continuum, 2012), 132-51. 아울러 Kearns, "Cooking the Truth: Faith, the Market, and the Science of Global Warming," in *Eco-Spirit: Religions and Philosophies for the Earth*, ed. Laurel Kearns and Catherine Keller (New York: Fordham University Press, 2007)도 참고하라.

성서학자들이 이 본문을 그 정치적 상황 속에서 읽고 있다는 사실을 인식하는 것이 바람직하다. 말하자면, 히브리 성서기자들은 제국 주권의 지배하에 놓인 포로들의 경험에서 기록한다. 그래서 창세기 1장은 『에누마 엘리쉬』*Enuam Elish*에 간직된 종교, 즉 자신들을 포로로 잡은 이들의 바빌론 종교를, 실로 탈식민주의 이론이 표현하듯이, "반영하여 조롱"하기 위해 성찰한다고 말할 수 있다. 『에누마 엘리쉬』에 따르면, 인간들은 신들의 노예로 봉사하기 위해 피조되었고, 거기에는 동료 동물들에 대한 언급이 등장하지 않는다. 창세기가 다수성을 축복하는 가운데, 식민지배를 받던 사람들이 암호화시킨 "지배"dominion는 결코 노예가 되는 것이 아니라, 우리 사람들은 하나의 예외도 없이 우리 모두는 거룩한 신성을 땅 위에 비추어주는 존재라는 사실을 의미한다. 명시적으로 표현된 "남자와 여자"라는 문구는 반-바빌론주의의 또다른 모습을 연출하는데, 여성화된 대양의 여신 티아마트에 대한 탈악마화를 반영한다.23)

비인간 존재들the nonhuman이 인간에게 여전히 더 위험했던 시대에 작성된 그 텍스트는 왕권을 상징적으로 재분배한다. 신들과 그들의 인간 대표자들에 의한 독점으로부터 모든 사람에게로 말이다. 그러면 우리는 이 지배의 은사를 가지고 그저 아무거나 다 할 수 있다는 것이 요점인가? 다리가 둘 달린 종이 자기 마음대로 모든 다른 종들을 추출하고, 착취하고, 멸종시킬 수 있는 보증을 받았다는 말인가? 매일 전체 종을 하얗게 지워낼 수 있는whiteout 보증? 각각의 원소나 식물이나 동물이 집단적으로 생성becoming되는 크고 작은 창발이 상징적으로 반복되는 매일이 예외 없이 "보시기에 좋았더라!"it is good!는 말을 반복해서 감탄하며 터뜨렸던 창조자, 엘로힘Elohim의 형상으로 창조된 이들의 소명을 그렇게 해석하

23) Catherine Keller, *Face of the Deep: A Theology of Becoming* (New York: Routledge, 2003), 특별히 chap.2, "Floods of Truth: Sex, Love, and Loathing of the Deep"을 참고하라.

기에는 이 얼마나 기괴한가. 이 기묘함을 두 배로 증폭시키는 것은 바로 이 창조 과정을 위한 동기가 공통의, 실로 우주적으로 공통의 선 이외의 다른 어떤 것으로 불릴 수 없는 것이기 때문이다.

여전히 하나님의 형상imago dei은 우리의 예외적인 인간 신분에 대한 계시로서만 해석될 수 있다고 어떤 독자는 반박할 수도 있다. 그 본문을 책임있는 청지기로서 읽을 때조차도 말이다. 그리고 신적 존재와 인간의 관계는 질적으로 다른 것이라고, 즉 특별한 것이라는 사실을 나도 강력하게 확신한다. 여기서 특히 에덴동산으로부터 추방되기 전의 순간에는 더더욱 말이다. 그 시간의 크기가 얼마일지 누가 알겠는가. 제사장 문서, 소위 P 문서의 기자는 단지 우리가 창조주를 닮았다는 것만 언급한다. 그렇지만 땅the earth과 물도 창조적 과정에 초대받아 "땅은 [풀과 … 채소와 … 나무를] 내라 하시니" 등, 칭찬받는 결과들을 만들어 내며 참여한다. 땅과 대양은 인간보다 더 직접적으로 창조자의 창조하는 성품을 반영하는 것처럼 보인다. 땅은 풀과 채소와 나무를 내라고 창조과정에 초대받았지만, 사람들은 여기서 "낳기 위해" 초대받지 않았다. 여기서 창조의 근원이신 분은 사람들에게 위험한 명령을 부여하는 듯하다. 행성의 얼굴을 가로질러 우리의 [지배의] 은사를 알맞게 사용하라는 명령, 그 명령은 [교황의] 기후회칙이 주장하듯이, 창세기 2장 15절과 함께 읽어야만 하는 명령이다. "땅the earth[24]을 경작하고 지키게 하시고."[25] 근대는 이 말을 다음과 같이 알아 듣고 말았다. "땅을 착취하고 소유하라."

이마고 데이imago dei, 즉 하나님의 형상이 사람anthropos을 얼마나 예외적인 피

24) 역주: 한글 개역개정에는 "그것을 경작하고 지키게 하시고"라고 되어 있지만, 켈러가 인용하는 영어성경에는 "the earth"라고 나와 있어, 땅이라는 번역어를 삽입한다.

25) 이 인간적인 "지배"에 대한 최근의 정치신학적(theopolitical) 재고찰을 위해서는 교황 회칙에 나온 생태적 의식을 참고하라, "Laudato Si: On Care For our Common Home," originally delivered in Rome, 24 May 2015, http://w2.vatican.va/content/francesco/en/encyclicals/documents/papa-francesco_20150524_enciclica-laudato-si.html.

조물로 만들까? 그에 대한 답이 창조의 6일째 되는 날 절정을 이룬 사건 속에 주어진다. 이 하이퍼텍스트 안에 평범한 사람의 시야로부터 은폐된 것에 주목하자. 지배할 권한을 명하는 구절 바로 다음에, 창세기 1장의 본문은 우리 인간을 위한 식단을 제시하는데, 모든 내용이 압축적으로 서술되고 있는 이 장에 걸맞지 않게 매우 구체적으로 기술되고 있다. 사람의 먹을거리로, 본문을 그대로 읽자면, "온 지면의 씨맺는 모든 채소와 씨 가진 열매 맺는 모든 나무"가 주어지는데, 본문은 그것이 "너희의 먹을거리가 되리라"고 말씀하신다.창 1:29 그리고 "땅의 모든 짐승과 하늘의 모든 새와 생명이 있어 땅에 기는 모든 것에게는 내가 모든 푸른 풀을 먹을거리로 주노라"고 말씀하신다.창 1:30 다른 말로 표현하자면, 우리의 영광스런 지배의 역량은 이렇게 압축적으로 요약된다. 우리는 모든 다른 동물들처럼 채식주의자가 되어야만 한다! 그리고 또 이것은 "심히 좋았다"고 기록되어있다.

창세기의 이 말씀에 따르자면, 인간의 시작은 동물성으로부터 예외적인 존재가 아니다. 우리는 특별한 존재로 부각되어 동물성으로부터 끄집어내진 존재가 아니다. 우리가 담지한 인상적인 차이는 동물성 안에서 살아간다는 것이다. 우리의 고유한 신적 형상은 우리가 동식물과 피조물적으로 상호의존된 상황 안에서만 중요한 것이 된다. 추후 이어지는 죄의 이야기들은 부풀어 오르는 인간의 야심과 적대의식과 맞붙어 싸운다 그리고 노아와의 계약에 따르자면, 기후변화는 우리의 식생활을 조정하였다 그러나 그 이야기들은 우주적 공통선의 이미지와 부름을 지우지 않았다. "너와 너의 후손들과 그리고 모든 살아있는 피조물들과 맺은 계약" 창 9:9f[26])

---

26) 역주: 한글 개역개정판의 창세기 9장 9절 이하 본문은 다음과 같다. "내가 내 언약을 너희와 너희 후손과 너희와 함께 한 모든 생물 곧 너희와 함께 한 새와 가축과 땅의 모든 생물에게 세우리니"

다양한 한계들과 모순들 그리고 가부장제와 폭력의 행위들에도 불구하고, 성서 이야기들은 인간 대 땅 혹은 지구 간의 승자독식의 제로-섬 게임을 개시하지 않는다. 또한 물질이 법칙에 얽매인 둔한 재료 덩어리나 자원들의 보물 상자로 환원되지도 않으며, 따라서 그것으로부터 내자신과 내것을 예외로 빼낼 수 있는 것도 아니다. 이 고대적 '신-물질주의'new materialism의 모습 속에서 창조 집단체the genesis collective는 물질화하는 몸들로, 즉 동물들, 생기있는 힘들, 생태사회적 활력들로 구성된다.27)

정치적 동물들

동물들에 관해서 말하자면, 이론적으로 동물들은 그들 본연의 모습이 되어가고 있는 중이었다. 신물질주의, 감정 이론affect theory, 동물 연구, 비판적 생명 연구 등에 의해 촉발된 보다 활발한 교차학문적transdisciplinary 이론을 통해 우리 시대는 적어도 이론적으로 사물들의 물질화를 향한 긍정적 투쟁을 전개하면서, 기계론적 환원주의와 인간 예외주의에 모두 즉각적으로 저항한다.28) 예를 들어, 비판적 동물 이론critical animal theory은 인간중심주의의 분명한 자기해체autodeconstruction를 통해서만 가능했는데, 이 비판이론은 해체 그 자체가 담고 있는 인간 예외주의를 해체하면서 구성된다. 정말로 그랬다. 『그러므로 나는 동물이다』*The Animal That Therefore I Am*, 2006에서 데리다는 '나는-생각한다-고로-존재한다'와 그의 작은 고양이에 대한 노년의 성찰을 통해 인간과 동물의 그 어떤 분리도 해체한

27) 사물들의 활동성에 대한 신물질주의적/감정적(affective)인 중요한 분석에 관해서는 Mel Y. Chen, *Animacies: Biopolitcs, Racial Mattering, and Queer Affect* (Durham, NC: Duke University Press, 2012)를 참고하라.

28) 생태종교와 신학, 특별히 캐롤 아담스(Carol J. Adams)의 생태종교와 신학의 작업에서 최근에 다루기 이전부터, 이미 동물들은 그들 자신의 존재가 되어왔다.

다. 그렇다고 비인간 존재와 인간 동물 사이의 차연différance이 최소화되지도 않는다. 오히려 그와는 반대로, 인간 예외주의에 대한 데리다의 대안은 "리미트로피"limitrophy,29) 즉 "경계의 성장"이라는 말로 의미화된다. "[리미트로피]는 경계를 유지함으로서 그 경계에서 그리고 그 주위에서 싹을 틔우거나 성장하는 것과 관계할 뿐만 아니라, 또한 그 경계를 부양하고, 발생시키고, 기르고, 그리고 복잡하게 만드는 것과 관계하기 때문이다."30) 실로 리미트로피는 경계를 접고 증식시킨다. 차이가 씻겨 나가는 것이 아니라, 보다 밀집되고 복잡해진다. 응축된다. 말하자면, 당신과 데리다의 예쁜 고양이 명상 사이의 선명한 구별은 존재하지 않는다. 왜냐하면 당신 자신의 동물적인 신체, 예를 들면 호흡, 두뇌, 유전자, 인체 내 미생물 군집, 미주신경, 직감들, 정서적 끌림affect 그리고 아마도 꼭 끌어안고 싶은 부드러움이나 원초적 경멸로부터 "당신"을 따로 추출해낼 방법은 없기 때문이다.

다른 용어로 표현해 보자면, 차이는 그 자체로 다른 어떤 것이 아닌 하나의 관계라는 사실을 상기해 볼 수 있을 것이다. 비록 그 관계가 상호적 적대관계 혹은 무관심의 관계 또는 무시의 관계일지라도 말이다. 그러나 비인간 동물과 인간의 관계를 이렇게 새롭게 이론화하는 작업은 적어도 서구세계에서는 창세기를 통해 비인간 존재의 대타자적인 측면, 즉 하나님으로 다시 돌아가지 않고서는 이루어질 수 없다. 성서의 기록 이후 전개된 기독교 신학은 원문에 나오듯이 하나님으로부터 초월적 분리를 수립하였고, 동시에 그분의 형상 안에서 동물과 우리 사

29) 역주: 리미트로피(limitrophy)는 '엔트로피'라는 말을 차용한 개념으로, 엔트로피가 무질서의 증가 혹은 성장을 의미하듯이, 한계의 성장 혹은 한계 자체의 증가를 가리키는 말이다.

30) "내가 말할 모든 것은 분명히 경계짓는 것으로 존재하는 것이 아니라, 그 경계의 숫자들을 증식시키고, 그렇게 증가시키고 증식시킴으로써 그 선을 복잡하게 하고, 두껍게 하고, 그 선형화를 해체하고(delinearizing), 접고, 그리고 나눔에 존재하게 될 것이다." Jacques Derrida, *The Animal That Therefore I Am*, trans. David Wills (New York: Fordham University Press, 2008), 29.

이의 초월적 분리를 공식화했다. 데리다는 우리의 동물성에 대립하여 세워진 그 궁극적인 인간적 장애물을 뒤흔들기 위해 "신성한 동물성"divinanimality이라는 용어를 만들었다.31)

물론, 생태학의 등장 이전에도 우리의 인간 예외주의의 역사를 담은 정치학은 동물성을 부정하는 에너지들로 끓어올랐고, 그래서 동물성은 억압된 것the repressed으로서 그래서 억압적인 것the repressive으로 귀환한다. 『짐승과 군주』*The Beast and the Sovereign*, 2001-2002를 주제로 한 데리다의 말년 강연들은 정치적인 것the political을 칼 슈미트의 전능한 권위주의적 독재주의를 비판하는 방식으로 문제제기를 일부 시도하는데, 독재 권력이 자신의 짐승성beastliness을 전면적으로 부인하는 것에 대한 비판이다. 그러한 "동물인간적"zooanthropoligical 짐승성은 법 바깥에서 작동한다. 군주의 공격성 안에 있으면서 법 위에서 작동하든, 그 희생자들에게 투사된 것으로서 법 아래에서 작동하든 마찬가지로 법 바깥에서 작동한다.32) 클레이튼 크라켓Clayton Crockett이 논증하듯이, 비록 데리다는 결코 명시적으로 정치신학을 발전시킨 적은 없지만, 그의 "메시아없는 메시아주의," "도래할 민주주의"와 같은 개념은 정치신학으로 나아가기 위해 이 책 1장에서 착수한 신학의 예언적 반복을 수행한다. 크라켓이 시도하는 신물질주의와 해체의 연대는 '신성한 동물성'의 생태사회적, 그래서 정치적 잠재력을 필수적으로 재활용한다.

지구정치신학의 관점에서 동물성은 무엇보다도 비인간 존재와 우리의 인터

31) 데리다의 사유 속에서 동물에 대한 이런 방식의 성찰, 즉 정확히 생태적 전환은 아닐지라도 신체적, 다수적 그리고 생태적 차이 분화에 대한 교차학문적 신학적 성찰이 the Drew Transdisciplinary Colloquium 시리즈의 최근 출판물인 *Divinanimality: Animal Theory, Creaturely Theology*, ed. Stephen D. Moore and Catherine Keller (New York: Fordham University Press, 2014)에 담겨있으니 참고하라.

32) Jacques Derrida, *The Beast and the Sovereign*, vol.1, trans. Geoffrey Bennington (Chicago: University of Chicago Press, 2009), 65.

페이스를 인정하는 반예외주의적 체현을 가리킨다. 따라서 지구의 동물우화 전체가 보여주는 우리와의 친족관계는 말하자면, 우리 공통의 동물성은 우리가 물질화하거나 되찾거나 저항하거나 즐기거나 탄식할 수도 있었을 그 모든 선의 공통성을 시험한다. 왜냐하면 우리에게 문제가 되는 것을 계속 물질화시켜 내면서 영향을 미치는 정서적 끌림들affects이 우리의 짐승성 깊이 뿌리박혀 있기 때문이다. 『동물들이 정치에 관하여 우리에게 가르쳐 주는 것』*What Animals Teach Us About Politics*, 2014에서 브라이언 마쑤미Brian Massumi는 동물학으로부터 "동물-인간관계들의 살아있는 중요성"을 부각시킨다. "신체성과 감정적 복잡성으로 가득 찬" 영역에서 이 들뢰즈적 감정이론가는 "차이적 상호 포섭의 창조적 긴장 속에서 동물적 실천들의 다양성을 적극적으로 지지하는 생태학"33)으로 나아간다. 차이적 상호 포섭의 창조적 긴장. 그렇다, 그것은 우리가 추구하는 비획일적 응축을 포착하고 있다. 마쑤미는 하나의 필수불가결한 부정적 논제를 제시한다. "동물로부터 인간을 범주적으로 분리하는 판단기준에 당신이 접근할 수 있다고 추정하지 말라." 흔히 언어가 그 분리선을 표시하곤 하지만, 우리는 결국 그것들을 이름한다 "사실 동물극animal play은 언어 창발의 실제 조건들을 만들어낸다." 나는 2017년 여성들의 행진 기간에 있었던 이 동물극에 관하여 생각하지 않을 수 없다. 떼를 이루고, 뭉쳐서 군중을 이루고, 고양이 모양의 털모자를 쓰고, 분노와 웃음소리가 뒤섞인체, 익살스런 구호들을 집어 든 여성들과 친구들. "90세, 고약하지 그렇지만 포기하지 않는다."Ninety, Nasty and Not Giving Up,34) "대선철 기능장애"Electile Dysfunction,35) "너무 나쁘다. 그래서 심지어 내성적인 사람들도 여기

33) Brian Massumi, *What Animals Teach Us About Politics* (Durhan, NC: Duke University Press, 2014), 89.
34) 역주: 2017년 1월21일 신시내티 여성들의 행진에서 90세의 여성이 참여하면서 들고 나온 시위구호였다.
35) 역주: 대통령 선거가 있는 해, 어느 쪽 후보에도 끌림이 생기지 않는 유권자들의 심리적 기능

왔다."So Bad Even Introverts Are Here, 그리고 물론 "지구 행성은 하나뿐이다."No Planet B,36) 우리와 같은 동물들의 정치극의 또 다른 예가 여기 있다. 대안적인 "대안적 진리"를 위해 우리가 [미국 코미디언] 스티븐 콜베어Stephen Colbert나 남아프리카의 코미디언 트레버 노아Trevor Noah에게 폭넓게 의존하고 있는 현실.

도노반 쉐퍼Donovan Schaefer는 종교와 감정 이론에 대한 분석에서 종교와 그것이 권력과 맺고 있는 관계에 대한 설명의 틀로서, 우리의 감정들affects을 진화생물학적으로 추적했다. 그는 감정들이 우리의 동물성을 의미한다는 점을 분명히 한다.37) 감정에 대한 등한시와 언어에 대한 집착으로 인해 우리가 미국의 인종차별주의나 국제적으로 번져가는 이슬람혐오공포증과 같은 종교정치적 세력들의 폭발들에 전혀 대비하지 못했음을 그는 보여준다. 그리고 핏기 없는pale 남성적대주의를 통해 선거전에서 그 세력들이 성공적인 확장을 도모할 것도 전혀 대비하지 못했다는 사실을 이제 덧붙여야만 하겠다. 이 백인적 감정들은 동기 면에서는 심지어 가장 호전적인 비인간 동물 종들에게도 낯선 것처럼 보이겠지만, 그 감정들의 타고난 강도는 그렇지 않다. 그리고 그러한 감정들이 계급들, 심지어 젠더들을 가로질러 확산되고 있다는 사실은 인간다움의 근본에 자리한 동물적 감정affectivity을 무시하고, 하얗게 지워내는 것이 얼마나 위험한지를 증언한다. 정체성을 형성하는 민주적 열정들을 계발하는데 자유주의liberalism가 얼마나 부적합한지를 말하기 위해 슈미트를 거론할 필요는 없다. 그러나 우리가 "정치적 동물들"이라는 사실을 주지하기 위해 아리스토텔레스는 필요할 것 같다.

장애를 가리킨다.

36) 역주: 통상 최우선의 계획이 생각대로 되지 않을 경우를 대비한 계획을 플랜 B라고 하는데, 기후변화의 위기를 맞아 마치 트럼프 행정부가 제2 행성이라는 예비 안이 있는 듯 통치하는 것을 풍자하여 반대하는 구호.

37) Donovan Schaefer, *Religious Affects: Animality, Evolution, and Power* (Durham, NC: Duke University Press, 2015).

그들을 끄집어 내기taking them out

만일 우리의 차이가 동물성으로부터 전혀 예외가 아니라면, 우리는 피조물성 creaturehood으로부터 우리 자신을 끄집어낼take ourselves out 수 없다. 예외라는 말의 어원적 의미, 즉 그 "끄집어냄"takeout이 이제 로버슨이 쓴 시의 절정에서 놀랍게도 번쩍인다. 여기서 그는 우리 시대를 구석기 시대와 연결하는 역사의 지평에 대해 성찰한다.

> 전에 우리를 쫓아왔던 모든 것들 그래서 우리는
> 창에 이빨로 맞서고
> 발톱에 칼로 맞서며 균형을 쫓는다.
> 우리는 그 균형의 손아귀를 벗어날 수 없다.
> 그것들을 끄집어 냄으로써(by taking them out)
> 우리 자신의 삶 역시 끄집어내지는 광경을
> 우리는 이제 막 보고 있다.
> 곰을 사냥하면서 우리는 그 선택으로 초래되는 변화들과 더불어
> 빙하를 사냥한다.[38]

"우리는 이제 막 보고 있다. …" Excipere [39]: 예전에 균형을 이루고 있었던 우리의 포식관계의 대상들을 끄집어내는 것은 이제 엘리자베스 콜버트Elizabeth Kolbert가 6번째 대멸종 경련이라 부르는 것으로 나아가고 있다. 생태학자 파울

38) Roberson, "To See the Earth Before the End of the World," 3.
39) 역주: exception의 라틴어 어원으로서, ex(밖으로) + capio(잡다, 포획하다)가 합쳐져서 '제외하다' '구조하다' '포획하다'의 뜻을 갖지만, 어원적으로 '끄집어내다'의 의미를 함의한다.

에를리히Paul Ehrlich의 말이 스탠포드 대학의 돌판에 다음과 같이 대문자로 장식되어 있다. "다른 생물종을 멸종으로 몰아가는 가운데, 인류는 자신을 지탱하는 사지를 잘라내느라 바쁘다."40) 19만 5천년에 이르는 장구한 인간의 시간이 이제 채찍질하는 속도로 응축하고 있다. "그들을 끄집어냄으로써 우리 자신의 삶까지도 취하여지는끄집어내지는 광경." 지금 붕괴하고 있는 시간들 속에서, 우리 집단의 시각이 관음증적 시선으로부터 의식의 여명으로 눈 깜박할 새에 전환될 수 있을까? "그 선택으로 초래되는 변화들"을 포함해서?

그렇게 인간예외주의는 특정의 통치권력을 일관성 있게 행사하면서 우리를 새로운 시대로 데려왔는데, 이 시대는 점차 인류세Anthropocene 41)라 불리고 있다. 인류세는 충적세의 안락한 기후가 안정적으로 이어지던 12,000년의 기간에 이어지는 시대로, 우리가 문명이라고 부르는 시대적 상황, 즉 인간의 자기-조직화에 적합하다고 알려진 유일한 시대적 상황을 가리킨다. 점점 더 많은 수의 지질학자들이 이 용어를 공식적 명칭으로 사용하는 중이다.42) 동시에 많은 사람이 지구가 언제나 변하고 있으며, 그래서 충적세 초기부터 인류는 실제적으로 행성에 영향을 미쳐왔다는 사실을 강조하기도 한다. 그래서 인류세는 단순한 예외를 가리키

---

40) Elizabeth Kolbert, *The Sixth Extinction: An Unnatural History* (New York: Henry Holt, 2014), 268.

41) Paul Crutzen and Eugene F. Stoermer, "The Anthropocene," *IGBP Newsletter* 41 (May 2000): 17-18을 참고하라; 또한 Crutzen, "Geology of Mankind: The Anthropocene," Nature 415 (2002): 23과 Christophe Bonneuil and Jean-Baptiste Fressoz, *The Shock of the Anthropocene: The Earth, History, and Us* (New York: Verso, 2016)을 참고하라. 인류세에 대한 형이상학적 그리고 신학적 함축성들의 미묘한 차이를 다룬 토론들에 관해서는 Austin J. Roberts, "Toward an Earthbound Theology," Open Theology, 29 December 2017, https://doi.org/10.1515/opth-2018-0006을 참고하라.

42) 인류세(Anthropocene)라는 명칭의 영향력이 점점 더 커지고 있는데, 이에 대해서는 Elizabeth Kolbert, "The Anthropocene Debate: Marking Humanity's Impact," *Yale Environment 360*, 17 May 2010, http://e360.yale.edu/features/the_anthropocene_debate_marking_humanitys_impact 을 참고하라.

는 이름이 될 수 없다. 그 외 다른 비평가들은 인류세라는 용어가 새로운 인간중심주의를 조장하고 있다는 사실을 염려하고 있으며, 이것은 심지어 기후변화 문제가 기술을 통해 인류구원을 가져올 것이라는 대안techno-redemptive answer에 대한 믿음도 마찬가지다.[43]

그러한 비판들에 맞서, 팀 모튼은 "인류세는 처음으로 완전한 반-인간중심주의적 개념이다"[44]라고 선언한다. 모튼에 따르면, "세계의 종말은 인류세, 지구온난화 그리고 추후 이어지는 급격한 기후변화와 상관되어 있는데, 그것이 영향을 미치는 정확한 범위는 불확실하지만, 그것의 실재는 의심할 여지 없이 검증되었다."[45] 이것을 통해 모튼이 의미하는 바는 "세계의 종말이 이미 일어났다"는 것이다. 그 공격적인 수사를 통해 모튼은 "세계가 곧 종말을 맞이할 것이라는 꿈에서 우리가 깨어나기"를 원한다. "왜냐하면 지구즉 실재 지구에 대한 행위는 그 꿈에 의존하고 있기 때문이다."[46] 여기서 세계란 특정한 도식을 이름한다. 그러나 그것이 우리 배후에 말짱하게 놓여있는가? 그렇다면 우리는 시를 뒤집어 세계의 종말 이후에 지구를 보아야 하지 않을까?

또 다른 생태이론가들은 **자본세**Capitalocene라는 용어를 제안한다. 이 용어는 현재 세계 도식의 외설성을 명확하게 포착한다. 이 관점에서 보면, 지구 자본주의는 실로 신자유주의적으로 행성을 구성하면서, 우리 세계의 종말을 초래하고 있는 중이다. 파렌티가 자본세를 분석할 때, 지구촌 자본주의는 단순히 정치로

---

43) techno-redemption이라는 용어를 발표한 파울 크뤼천(Paul Crutzen)은 우리가 필요한 만큼 기후를 '지구공학화' (geoengineering)하는 미래를 상상한다 ("Planet B" [역자: 대비책을 의미하는 영어의 '플랜 B'를 음차하여 만든 용어]). David Appell, "The Ethics of Geoengineering," *Yale Climate Connections*, 13 December 2012, https://www.yaleclimateconnections.org/2012/12/the-ethics-of-geoengineering/ 을 참고하라.

44) Timothy Morton, *Hyperobjects: Philosophy and Ecology after the End of the World* (Minneapolis: University of Minnesota Press, 2013), 24.

45) Morton, *Hyperobjects*, 7.

46) Morton, *Hyperobjects*, 7.

부터 자유로워진 경제의 세계화를 목표로 하지 않는다. 오히려 그렇기 때문에 지구/정치/신학이 결정적인 문제로 보는 것은 "바로 국가가 비인간 자연의 사용가치를 자본에 넘겨주고 있다"47)는 것이다. 보조금들, 세금우대조치들 그리고 경찰력 지원과 더불어 근대 정치는 영토주권이라는 측면에서 비인간 자연을 희생하여 자본을 축적하고 있다. 그래서 우리는 "실로 방대한 규모의 즉각적인 행동을 요구하는" 행성적 비상사태에 직면하고 있다.

다른 말로, 우리는 현재의 정치-경제 세계-도식의 통치권력을 벗어버려야만 한다. 자본주의는 자본이 공통선으로 조금씩 흘러간다는 핑계를 대는 시늉조차 더이상 하지 않은 채, 1%에 속하는 예외들을 섬기고 있다. 그리고 부를 추출해내는 과정에서 스스로를, 즉 우리 자신을 지구 자체로부터 추상적으로 추출하고 있다. 녹아내리는 빙하들, 땅의 사막화, 대양의 산성화, 해안선 침하, 집단 이주, 이 모든 것들이 경제학에서는 단순히 "외부적 요인들"externalities48)로 간주된다. 계산에서 끄집어내진다.제외된다, taken out 그렇게 웰빙 혹은 안녕도 계산에서 제외된다. 왜냐하면 웰빙은 인간과 그 외 다른 존재들을 포함한 지구에 사는 존재들의 수익으로 측량가능하게 환원되지 않기 때문이다.

자본세라는 용어가 논점을 벗어났다는 모튼의 주장은 여전히 일리가 있다. 만일 자본주의가 유일한 문제였다면, 러시아나 중국의 탄소 배출은 지구온난

---

47) Parenti, *Tropic of Chaos*, 167. 영토와 가치 간의 연결고리는 단지 자본주의에만 도전하는 것이 아니라, "통치권력 개념을 정치의 모든 것으로 삼고, 어떤 영토성도 부여하지 않"(172)고 있는 네그리와 하트 같은 정치 이론가들의 영향력있는 진보적 관점들에도 도전한다. 이 점에서 파렌티는 그들이 마르크스가 "시간에 의한 공간의 궤멸"이라 불렀던 것을 흉내내고 있다고 생각한다.

48) 경제학자 허먼 데일리(Herman Daly)와 함께 존 캅(John Cobb)은 외부적 요인들을 화이트헤드가 "잘못 놓여진 구체성의 오류"(fallacy of misplaced concreteness)라고 불렀던 것의 효과를 크게 예증하는 예로 분석하였다. Cobb and Daly, *For the Common Good: Redirecting the Economy Toward Community, the Environment, and a Sustainable Future*, 2d ed. (Boston: Beacon, 1994 [1989])를 참고하라.

화에 아무런 문제가 되지 않았을 것이다. 그런데, 내가 이 글을 쓰는 중에도, 공산주의자와 자본주의자의 생태적 무관심이라는 이중의 유산에도 불구하고, 점점 커져가는 미국 지도력의 공백을 메우기 시작한 중국으로부터 고무적인 소식이 들려온다.49) 중국의 공격적인 자본주의를 염두에 둘 때, 이것은 모튼의 요점을 부정하는 일은 아닐 것이다. 자본을 행성의 단일한 악으로 읽어내는 것은 기독교 국가들을 포함하여 제국주의적 폭력을 자행했던 다양한 자본주의 이전 통치권력들을 역사로부터 자유롭게 풀어주는 일이 된다. 만일 코놀리의 "자본주의자-복음주의자 공명 기계"가 여전히 작동하고 있다면, 경제를 단 하나의 유일한 원인으로 환원하여 세계 도식을 단순화하는 것은 신자유주의적 자본주의에 동력을 공급하는 영향력들, 동기들 그리고 가치들의 교차하는 힘을 다시금 간과하는 일이 될 것이다. 복잡한 생태사회적 체계들의 자기-조직화로서 정치적인 것the political을 위해 우리는 그 문제의 어떤 환원적 함축성들을 회피할 기회가 있고, 심지어 자본주의적 환원 기계 자체로의 환원도 회피할 기회가 있다. 그리고 우리는 후기 자본주의의 행성을 파괴하는 전체주의를 과소평가하지 않으면서, 환원론적 함축성들을 회피할 기회가 있다. 그러면 왜 자본세를 인류세의 유일한 원인은 아니라 하더라도 가장 주된 동인이라고 선포하지 않는가?

인류세에 일어나는 멸종의 속도가 시간의 낯선 척도를 가로질러 자본 자체의 시간성을 어떻게 반영하고 있는지는 대체로 충분히 인식되지 못하고 있다. 그것을 현재 형태의 금융자본주의의 초고속 가소성plasticity50)이라 할 수 있는데, 이

---

49) 본서 후기 후반부에 기술되어 있지만, 최근 중국에서 과정사상을 매개로 일어나고 있는 생태환경운동을 가리키는 것이다.

50) 역주: 가소성(plasticity)이란, 신경과학 혹은 뇌과학에서 신경세포들이 담지한 신축성, 탄력성, 창조성, 적응력을 가리키는 말이다. 뇌 신경세포가 몸과 그를 둘러싼 환경과 상호작용하면서, 개인에 맞게 적응하는 측면을 가리키기도 하지만, 뇌 일부가 손상되더라도 남아있는 뇌의 정상적인 부분으로 손상된 부분의 역량들을 탄력적으로 신축성있게 회복하는 과정을 '가소성'이라고 강조하기도 한다. 켈러가 여기서 금융자본주의의 가소성이라고 표현한 것은

것은 캐스린 태너Kathryn Tanner가 최근 기포드 강연을 통해 밝혀준 것이기도 하다.[51] 이렇게 신속하게 반응할 수 있는 가소성을 담지하면서, 금융기관들은 다양한 원인들의 역사를 자신들의 미래 경영으로 흡수할 수 있는 역량을 갖추게 되었다. 금융기관들은 단기 이익을 만들어내는 조건들을 미래로 투사함으로써, 미래를 균질화homogenized 시켜버린다.

실로, 초고속 자본은 안정적인 공간과 예측 가능한 시간으로 간주되는, 그래서 자본의 부동산으로 간주되는 행성의 상대적으로 느린 시간성들과 의기양양하게 대비된다. 그러나 이 지구라는 부동산에서 인류발생적 시간과 자본발생적 시간들의 "미묘한 붕괴"가 가시화되고 있다. 그리고 세계 경제가 이미 지구의 생태를 충적세로부터 몰아내고 있어서, 점진적 진보라는 시간적 도식이 서서히 망상적인 것이 되어 버렸다. 언제나 그렇듯, 다수의 인간과 비인간들이 불안정화 상태로 내몰린다. 그러나 이제 자본세의 흔들리는 현장 속에서 인간과 비인간들은 위기 가운데 새로운 생태사회성을 공유하며 점차 함께 작업하고 있다. 그래서 예를 들면, 포퓰리즘이 국제적으로 앙등하는 것은 지구-친화적이지 않지만, 바로 그 이유로, 마이클 노스콧Michael Northcott이 논증하듯이, 포퓰리즘의 앙등은 국가 자본주의sovereign capitalism의 부드러운 전개에 새로운 모순들을 부과한다.[52] 미국과 유럽의 인구들 중 경제적으로 소외되는 계층을 발판으로 권위

바로 그 신경세포의 탄력성, 신축성, 창조성 및 적응력을 자본이 갖추게 된 상황을 비유적으로 표현한 것이다.

51) Kathryn Tanner, *Christianity and the New Spirit of Capitalism* (New Haven: Yale University Press, 2019=8). 본래 2016년 5월에 '자연 신학에 관한 기포드 강연들'로 발표되었다. http://www.giffordlectures.org/lectures/christianity-and-new-spirit-capitalism. 특히 "신속반응 단기이익"(rapid-response short-termism)을 토론하는 4장 "단지 현재 뿐"(Nothing but the Present)을 참고하라.

52) Michael S. Northcott, P*lace, Ecology and the Sacred: The Moral Geography of Sustainable Communities* (New York: Bloomsbury, 2015). 노스콧의 *A Political Theology of Climate Change* (2013)는 근대의 붕괴를 대비하기 위해, 태너처럼, 기독교적 우선성들(priorities)을 효과적으로 활용한다.

주의가 자라나게 되는데, 이 소외는 본래 지역주의에 기반한 정체성 개념으로부터 비롯된 것이었으나, 이제는 선뜻 인종화 되어버린 정체성들로부터 일어나고 있다.

태너는 현재 세계 경제의 생태사회적 함축성이나 정치적 함축성들에 초점을 두고 있지는 않다. 오히려 그녀는 경제 분석을 의미있게 진척시켜, 기독교적으로 책임있는 사유가 그만큼 자본주의에 대한 비판을 예리하게 전개할 수 있도록 하고 있다. 세계 경제의 이 초고속 적응력을 파악하지 않는다면, 정치신학은 급격히 변모하고 있는 현재를 이해하지 못할 것이다. 태너는 궁극적으로 "급진적 시간 불연속성"이라는 비전을 제시하면서, "급진적으로 분열적인 변화를 향한 기대들을 촉진한다."[53] "은혜의 경제들"에 대한 자신의 예전 설명에 기반하여 그녀는 당대에 군림하고 있는 도식주의와 끈질지게 교전하는 신학을 전개한다. 그 경제모델이 우리의 인격을 형성하는 힘을 염두에 두면서, 태너는 그에 맞서 현재 금융자본주의 구조의 명령에 사람들이 저항하도록 도울 수 있는 기독교적 믿음과 실천의 역량을 내세운다. 초고속 가소성을 발휘하는 자본주의의 금융화는 우리를 포함한 생물종들이 펼쳐갈 장구한 미래에 결코 시간을 투자하지 않는다. 그 가소성적 유연성을 통해서 얻는 단기적 이익들에 취해 그 경제 주체들은 소위 계속적 현재 속에 그래서 결국은 그들 자신 속에 갇혀 버리고 만다. 다른 말로, 경제는 바울의 카이로스가 담지한 응축적 관계성에 정반대되는 자본세적 역할을 수행한다. 그러면 시간의 단축은 단순한 체념과 매각을 의미할 수도 있고 혹은 금융화된 시간이 세계의 종말과 조율되어 있다는 것을 일깨우는 자각을 의미할 수도 있다. 그래서 하나의 대안을 일깨우는 것 말이다.

---

53) Tanner, *Christianity and the New Spirit of Capitalism*에서 특히 1부 "The New Spirit of Capitalism and a Christian Response"를 참고하라.

불굴의 활동가이자 작가인 나오미 클라인Naomi Klein은 여기에 걸려있는 것을 이렇게 거명한다. "우리의 경제 시스템과 행성 시스템은 이제 전쟁 중이다. 혹은 보다 정확히 말해서, 우리의 경제는 인간의 삶을 포함하여 지구 위에 살아가는 많은 삶의 형태들과 전쟁 중이다."[54] 인류세와 자본세, 어느 것도 지지하지 않으면서, 클라인은 계속해서 말하기를, "기후 붕괴를 회피하기 위해 필요한 것은 **인류의 자원활용 감축**이다. 우리의 경제모델이 붕괴를 회피하기 위해 요구하는 것은 규제 없는 확장이다. 이 규칙들중 오직 하나만이 바뀔 수 있으며, 어느 것도 자연의 법칙이 아니다."[55] 여기에 예외는 없다!

클라인이 자본주의적 확장과 붕괴에 대한 대안을 "응축"이라고 부를 때, 바울의 응축sunestalmenos은 분명히 그녀가 생각하는 것과는 아주 거리가 멀었다. 바울의 금욕주의는 지구 자원의 어떤 '응축'도 염두에 두고 있지 않았다. 그러나 현재 이 책의 기획이 "약한 메시아주의"의 분열적 정치신학에 의존함에 따라, 우리를 일깨우는 클라인의 문장들 사이에서 생태사회적 시작의 카이로스가 울려 퍼지도록 할 수도 있을 것이다. "다행스럽게도 우리의 경제를 변혁하여, 덜 자원-집중적인 것을 만드는 일이 현격히 가능하고, 그래서 가장 취약하고 보호를 받아야 할 이들과 책임이라는 부담을 가장 무겁게 짊어진 이들과 함께 공평한 방식으로 그 변혁을 이루는 것이 가능하다."[56]

이 현격한 가능성이 잠시 후에도 바로 이 지금의 시대에 비현실적일만큼 희망적으로 들릴까? 분명 그렇다. 가능성과 개연성을 혼동한다면 말이다. 나는 클라인에게서 어떤 낙관주의나 염세주의가 아니라, 히브리인들의 예언자적 희망

54) Naomi Klein, *This Changes Everything: Capitalism vs. the Climate* (New York: Simon and Schuster, 2014), 21.
55) Klein, *This Changes Everything*, 21 (필자의 강조).
56) Klein, *This Changes Everything*, 21.

을 효과적으로 세속화한 소리를 듣는다. 히브리인들의 예언자적 희망은 언제나 생태사회적 항변과 함께 도래했다. "그러므로 이 땅이 슬퍼하며 거기 사는 자와 들짐승과 공중에 나는 새가 다 쇠잔할 것이요 바다의 고기도 없어지리라." 호 4:3 무엇이 가능한지를 조망하는 이 관점에서부터만 심판이 항변 가운데 울려 나오는 일이 가능하다. 심판은 정의를 요구한다. 왜냐하면 매우 오래되었지만 실현될 기회조차 없었던 이 구호 속에서 또 다른 세계가 가능하기 때문이다.

그보다 앞선 저술한 『충격 정책』*Shock Doctrine*, 2007에서 클라인은 통제받지 않은 국가 자본주의가 비상사태들을 지구적으로 조작하는 상황을 조사했다. 그녀의 경제학 분석은 정치적 권력의 열쇠로서 비상사태를 분석한 슈미트의 이론과 비견될 수 있다.57) 『이것이 모든 것을 바꾼다』*This Changes Everything*에서 클라인은 "새로운 자원 약탈과 억압의 광란"58)에 대해 경고한다. 만일 계속적 현재continuous present에 대한 경영적 망상이 심지어 경영자들에게서도 더 이상 유지될 수 없다면, 더욱 활발해진 개발과 추출은 그 부산물로서 백색화whiteouts, 즉 멸종을 기하급수적으로 증가시킬 것이다. 신자유주의적 자본주의의 이 충격들에 클라인은 다음과 같은 혁명적 가능성을 나란히 놓는다. "기후변화는 민중People의 충격, 즉 아래로부터의 타격이 될 수 있다. 그것은 권력을 소수의 손아귀로 통합하기보다는 오히려 많은 사람의 손으로 분산하고, 그리고 공유지를 경매처분하기보다는 오히려 급진적으로 확장할 수 있다."59)

공유지의 그러한 분출은 그 "급진적 시간 불연속성" 속에서, 마치 초신성처

---

57) 하지만 공정하게 말하자면, 슈미트는 "미국-스타일" 자본주의에 대한 초기 비판자였고, 그래서 경제로 정치를 대치하는 것에 대해 경고했었다. 노스콧(Northcott)의 *A Political Theology of Climate Change*의 "The Nomos of the Earth and Governing the Anthropocene" 부분, 즉 201-267쪽을 참고하라.

58) Klein, *This Changes Everything*, 10.

59) Klein, *This Changes Everything*, 10.

럼 혹은 은혜처럼, 공공대중의 강력한 결집으로 이루어진 응축이 초래하는 분산dispersion을 암시하는 것 같다.60)

뒤얽힌 유한한 생명의 생물들

이 대안, 즉 "우리"라는 말에 신선한 의미를 불어넣기 위한 선택의 기회 혹은 기회의 선택이 그 어느 때보다 더 가깝게 우리에게 다가온 것인가? 이 새로운 지구적earthling 상호주체성 속에 함께 응축하기 위해서? 물론 이 구닥다리 인간은 응축하기보다는 스스로 종료할지도 모른다. 혹은 그 대신 자본 성장의 무한성이라는 망상에 맞서 저항하며 우리는 탈/폐쇄의 공유지를 압박하여 열어젖힐 수도 있다. 우리는 단수명사 '공유지'commons나 공공재common good/s라는 말끝에 붙어 복수명사임을 함축하는 's'를 응용하여, 저 행성 지하서민들의 비판적 차이의 시험을 거친 연대를 가능케 할 수도 있다.61) 자신들의 경계탐구적limitrophic 62) 가장자리에서 우리의 지역성들을 복잡하게 엮어가는 특별한 결집들 속에서, 복단수plurisingular로 표현되는 공유지는 역시 복단수 형태를 사용하는 엘로힘의 진화론적으로 굴절된, 세속적으로 물화된 이미지 속에서 전례 없이 지구적 공중earth public을 창출할 기회를 구축한다 혹은 살려낸다.

우리의 동물 친족들이 우리를 위해 정치를 할 수는 없다. 그러나 우리는 이제

---

60) Klein, *This Changes Everything*, 10.

61) 이 행성적 공중(公衆)의 정치적 가능성들에 대한 신학의 교차학문적 성찰을 위해서는 TTC 시리즈 중 하나인 *Common Good/s: Economy, Ecology, and Political Theology*, ed. Melanine Johnson-DeBaufre, Catherine Keller, and Elias Ortega-Aponte (New York: Fordham University Press, 2015)를 참고하라.

62) 역주: 데리다에 따르면, 리미트로피(limitrophy)는 "구성된 것과 일탈된 것 사이의 틈새 공간을 조사함으로써, 틈새들과 공간들과 불연속성들을 확인하고, 이를 통해 기존에 인식된 경계들의 타당성을 묻는 전략을 제공"하는 방법론을 가리킨다.(https://www.foreignobjekt.com/limitrophy 참조).

그들 없이, 말하자면 그들의 콧노래와 으르렁거림, 짖음, 윙윙거림을 수용하지 않은 채, 정치적인 것의 정치를 할 수도 없다. 이는 비인간, 동물, 식물, 광물이라는 혼돈이 인간이라는 예외 존재가 자신의 경계기준을 보다 낮춘 곳에 그저 불쑥 침입하는 것에 불과한가? 만일 생존가능한 지구의 미래를 가능케 할 공공대중의 발생이 사람의 한계들에서 일어날 수 있다면, 그것은 오직 혼돈의 가장자리에서만 결집한다. 상실로 인해 참담하지만 그럼에도 불구하고, 가능성으로 창창한 심연으로부터의 창조creation ex profundis 속에서 말이다. 이것은 기원의 이야기가 아니라 시작inception의 이야기이다. 그런데 만일 그 일이 우리의 행성이라는 자리에서 일어나야 한다면, 지금이 아니라면 언제 일어날 것이란 말인가?

만일 현재 시간이 신중한 비평을 거쳐 인류세로 불린다면, 그것은 현재의 파괴를 동반하는 획기적 새로움을 의미하는 것이다. 그러나 그것은 결국 '인셉션'이라는 영화에서처럼 기술적technological 시작과 광범위하게 연관된다. 그러면 그 인류세는 자신의 가능성, 즉 카이노스the kainos를 취소할 수도 있다. 카이노스는 "새로운 것"the new을 의미하는 그리스어로서, 새로운 시대를 의미하는 명칭들의 접미어 'cene'의 뿌리가 되는 말이다. 그래서 도나 해러웨이는 술루세the Chthulucene를 제안하는데, 이것은 땅속 지하the chthonic와 새로운 것-cene, the new을 의미하는 단어들을 결합하여 만든 말이다. "이 술루세Chthulucene는 성스러운 것도 세속적인 것도 아니다. 이 흙적인 세계화 혹은 '흙으로 세상을 만들어가기'earthly worlding는 철저히 흙적인 것terran이고, 엉망진창 혼란스럽고, 그리고 죽음을 운명으로 받아들이는 것mortal이다. 그리고 이제 절체절명의 위기에 놓여 있다."63) 그녀는 "친족생물들"의 거대한 무리 속에서 그녀의 오래된 반려견 뿐만 아니라 산호초들, 문

63) Donna Haraway, *Staying with the Trouble: Making Kin in the Chthulucene* (Durham, NC: Duke University Press, 2016), 55.

어들, 거미들을 위해 도움을 요청하는 중이다. "흙의 생물다양성적 힘들을 새롭게 하는 것은 술루세의 공동생산적共産的, sympoietic 작업과 놀이다."64) 동물적 농담들이 그녀의 모든 글들을 활력있게 만든다. 그녀는 어떤 신학의 기치 아래 이 힘들이 성화되기를 원치 않을 것이다. 만일 기술-구원적 세속화가 예외주의자의 입장이듯이 '성스러움'the sacred이 물질화하는 지구the mattering earth의 어떤 초월적 예외주의의 입장을 의미한다면, 우리도 그것을 더 이상 원치는 않을 것이다.

해러웨이의 공동생산sympoiesis, 즉 같이-되기becoming-with 혹은 함께-만들기 making-together는 린 마굴리스Lynn Margulis의 진화이론인 공생발생혹은 세포내 공생과 밀접한 관계 속에서 진화해 왔는데, 자기-조직화하는 시스템들의 표준 명칭인 '자기생산'autopoiesis에 대한 대안을 의미한다.65) 공-산共産66)은 '정치적인 것'the political을 자기-조직화하는 집단체들을 통해 정의하려는 우리의 노력을 돕는 개념이지만, 자족적인67) 시스템으로 오해해서는 안 된다. 살아있고, 경합적인 agonistic 지구 공유지들을 키워내는 자기-조직화는 자율성의 자아가 아니라, 얽

64) Haraway, *Staying with the Trouble*, 55.

65) 가이아 가설과 연관된 린 마굴리스의 "공생"(symbiosis)에 관해서는 Catherine Keller, *Cloud of the Impossible: Negative Theology and Planetary Entanglement* (New York: Columbia University Press, 2014), 175를 참고하라. 복잡성 생물학자인 스튜어트 카우프만(Stuart Kauffman)의 초기 "자기발생" 개념과 그의 칸트적 기원에 관해서는 Keller, Face of the Deep, 189ff를 참고하라.

66) 역주: sympoiesis의 번역은 공동생산이라는 말이 적합하지만, 최유미는 이를 '공-산'(共-産)으로 번역하면서, 그녀 자신의 좌파적 성향성을 숨기지 않는다. 해래웨이도 마르크스적 사유에 낯선 사상가는 아니기에 유의미한 번역으로 생각되지만, sympoiesis를 제안할 당시 해러웨이는 마르크스적이거나 '공산주의적' 사유를 전혀 언급하지 않으며, 마르크스적 사유의 영향력이 있다면, 초월적 존재의 개입을 전혀 고려하지 않는다거나 기존 사회 시스템에 대한 비판적 사유로서 고려하고 있다. 그러므로 '공산주의'를 연상케하는 최유미의 번역이 적절한지에 대해서는 호불호가 있을 수 있을 것 같다.

67) 역주: "self(autos)-contained system": autopoiesis에서 'auto'는 '자기' 혹은 '스스로'를 의미하는 그리스어에서 유래한 것으로, self-production은 자가생산을 의미한다. 그러므로 sympoiesis는 유기체란 자가생산 시스템이 아니라 '함께 만들어 나가는' 공동생산 시스템이라는 것을 말하기 위해 해러웨이가 도입한 말이다.

혀있는 차이의 "자아"self를 표현할 것이다. 공동생산을 사유하는 그러한 인간적 도식은 "흙의 생물다양성적 힘들"을 지워버리기whiteout 보다는 확대할 것이다. "특히 인류세나 자본세와는 달리, 술루세는 절체절명의 위기에 머물러 있는 시대, 즉 세계는 아직 끝나지 않았고 하늘은 아직 무너져 내리지 않은 불안정한 시대에 다수종들multispecies의 계속적인 같이-되기의 이야기들과 실천들로 구성된다."68) 이솝 이야기의 늑대 이후, 치킨 리틀69)은 여전히 기회가 있을 수도 있다.

우리는 시대들의 붕괴를 탈출하지 못했지만, 그러나 시간 자체의 미묘함이 풍기는 냄새를 맡고 있는 중이다. 그리고 우리의 다종적 응축들 속에서 우리는 서로로부터의 탈출구를 찾지 못한다. "우리의 성패는 서로에게 달려있다."70) 우리는 같이-되어간다. 그렇지 않다면 우리는 전혀 아무것도 되지 못한다. 인간과 비인간 존재들의 얽힘들이 미결정성 속에 놓여 있기 때문에, 우리는 한계가 어디까지인지 확실하게 결정할 수 없다. 즉 기후변화를 통해 이미 결정된 것과 우리가 여전히 지구에서 다시 모으고, 재편성하고, 다시 모을 수 있는 것 사이의 경계탐구적limitrophic 여백이 얼마인지를 확실하게 결정할 수 없다. 인류세와 자본세 이야기들은 우리의 인간적 행위주체성을 너무 많이 만들어내고 있다. 그래서 역설적으로 매우 작게 만들어버린다. 왜냐하면 바로 그 인간의 오만이 우리

68) Haraway, *Staying with the Trouble*, 55.
69) 역주: 치킨 리틀(Chicken Little)은 디즈니가 2005년에 제작한 애니메이션으로, 제2차 세계대전 중 정치선전을 위해 만들었던 만화 캐릭터 중 두 번째로 부활시킨 작품이다. 치킨 리틀로 알려진 주인공 에이스 클럭(Ace Cluck)은 근처 교통표지판이 자기 머리 위로 떨어지는 것을 보고, 곧 하늘이 무너질 것이며, 종말이 다가왔다고 동네사람들에게 야단법석을 부리다가, 세상이 망하기를 바라고 여기저기를 엉망진창으로 만드는 불온한 존재로 낙인 찍히게 된다. 하지만 하늘에서 떨어진 것은 외계인들의 비행체를 구성하는 부속이었고, 이들은 지구를 여행 중이었다. 지구인들과 마주치면서 외계인들은 자신들의 아이를 잃어버렸고, 아이를 찾는 중에 치킨 리틀의 마을을 쑥대밭으로 만든다. 이 과정에서 치킨 리틀은 외계인들이 왜 지구를 파괴하고 있는지를 알아채고, 잃어버린 외계인 아이 커비를 찾아주며, 오해를 풀고 지구와 마을을 정상으로 돌려놓는다는 줄거리이다.
70) Haraway, *Staying with the Trouble*, 55.

가 짊어져야 할 책임감의 포기로 이끌고 있기 때문이다. 다시 말해서 불안정성 가운데에서 공유되는 우리의 행위주체성agency의 능력을 포기하도록 이끌고 있다.

낙관주의나 비관주의로 그 미묘함을 읽어낼 수 없는 시간적 한계 안에서 작업하면서, 해러웨이는 "난관과 더불어 머물기"staying with the trouble라는 위대하면서 겸손한 전략을 제시한다. '더불어 머물기'staying with는 부인하거나 고정하거나 혹은 확증할 수 없는 것에 맞서, 차이의 위기를 이겨내기 위해 심리적으로 지혜로운 작전을 지칭한다. 이는 기독교 분야에서 쉘리 람보Shelly Rambo가 "머물러 남기"remaining71)라고 불렀던 것과 간접적으로 닮아 있다. 그녀는 그 어떤 최종적 해결책이 결여된 상황, 즉 보장된 미래가 결여된 상황을 트라우마 이론으로 조명하고 관찰하면서, 상실의 여파 속에서 "머물러 남는다는 것이 의미하는 얽힌 선들을 따라 즉흥적으로 대처하는"72) 길을 모색한다. 그녀는 십자가의 죽음으로부터 부활에 이르는 승리주의적인 도약을 거절한다. 그래서 그녀는 "살아남은 이들의 육신"의 관점에서 부활한 메시아의 현장을 다시 쓴다. "상처들이 표면화되고 엇갈려 위험한 형식으로 상호연결됨의 비전을 제시하는 자리"73)의 관점에서 말이다. 우리는 이 신학적 탄식의 작업 속에서 "남아있는 시간"을 읽을 수 있는 또 다른 렌즈를 얻는다. 실로 우리는 해러웨이의 더불어 머물기처럼 그러한 더불어-머물러-남기가 앞장에서 소개했던 것, 즉 승리와 복수의 통치권력적 적대주의들에 맞선 저항 속에서 교차횡단적으로 사랑을 지향하는 치열한 경합주의를 번역해 내고 있음을 반갑게 읽어낼 수도 있을 것이다.

---

71) Shelly Rambo, *Resurrecting Wound: Living in the Afterlife of Trauma* (Waco, TX: Baylor University Press, 2017).
72) Rambo, *Resurrecting Wounds*, 2.
73) Rambo, *Resurrecting Wounds*, 153.

"난관과 더불어 머무는 것은 끔찍한 과거나 에덴동산에 대한 기억과 같은 과거들과 종말론적이거나 구원적 미래들 사이에서 사라지는 중심점으로서가 아니라, 자리들과 시간들과 물질들과 의미들의 무수한 미완결의 배치들 속에 뒤얽힌 죽을 운명의 평범한 생물들로서 진심으로 현존하기를 배울 것을 요구한다."74) 해러웨이는 이 실천을 그녀의 술루세 이야기와의 쉽지 않은 관계 속에 배치한다. "주요 배역들은 자본주의와 인간들Anthropos의 너무 거대한 이야기들 속 너무 거대한 배우들로만 한정되지는 않는다. 자본주의와 인간들 모두 사유, 사랑, 분노 그리고 보살핌의 주의 깊은 실천들보다는 오히려 기묘한 종말론적 공포들과 심지어는 더 기묘한 무책임한 비난들을 초래할 뿐이기 때문이다."75)

살아있는 생물들의 활동과 상호작용들은 문제가 있을 경우, 우리를 시간의 척도 문제로 되돌아가게 한다. 그러나 시간은 미국적-우리Us 76)의 이야기를 너무나 큰 틀로 구성한 인간적 도식들 속에서 쉽사리 올무에 걸어버린다. 마니교적 지정학으로 세속화되었든 진보주의적 절망으로 세속화되었든 간에, 종료로 읽히는 종말apocalypse은 미리 결정된 종말 속에 모든 역사를 가두어 버린다.77)

그러나 만일 난관들과 더불어 머무는 가운데 아마도 카통골Katongole의 "폐허 가운데 희망"과의 연대 속에서, 즉 어떤 확인가능한 객관적-미래와는 무관한 희망과의 연대 속에서, 우리가 희망적인 에너지를 감지하기 시작한다면, 우리는 해러웨이를 잘못 이해하고 있는 것이다. 그녀는 신중한 실천들의 목록에서

74) Haraway, Staying with the Trouble, 1.
75) Haraway, *Staying with the Trouble*, 55-56.
76) 역주: 켈러는 '우리'라는 표현을 일부러 "Us"라고 표기했는데, 오늘날 '우리'라는 말이 미국-백인들의 '우리'를 중심으로 사용되고 있음을 재치있게 표현하려는 의도이지만, 우리 말에서는 살려내기 어려운 표현이라 '미국적-우리'라는 말로 번역했다.
77) 20세기 후반에 저술된 나의 *Apocalypse Now and Then: A Feminist Guide to the End of the World*(Boston: Beacon, 1996)을 참고하라. 현재 나는 "Apocalypse After All?"이라는 이름의 프로젝트 작업을 하고 있다.

희망을 뺐다. 그녀는 희망을 구원적 낙관주의와 구별하지 않는다. "절망이나 희망은 이 두터운 상호적 현존 속에서 감각들이나 지각을 지닌 물질 … 혹은 죽을 운명의 지구인들earthlings에게 맞게 조율되어 있지 않다."78) 미래가 어두워져 가는 그림자들 속으로 미끄러져 들어가면서, 우리는 그러한 희망의 비-허무주의적이고 삶을 긍정하는 포기에 대하여 점점 더 듣고 있다. 그러한 포기가 종종 희망과 연루되어 있었던 것은 분명한 사실이다. 그래서 엘리엇[T.S. Eliot]은 다음과 같이 적고 있다. "희망 없이 기다려라 / 왜냐하면 희망은 잘 못된 것을 위한 것일 수 있기 때문이다."79) 신학에서 이런 태도는 미구엘 데 라 토레Miguel de la Torre의 『희망없음을 포용하기』*Embracing Hopelessness*, 2017를 통해 강렬하게 모습을 드러낸다. 희망은 그 대상에 집착하면서 현재를 대치할 수 있다. 심지어 가장 사회적으로 정의로운 상상들 속에서조차 희망의 이미지는 몸을 지니고 상황 속을 살아가는 살아있는 생명의 자리와-시간place-time을 대신해 버릴 수 있다. 희망은 현재적으로 체현된 잠재력을 추상과 혼동하면서, "잘못 놓인 구체성의 오류"화이트헤드에 취약하다.

그럼에도 불구하고 우리는 의아할 수도 있다. 어떻게 희망이 사랑이나 분노보다 전이와 고정관념의 죄의식을 더 갖도록 만들고, 그리고 해러웨이는 사랑이나 분노 속에서 "부분적 치유의 싹들"80)을 찾고 있는 것일까? 게다가 어떤 사랑이나 분노도 결국 미래를 함축하고 있지 않은가? 불교의 무집착의 실천에서 보듯이, 사랑과 분노가 희망과 더불어 치유적으로 비워지는 경우를 제외한다면, 사랑과 분노는 현재를 넘어서는 어떤 주의 깊은 관계를 함축하고 있을까? 현재는 당신이 그것을 사랑하거나 혹은 그에 대해 분노를 표현할 때가 되면 이미 언제나 과거가 된다는 것을 전제로 말이다.

---

78) Haraway, *Staying with the Trouble*, 4.
79) T.S. Eliot, in "East Coker," in *Four Quartets* (New York: Harcourt, 1971[1943]), 23-34.
80) Haraway, *Staying with the Trouble*, 137.

물론 우리는 모두 오염되어 난국에 처한 종교-세속적 어휘들 중 어떤 말과 같이 머물지를 선택해야만 한다. 난관들과 더불어 머물기는 분명히 미래적 난관들을 함축하며, 그래서 만일 그것이 한순간 이상의 머무름을 의미한다면, "희망"과 같은 어떤 것, 즉 가능성의 포용같은 것을 요구할 것이다. 다른 말로 표현하자면, 만일 시간이 텅 빈 채로 연속적인 크로노스가 아니라면, 각각의 현재 순간은 그의 과거를 그의 잠재력과 함께 즉시 응축한다. 그래서 우리가 희망을 용납하지 않는다면, 바로 이 순간에 담겨진 가능성을 놓치게 되고, 그래서 포용하는데 실패할 것이다. 왜냐하면 바로 그 지금의 시간 속에 현재 시제는 우리의 과거를, 윈터Winter의 "멜랑콜리적 희망"이나 솔닛Solnit의 "어둠 속에 있는 희망" 속에 암호처럼 숨겨진, 우리의 가능성과 더불어 응축한 것이기 때문이다.

그래서 희망을 낙관주의와 혼동하는 대신, 나는 오히려 희망의 발걸음을 그의 가장 사랑스런 가장오래 남는remaining 욕망의 불로 붙들 것이다. 그렇게 되면 희망의 현재 시제는 우리의 과거를 우리의 가능성과 더불어 응축한다. 그리고 모든 가능성은 어떤 미래적 현재를 향해 나아가는 비틀거림이 된다. 그러나 희망이 어떤 구체화하는 것 혹은 물질화하는 것what matters의 두터운 상호적 현존copresence으로부터 스스로를 예-외화한다면ex-cepts, 그것을 "사기"hype 81)라고 선언하라.

생태세의 시작

해러웨이의 발음조차 어려운 술루세Chthulucene는 이 시대를 이름하는 것의 불

81) 역주: 희망(hope)과 사기(hype)는 철자가 유사하다. 그래서 만일 희망이 현재의 구체적인 물질적 조건으로부터 스스로를 예외화한 허황된 초월에 기반한다면, 그것을 망상이나 사기로 간주하라는 말을 켈러는 이렇게 영어로 표현한 것이다.

가능성을 뼈저리게 느끼도록 만들고 있는데, 이 시대는 하나의 종결로부터 시작해서 11,700년에 이르는 충적세의 낡고도 "새로운" 카이노스kainos를 전체적으로 종결짓는 시대를 가리킨다. 다종교적 생태행동주의 운동이라는 불굴의 끈질긴 전통의 원조인 토마스 베리Thomas Berry에 따르면, 우리는 충적세의 기후 안정성이 지배하는 시대를 종료시켜 버렸을 뿐만 아니라, "신생대의 지리-생물학적 발전이 이어진 6,500만 년을 종료시켜 버렸다. 멸종이 중생대 말기 이후 비교할 수 없는 규모로 생명-시스템들 전반에 걸쳐 일어나고 있는 중이다."82)

아 그 규모들. "한 조각 한 조각이 우리보다 오래된 세계의 죽음." 하지만 토마스 베리 신부는 새 시대를 "생태대"the Ecozoic라 이름하였다. 마치 우리가 영속화시키고 있는 재앙들을 인식함으로써, 대중적 각성을 이끌어낼 것처럼 말이다. 그로부터 각성한 학자-활동가들, 특히 메리 터커Mary Evelyn Tucker, 헤더 이튼Heather Eaton과 존 그림John Grim은 다종교적 생태학multifaith ecology에 근거하여 "우주의 여정"journey of the universe83)을 다듬어 내었다. 그 우주의 여정 이야기는 지구의 다중시간성multitemporality을 급진적 인간 변혁의 가능성으로 응축한다. 그 우주론적 이야기가 그저 순진하게 희망적인 것으로 읽혀질 수도 있다. 특히 그 이야기를 읽지 않은 경우에 말이다. 자본세/인류세 논쟁에 뛰어들면서, 생물다양성의 사회학자 에일린 크리스트Eileen Crist는 그렇다면 어째서 "우리가 부응해야만 하는 보다 높은 소명을 간직한 이름을 선택"84)하지 않는가라고 반문한다.

82) Thomas Berry의 말은 다음에서 인용되었다: Eileen Crist, "On the Poverty of Our Nomenclature," in *Anthropocene or Capitalocene?: Nature, History, and the Crisis of Capitalism*, ed. Jason W. Moore (Oakland, CA: PM, 2016), 27. 아울러 Thomas Berry: *Selected Writings on the Earth Community*, ed. Mary Evelyn Tucker and John Grim (Maryknoll, NY: Orbis, 2014)도 참고하라.

83) John Grim and Mary Evelyn Tucker, *Ecology and Religion* (Washington, DC: Island, 2014)를 참고하라.

84) Crist, "On the Poverty of Our Nomenclature," 27.

그래서 그녀는 생태대Ecozoic라는 이름을 선택한다.

추락이 깊은 만큼 소명도 터무니없다. 붕괴의 사건, 사람들의 충격85)은 "오로지 통전적 생명공동체 그 자체에 의해서만 만들어질 수 있는" "행성 위의 새로운 존재 양식"86)으로서 생태대를 발족시킬 수 있을 것이다. 그러지 못할 수도 있지만, 그럴 수도 있다는 말이다. 보다 높은 소명들에 관하여 말하면서, 프란치스코 교황의 두 번째 회칙 '찬미받으소서'Laudao Si 또한 "통전적 생태학"integral ecology을 요청한다. 여기서 통전성integration은 전체화하는 통일성이나 단일화된 기대가 아니라 생명권의 상호의존성을 염려하는 인간의 복잡한 자기조직화에 대한 호소를 의미한다. 이러한 의미에서 통전한다는 것은 다양성으로 응축되는 것이다. 만일 "보다 높은 소명"이 술루세 친족의 두터운 상호현존으로부터 스스로를 끄집어내어 열외시키는 것이 아니라면, 생태대의 희망은 긴급상황emergency이 단번에 창발emergence로 피어나는 것일 수는 없다. 창발은 실험적 경합주의 속에서 오직 갑작스런 발작처럼 불확실하게만 일어날 수 있는데, 실험적 경합주의는 적합한 실천들의 다수성과 함께-머무르는 일이기 때문이다. 그러나 두툼한 지역성들 속에서 창발하는 공공대중이 더 이상 그 행성성planetarity과의 접촉을 잃어버릴 수는 없다. 그의 응축하는 시-공간의 신기원적 폭과 깊이와 높이와의 접촉을 잃어버릴 수는 없다는 말이다.

논쟁의 현장 한복판에서 이 가능성을 보다 나은 방식으로 거론하기 위하여 우리는 또한 생태세Ecocene의 계기에 대해 말할 수도 있을 것이다. 정치신학적인 목적들을 위해 그리스어 eco의 본래적 의미를 표면화 시켜보도록 하자. 프란시

---

85) 역주: "사람들의 충격"(the People's Shock)이란 말은 나오미 클라인(Naomi Klein)이 기후변화를 빗대서 표현한 말이다. 이 역사의 격변에 우리가 아무것도 하지 않고 지나간다면, 다가올 파국에 대해서 사람들이 '충격'적으로 인식해야 한다는 의미로 'people' shock'란 표현을 썼다. https://www.thenation.com/article/archive/climate-change-peoples-shock/

86) Berry, in Crist, "On the Poverty of Our Nomenclature," 27.

스 교황의 "공동의 가정"common home이라는 말이 의미하는 것처럼, 보통의 오이코스oikos 즉 "가정"household의 시공간을 주장하도록 하자. 그래서 '경제적'economically라는 말이 가정-규범적economically이라는 말이 되도록 하고, 그리하여 소중한 지구의 불안정한 환대를 떠올릴 수 있도록 하자. 사유재산의 세계화라는 관점에서 "가정"home으로서 지구는 그저 파산하여 자본이 잠식된 부동산으로 존재할 따름이다. 만일 우리를 향한 지구의 환대가 위험에 처해있다면, 그 카이로스적 응축 또한 그의 야생성과 취약성을 드러낸다. 이 혼란스럽고 덜 친숙한 지구가정earthome은 엄마 지구와 달리 양육되어야 한다. 만일 지구가 우리를 양육해야 한다면 말이다. 그것은 감각적으로 사려깊은 주의를 요구할 것이다. 예를 들어, 필자의 신학교 학생들이 가꾸는 유기 정원처럼 말이다. 그 학생들은 수확의 일부를 지역의 푸드뱅크에 넘겨주고, 성서로부터 물려받은 지역 곡물들이라는 유산을 가지고 실험하기를 즐기며, 바라지-않던-난국들과 더불어 머물기 위한 생존 기술들을 배운다. 그들은 축복과 탄식과 머무름의 예식들을 연다.87) 생태세 지구가정은 경고함과 동시에 초대한다.

공적 양육을 연상시키는 고대적 사례에 따르면, 광야의 무리는 불가능한 방식으로 늘어난 빵과 물고기를 받았다. 아마도 우리는 그 이야기를 상투적인 방

---

87) 모임의 주동자이면서 드류 신학교 학생인 제니퍼 메이드랜드(Jennifer Maidrand)는 다음과 같이 적고 있다.

> 과거 일부 식료품들은 지역의 푸드뱅크들로 갔지만, 최근에는 캠퍼스의 학생들을 먹여 살리는데 사용되고 있습니다. (우리는 캠퍼스에 식량 불안정성이 존재한다는 사실을 알게 되었습니다.) … 학생들은 농업기술들을 배우는데 즐거워하고 있고, 그리고 대다수는 그냥 흙에 손을 대며, 흙과 상호작용하는 것 자체를 즐기고 있습니다. 먹을 거리가 자라고 있는 것을 바라보는 (그리고 그에 참여하는) 경험은 참여한 학생들에게 (그리고 아이들에게) 강렬한 경험이 되었습니다. … 우리는 또한 우리의 과거/전통들을 기억하기 위한 유산으로서 성서의 지역 곡물들을 도입하려는 작은 노력들을 경주하면서, 우리가 현재 머물고 있는 땅을 양육하려고 노력하고 있습니다. (개인적 서신교환, 2018년 2월).

식으로, 즉 초월적 통치권력이 자연법칙을 정지시키는 기적 즉 초월적 개입을 의미하는 예외로서 읽을 수도 있다. 아니면 비유를 특별히 중시하는 본문들에 귀를 기울이면, 다르게 들릴 수도 있을 것이다. 가용 자원이 극히 제한될 뿐만 아니라, 사생결단의 감각적 공-산共產, sympoiesis이 필요한 사막의 조건들 속에서 굶주린 군중들을 먹이신 사건을 인간/비인간의 통전성을 증언하는 비유, 즉 생태사회적 시작으로 읽을 수도 있다.

불가능했던 일이 가능해지는 사건 속에서 새로운 일이 일어난다. 만일 그 일이 생태세에 일어난다면, 그것은 인류-자본-술루-세의 조건들 하에서 제때에 딱 맞춰 일어난다.

응축된 무한성

이 응축하지만 아직 열려있는 시간의 이름짓기가 불가능성과 함께한다면, 지구정치신학은 이미 우리가 주목했듯이 이미 언제나 부정신학negative theology과 함께 한다. 우리는 일어날 일의 흐름이나 시간을 알지 못하고, 신학은 하나님이나 섭리에 대한 어떤 확실성을 가정하는 것도 중단한다. 그래서 어떤 실증주의적 희망에도 매이지 않는 이 신비적 경계의 종교적 명상수행은 이름할 수 없는 것과 "함께-머물기"staying-with라는 경험을 상당히 오랫동안 축적해 왔는데, 심지어 혹은 특히 우리가 그 이름할 수 없는 것을 이름하고자 분투할 때도 이 불가능한 함께-머물기의 경험을 갖게 된다. 그것은 때로 말할 수 없는 상실과 함께 머무르는 것을 의미한다. 고난은, 쉘리 람보Shelly Rambo가 말하듯이, "조만간 극복하거나 넘어갈 수 있다"는 식의 회복의 시간표를 따르지 않는다고 20세기 후반의 트라우마 이론은 논증한다. 벤야민의 외상 입은 역사의 천사를 기억하자. "개인적으로 그리고 집단적으로 트라우마는 현재를 살아가는 문제를 의미하는데, 과거가 여전히 살아서 침노하는 실재이기 때문이다." 경험의 인식능력에 동반되는 "가정들의 붕괴"가 말할 수 없고, 알 수 없고, 소화할 수 없는 경험으로서 "트라우마를 둘러싼 부정적이고 침묵적인apophatic 언어 속에" 반영되어 있다.88)

지구의 창발하는 위기에 신경을 곤두세우며, 우리는 그 소화할 수 없는 것, 그 회복할 수 없는 것을 에코트라우마ecotrauma라고 부를 수도 있을 것이다. 하지만 잠시 멈추고 다시금 이름짓기의 중압감을 주목해보자. 그래서 지구의 환대에 말할 수 없을 만큼 참혹한 학대가 벌어지던 와중에 출판된 『불가능한 것의 구름』*Cloud of the Impossible*은 15세기 니콜라우스 쿠자누스Nicholas of Cusa의 신학을 따른 이름이다. 그 책 제목은 출애굽기의 "어두운 구름"의 형상을 해석하는 해석자들과 맥을 같이 하는데, 그들은 그 알 수 없는 것the unknowable과의 묵언적apophatic 만남을 이끌어냈다. 그 만남은 때로 해방적이었고, 때로는 탈자脫自, ecstatic적 환희였고, 때로는 외상적인 만남이었다. 여기서 무한의 신비한 암흑화dark-out는 유한한 가능성을 비-백색화un-White-Out 할지도 모른다.89) 코페르니쿠스 보다 훨씬 앞서 쿠자누스는 지구가 고정되었거나 또는 우주의 중심에 있는 것으로 인식하지 않았다. 고정되고 분리된 천체들로 구성된 전체 우주가 탈중심화되고, 그럼으로써 상호의존적인 것으로 그려졌다. "각 사물은 다른 사물들과의 교감을 통해 그 자신의 존재 자체를 성스러운 직무로 보존하기 위해 분투하도록 신성한

---

88) Rambo, *Resurrecting Wounds*, 4.

89) 역주: 켈러는 백인우월주의의 눈으로 세상을 보면, 온통 하얀 것만을 보고 '백시현상'(white-out)을 겪게 되어서 지평선조차 볼 수 없는 시야제한 현상이 생긴다고 비유적으로 설명한다. 그리고 이 문장에서는 '부정신학'(apophatic theology)이 이와는 반대되는 '흑시현상'(dark-out)을 야기한다고 표현하면서, 언어로 표현되지 않는 '어두운' 것을 통해 모든 것이 온통 어두워 보여서 분별할 수 없고, 따라서 모든 것이 검게 보이는 현상에 이르게 된다는 것을 비유적으로 표현하고 있다. 하지만 켈러가 비유적으로 사용하는 'white-out'이나 'dark-out'은 영어식 표현에서는 와 닿으나, 번역으로는 제대로 옮길 길이 없어 역자 나름의 의역을 시도하였다.

하나님은 모든 사물을 창조하셨다." 여기서 그는 "세계를 하나의 동물로 부르는" 기독교 이전의 전통을 인용한다. 하나의 우주동물universanimal?90)

이 살아있는 우주는 "가급적 하나님을 닮도록" 피조되었다. 다른 말로, 사람들anthropos이 아니라 모두the All의 살아있는 다수성이 하나님의 형상 속에서 펼쳐진다. 여기서 하나님의 얼굴은 "모든 자연의 자연스러운 얼굴"로 인식된다. 그래서 이 하나님은 반예외적으로 단지 우리에게만이 아니라, 우리처럼 모습을 드러내신다. 쿠자누스는 하나님의 형상imago dei을 동물스러운 신성의 모습으로divinanimally 주석한다. "만일 사자가 당신에게 얼굴이 있다고 생각한다면, 사자는 당신의 그 얼굴을 사자의 얼굴로 판단할 것이고, 황소가 당신에게 얼굴이 있다고 생각한다면, 황소는 그 얼굴을 황소의 얼굴로 판단할 것이고, 만일 독수리가 당신에게서 얼굴을 찾아낸다면, 그 얼굴은 독수리의 얼굴일 것이다."91) 쿠자누스의 우주동물은 "무지의 지learned Ignorance 속에서" 하나의 무한으로 읽혀진다. 신성과 동일한 것으로서가 아니라, "가급적 유사한 것으로서" 말이다. 세계의 물화物化하는 무한한 다수성으로서 모두All는 "하나님 안에서 그리고 하나님으로서" 접힘과 펼쳐짐의 홀로그램적 다양성 속에서 함께-접혀들어간다.complicans92). 그리고 흥미롭게도 무한한 신성의 순전히 부정적인 것비-유한성과는 반대로, 우주는 하나의 "응축된 무한성"으로서 구별된다. 모두는 "각 피조물 안에 우주의 응축"93)을 통해 예외 없이 모두 안에 접혀진다. 바로 이 응축con-

90) 쿠자누스는 승인하에 플라톤의 『티마이오스』를 인용하고 있다. Nicholas of Cusa, "On Learned Ignorance," in *Selected Spiritual Writings*, trans. H. Lawrence Bond (Mahwah, NJ: Paulist Press, 1997), 162.

91) Cusa, "On the Vision of God," in *Selected Spiritual Writings*, 246; 244.

92) 쿠자누스적 우주론의 홀로그램에 대한 다우주적 명상들에 관해서는 Mary-Jame Rubenstein, *Worlds Without End: The Many Lives of the Multiverse* (New York: Columbia University Press, 2014)를 참고하라.

93) Cusa, "On Learned Ignorance."

traction이 불가능한 것으로 여겨지는 공간의 천체물리학적 확장에 대하여 생각할 수 있도록 해 주었다. 지구는 하나의 예외적인 중심이 되기를 중단했다. 왜냐하면 이 만유중심적 상호-접힘complicatio 속에 있는 우주에서 그 어떤 천체도 고정된 중심을 형성할 수 없을 것이기 때문이다.

쿠자누스의 탈중심화된 우주는 인간의 관점을 급진적으로 상대화시킨다. 그러나 그 다음 세기에 이어진 종교와 과학의 적대관계 속에서 이 상대화된 지구는 그와는 반대로 인간Man이 알 수 있고 사용할 수 있는 대상들로 가득 찬 근대적 대상으로 변해간다. 그리고 근대는 이내 응축된 공생적communings 무한을 인간의 끝없는 확장으로 바꿔치기해 버렸다.

그렇지 않았다면, 자기 자신의 무지를 고백하는 시 속에서 아마도 "거대하고 작은 것 사이의 시간의 미묘한 붕괴"는 "세계의 죽음"이 아닌 다른 것을 의미했을지 누가 알겠는가. 다양화하는 활력들의 변화무쌍한 상호작용 같은 어떤 것 말이다. 혹은 소우주 속에 대우주의 다중시간성 같은 어떤 것. 시-공간의 이질적인 음계들과 비교 불가능한 템포들 속에서 펼쳐지는 보다 음악적인 어떤 것을 의미했을지도 모른다. 그렇다면 붕괴는, 그럼에도 불구하고 그의 응축 속에서, 그 상호적으로 엮인 미세함 속에서, 그저 종말을 의미하지는 않았을 것이다.

우주적 생태론의 산고

심지어 지금도? 시간이 더욱 낯설게 느껴지는 느린-빠름slow-fastness 속으로 진입해 가면서, 우리 자신의 동물성과 세계의 동물성 모두를 경멸하는 것만 배워왔던 우리 인간 종이 우리 시대의 생태적 트라우마ecotrauma를 부인하고 그래서 증폭시킬 것인가? 외설적 자본이 성취한 거래? 시간이 짧기 때문에 집단적 카이로스의 시간은 계산적으로 거의 불가능해 보일 것이다. 생태세가 진심 어리게mindfully 전개되는 신기원은 말할 것도 없이 말이다. 하지만 그 암울한 시간 속에서 동시에 또 다른 응축, 즉 결집이 우리를 지구-되기94)의 경합주의agonism 속으로 진중하게mindfully95) 접어넣는다.

만일, 로버슨의 말처럼, "우리가 이제 막 보기 시작했다면," 보다 공통적인 선을 실현할 기회는 있다. 제 시간 안에? 그러면 이 시간은 예측 가능한 성과의 시간이나 우리가 희망하는 방법을 알고 있는 목적인telos의 시간이 아니라, "무한한 경이의 시의부적절성untimeliness"의 시간 혹은 심지어 "메시아적 극단의 시간"데리다인가?96) 그렇게 지금의 물음은 그대로 남아 있다. 만일 그의 생태정치적 도식이 여기저기서 신학적으로 조율되면, 그 시간의 시의부적절하면서도 심원하게 시간적인 가능성이 강화될까? 만일 신적인 것theos이 이제 지구의 신성한 동물성divinanimality 속에 스스로를 예시한다면, 만일 신적인 것이 빙하들과 함께 녹아내리고, 해수면과 더불어 융기하고, 외상 입은 존재들과 더불어 고난받고, 그리고 동원된 존재들the mobilized과 더불어 이동해 간다면 … 가능할까?

예를 들어, 생태사회적 정의를 위한 동맹이 기독교의 다양한 공공대중들에 이르기를 원하거나 그래야 할 필요가 있는 곳에서 우리는 "하나님의 가족"household of God, oikos theou이라는 바울의 형상을 아주 문자적으로 생태하나님ecogod으로 번역할 수도 있을 것이다. 바울은 이 문구를 그 어떤 의미의 종교 제도도 우선하는 에클레시아ekklesia, 교회와 상호 교환적으로 사용한다. 하나님의 가족 안에

94) 역주: 원서는 "the becoming Earth"라고 되어 있으나, 전체 맥락상 '지구-되기'가 더 매끄러운 표현이라 여겨진다.

95) 역주: 이 책에서 'mindful'과 'mindfully'는 문맥에 따라 다양한 의미를 지니고 있어서, 한 마디로 번역하기는 불가능하게 여겨진다. 따라서 문맥에 따라 적절한 우리말 어휘를 넣어 번역하였다.

96) Jacques Derrida, *Specters of Marx: The State of the Debt, the work of Mourning, and the New International*, trans. Peggy Kamuf (New York: Routledge, 2006 [1994]), 45.

서 삶에 우호적인 사회성은 급진적 상호의존성을 수행하는데, 이는 결집된 "메시아의 몸"97)으로 맨처음 물질적으로 구현되었다.materialized

물론 나는 시대착오적이다. 제국의 도심지 사이를 연결하는 길들을 따라 여행하면서 바울은 자신을 둘러싼 비인간 세계에 대해서는 거의 생각하지 않았다. 1987년경 생태학과 관련하여 제이콥 타우베스Jacob Taubes는 바울이 "전 생애를 통틀어 한 그루의 나무도 결코 본 적이 없었다. 그는 카프카와 같은 세계를 여행했다. 나는 이스라엘에서 그와 같은 유형의 사람들을 알고 있다"98)고 농담을 던졌다. 이후 바울의 유산은 생태신학적 보완작업을 거치게 된다.99) 브리짓 칼Brigitte Kahl은 "새로운 창조의 우주적 생태론과 가이아"Gaia and the Cosmic Ecology of New Creation와 관련해서 바울을 주석한다. "바울의 제국-비판적인 신학"은, 말하자면 그의 정치적 경계는 "또한 매우 생태적인 차원을 담지하고 있다."100) 만일 현재로선 위축되고만 있는 바울의 가족이 지구를 염려하는 에너지를 행성 집단체에게 전해야 한다면, 그것은 난국들과 더불어 어떻게 머물러야 하는지를 배우는 공동체들 속에서 이루어질 것이다. 나무들과 빙하들의 난국들을 포함해서 말이다. 생태하나님은 되어감의 과정 중에 있는 전체 피조물들 속에 체현되어, 품

97) 고전 12장 27절. 이 "그리스도의 몸"이라는 표현 속에서 "그리스도"는 성서 속의 모든 용법과 마찬가지로 메시아의 그리스어 번역이다.

98) Jacob Taubes, *The Political Theology of Paul*, trans. Dana Hollander (Stanford, CA: Stanford University Press, 2003), 73. 이스라엘에서 상당한 시간을 지냈던 타우베스는 계속해서 언급한다. "바울은 다음과 같이 적지 않는다. '사랑하는 친구들이여, 여기 날씨는 참 좋다, 혹은 나를 둘러싼 모든 것은 장엄한 자연이라네'라는 식으로 말이다. 그는 그런 어떤 것도 눈에 담지 않았다. … 그렇지만 자연은 매우 중요한 범주이다. 종말론적 범주로서 말이다. 자연은 신음하고 있다."

99) 예를 들어, David G. Horrell, Cherryl Hunt, and Christopher Southgate, *Greening Paul: Rereading the Apostle in a Time of Ecological Crisis* (Waco, TX: Baylor University Press, 2010)을 참고하라.

100) Brigitte Kahl, *Galatians Re-Imagined: Reading with the Eyes of the Vanished* (Minneapolis: Fortress, 2010), 272.

어지고 그리고 감싸여진다. 현재 난국에 처한 "새로운 창조"의 성서적 희망은 이 세계의 초자연적 교체, 즉 무로부터 새로운 창조를 기대하지 않았고, 지금도 그렇다. 그 희망은 우리의 집 지구의 철저히 물질적인 개벽의 가능성을 포용한다.

그러므로 우리는 바울의 또 다른 암시를 포착한다. 지금의 시간에 대한 그의 종말론적 성찰 속에서, 바울은 로마에 모인 이들에게 쓰기를, "피조물이 다 이제까지 [산고 중에 신음하고 있는 것을][101] 우리가 아느니라. 그뿐 아니라 또한 우리 곧 성령의 처음 익은 열매를 받은 우리까지도 속으로 탄식하여 양자 될 것 곧 우리 몸의 속량을 기다리느니라."롬 8:22-23 "피조세계"의 전시간으로서 "지금까지"는 고통 속에 있기에는 무척 긴 시간으로서, 성서의 저자들이 짐작했던 것보다 영겁은 더 긴 시간이다. 이 산고의 고통들은 생태여성주의자들과 모든 주석자의 노력에도 불구하고 여전히 존속하고 있는 특정의 기독교적 도식을 해체한다. 태초에 창조세계는 그저 무로부터 "끄집어 내어져"taken out, "칠일 동안"에 마무리되었다는 도식 말이다. 이 시간표의 끝에서 "종말의 시간"은 상명하달식으로 무로부터 새로운 창조라는 예외주의자의 시간을 따른다. 그리고 이 심상과 더불어 단순한 물질로서 피조물은 오직 예외적 사람Man인 그분만을 위해 활력을 갖고, 그분에 의해서만 활력이 주어지는 것으로 다루어지며, 구원은 몸으로부터 끄집어내어진 영혼들이 다시 시간 없는 영원으로 돌아가는 것으로 이해된다. 바로 이러한 시간 이해가 계속적인 우주적 산고의 영겁의 시간들 속에서 해체된다.

만일 우리가 피조물의 이 고뇌에 찬 '경합주의'를 올바로 읽어야 할 시간이 있

101) 역주: 개역개정 성경은 이 부분을 "함께 탄식하며 함께 고통을 겪고 있는 것을"이라고 번역하고 있으나, 켈러가 인용하는 영어성경은 다른 뉘앙스를 갖고 있어서, 켈러 본인이 인용하는 영어성경의 문구를 번역해 넣었다.

다면, 지구와 그 모든 피조된 존재를 의미하는 너무나 물질적인 엄마mater를 창조의 비물질적 아버지Father 아래 서열로 종속시킨 고대적 상상력에 대한 페미니스트적 비판과 더불어 시작하게 될 것이다. 참으로 우리는 어떤 출생주의natalism에 대해서도 반대한 우리 언니old 페미니스트들의 저항과 더불어 최근에는 선택할 권리에 대한 공격으로 되살아난 저항과 더불어 멈추지 않을 것이다. 그래서 새로운 생태적 위급성과 더불어, 해러웨이의 "아기들이 아니라 친척을 만들라"는 구호가 널리 울려 퍼진다.102) "출산 미래주의"에 대한 동성애자들의 염려들처럼 말이다. 에델만 타율의 직선적 승계로서 문명 도식이 재생산되어 여기서 우주적으로 승인되는 것인가? 결혼과 출산을 만류했던 바울에게 출생과 입양의 혼합된 은유가 얼마나 낯설었든지 간에, 이 규범적 효과들은 사라지지 않을 것이다.103)

그러면 우리는 비출산적 "출생"natality 개념으로 "죽을 수밖에 없는 운명"mortality을 강조하는 유대교-어거스틴적 전통에 도전한 한나 아렌트Hannah Arendt를 여기에 대입할 수도 있을 것이다. 이를 통해 아렌트는 철학의, 특히 하이데거 철학의 "죽음의 지평"에 대한 강조에 반대한다.104) 출생은 아렌트를 낙관적으로

---

102) 참고 Haraway, *Staying with the Trouble*, 137, 216 n4.
103) 사도 바울 대 결혼 및 출산의 가족적 삶의 대비에 관해서는 이 책이 근거로 삼고 있는 고린도전서 7장의 구절을 참고하라. 바울의 여성혐오와 동성애혐오에 대한 페미니스트의 비판이 풍성한 전통으로 축적되어 있지만, 그러나 또한 그 맥락과 잘못된 중복에 대해서 성찰해온 전통도 있었다. 특히 후자의 입장에서 초기 고전적 작품은 Elizabeth Sch ssler Fiorenza, *In Memory of Her: A Feminist Theological Reconstruction of Christian Origins* (New York: Crossroad, 1994 [1984])이다. 만일 바울서신들에 드러나는 최악의 성차별주의 대부분이 후대에 삽입된 본문에 기초한 것으로 여겨진다 해도, 그 문제는 결코 사라지지 않을 것이다. 그러나 바울의 출산하지 말라는 권고와 평등주의적 급진성도 마찬가지로 사라지지 않는다. 이 주제에 관심있는 독자들은 Joseph A. Marchal, ed., *Studying Paul's Letters: Contemporary Perspectives and Methods* (Minneapolis: Fortress, 2012) 중에서 특히 Melanie Johnson-Debaufre, "Historical Approaches: Which Past? Whose Past?"와 Marchal, "Queer Approaches: Improper Relations with Pauline Letters"를 참고하라.
104) 출생 은유에 대한 아렌트의 용법에 관해서는 페미니스트 종교철학자인 Grace Jantzen, *Becoming Divine: Toward a Feminist Philosophy of Religion* (Bloomington: Indiana university Press, 1999) 중에서 "In order to Begin: Death and Natality in the Western Imaginary"를 참

만들지 않았다 그래서 우리는 이민이라는 위기를 통해 추동되는 새로운 "백인우월주의자" 파시즘의 위협에 대한 그녀의 경고를 이미 1946년에 보게 된다105) 하지만 행위를 새롭게 시작하는 매 순간은 거의 카이로스적으로 탄생의 경이와 접촉한다. 벤야민을 읽어가면서, 그녀는 미래를 위해 준비된 과거를 회상하며, 시간의 연속을 중단시킨다.106)

그리고 벤야민의 등 뒤로 펼쳐지는 텍스트적이고 우주적인 깊은 과거 속에서 우리는 카발라적 의미로 침춤*tzimtzum*의 기원적 응축을 감지할 수 있을 것 같은데, 이는 무한자 아인 소프Eyn Sof107)가 스스로 응축contraction해 들어가 세계들과 피조물들과 창조의 유한성들을 위한 공간을 만들어 낸 것을 가리킨다.108)

앞서 언급한 개입들 중 그 어느 것도 세계의 산고들을 걱정 없이 안심시켜주는 비유로나 혹은 일시적으로 사용하고 버릴 수 있는 비유로 번역해 내지는 못할 것이다.

출생의 관점에서 벤야민에 대한 아렌트의 호의적 비평과 더불어 우리는 정치신학을 표현하는 세속적 유대인들의 리좀 안에 있는 우리 자신을 다시 보게 된다. 우리가 1장에서 보았듯이, 그 대화는 벤야민의 *Jetztzeit*를 위대한 응축의 메시아적 지금의 시간으로 보는 아감벤의 사도 바울 독해를 구성한다. 그렇다면, 의도했든 안했든 간에, 시간의 응축sunestalemnos과 출생을 위한 응축들contractions 간의 유비를 어찌 안 그려볼 수 있겠는가?

고하라.

105) 참고 Hannah Arendt, "The Seeds of a Fascist International," in *Essays in Understanding (1930-1954): Formation, Exile, and Totalitarianism* (New York: Schocken, 2005).

106) 참고 Gaye Demiryol, "Arendt and Benjamin: Tradition, Progress and Break with the Past," Journal of the Philosophy of History (2016): http://booksandjournals.brillonlin.com/content/journals/10.1163/18722636-12341336#.

107) 역주: 유대교의 카발라 신비주의 전통에서 '아인 소프'(Ein Sof로 표기되기도 한다)는 솔로몬 이븐 가브리올(c. 1021 c. 1070)의 용어 "무한자"(*she-en lo tiklah*)로부터 유래하는 것으로 추정되며, 영적 영역의 발생 속에서 그 어떤 자기-현현에도 선행하는 신을 가리킨다.

108) 이 연관성을 볼 수 있도록 해준 수잔 펜삭(Susan Pensak)에게 감사한다. 태흠적 신학과 루리아적 창조의 연관성에 대해서는 나의 *Face of the Deep*을 참고하라 (17, 18, 178, 234).

이 관점에서 카이로스는 세계-자궁의 응축으로서 결집을 수행한다. 출생을 위한 산고들은 시간이 단순한 죽음으로 붕괴되는 것을 의미하지 않는다. 하지만 이 우주적 고뇌의 경합주의는 보람된 결실을 보증하지 않는다. 그 출생을 위한 분투는 유산miscarriage의 트라우마들과 거의 구별되지 않는다. 기독교의, 희망과 정의의, 민주주의와 사회주의의 사산아들은 고통을 통해 결실을 맺는다는 진보의 징조들이 아니다. 그러나 그 고통과 실패들이 이 고뇌와 아픔을 통해 그리고 그것들을 넘어 지구-출생의 사건들을 배제하지도 않는다.

현재 일어나는 응축들로 인해 고통의 한복판에 있는 지구정치신학에게는 바울이 속절없이 지구에 매인 우리의 몸들로부터from의 구원이 아니라, 그 몸들의of 구원을 말하고 있다는 것이 중요하다. 그리고 그 이전의 성서 예언자들이 하늘과 땅의 새로운 물질화를 말했던 것처럼 말이다. 바울과 더불어 그 새로운 물질화가 금욕주의의 맥락에서 예상되는데, 이 금욕주의는 한편으로 고대의 출산 규범에 이질적이면서, 다른 한편으로는 내세적 탈육체화에도 이질적인 금욕주의이다.109)

산고 중에 신음하는 피조세계에 대한 비유가 하나의 포괄적인 우주 과정 속에서 우리의 고뇌들을 감싸 안는 것처럼 보인다. 사람과 땅의 것들은 통전적인 우주적 몸의 동물적 역동성 안에서 함께 응축한다. 우리는 다음과 같이 물을 수 있다. 누구의 자궁인가? 당연히 피조세계의 자궁이다. 그러나 그녀는 누구인가?

욥기서를 기록한 시인은 고뇌하는 욥이 소환한 폭풍우의 입을 통해 그 물음을 수사적으로 묻는다. "바다가 그 모태에서 터져 나올 때에 문으로 그것을 가둔 자가 누구냐? 그때에 내가 구름으로 그 옷을 만들고 흑암으로 그 강보를 만들

109) 바울에 대한 퀴어적 독해에 대해서는 Marchal, *Studying Paul's Letters*, 특히 "Queer Approaches"라는 장을 참고하라.

고" 욥 38:8-9[110] 모든 부정신학이 말하는 어두운 구름dark cloud[111]이 여기서 신생아 마임*mayim*, "하늘들의 유동성"*hashamayim*, "하늘" 그리고 땅 자체를 부드럽게 감싸 안는다. 누가 이 분출하는 힘을 포박하여, 그의 옷을 짓고, 그것으로 강보를 만들어 감싸 안는가? 엄마Mom? 산파? 성서의 가부장적 구조 속에서 이 물음들은 대답되지 않은 채 남아 있다.

만일, 존 웨슬리가 주장하듯이, "모든 사물 속에 계신" 그 하나님이 "진정한 의미에서 우주의 영혼the Soul이라면,[112] 다음과 같은 추론을 전개하는데 단지 약간의 사소한 시대착오만 감수하면 된다. 신성한 영이 데카르트적으로 그 자신의 물질로부터 분리되어 존재하는 것이 아닌 한, 그 자궁은 오직 하나님의 자궁일 수밖에 없다. 후일 혹자들은 하나님의 몸으로서 우주라는 은유를 전개할 수도 있을 것이다.[113] 물론 우주적 모성, 신성한 자궁 속에 응축된 모든 물질존재에 대한 성서적 암시들은 모두 어머니 여신에 대한 암시를 회피하는 과정에서 혹은 후대에 범신론에 대한 암시를 회피하는 과정에서 침묵을 지켜야 했다.[114]

---

110) 역주: 켈러는 본문의 장절을 8-11절로 표기했다. 하지만 정작 텍스트 속에서는 8-9절까지만 인용하고 있다. 10-11절은 다음과 같이 이어진다. "한계를 정하여 문빗장을 지르고 이르기를 네가 여기까지 오고 더 넘어가지 못하리니 네 높은 파도가 여기서 그칠지니라 하였노라."

111) 역주: 우리말 개역개정의 번역은 구름과 흑암이 따로 별도의 것인 듯이 번역되어 있으나, 켈러가 인용하는 영어성경은 "내가 구름들에 옷을 지어 입히고, 두터운 어둠을 강보로 쌀 때"라고 되어 있다.("I made the clouds its garment and thick darkness its swaddling band").

112) 존 웨슬리의 문장은 다음에서 인용했다: Catherine Keller, "The Body of Panentheism, in *Panentheism Across the World's Traditions*, ed. Loriliai Biernacki and Philip Clayton (Oxford: Oxford University Press, 2014), 75.

113) Charles Hartshorne, *Omnipotence and Other Theological Mistakes* (Albany, NY: SUNY Press, 1984)를 특히 참고하고, 아울러 이러한 생각의 중요성을 Sallie McFague, The Body of God: An Ecological Theology (Minneapolis: Augsburg Fortress, 1993)에서 찾아볼 수 있을 것이다.

114) 범신론에 대한 철학적 그리고 신학적 공황상태(panic)에 대한 중요한 개입을 시도하는 작품으로서 Mary-Jane Rubenstein, *Pantheologies: Gods, Worlds, Monstrosities* (New York: Columbia University Press, 2018)을 참고하라.

나라면 오히려 하나님을 포박하려는 그 모든 시도를 회피하면서 침묵을 지킬 것이다. 생태하나님의 시적인 산고들과 우리 피조물 모두의 고통 속에 함께하는 그녀의 내재가 여전히 암시들로 남아 있다. 언어적으로나 성적으로나 거의 인식할 수 없게 말이다.

모든 개념115)에 앞서 그리고 모든 개념을 넘어서 생성들becomings의 이 복수성 속에서 물질화의 피조물적 시작들이 우리의 앎 아래에서 그리고 앎을 넘어 발생한다. 지구정치신학은 이따금 생태하나님의 '사이적 육화'intercarnation116)에 대한 신선한 암시들을 이용할 수도 있을 것이다. 그러나 지구정치신학은 항상 하나의 행성을 넘은 규모에서 벌어지고 있는 일들 가운데, 말하자면 말할 수 없이 광대한 우주 속에서 지구의 응축을 염두에 두는데, 이것은 피조세계the creation가 의미하는 것처럼 그다지 아늑하다고는 말할 수 없다. 위기에 조바심을 내면서 우리는 거의 대부분 암흑물질로 구성된 거대한 암흑우주를 무시한다. 그래서 우리는 "하늘들과 땅" 뿐만 아니라, 또한 자연과학과 기후과학의 폭과 경이를 상실할 위험에 처하게 된다. 이 행성이라는 이름의 살flesh로 우리를 감싸 안는 물질은 눈에 안 보일 만큼 먼 시공간들과 빅뱅 혹은 큰 탄생big birth이라 불리는 시원적 폭발의 에너지로서 흐른다.

물질의 메시아적 순간

만일 지구가 우리와 함께하는 물질이라면, 우리는 그 물질을 신중하게 최선

115) 역주: 켈러는 여기서 'conception'이란 단어를 사용하고 있는데, 이 단어는 '개념'과 '임신' 모두를 가리키는 단어이다. 이 문단 앞에서 출산의 산고를 다루었던 것들을 암시하면서 이 단어를 여기에 사용한 것 같다.

116) Catherine Keller, *Intercarnations: Exercises in Theological Possibility* (New York: Fordham University Press, 2017)을 참고하라.

을 다해 읽어왔다. 그런 다음 우리는 지구를 그의 응축된 무한한 우주로부터 추상抽象하지 않고, 지구가 스스로 접히면서 연출하는 그 친밀한 다양체에 놀라워한다. 각각의 단일한 응축이 다시 말해서 생물critter의 박동이 우리의 이목을 끈다.

최소한 이론적으로 말이다. 예를 들어, 불가능할 만큼 구름으로 뒤덮인 묵언적 얽힘apophatic entanglement의 신학이 정치신학으로 등장할 때, 이 정치신학은 소우주적 얽힘의 무정치적apolitical 얽힘을 자신에게로 끌어당긴다. 이 정치신학은 바로 과학이 침묵과 접한 자리에서 일어나는 과학적 탐구를 자신의 우주론 속에 담지한다. 아주 자그마한 전자로 응축한 양자의 얽힘이 어떻게 상호연결됨의 광대한 규모를 밝혀주는지에 대한 과학적 탐구 말이다.117)

특정 행성의 비참한 정치적 '메소코즘'mesocosm118)의 한복판에서 왜 지금 거기로 가야 하는가? 위대한 저 위와 위대한 저 아래 사이를 빙빙 돌며 지구의 납삽한 경합주의들을 벗어나기 위해서? 그런 유혹은 항상 있다. 그러나 모든 토착신화 속에 각인된 지구적 우주론은 우리를 우리와 함께 하는 물질에 조율하도록 하는 것 같다. 물질화하는 소우주들로부터 방대한 우주론에 이르는 그 지구적 우주론이 우리를 우리의 피조물적 조건으로부터 끄집어내려는 예외주의를 해체하도록 도울 것이다. 그러면 우리 온혈동물들이 빙하와 공유하고 있는 그 물질은 우리를 하나의 참으로 거대한 우주동물인 '우리'로서 불러 모을 것이다.

모든 요소 중 가장 공통적인 요소인 전자라는 이름의 물질적 지하서민들the undercommons물질을 이렇게 부르도록 하자의 목소리를 들으라. "심지어 물질의 가장 작

---

117) Keller, *Cloud of the Impossible* 중에서 chap. 4, "Spooky Entanglement: The Physics of Nonseparability"를 참고하라.

118) 역주: 메소코즘(mesocosm)은 생태계 일부를 관찰하기 위해서 인위적으로 격리시켜 놓은 닫힌 생태계를 가리킨다. 우리가 정치를 관찰하고 특정한 운동들을 추상해 낼 수 있는 것은 우리가 인지적으로 인위적인 격리를 감행하기 때문이다.

은 조각들인 전자들, 차원이나 구조도 갖고 있지 않은 극소점 입자들도 시공간-물질화가 전개하는 배치구조들의 무한한 가능성을 자신들의 특이성 속에 미결정적으로 담은 체 유랑하고 있음을 보여주며, 실로 그렇게 구성되어 있다. 각 극소점 안에는 전체 세계들이 담겨있다. 각각의 구체적으로 배치되어진 세계. … 유한성은 무한성으로 가득 차 있다."[119]

이렇게 물리학자이자 페미니스트 이론가이며, 또한 신물질주의자로 알려진 카렌 바라드Karen Barad는 양자얽힘 속에서 포착한 관계론적 존재론을 발전시킨다.[120] 양자 불확정성과 전자들의 "행위주체적 내적-활동성"intra-activity에 대한 그녀의 탁월한 설명을 담고 있는 『우주를 반쪽만 접하기』*Meeting the Universe Halfway*를 배경으로 놓고, 그녀는 주디스 버틀러와 함께 발터 벤야민의 텍스트적 상호연관성의 세력권으로 진입한다. 교차학문적 탐구를 지향하는 신학적 대화에 투고한 글에 따르면, 바로 정치적 냄새를 강렬하게 뿜어내는 신학에 그녀를 참여시키고 있는 것은 다름 아닌 물질 그 자체이다. 벤야민의 메시아적 지금의 시간 개념에 영향을 주었던 카발라적 신비주의를 강조하면서, 바라드는 다음과 같은 결론을 내린다. "메시아적인 것, 즉 무한의 번쩍임 혹은 이 시간 안에 담긴 다른 시간들의 무한성은 물질-시간-존재 그 자체의 구조 속으로 쓰여져간다."[121]

환원주의의 낌새를 전혀 풍기지 않으면서, 그러한 우주론은 단지 인간 예외주의뿐만 아니라 동물 예외주의, 그리고 심지어는 유기체적 예외주의를 약화시

119) Karen Barad, "What Flashes Up," in *Entangled Worlds: Religion, Science and the New Materialism*, ed. Mary-Jane Rubenstein and Catherine Keller (New York: Fordham University Press, 2017), 60.

120) Karen Barad, "Posthumanist Performativity: Toward an Understanding of How Matter Comes to Matter," *Signs: Journal of Women in Culture and Society*, 28, no.3 (2003): 801-31을 참고하라. "행위를 위한 특정한 가능성들은 모든 순간에 존재하고, 이 변화하는 가능성들은 세계의 되어감(becoming)에 개입하고, 문제가 되는 것(what matters)과 물질화(mattering)로부터 배제되는 것을 따져보고 다시 작업할 책임을 수반한다" (827).

121) Barad, "What Flashes Up," 63.

킨다. 무한은 시간성으로부터 예외가 아니라, 오히려 시간들의 무한성이다. 메시아적인 것the messianic은 물질로부터 스스로를 빼내어 열외 시키는 것이 아니라, 물질의 핵심에 자신을 각인한다. 신비적인 풍모를 뿜어냄과 동시에 과학적으로 정확한 이 성찰은 "약한 메시아적 힘"을 유통하면서, 모든 상명하달식 통치권력에 도전한다. 바라드의 내적-작용하는 행위주체intra-active agency는 얽힌 다수성을 소집한다.

바라드는 계속해서 말하기를, 만일 "물질이 그의 유한성 안에 기입된 이 메시아적 구조를 간직하고 있다면, 그것이 매우 작은 조각에 불과할지라도, 이는 분명히 모든 물질적 존재들에 적용될 것이고, 따라서 각 물질적 존재는 하나의 거대하게 얽힌 다중multitude이 된다."122) 가장 약한 이 안에, 가장 짧은 시간들과 공간들로 구성된 이 작은 것 안에, 그리고 "이들 중 가장 작은 이" 안에는 가능한 관계들의 무한성이 암호화되어 있다. 그렇다면 정치적인 것을 생태적인 것으로 연결하는 것은 이 물질화하는 순간의 불안정성을, 그리고 또한 그의 미결정적인 잠재성의 불안정성을 강조하는 것이다. 그것은, 얼마나 예외적이든 간에, 모든 정치적 비상사태 속에서 이 지구의 물질성을 무시하고 싶은 유혹에 저항하는 것이다. 메시아적 시작이 "반짝 빛을 발한다." 그 신비한 무한성은 결정론자인 일자의 통치권력과 그의 슈미트적 신정정치와 불화하는 신학을 제시한다.

얽힌 차이로 벼려진 지구정치신학은 생태세적 연대를 추구하는 바로 그 다중multitude에게, 말하자면 광대한 범위의 결정적 차이를 가로지르는 우리의 자기-조직화를 추구하는 바로 그 다중에게 호소한다. 대우주적 아상블라주 조립체와 또한 소우주적인 아상블라주 조립체들 속에서 물질의 시공간들은 바로 우리가 우주를 "반쪽으로" 접하는 자리에서 여기 메소코슴적인 지구-시간의 즉자적 얽

122) Barad, "What Flashes Up," 73.

힘 속에서 우리 안에 우리로서 응축한다.

물질의 정치에 대한 것으로는, 바라드가 2016년 미국 대선이 실시되기 대략 1년 전쯤 쓴 글에 귀를 기울여보자. 물리학자가 예언자로 변신한다. "그리고 아마도 모든 살아있는 존재들과 나름의 방식으로 살아있음을 구현하는 모든 존재와 그들의 공유된 무상함과 그리고 몰락에 이어 찾아오는 갱신을 위한 가능성들 사이에 존재하는 영원한 고리, 바로 이 연결고리가 파시즘의 등장에 맞서는데 꼭 필요하다. 왜냐하면 파시즘은 후기-자본주의, 억압당하는 이들에게 자행되는 국가폭력의 규범성 그리고 행성과 그의 모든 거주자에게 자행되는 계속적인 유린 등에 모두 연결되어 있기 때문이다."123) 이 지구적 순간을 비범하게 요약하면서, 바라드는 바로 정확히 우리의 지구적 순간을 위한 붕괴 이후, 즉 벤야민이 말하는 "몰락" 이후 갱신의 가능성을 결집한다. 벤야민과 더불어 그리고 신학적 은유의 정치적 원동력을 간과하지 않은 채, 그녀는 모든 살아있는 존재들 사이의 하나의 "영원한 고리"eternal link로서 메시아적 구조를 다시 가리킨다.

"살아있음"living은 이제 유기체와 무기체의 피조물적 구별들을 횡단하며, 그 구별이 고향 지구의 살아있는 생태환경과 그에 덧붙여진 인간 도식의 위협을 구성하고 있기 때문이다. "손상된 행성 위에서 살아가는 불/가능성들을 마주한다는 것은 '진보의 흐름'을 중단시킬 위험을 기꺼이 감수할 수 있는 집단적 실천의 다양한 형식들을 요구한다. 왜냐하면 파괴된 지구에서는 '난민들의 문제'라 불리기도 하는 집 없음의 정치적, 경제적, 인종차별적, 식민주의적, 그리고 자연적 근원들을 따로따로 뽑아내는 것이 불가능하기 때문이다."124) 이 저항의 비선형적 다수성들이 물질적으로 얽힌 다중의 깊은 공간으로부터 분출하면서, 실천들의 다

123) Barad, "What Flashes Up," 75.
124) Barad, "What Flashes Up," 75.

원성을 집요하게 요구한다. 벤야민을 소개하면서, 그녀는 덧붙인다. "다른 사람들을 폭격함으로써가 아니라, 역사의 연속을 날려버림으로써."[125] 그 집단체의 피조물적 응축 각각은 시의적절한 가능성과 더불어 박동한다.

로버슨이 시간의 작음과 거대함 사이에서 이 지구 명상을 열었듯이, 벤야민은 인간 이전에 지구상에 살았던 생명의 광대함에 대하여 말하는 생물학자를 인용한다. "문명화된 [인류의] 역사는 마지막 시간 마지막 초의 1/5을 채울 뿐이다." 벤야민은 이에 대해 다음과 같이 논평한다. "메시아적 시간의 모델로서 인류의 전체 역사를 아주 개괄적으로 담고 있는 현재는 인류의 역사가 우주 속에서 갖는 위상과 정확히 일치한다."[126] 그래서 이 개괄적인 지금의 시간이 인간 역사와 맺는 관계는 인간 역사가 가늠조차 할 수 없을만큼 지속되는 우주 역사와 맺는 관계와 같다. 이 섬세하게 엮인 카이로스의 응축이 크로노스의 모든 도식을 통해 메시아적으로 분출할 수도 있다는 것은 전혀 놀라운 일이 아니다.

그 분출 혹은 폭발은 탈/종말dis/closure로서, 그 계산 불가능한 아직-아님not-yet의 솔기에서 불가능한 것the impossible을 비집어 열어젖히면서, 폭력이 아니라 돌파를 요청한다. 그 폭발 혹은 분출 속에 클라인이 사람들에게 충격을 주어 일깨우는 소리가 들리는가? 정말로 더 나은 홈월드homeworld의 개벽을 가능케 하는 소리 말이다. 만일 피조물적 집단체가 진동하며 떨리는 비트들과 파열들 그리고 출산들 속으로 스스로를 모아들인다면, 이것은 그 자신이 되지 않을까? 아무에게도 소유되지 않는 자신?

무한의 번쩍임은 크로노스의 예측 가능한 전개 속에서 발생하지 않는다. 그러나 그렇다고 그의 카이로스가 최종적 구원을 나타내는 것도 아니다. 만일 그

---

125) Barad, "What Flashes Up," 75.

126) Walter Benjamin, "Theses on the Philosophy of History," in *Iluminations: Essays and Reflections*, ed. Hannah Arendt, trans. Harry Zohn (New York: Schocken, 2007 [1969]), 263.

대안이 "물질시간존재mattertimebeing 그 자체의 구조로 쓰여지게" 된다면, 그 행성적 시작은 종말론적 예외로서 도래하지 않는다. 분기하는 척도들을 가로질러 응축하고 열리는 시간성의 이 변화무쌍한 순간은 그 지하우주 속에 기입된 미결정성을 언제나 다른 방식으로 수행한다. 그 지하우주가 우리를 에워싼다.

바라드는 "양자를 퀴어화하는 일"127)에 이미 착수했다. 그 시간 동안 21세기 새천년의 과학은 전체 우주의 신비를 "다중우주", "암흑물질", "암흑에너지"로 새롭게 되살렸다. 그렇다면 또 다른 도식으로 살아보는 것은 어떨까? 진보나 재난 혹은 구원이나 종말의 직선적 시간들을 지우는 도식, 다시 말해서 시간을 하얗게 지워내지 않는 우주동물universanimal의 도식으로 말이다. 거듭되는 종말담론들 사이에서 생태세 지구는 우리와의 공모를 요청한다. 지금.

로버슨은 또 다른 시에서 우리의 행성성의 미묘한 시점으로 돌아간다. "지구는 우리를 넘어간다 / 우리의 것은 우주의 것인가 / 우리의 시간은 우주의 시간인가."128) "우리"의 작은 흙 알갱이 속으로 우주가 응축하는 가운데 우리-시간을 계산해야 할 때가 이르렀다. 우리는 어떻게 우리들의 이 시간을, 이 너머를, 이 말로 표현할 수 없는 인류자본술루세적 지금의 시간을 살아갈 것인가? 현재 195,000년으로 산정되는 우리 사피엔스 종의 보다 거대한 시간이라는 관점에서, 인류의 역사를 대략 20만년쯤으로 마무리하는 게 경이로운 일 아닐까? 사피엔스 종이 보다 성숙한 노년으로 마무리할 수 있는 시간에 말이다. 아니면 도대체 언제, 최소한의 존엄성만이라도 지키면서 죽음을 맞이하는 것이 좋을까?

---

127) Karen Barad, "Nature's Queer Performativity," *Qui Parle* 19, no.2 (2011): 121-58을 참고하라.

128) Ed Roberson, "We look at the world to see the earth," T*o See the Earth Before the End of the World*, 22 (로버슨 본인의 강조표시).

정말 중요한 것what matters은 지금 우리 안에 숨 쉬고 있는 가능성들이다. 우리의 우주 시간 말이다. 지금으로선 그저 격동하는 복합요인들과 더불어 머물면서, 다중적으로 울려 퍼지는 탄식들과 더불어 머무르고, 한계에서 싹을 틔우고, 감각적 교차성들을 포용해야 할 것이다. 우리는 지구 집단체의 사랑을 지향하는 치열한 경합주의 속에서, 빙하들이 녹아내리는 한복판에서 우리 자신을, 우리의 발아하는 자아들을 조립해 낼 수 있을지도 모른다.

3장 • 신학

지금은 무지한 게 더 낫다

억압적 통치권력에 합세하여, 정치와 경제는 집단체의 미래적 현재를 움켜쥐고 있다. 그래서 카이로스의 섬세한 지금의 시간이 이제 그의 가능성들을 비틀어 열어줄 수는 없을까? 심지어 시간이 짧아짐에도 불구하고 결집하는 응축: 고대의 한 서신으로부터 낚아챈 신학적 실마리가 어두워진 희망을 전했다. 그러나 만일 안락한 지구를 위한 시간이 붕괴하고 있다면, 신학은 얼마만큼의 시간을 가질 수 있을까? 클레이튼 크로켓Clayton Crockett이 말하듯이, "그리스도-사건"은 "자연스레 그 명을 다했는가"?[1] 진보적 공공대중의 메시아적 잠재성을 소집하기 위한 시간은 지났고, 명을 다해서 신뢰를 잃은 것인가? 이것은 단지 백인 기독교인의 위기가 아니다. 범지구적 유일신론은 "하나님의 시신"[2]에 기식하고 있는 중이다. 오 주여, 평안히 잠드시기를.

그러한 판단이 세속적 환원을 위한 것이 아니라, 오히려 "급진적 정치신학"radical political theology을 구성하기 위한 것이라는 점에서 더욱더 혼란스럽게 들린다. 슈미트식 정치신학에 대한 대안, 말하자면 자본주의를 보완하는 독재자 보충담론에 대한 대안은 기독교 예외주의의 해체를 부추긴다. 우리는 "신학은

---

1) Clayton Crockett, *Radical Political Theology: Religion and Politics After Liberalism* (New York: Columbia University Press, 2011), 143.
2) Crockett, *Radical Political Theology*, 13.

에너지다"라는 말을 크로켓으로부터 듣는다. 그 에너지를 표출해 내기 위해 크로켓은 심지어 그리스도 개념의 풍미를 드러내는 데리다적 "메시야성"messianicity 보다 카트린느 말라부Catherine Malabou의 "가소성"plasticity3) 개념을 선호한다. 말라부의 가소성은 마굴리스와 해러웨이의 생물학적 개념 '발생적 공생'symbiogenesis4)을 특징짓는 속성이다. 그리고 그 개념은 바라드가 기술하는 전자들에게서 목격되듯이, 모든 존재 안에 존재하는 가능성으로서, "몰락에 이은 갱신의 가능성들"과 공명한다. 이는 명백히 메시아적이고 그 자체로 정치적인 유대교와 바라드의 연대를 나타내며, 그래서 "모든 살아있는 존재들 사이의 영원한 고리"를 떠올리게 만든다.

만일 그러한 신학적 가소성이 어떤 지금의 시간에 에너지를 공급한다면, 우리는 불가분리하게, 하지만 거의 형언할 수 없이 메시아적인 카이로스를 그저 개괄적으로 반복하는 중일 따름이다. 현재의 실험 속에서 시간의 응축, 즉 현재 시

---

3) 역주: 최근 뇌 신경세포의 가소성, 즉 신경가소성(neuroplasticity) 연구를 통해 신경세포는 특정부위에 손상을 겪더라도, 그 손상을 부둥켜안고 살아남은 신경세포들이 본래의 기능을 온전히 회복할 수 있음이 밝혀졌다. 본래 가소성이란, 만2세 정도까지 이루어지는 신경세포의 발달과정을 일컫는 말인데, 보다 많이 사용하는 신경세포들의 연결은 강화되고, 사용하지 않는 연결을 퇴화하는 방식으로 뇌세포의 발달이 이루어지면서, 각 사람의 고유한 정신신체적 역량이 만들어진다. 이후 성인기로 이어지는 발달과정에서 이 가소성은 생애 초기에 형성되어 고정되는 것으로 알려져 있었지만, 60년대 후반 폴 바크-이-리타(Paul Bach-y-rita)가 중풍으로 반신불수가 되었던 자신의 아버지가 회복하는 과정을 연구하는 과정에서 자신이 주창한 '감각대치'(sensory substitution) 이론을 확대 적용하여 '신경가소성' 이론으로 제시하였다. 이를 통해 인체의 정신적 신체적 제어능력은 기반하는 신경세포의 연결을 평생 동안 탄력성있게 구성과 해체를 반복하는 과정이며, 심지어 노년에도 신경세포는 새롭게 만들어지기도 한다는 사실이 발견되기도 했다. 카트린느 말라부는 『우리의 두뇌와 더불어 무엇을 해야 하는가?』(*What Should We Do with Our Brain?*, 2008)에서 가소성에 대한 기존 해석들이 회복력, 탄력성과 유연성 등의 개념들과 연동하여 이루어지는 행태를 비판하면서, 가소성은 이전 상태에 대한 탄력적 회복이 아니라, 이전 상태에 대한 파괴를 통한 재창조임을 주장하면서 '파괴적 가소성'(destructive plasticity) 개념을 제안하기도 했다.

4) 역주: symbiogenesis는 매우 희귀한 생식과정으로서, 수분이나 짝짓기 대신 다른 종과 결합하여 혼종을 발생시키는 과정으로, 린 마굴리스는 진핵세포의 발생이 이런 과정을 거쳤다고 주장했으며, 그녀는 이것을 "세포내 공생"(endosymbiosis)이라 불렀다.

간과 그것이 담지한 트라우마의 응축은 그리스도christos로 번역되는 메시아의 영향력 안에서 읽히고 있다. 그러나 물음이 강하게 제기된다. 얼마나 반예외적으로 인식되든지 간에, 기독론은 시간이 다하지 않았는가?

최소한 지구촌 북반구 즉 선진국들에서 느껴지는 기독교에 대한 피로감을 판단하려면, "변화하는 종교적 풍경"에 대한 최근의 퓨 여론조사Pew poll를 구글에서 찾아보는 것만으로도 충분한데, 그에 따르면 미국에서 스스로 기독교인으로 생각하는 사람들의 비율이, 세대의 흐름에 따라, 인종을 가로질러 지속적으로 떨어지는 추세를 보여주고 있다.[5] 이러한 추세는 낡은 제도의 기독교를 허우적대게 하거나 침몰로 이끌어 가는 중이다. 이것은 단지 통계적인 것만은 아니다. 나의 친구들과 학생들이 기독교라는 제도의 울타리 안에서 활동하고 있다. 최근 나는 네덜란드에서 아주 통렬한 경험을 했는데, 신학 단체의 초청으로 강연을 하고 있었다.[6] 그때 활발한 대화가 중세에 지어진 교회 예배당에서 이루어지고 있었는데, 종교개혁의 영향으로 절제된 아름다움을 드러내는 예배당이었다. 이후 이어진 환영만찬에서 그곳에 모인 성직자들과 학자들로부터 다음의 이야기를 듣고 나는 깜짝 놀랐다. 그들은 한 세대 안에 교회들이 문을 닫을 것이라는 사실을 마음 편히 받아들이기 위한 방법의 일환으로 신학적 대화의 새로운 형식들을 만들고있는 중이라는 것이다.

지구촌 북반구 대부분은 이러한 동향에서 미국을 앞서가고 있다. 우리 미국은 그것을 따라가고 있는 중인 듯하다. 새로운 세대가 도래할수록 무조건적인

5) "America's Changing Religious Landscape," Religion and Public Life, The Pew Research Center, 12 May 2015, http://www.perforum.org/2015/05/12/americas-changing-religious-landscape/.

6) 나를 초청해준 릭 벤야민스(Rick Benjamins)에게 감사를 표한다. 그는 그러한 행사를 열게 만든 계기를 열어준 책 Benjamins, *Catherine Keller's Constructive Theolgie* (Middleburg: Skandalong, 2017)의 저자이기도 하다.

것the unconditional 그 자체에 덜 얽매이게 된다. 그리고 신theos과 론論, logos의 분명한 물질적 구현materializatin에 점점 덜 염려한다. 이런 방식이 세속주의의 진보를 여전히 신봉하는 진보주의자들을 벗어나는 훌륭한 탈출구라고 일부는 중얼거리며, 동감을 표시한다. 물론 이 진보주의에 대한 신앙마저 쇠퇴하는 중이다. 우리 중 다른 사람들은 이것이 훌륭한 한탄에 불과하다고 불평한다. 이 한탄이 훌륭하려면 우리는 많은 것을 내려놓아야만 한다. 그러나 훌륭한 애도는 어떤 머무름을 요구한다. 예를 들어, 진중하게 관심갖기grave attending, 카렌 브레이7)와 같은 것 말이다. 우리는 신학의 난국들과 더불어 머무른다.

망령은 하나가 아니다. 정치적, 환경적, 종교적 제도들의 명백한 실패들을 보게 되는 것은 더 이상 멜로 드라마가 아니다. 묵시적 종말의 삼중 망령. 나는 눈을 다시 깜박인다. 그리고 그 망령은 여전히 사라지지 않는다. 이런저런 붕괴와 손실과 소멸은 예외란 없다는 것을 증명한다. 탈진은 실패로 이어진다. 물론 우리 생태사회적 세계의 취약성과 비교하면, 신학적 도식들의 고유한 취약성들은 규모상 사소한 것처럼 보인다. 정치적인 것으로서 그리고 지구적인 것으로서 신학은 민주주의와 생태학의 실패들과 함께 얽힌 자기 자신의 실패를 표명한다. 이 삼중적 실패의 응축들 가운데에서 신학은 단순히 문 닫는 것 말고 다른 어떤 방법을 수행할 수 있을까? 복잡한 어둠 속으로 열어가는, 즉 실패해 가는 어떤 것?

7) 트라우마의 여파 속에서 "함께-머물기"(remaining-with)를 주장한 셸리 람보의 신학에 대한 이 책 2장의 토론을 참고하라. 그리고 성공에 대한 신학적 자본주의적 규범들에 대해 해체적인 정치신학으로서 Karen Bray, *Grave Attending: A Political Theology for the Unredeemed* (New York: Fordham University Press, 2019)를 참고하라. 이 책의 바탕이 된 박사학위 논문의 제목은 "Unredeemed: A Political Theology of Affect, Time, and Worth" (2016)이었다.

하나님을 실패하기

만일 신학이 실패한다면, 그것은 "하나님"이 실패하셨다는 것을 의미할까? 하나님이라는 바로 그 개념이 문제다. 정작 언제나 문제가 되는 것은 하나님의 실패가 아니지 않은가? 단지 증명 불가능한 것은 말할 것도 없고, 설득력을 갖추는 데도 실패한 합리적 가설로서의 신theos이 아니라, 끝없이 바라고 필사적으로 우리가 기도를 드리는 하나님, 그렇지만 한 사람 혹은 한 백성을 위해 도래하시는 데 실패하신 하나님? 이 실패가 일찍이 욥의 불평들 속에서 제기되었고, 그 이래로 다양한 급진적 지성인들 사이에서 신정론의 위기로서, 그 후엔 신 죽음의 신학으로서, 그리고 요즘은 치명적인 통계들 속에서 제기되고 있다.[8] 그렇다면 하나님의 죽음과 세계의 죽음은 함께 도래하는 것인가? 아니면 그것은 그분His 세계의 죽음인 것인가? 그러는 사이 나는 이 지구정치신학이 그저 학문의 부질없는 또 다른 헛발질임을 인정해야 하지 않는가?

이 질문들의 어느 것도 단지 수사적인 것으로만 받아들이지 않기를 바란다. 그럼에도 불구하고 우리는 소위 세계의 종말이 "세계"의 어떤 구성물, 어떤 도식인지에 대한 물음을 요청하고 있음을 주목한바 있다. 같은 논리로, 소위 하나님의 죽음도 물음을 요청한다. 어떤 하나님? 어떤 신학적 구성이 죽음을 고하고 있는 것인가?[9]

아들을 통하여 자신의 피조물을 통치하시는 전능한 주권자가 최소한 그분

8) 신정론을 부당한 고난에 맞선 선하시고 전능한 분으로 하나님을 정당화하려는 피곤한 시도로 탁월하게 요약한 시도가 David R. Griffin, *God, Power, and Evil: A Process Theodicy* (Philadelphia: Westminster, 1976)에 담겨있으니 참고하라.

9) "구성신학"(constructive theology)의 문제에 관해서는, Laurel C. Schnieder가 Stephen G. Ray와 함께 편집한 *Awake to the Moment: An Introduction to Theology, the Working Group on Consructive Theology* (Louisville, KY: Westminster John Knox, 2016)을 참고하라.

자신의 요지부동하게 독립된 영토 바깥에서는 오래전부터 좀처럼 도래하는데 혹은 존재하시는데 실패하고 있는 것처럼 보인다. 그러나 생태세를 품지 못한 우리의 실패 한복판에서, 그분의 실패는 더 이상 교리적 얼버무림과 페미니스트적 번역 그리고 희망 섞인 연기postponement로 덮어질 수 없다. 실패하시는 하나님이 실패하고 있는 세계에 암운을 드리우고, 그 세계 속에서 하나님은 남성성을 비롯한 모든 것이 상당히 성공적으로 세속화되었다. 성서 문자주의자들에 의해 대략 6천 년 전쯤으로 설정된 "그분의 창조"의 시간은 행성의 장구한 시간들이나 인류의 시간들과 전혀 다르다. 그러나 그 시간은 지질학적인 충적세10)의 척도와 그럭저럭 들어맞는다. 에덴동산 이야기가 추방의 이야기로 붕괴해가는 성서 이야기는 물론 도래하는 멸망을 은밀하게 예시하는 이야기로 단순히 읽혀질 수도 있다. 동산으로부터의 궁극적 추방이 우리의 죄많은 선조들에 의해 다시금 초래되고 말았다. 신학적 핑계들과 함께 말이다.

그래서 충적세의 이 친숙한 세계가 이제 세계와 친숙해진 창조주가 초래하는 붕괴를 함께 따라갈 수도 있다. 그리고 물론 그의 예외적 성자Son가 초래하는 파멸이다: 그 메시아, 그 기독론….

하지만 상대적으로 오랫동안 안정적이었던 지구 시스템의 붕괴조차 지구의 모든 생명과 그 속에서 불안정하게 살아가는 우리의 생명을 끝장내지는 않는다. 그 붕괴는 인간의 장엄한 실패를 강조하고 부각한다. 그리고 우리는 알려고 하지 않는다.unknowing 이 글을 쓰는 동안 "전례없는 홍수"의 한복판에 있는 휴스턴의 조카딸과 문자를 주고받고 있다. 점점 더 친숙해져 가는 종류의 모름unknowing이다. 이 계절의 생태 트라우마가 저 통치권력적 현실부정주의를 절단해 버릴 것이라는 희망은 들지 않는다. 그렇

10) 역주: '충적세'(the Holocene)는 지질학적으로 현세를 말하는데, 플라이스토세 빙하가 물러가면서 시작되었고, 신생대 4기의 두 번째 시기에 해당한다.

다면 생태정치적 붕괴와 신학적 붕괴의 이 상관성이 필연적으로 하나님과 얽힌 카이로스를 끝장내지 않을까?

그렇지 않다면 그 붕괴들이 우리를 보다 격동하는 불확정성 속에 얽히게 하지 않을까?

만일 우리가 실험적으로 결집하여 지구의 정치신학을 고집한다면뭐 이 정치신학을 바울정치신학11)이라 해도 괜찮지 않을까, 우리는 이 정도는 생각해 보아야 할 것이다. 시간의 삼중적 응축은 지구 자체를 고갈시키지 않는다. 같은 논리로, 지구의 가능한 신theos을 고갈시키지도 않는다. 지구의 정치적 재조립이 더 이상 배재될 수 없다. 최후의 심판에 대한 확신이 지배하는 곳만을 예외로 한다면 말이다. 그러나, 내가 주장해 왔듯이, 이 삼중의 위기는 정치, 지구 그리고 하나님의 서로 맞물린 도식들에서 인간 예외주의를 고갈시키는 중이다. 외설적으로 자본화된capitalobscene 탄소 기계가 계속해서 우리의 숨 쉴 미래를 태우고 있을 뿐만 아니라, 인종-성-계급-이민-건강-기후가 얽혀 자행되는 약탈로 가장 고통받는 이들이 절망의 심연으로 내몰리고 있다. 그들의 생태인종적 취약성으로 인해 혹은 그들의 생태정치적 평가들로 인해 많은 이들이 탈진이라는 허무nihil에 굴복하고 만다.

아마도 신학이 여기저기서 다시금 활동하기 시작하는 이유가 바로 이것이다. 세계 위기의 이 세 번째 접층에서 그의 신theos은 그 자체로 삼중으로 얽혀지며 머물러있다. 그러나 그렇다고 인식 가능한 방식으로 머물러 있는 것은 아니다. 모두가 모두로 응축하는 생태적 신성화ecodivine 속에서 물질의 '사이적 육화'inter-carnation를 체현하는 로고스와 더불어, 신학의 신명나는 영spiriting pneuma이 탈진을

11) 역주: 영어로 'political'과 켈러가 지어낸 단어 Paulitical은 발음이 매우 유사하다. 바울의 신학이 매우 정치적이라는 것을 강조하려는 켈러의 재치이지만, 번역에서는 살릴 방법이 없어서 '바울정치신학'이라고 표현하였다.

극복하고, 숨을 내뿜고 있는 중일지도 모른다.

하나님의 하얀 공허white void

그동안 전능한 예외의 정치신학은 격렬하게 발버둥 친다. 크로켓이 전능한 예외의 신을 섬기는 신봉자들이 이미 그의 시체를 뜯어 먹고 있는 것을 보고 있을 때, 그는 성만찬을 주장하고 있는 것이 아니다. 오히려 그는 "합리적이고, 자비롭고 전능한 신성"에 대한 믿음이 "믿을 수 없게 되었다"고 추론한다.[12] 기독교 우파 진영에서 그 믿음은 "복음주의와 근본주의의 반동적 형태들로 대치되었다." 곧이어 그 반동의 강렬한 감정이 즉각 죽은 신을 은폐하고 보상하는 효과를 갖는다.

이 관점은 복음의 도덕률은 말할 것도 없고, 자신들의 도덕률로부터도 오랫동안 예외적인 삶을 살았던 대통령에게 보수적 기독교인들이 그토록 열광했다는 혹은 여전히 열광하고 있다는 사실을 통해 확신을 얻게 된다. 그의 카리스마적 적대주의는 그가 그리스도 안에서 결여하고 있는 것을 보충하고 있는가? 그는 "세계가 결코 보지 못했을 불과 분노"[13]의 묵시적 예외주의를 곧장 시연하기 시작했다. 그 문구는 이내 가장 많이 읽히는 폭로기사라는 칭호를 얻었다. 그러한 수사修辭는 더 나아가 보수 진영의 "우리 대 그들" 구도를 강화했다. 그러나 어떤 증오가 치받으며 아마겟돈의 상태에 이르게 될 것인지 알 수 없다.

다른 말로 표현하자면, 통치권력적 비상사태의 업그레이드가 삼중의 묵시적 대파국apocalypse을 매개하는 정치적 인터페이스에서 있을 것으로 예견될 따름이

12) Crockett, *Radical Political Theology*, 13.
13) Peter Baker and Choe Sang-Hun, "Trump Threatens 'Fire and Fury' Against North Korea If It Endangers U.S.," *New York Times*, 8 August 2017에서 인용하였다.

다. 우파 종교정치가 당장 세계의 종말을 원하다는 것이 아니다. 그들이 핵폭탄 발사 버튼을 명령할 때가 종말을 의미하는 것도 아니다. 종말은 슈미트가 바울을 인용하면서 "카테콘"katechon[14]이라 언급하는 것에 의해 지연되는데, 카테콘은 혼돈의 위협을 뒤로 밀어내는 제국의 세력을 말한다. 그러나 또한 성서는 그 어떤 "세상의 종말"도 담고 있지 않다는 사실을 기억하라. 성서의 고대적 상상想像은 생태사회적 큰 재난의 붕괴들을 임박이든 지연이든 예견했을 뿐, 단순히 종결을 말한 것이 아니었다. 그 대파국은 세계 제국 도식의 외상적 실패를 탈/폐쇄dis/close하는 것, 즉 드러내는 것이지, 제국의 카테콘적 선을 드러내기 위함이 아니다. 그것은 종료가 하나의 산뜻하고 최종적인 해결책을 제시할 수도 있다는 것을 말하는 하나의 방식일 뿐이다. 『묵시적 대파국, 지금과 그때』*Apocalypse Now and Then*이 언젠가 말하고자 노력하던 바가 이것이다.[15] 그러나 성서는 그러한 핑계나 변명의 여지를 주지 않는다. 피조세계의 그 어떤 예정된 퇴행이란 없다.

그러나 추락하는 세계 도식의 삼중의 망령, 추락하는 신에 의해 지배되는 행성과 도시라는 망령이 창발하는 공공대중에게 끊임없이 떠오를 것이다. 만일 우리가 그 망령을 당장 쫓아내지 않는다면, 오히려 그 망령이 세속화된 묵시적 대파국의 폭발들을 보다 계시적으로, 다시 말해서 적합하게 읽어내도록 우리를 도울 것이다.

---

14) 역주: '카테콘'(katechon)은 데살로니가 후서 2장 6-7절에 등장하는 용어로, 적그리스도가 온전히 현현하는 것을 지연시키기 위해 제거되어야만 하는 어떤 사람이나 어떤 것을 가리키는 말이다. "너희는 지금 그로 하여금 그의 때에 나타나게 하려 하여 막는 것이 있는 것을 아나니, 불법의 비밀이 이미 활동하였으나 지금은 그것을 막는 자가 있어 그 중에서 옮겨질 때까지 하리라" (개역개정).

15) 나는 어렴풋이 거대하게 다가오는 생태적 위기를 염두에 두고 『묵시적 대파국, 지금과 그때』(*Apocalypse Now and Then*)를 저술했지만, 당시 더 염두에 두고 있었던 것은 자신들이 살아있는 동안 핵전쟁이 일어날 것이라고 예상하고 있었던 레이건과 그의 친구 할 린지(Hal Lindsay)였다. Catherine Keller, *Apocalypse Now and Then: A Feminist Guide to the End of the World* (Boston: Beacon, 1996).

예를 들어 2017년 미국 45대 대통령 도널드 트럼프의 취임식 날 출판된 묵시적 상호텍스트intertext 16)가 내 손으로 떨어져 폭발한다. 소설가 판가즈 미쉬라Pankaj Mishra는 다음과 같이 적고 있다. "백인 우월주의자들이 노예들의 손에 의해 지어진 워싱턴의 백악관을 점거할 준비가 된 오늘, 이 호전적인 사람들이 세계 전역에 혼란을 촉발할 것이라는 두려움을 뿌리치기 어려울 것 같다. 그 혼란은 이 행성의 생명을 끝장내지 않는다면, 세계가 지금까지 본 적 없는 인종 전쟁을 초래할 것이다. 이들의 모습은, 1967년 제임스 볼드윈이 표현하듯이, '그들의 노예들로부터 훔친 것을 지키고자 분투하는 모습이며, 이들은 스스로의 모습을 돌아보지 못하고 있다'."17)

인종 갈등들과 식민지적 약탈을 배경으로 하는 볼드윈의 『다음 번의 불』*The Fire Next Time*은 허풍이 아니라, 성서적인 경고를 암호로 전달한다. 그 제목은 계시록의 불을 노아의 홍수 재앙에 대비시키고 있다. 그는 기후변화가 아니라 핵전쟁의 위협을 염두에 두고 있었다. 이제 그 두 가지 모두 가능한 시대가 되었다. 미쉬라는 말을 이어간다. "분명히 트럼프 행정부 하에서 진정한 민주주의적 평등은 이전보다 더 만만찮은 도전이 될 것이다. 그러나 최소한 그 도전은 과거의 환상들을 뒤집어쓴 채 등장하지 않을 것이다. 말하자면 도덕적 우주의 완고한 운명18)을 정의로 굽어지게 할 보다 나은 기회를 현재와 미래세대에게 준다

---

16) 역주: 인터텍스트(intertext). 지상파 텔레비전 방송을 이용한 쌍방향 텔레비전 서비스를 말하는데, TV 프로그램과 연동해 부가정보를 화면에 표시하거나 온라인 쇼핑정보를 표기하는 서비스를 가리킨다.

17) Pankaj Mishra, "The Divided States: Trump's Inauguration and How Democracy Has Failed," *Guardian*, 13 January 2017.

18) 역주: 미쉬라의 본문 중 "the intractable arc of the moral universe"은 마틴 루터 킹이 1968년 3월 31일 내셔널 대성당(National Cathedral)에서 행한 "위대한 혁명을 통하여 깨어있기"(Remaining Awake Through a Great Revolution) 연설에서 "우리는 극복할 것이다. 왜냐하면 도덕적 우주의 운명(arc)은 장구하지만, 그러나 정의를 향하여 굽어진다"는 말을 반영하고 있다.

는 환상들을 뒤집어쓰지는 않을 것이다."[19] 통치권력의 백인 우월주의에 정면으로 맞서지 않는 민주주의를 구상하는 세계-난파적 모델에 맞서, 미쉬라는 60년대 후반이 보여주는 또 다른 이미지를 배치한다. 마틴 루터 킹의 메시아적 정의의 운명. 스스로 굽어지는 운명이 아니라, 공적 행위에 의해 굽어지는 운명. 이 희망은 낙관주의나 그의 환상적 확신과는 아무런 상관이 없다. 그 희망은, 묵시적 종말apocalyptein의 정확한 번역인 베일벗기unveiling를 예견한다. 정치적 종말론은 여기서 그의 세속화에 충실하고 있다.

우리의 당혹스러운 순간이 경박스럽고 화를 잘 내는 욕심쟁이[20]를 폭로하면서, 비상사태들을 유발하는데, 이 사태들은 어둡고 낯선 혼돈의 탓으로 돌려질 것이다. 통치권력을 움켜쥔 그 결정권자는 민주주의의 완고한 운명이 아니라, 너무나도 유순한 민주주의의 규칙들을 굽혀 버린다. 동시에 거기에서 대안적 가능성이 이미 민주주의가 입는 상처를 비집고 삐져나온다. 미국의 모두가 평등한 민주주의라는 환상들의 베일이 벗겨지는 대안의 가능성 말이다. 그렇다면 묵시적 종말apokalyptein은 "더 나은 기회"의 탈/종말dis/closure로서 로버슨이 말한 언어의 "비백색화"un-White-Out에 의해 생태시학적으로 음역될 수 있을 것이다. 그렇게 베일이 벗겨진 대안적 가능성은 "수의가 입혀지게"draped in black 된다.

우리는 1장에서 미국적 백색주의 안에 담긴 앵글로-색슨 예외주의의 치유되지 못한 역사를 분석한 켈리 브라운 더글라스Kelly Brown Douglas를 따라갔었다.[21] 이제는 낙태반대 정치의 이성생식적 번식의 규범성과 엮인 인종우월주의가 우파 기독교와 밀거래를 한 것처럼 보인다. 오랫동안 베일을 뒤집어쓴 채 모습을

---

19) Mishra, "The Divided States" (필자의 강조).
20) 역주: 본서 출판 당시 미국 대통령이었던 도널드 트럼프를 가리킨다.
21) 이 예외주의자의 유산에 대한 필자의 재구성이 1장에서 전개되었는데, 이것은 Kelly Brown Douglas, *Stand Your Ground: Black Bodies and the Justice of God* (Maryknoll, NY: Orbis, 2015)의 분석에 크게 의존했다.

감추고 있던 인종주의와 짝을 이룬 낙태반대의 노골적 수사 속에서 세속종교적 현상이 "베일을 벗으며" 모습을 드러낸다. 두 종교정치적 명분들이 합세하여 절정에 달한 성서문자주의. 하지만 이것은 전혀 성서적 근거가 없다. 그렇게 신학적으로 공허한 적대주의는 기독교가 자신을 향해 점증하는 불신이 아니라, 자기 자신에게로 주의를 집중하도록 사태를 오도하는데 뚜렷하게 기여한다. 볼드윈의 음성이 반세기 전 과거로부터 이 하얀 공허 속에서 울리고 있다.

> 우리 인간들은 이제 우리 스스로를 몰살시킬 수 있는 힘을 갖고 있다. … 우리는 하나님의 이름으로 이 여정을 따라왔고, 이 자리에 이르게 되었다. 이것이 하나님이 다시 말해서 하얀 하나님이 하실 수 있는 최선이다. 만일 이게 최선이라면, 이제 그를 대치할 시간이다. 그분을 무엇으로 대치하지? 그리고 이 공허, 이 절망, 이 고통이 스톡홀름의 거리에서부터 뉴올리언스의 교회들과 할렘의 길거리에 이르는 서구세계의 모든 곳에서 느껴진다.[22)]

볼드윈은 하나님을 하얀색으로 지워내지 않는다. 그는 물음에 답하고 있는 중이다. 어떤 하나님?

"이 여정" 속에서 우리의 논점인 그 하얀 하나님the white One이 자신의 실패에 대한 새로운 증거를 제시한다. 자기-멸절을 향해 달려가는 우리의 진보를 마주하면서, 우리는 또 다른 베일-벗기를 숙고해 왔는데, 이것은 나오미 클라인이 말하는 민중의 충격People's Shock을 촉발할 수 있는 베일-벗기가 될 것이다. 지구촌 자본주의와 기후재난을 연결하는 충격으로서, 이것은 핵전쟁보다는 시간상 느

---

22) James Baldwin, *The Fire Next Time* (New York: Vintage, 1993 [1962]), 57.

린 몰살을 야기할 것이다. 만일 인종차별주의와 남성중심주의, 인간중심주의에 담겨있는 이 우월주의들의 연쇄가 낡은 기독교적 예외주의의 세속화로 읽힌다면, 우리는 명예롭게 무신론godlessness을 향해 나아갈 수 있다. 그런데 우리는 신앙의 대상으로서 새로운 예외를 만들어내려고 애쓰고 있지 않은가? 그 예외를 진보적이거나 심지어는 혁명적이고, 메시아조차 필요 없는 예외로 간주하면서 말이다. 결국 하나님을 하얀색으로 지워내는 예외의 몸짓?

대안적으로: 우리는 신학의 난국들과 함께 머문다. 그래서 우리의 하나님과 얽힌 역사적 현재와 더불어 머무른다.

창백한 낙관주의

벤야민의 역사의 천사와 함께 우리는 베일을 벗은 과거 전체를 응시하며, 현재를 윤리적으로 압박한다. 그러나 현재의 응축 속에서 우리의 응시가 과거에만 한정될 수는 없다. 파울 클레의 작품 「새로운 천사」the Angelus Novus는 '아직 도래하지 않은 과거'a not-yet를 뚫어지게 쳐다보는 중인 듯한데, 그 아직 도래하지 않은 과거는 실현되지 않은 과거와 여전히 구별 불가능하다. "두터운 지금"은 고통스럽게 응축하며 출산을 위해 힘을 주고 있는 과거로 빼곡하다.thick with 도래하지 않은 과거의 메시아적 귀환에는 그 어떤 감상적인 것도 없다. 예를 들어, 제1차 세계대전에 대한 음울한 시적 응답으로 유명한 시의 한 구절은 재림하는 신랑을 맞이하는 신부의 모습을 담고 있지 않다. "그리고 저 거친 짐승, 마침내 그의 시간이 돌아왔다 / 태어나기 위해 베들레헴으로 몸을 숙여야 하나?"예이츠 이것은 묵시적 대파국의 무자비한 짐승을 가리킬까 아니면 지구에 발을 딛고 선 신성한 동물성divinanimality의 도전을 가리킬까?

예언적 종말론이 베일을 벗으며 빛을 발하는데, 그 종말론은 절망적인 이주, 왕실의 배신, 그리고 원치 않는 디아스포라의 히브리적 경험들로 응축되어 있었다. 예언자의 목소리는 이스라엘에게 유쾌한 결말에 대한 예측이 아닌 국왕의 부정의함에 정면으로 맞서며 등장하는데, 이미 카리스마적인 왕 다윗을 꾸짖는 예언자 나단과의 만남에 등장한다. 이후 국가 권력들에 맞선 저항들은 다양한 이유로 번번이 실패하긴 했지만, 그 시도들을 통해 예언자들은 만일 정의의 계약에 계속해서 불충실하다면, 땅과 사람과 비인간 존재들에게 무서운 대가가 치러질 것임을 경고한다. 성서적 기원에서 보자면, 희망은 낙관주의와 혼동될 수 없다. 희망은 언제나 고뇌에 찬 것이며 치열한 것agonistic으로서, 결정적인 차이에 직면하고, 감당할 수 없는 상실을 애도하며, 그렇지만 새로운 것, 예를 들어 새로운 신정정치theopolitics의 도시, 새 예루살렘, 새 하늘과 새 땅, 새로운 피조물을 위해 분투한다. "새로운 것"new을 희망한다는 생각은 그 자체로 새로운 것이었는데, 다른 문명들에서는 회귀의 순환을 더 신뢰하면서 '새로운 것'을 갈망하는 희망은 그리 높게 평가받지 못했다. 새로운 것the novum은 약속의 선물, 선물의 약속을 의미했다. 그러나 그 약속은 보증을 의미하지 않으며, 그리고 새로운 것은 무언가를 알리는 광고가 아니다. 데리다가 새롭게 활력을 불어넣었던 선물이란 개념은 무조건적인 것이다. 선물은 보답에 대한 기대 속에 주어지는 것이 아니라, 책임감의 조건들, 즉 자유로운 응답의 조건들을 제공한다.[23)]

사랑은 시작inception의 이 은혜, 즉 시작의 이 현재를 안다. 선물[present]이라는 말이 '현재'라는 뜻을 동시에 나타낸다는 것을 전제로, 현재는 바로 선물이고, 그래서 현재는 은혜이다. 즉 시작의 은혜는 선물하는, 그래서 생생하게 현재하는 가능성의 은혜

---

23) Jacques Derrida, *The Gift of Death, trans. David Wills* (Chicago: University of Chicago Press, 1997). 데리다는 여기서 희생으로서 선물의 정치, 특별히 "죽음의 선물"을 성찰하면서, "유럽 정치의 본질 혹은 미래"에 관심한다 (33).

를 가리킨다. 그래서 희망은 선물을 미래로 인도하는 것이며, 다음 순간을 열어 주는 기대와 더불어 시작한다. 희망은 약속의 가능성으로서 새로운 것을 붙들고 있다. 철학자 에른스트 블로흐의 눈으로 읽는다면, 희망은 역사적으로 투쟁의 물질적 구현이면서 창조적 체현의 조건이다. 약속의 이행은 계약적 상호관계, 즉 우리의 역할을 하는 사람들의 미결정성에 의존한다는 사실이 기독교에서는 너무 쉽게 망각되었다.[24] 그래서 희망을 확실성으로 엮어두려 하면서, 기독교적이든 세속적이든 의기양양한 승리주의적 성과에 대한 목적론적 기대로 희망 자체를 이겨버리는 방식으로 작동해 왔다. 그러면 희망은 로렌 벌랜트Lauren Berlant가 "잔혹한 낙관주의"cruel optimism라고 부르는 것으로 변질되어 버리는데, 벌랜트는 이 잔혹한 낙관주의를 "심각하게 문제가 많은 대상에 애착을 유지하는 조건"[25]이라고 정의한다. 그러한 창백한 낙관주의pale optimism는 그 신봉자들을 현재의 가능성을 실현하지 못할 것이 거의 확실한 미래에 맹목적으로 투자하도록 만든다. 희망은, 만일 그것이 기만하는 것이 아니라 약동하게 하는 것이라면, 마지막 날의 것들에 대한 예측들 속에서가 아니라, 불안정한 현재적 생성becoming의 진동하는 가장자리, 즉 에스카토스eschatos에서 살아간다.

보다 예리하게 날이 선 생성becoming은 흔히 무신론적 형태를 취한다. "혁명은 절대적 탈영토화로서, 새로운 지구, 새로운 민중을 요구하는 지점에까지 이른다."[26] 이 대지 자체의 들뢰즈적 탈영토화는 새로운 '생성'becoming을 위해 자본주의와 그 민주주의의 속박으로부터 우리의 우주적 물질 에너지를 "우주적 지구"로

---

24) 선물 담론의 간략한 탐문을 위해서는 내가 Stephen D. Moore와 함께 쓴 에세이 "Derridapocalypse," in *Intercarnations: Exercises in Theological Possibility* (New York: Fordham University Press, 2017)을 참조하라.

25) Lauren Berlant, *Cruel Optimism* (Durham, NC: Duke University Press, 2012), 24.

26) Gilles Deleuze and Félix Guattari, *What Is Philosophy?*, trans. Hugh Tomlinson and Graham Burchell (New York: Columbia University Press, 1994), 101.

서 자유롭게 풀어낸다. 새로운 지구, 새로운 민중, 이 순전히 내재적인 구호가 급진적 정치신학의 목적들을 위해, 참으로 지구의 목적들을 위해 고대 종말론을 대치하여, 기독교의 상투적 표현에 매인 "새로운 것"을 자유롭게 풀어주도록 두자. 나는 잠시 동안 그럴 것이다. 그러나 고대의 "새 하늘과 새 땅"의 분명한 메아리 없이 이 세속적 번역은 금방 창백한 색조로 변해가지 않는가? 세속화된 대체supersession 대신, 고대의 예언자적 희망을, 그 기원에서 비백색이고, 현재의 반복들 속에서 엄청난 호응을 얻고 있는 유럽 철학의 "차이와 함께 반복"27)이 담지한 창조력과 함께 응축하고 접어 보지 않겠는가? 만일 들뢰즈에게 차이가 반복으로 응축한다면, 생성하는becoming 지구의 정치신학은 세속종교적 공유지의 차이 속에 그 예언자의 음성이 울려 퍼지는 고대antiquity를 응축한다.

창조의 혼돈스러운 가장자리

그렇다면 전체 신학담론을 재조정하는 작업의 일부로서 **창조 공유지**creation commons의 **종말론**을 고려해 보자. 창조 공유지의 종말론은 모든 초자연적 예외주의를 교정하는 급진적 내재성을 환영한다. 그렇지만 급진적 정치신학의 영역으로서 순수한 내재성은 초월성의 삭제가 아니라, "넘어감"climbing across을 의미하는 라틴어 **transcendere**의 보다 소박한 기원에서, 다시 말해서 세속으로부터의 도주가 아니라 세상을 **헤치고 나아가는 분투**로서 그 진가를 더 발휘할 것이다. 이

27) 따라서 들뢰즈는 일찍이 니체의 도움을 받아 키에르케고르의 차이에 대한 명상을 만들어냈다. "반복은 차이의 거주지이다." Gilles Deleuze, *Difference and Repetition*, trans. Paul Patton (New York: Columbia University Press, 1995)를 참고하라. "응축이 응축하는 것에 외적인 것이라고 믿거나 또는 이 차이가 반복에 외부적인 것이라고 믿지 말아야 한다" (286). 또한 들뢰즈와 화이트헤드에 관한 나의 에세이가 *Cloud of the Impossible: Negative Theology and Planetary Entanglement* (New York: Columbia University Press, 2014), chap. 5, "The Fold in Process"에 수록되어 있으니 참고하라.

넘어감transcending은 우리를 이 세계로부터 끄집어내어 열외 시키는 것이 아니라, 이 세계를 가로지른다. 자기 자신의 '너머' 속으로, 내부의 '너머' 속으로, 결정적이지만 그러나 분리될 수 없는 차이 속으로. 우리는 하나의 세계 도식을 넘어, 또 다른 가능성으로 건너가는데, 이 가능성은 아직-알-수-없는 것으로서만 알려질 수 있을 뿐이다. 그 가능성은 우리를 거칠고 위험한 땅으로 데려갈 것이다.

이러한 종말론의 시행은 점진주의적이든 종말적이든 간에 통치권자가 위로부터 내리는 최종 결정을 기다리지 않는다. "새로운 창조"는 성서에서 말하는 종말에서조차 최종의 해결책을 의미하는 것이 아니라, 이종 간interspecies 그리고 행성 간interplanetary 행위주체성 속에서 창조에 참여하는 집단체의 탈/종말dis/closure을 의미한다. 그리고 이것은 인간의 책임감을 윤리적 창조성 그 이상의 것으로 일깨운다는 것을 의미하는데, 윤리적 창조성은 메시아적 창조성으로부터 유래한다. 그것은 언제나 지금 다시 시작하는 창조세계의 심장으로부터 분출된다. 그렇다면 창조론과 종말론은 시간표의 양극단을 형성하는 것이 아니라, 모든 생성becoming, 발생〈genesis〉을 구현하는 모든 순간의 알파와 오메가를 형성한다.

창조의 힘과 새로운 물질적 구현들을 위한 역량을 동원하기 위해 좌파 정치신학은 '무로부터의 새로운 창조'novo creatio ex nihilo에 호소하고 싶은 유혹을 받는다.[28] 이 개념은 해방신학과 그것을 충실히 반영한 메시아주의에 그 대표자들을 두고 있다. 그러나 무로부터 창조와 같은 그러한 기적적 이야기는 시간을 더욱 더 예외적인 목표를 향해 몰아가는 예외적 기원으로 창조를 만들어 버린다. 그러

28) "그 새로운 것, 환원 불가능한 것의 세계 속에서 바로 정확히 몰트만은 사물의 종말을 시작 속에서 발견한다. 혹은 오히려 그는 그들의 미래를, 즉 그들이 바라는 실현을 '그들 자신의 진정한 미래, 즉 영광의 나라(the **regnum gloriae**)의 반성 이전적 생각'(prereflection) 속에서 발견한다(*God and Creation*, 63). '무로부터의 새로운 창조'(novo creatio ex nihilo)라는 구절은 『희망의 신학』(*Theology of Hope*)에 처음 등장한다." Catherine Keller, *Face of the Deep: A Theology of Becoming* (New York: Routledge, 2003), 245n71.

면 초월은 현실변혁적인 지금의 시간의 사랑의 경합주의를 포기하도록 위협한다. 따라서 무로부터 도래하는 새로움은 혼돈의 가장자리가 담지한 보다 엉망스러운 종말eschaton을 회피한다. 그래서 초월은 하나님의 실패들을 정면으로 대면하지 않는다. 왜냐하면 그 무로부터의 새로움은 그분의 보증이라는 낡은 습벽을 갖고 있기 때문이다. 만일 하나님이 지금 도래하시지 않는다면, 그분은 종말the End에 오실 것이다. 희망이 확실성으로 혼동되고, 진보나 혁명으로 세속화되면 분명코 실망스럽게 된다.

그러므로 창조 공유지의 잡다한 피조물들이 발휘하는 상호적-창조성cocre-ativity을 자유롭게 풀어주기 위해 우리는 종말론, 교리적으로 말하자면, 종말론을 계속적 창조에 대한 시간적 예외로서 구성하지 않는다. 그 대신 우리는 심연으로부터의 새로운 창조novo creatio ex profundis를 말한다.[29] 창조 공유지는 창조적 공유지의 종말론으로 읽힌다. 휘돌고 있는 심연은 우리를 가장자리에 머물게 한다. 혼돈은 중단을 모른다. 그 끝eschatos에서 우리는 방어적으로 긴장을 하게 될 수도 있다. 혹은 그렇지 않고 우리는 그 혼돈의 박동하는 영과 더불어 숨 쉬며, 그의 응축들과 더불어 머물기를 계속 배운다.

신정론: 어떻게 그분이 이러실 수가?

여전히 그렇게 뒤죽박죽으로 다중적이고 불확실한 결과는 더욱 더 실망스럽지 않은가? 이것은 유산流産하고 있는 현재 상황과 더불어, 즉 무능한 내재성과 더불어, 우리를 그저 버려두고 떠난 것이 아닌가 하고 유신론자들이 의구심을 표현하는 것은 당연하다. 그로부터 어떤 새로운 것이 도래할 수 있는가? 어떤 색

29) Keller, *Face of the Deep*, 238.

의 하나님으로부터 새로운 것이 도래할 수 있을까? 모든 색의 하나님? 그 모두가 우리의 희망들을 그저 좌절시킬 뿐인데?

하지만 "하나님"이 통치 권력자를 상징하는 의관을 걸치고 모습을 드러내는데 줄곧 어처구니없이 실패했다는 사실을 사려깊은 유신론자들은 인식한다. 혹은 보다 정확히 말해서, 하나님은 선善이라는 이상의 멍에를 여전히 짊어진 채 전능의 옷을 입고 등장하는데 실패했다. 그러나 인간적으로 인식가능한 선이나 권리를 중지시키고 초월하는 능력을 지닌, 특히 칼빈주의자의 해법인 전능한 신 deus omnipotens은 정의상 실패하실 수 없다. 어떤 일이 벌어져도 정의상 그분의 의지대로 그렇게 되는 것이다.[30] 전능한 신 개념은 오랫동안 신정론의 곤궁을 극복하는 해법으로 제시되어 왔었다. 하나님은 무척 강하시고, 그분은 틀리실 수가 없으시다. 이런 이유로 종교정치적 우파들에게 무척 효과적이었지만 인식되지 못했던 정치적 세속화의 한 변형판이 등장한다. 윤리로부터 자유로운 순수한 힘raw power 신적인 것으로 느껴지는 힘. 그런데 잘못된 일이 벌어지면, 그분의 개입을 향한 우리의 기대들이 무너진다. 이것은 신정론의 잘 알려진 곤궁이다. 만일 나에게 혹은 나의 사람들에게 닥친 이 고난, 이 트라우마가 수단이라면, 그 어떤 목적이 이를 정당화할 수 있을까?

일어나는 그 어떤 사건도 전능한 가해자의 소행으로 간주될 수 있다면, 그러면 단지 정의가 실패한 것이다. 그게 아니라면 정의가 최종적인 종말the End의 때까지 연기된 것이다. 그동안에 그것은 그저 하나의 미스테리일 뿐이다. 그렇게 의미심장한 무지apophasis가 모든 것을 통제하는 권력의 모든 것을 알고 있다는 의미에 굳게 매여진다. 그러므로 전능성의 교리 안에는 항상 특정의 주의주의主

30) 참조 - Griffin, *God, Power, and Evil* 중에서 특별히 칼빈을 다루고 있는 "Calvin: Omnipotence Without Obfuscation"을 참조하라.

意主義, voluntarism가 즉 임의적인 결단력이 존재한다. 앞서 지적했듯이, 이것이 슈미트적 통치권력이 함의하는 '무로부터의 정치적인 것'the political ex nihilo이다. 세속적 결과와 내세적 결과 간의 분별 불가능성이 신학적인 핑계거리를 제공한다. 그것은 언제나 괴로운 물음, 즉 '어떻게 선한 하나님이 이런 일이 가능하도록 내버려 두셨을까?'에 담지된 합리성에 맞서 신학적으로 그리고 정치적으로 보호하는 역할을 수행한다.

그렇게 영구적인 목회적 위기를 자초하는 신정론보다 주류 기독교와 비교적 비판적 사유로 교육받은 공중들이 출석하는 유대교의 쇠퇴에 더 기여하는 것이 있을까?31) 만일 하나님이 이 끔찍한 일을, 이 아이의 고통스러운 죽음을, 우리 조상이 노예가 되는 일을, 이 백성의 유대인 학살을 방지하실 수 있었으나, 그분의 헤아릴 수 없는 이유들로 인해, 예를 들면 가르치기 위해, 벌하기 위해, 시험하기 위해 그저 "일어나도록 내버려"두셨다면, 그렇다면 무신론이 유일한 해답이다. 도스토예프스키의 소설 속 주인공 이반처럼, 나도 천국에 들어갈 수 있는 "입장권을 속히 반납하기 위해" 발걸음을 재촉하는 무리에 합류하고 싶어지게 만들 뿐이다.

하지만 만일 그 "만일"을 카라마초프가의 사람 중 덜 성급하고 생각이 깊은 알로샤Alyosha와 함께 좀 더 생각해 볼 수 있다면, "하나님의 죽음"이 통치권력적 예외의 자리를 점유하는 주 하나님 이외에 어떤 다른 것을 하얗게 지워버릴 수 있는지 궁금하다.

종말론은 그의 가장자리에서 우리를 당장 하나님의 능력에 대한 물음으로, 그러므로 하나님의 실존에 대한 물음으로 데리고 간다. 왜냐하면 바로 그 신적인 능력에 대한 일단의 이미지 속에서 인간 리더십의 이상들이 만들어지고 있기

---

31) 랍비 브레들리 샤빗 아손(Bradley Shavit Artson)은 아들의 자폐증으로 유발된 이 위기를 분명하고 또렷하게 돌아본다. 그의 책 *God of Becoming and Relationship: The Dynamic Nature of Process Theology* (Nashiville: Jewish Lights, 2016)을 참고하라.

때문이고, 이것은 그만한 이유가 있다. 그렇다면 지구정치신학은 완전히 선하시고 동시에 완전한 능력을 지니신 하나님이라는 개념의 모순을 정면으로 들여다볼 수 있는 신성 개념을 가질 때에만 작동할 수 있을 것이다. 그럴 수 있다면, 지구정치신학은 하나님을 단념한 이들을 어떤 대안적 신으로 개종시킬 필요가 없다. 그러나 지구정치신학은 그 "존재"is의 가장자리에서 어떤 "만일"if의 공간을, 즉 보다 흐릿하고 불확실한 공간을 열어 놓는다. 정말로 불확실한 공간. 결정론들이 어둡게 지워지는dark-out 공간.

퀴어 예술

전통적인 신성이 해맑게 실패하는 곳에서 사랑스러운 어둠을 뒤집어쓴 어떤 하나님이 이제 그 자리를 승계할 것인가? 아니면 신학은 경쟁에서 탈락할 것인가? 다른 말로 표현하자면, 우리는 잭 할버스탐Jack Halberstam이 "실패의 퀴어적 예술"이라 불러 유명해진 것으로부터 힌트를 얻을 수 있을 것이다.

> 잘못 됐다는 것, 졌다는 것, 실패했다는 것에는 무언가 강력한 것이 존재한다. 그리고 … 우리의 모든 실패들이 합쳐지면, 우리가 그 실패들을 잘 연습했다는 것을 전제로, 승자를 끌어내리기에 충분할 것이다. 성공과 그 성과들을 공화당원들에게, 세계의 기업경영인들에게, 리얼리티 TV쇼 승자들에게, 결혼한 커플들에게, SUV 차량 운전자들에게 그저 남겨주자.

할버스탐은 하나님에게 신경 쓰지 않는다. 그것 말고도 신경 쓸 일이 이미 충분히 많다. 이들은 시스템의 불공평성을 그 피해자들의 실패로 탓하는 성공의 정치-자본주의적 도식에 대꾸하는 중이다. 여기서 할버스탐이 벤야민에게 논거를 두고 있다는 사실에 그리 놀랄 필요는 없는데, 진보적-시간성에 대해서 벤야민이 혁명적으로, 그러나 반목적론적으로 반대하기 때문이다. "실패를 연습한다는 개념은 아마도 우리로 하여금 우리 내면의 소심쟁이를 발견하고, 목표치를 달성하지 못한 사람들underachievers이 되고, 기대에 미치지 못하고, 집중하지 않고, 우회로를 택하고, 한계를 발견하고, 길을 잃고, 잊어버리고, 통제하는 것을 피하고, 그래서 발터 벤야민의 말을 빌리자면, '승자에 대한 감정이입'은 늘 지배자들에게 이득을 안겨준다는 사실을 인식하도록 만든다."32)

성공은 승자의 특권, 즉 무한경쟁에서 승리한 승리자들의, 그 예외자들의 특권을 보증하는 인장이다. 그리고 그 인장은 소수에게만 새겨지는 인장인데, 이것은 물론 인종과 성의 선택받은 "세련된" 예외자들을 가리키며, 이들은 이성애적 규범성을 신봉하는 백인세력들을 규합한다. 자본은 결정적인 차이로 "넘어가려는"climb across 우리의 모든 노력에 출몰하여 문제를 야기한다. 그러나 실패하고, 방황하고, 기대에 미치지 못하면서 우리는 성공으로 나아가는 곧고 좁은 길에서 탈락한다. 그러면 우리는 분노에 차 속이 곪아터질 것이다. 아니면 불확실한 대안의 난국과 더불어 머무를 수도 있다.

유사하게, 희생자들이 자신들의 고난에 대한 책임을 짊어져야 하는 신정론은 사적인 "죄"로 인한 수치심을 강조함으로써, 사회적 억압에 기인하는 고난을 편리하게도 차단해 버린다. 이러한 신정론은 하나님이 노골적으로 편애하는 이들과의 상향적 동일시를 가르친다. 그렇기에 인종, 성 그리고 계급의 구조적 부정의들에 반대하는 시위는 성공으로 향하는 정도正道정도에 머무르려는 이들의

32) Jack (Judith) Hallberstam, *The Queer Art of Failure* (Durham, NC: Duke University Press, 2011), 120-121.

분노를 증가시킬 것이다. 기백을 담은 대안들은 반복적으로 실패할 운명을 맞게 될 것이다. 그러나 실패는 우리가 세계에 거주할 수 있는 보다 창조적이고 생산적이고 놀라운 방식들을 도발해 낼 수도 있다. "마무리들과 한계들에 저항하는 대신에 오히려 우리 자신의 모든 불가피한 환상적 실패들을 흥청대며 즐기고, 고수하자."[33] 그러한 흥청거림은 신학적으로 구현된 삶들뿐만 아니라, 또한 "하나님"의 신학적 구현에 관하여 무엇을 보여줄 수 있을 것인가?

그저 하나님을 초월하고 세속주의에 성공하는 대신, 혹은 반대로 세속적인 것은 실패했다고 판단하고 그래서 탈세속적인 것the postsecular을 통해 하나님을 되찾아오는 대신, 만일 신학이 그 자신의 실패들과 더불어 신앙을 지킨다면 어떻게 될 것인가? 이것은 우리가 그 실패들을 반복할 것을 요구하지 않는다. 오히려 우리는 권력과 확실성에 대한 우리 자신의 계책들에 대해서, 즉 우리 자신의 통치권력적 주체성들에 대해서 경각심을 갖게 될 것이다. 우리는 실패의 복잡한 감정적 움직임들에 대한 마음챙김mindfulness을 연습할 것이다. 우리는 신학의 퀴어적 예술 속에서, 즉 신성의 여성성/남성성/사물성이 담고 있는 다채로운 색깔들 속에서, 즉 우리가 하나님이라 칭하는 존재가 LGBTQ로 표기되는 저들로 변할 수 있다는 가능성 속에서, 그래서 또한 하나님 형상의 복단수적plurisingular이고, 범피조물적인 우리we 속에서 반세기에 걸친 실험이 가져온 유익을 누릴 수 있을 것이다.

생각이 진화하면서, 이 이미지들의 정치적 경합주의는 그 자신의 환유적 증식에 신경을 쓴다. 그 다수성은 창조성을 표현하는데, 이 창조성은 다수성을 배출한 실패들에 흔들리지 않는다. 규범적 성/젠더 역할들이 실패한다 해도, 퀴어적 예술들은 성을 "초월"하지 않는다. 기이한 지형들을 가로질러 기어 올라간다

33) Hallberstam, *The Queer Art of Failture*, 186-87.

는 그 어원적 의미를 예외로 한다면 말이다. 모험적인 흥청망청의 잔치는 버려진 계시들과 우연히 마주친다. 왜냐하면 변화하는 풍경들이 신학적 폐허들로 어지럽혀져 있기 때문이다.

그래서 안연태An Yountae는 "그 폐허들로부터 신비주의와 세계정치cosmopolitics"를 탐사한다. 크로켓처럼, 종교학자 안은 말라부에게 눈을 돌려, 존재의 가소성 개념을 탐문한다. 그 폐허들, 예를 들면 식민주의자 백인 하나님, 그분의 세계 그리고 그분의 변화무쌍하고 혼합적인 주체들에 대한 성찰 속에서 안은 다음과 같은 단서를 우리에게 남겨 놓는다. "아마도 바로 여기서 인간적인 것과 신적인 것 사이의 경계가 혹은 영적인 것과 정치적인 것의 경계가 뜬금없는 중간의 한복판에서 해소되어 버린다."34) 그렇게 세속종교적인 것the seculareligious이 어떤 심연에 동조되어 버린 듯하다. 그의 경계를 가로지르는 능력은 심연the deep의 액체들 속에 깊이 잠기게 된다. 그 창발적 공공대중은 그 교차로들에 머물며, 우주와 정치와 신학 자체의 불안정성precarity을 예술적으로 마음에 품는다.

발광發光하는 어둠

까탈스러운 어둠의 미묘한 발광發光 속에서 "심연의 다의성polysemy"이 가능해진다.35) 여기서 고대의 언어적 실험은 안연태의 탈식민지적 세계시민정치와 같은 현대의 실험들과 함께 어우러진다. 위-디오니시우스의 "발광하는 어둠" 속에서, 그후 에크하르트가 "비근거"the Unground라 불렀던 신성한 심연 속에서 어떤 뜬금없는 중간groundless middle이 신학과 그 대상 사이에 열리는데, 이것은 그

34) An Yountae, *The Decolonial Abyss: Mysticism and Cosmopolitics* (New York: Fordham University Press, 2017), 143.
35) An, *The Decoloinal Abyss*, 24.

어떤 객관화도 거절하는 어떤 것을 가리킨다. 여기서 하나님을 포함한 신을 가리키는 그 어떤 이름도 어둡게 된다. "그러면 내가 하나님을 어떻게 사랑해야 할까"라는 물음에 에카르트는 흥분하여 대답한다. "우리는 그분을 마치 비-하나님인 듯이, 비-영nonspirit인 듯이, 비인격인 듯이, 비이미지인 듯이 사랑해야 한다. …"[36]

부정신학은 여전히 긍정신학의 전통에 얽매인 채로, 신학 언어의 실패와 더불어 머문다. 이것은 무한을 포착하려고 시도하는 유한한 언어적 기호들에게 공히 마찬가지 상황이다. "무한 그 자체"로서 신성은, 쿠자의 니콜라스가 언급한 것처럼, 순수한 부정으로, 경계나 대립이나 그 어떤 이름을 갖지 않는 비존재의 존재로 머무른다.[37] 그것이 "존재"is하는 만큼, 무한은 오직 분별 불가능한indiscernible 본체 속에서만, 즉 토대 없는 심연 속에서, 불가능성의 구름 속에서, 의미론적 우회로 속에서만 분별 가능하다. "진리는 상품이 아니다."[38]

부정신학적[39] 대안은 결코 성공할 수 없다. 왜냐하면 부정신학은 그 성공

36) 에카르트의 83번, *Meiser Eckhart: The Essential Sermons, Commentaries, Treatises, and Defence*, trans. Edmund Colledge and Bernard McGinn (Mahwah, NJ: Paulist Press, 1981), 208 중에서.

37) "그러므로 부정의 신학은 긍정의 신학에 필연적이다. 왜냐하면 부정의 신학이 없다면, 하나님은 무한한 하나님으로서가 아니라, 피조물로서 예배될 것이기 때문이다. 그리고 그러한 예배는 우상숭배이다. 왜냐하면 그런 예배는 하나의 이미지에 불과한 것에다가 오직 진리 자체에 속한 것을 부여하기 때문이다. 하나님은 일자도 아니고, 일자 이상의 존재도 아니다. 부정의 신학에 따르면, 무한 이외에 그 어떤 것도 하나님 안에서 발견될 수 없다. 결과적으로 부정신학은 하나님은 이 세계에서나 또는 앞으로 도래할 세계에서 알려질 수 없다는 것을 주장한다. 이런 맥락에서 모든 피조물은 어둠이다." Nicholas of Cusa, De Docta Ignorantia, in *Selected Spiritual Writings*, trans. H. Lawrence Bond (Mahwah, NJ: Paulist Press, 1997), 140 (1.26.86, 88). 또한 나의 책 *Cloud of the Impossible*의 3장, "Enfolding and Unfolding God: Cusanic Complicatio"을 참고하라.

38) 이것은 에카르트 설교문 13번의 제목이다. *Meister Eckhart: A Modern Translations*, trans. Raymond B. Blakney (New York: Harper and Row, 1957 [1941])을 참고하라.

39) 역주: apophasis의 형용사형인 'apophatic'은 unsaying의 의미에 더 가까운 말로서, '묵언적'이라고 번역하는 것이 말뜻에는 더 가깝다. 그러나 이 책에서 많은 경우, 예를 들어 '묵언적 대안'이라고 번역할 경우에 언어의 지시기능 상에 혼란을 초래할 가능성이 높아서, 보다 친

의 어휘들을, 다시 말해서 그가 언급한 용어들을 다음 순간 부정해야만 하기 때문이다. 언어의 이 신중한 실패는 이따금 신학적 주장이 옳음을 입증하고자 했던 우리 사이의 부끄러운 침묵 때문은 아니다. 그 실패는 창조적 가소성의 용기를 일으켜 세우는 자극이다. 하지만 그것은 또한 신학이 설득하고, 동기를 부여하고, 견뎌내고, 위로하고, 그리고 도발하는 데 실패한 것을 애도한다. 그 실패는 스스로의 실패를 인식하는 데 실패하고, 그래서 통치권력의 환상일 뿐인 확실성을 추종하는 정치신학을 영속화시키는 신학의 과도한 거만을 탄식한다. 그것은 주류 기독교를 윤리적-언어적 정직함으로 재정향하는데 실패한 2천년 전통의 부정신학의 실패를 후회한다. 그래서 신학 언어의 실패에 대한 진정한 인식은 1) 다행히도 침묵에 머무르는데 실패하고, 2) 불행히도 의심의 여지 없는 말씀의 권력 놀이를 극복하는데 실패하고, 그래서 3) 부정신학적 훈련이 그저, 몬티 파이튼[40]의 어투로, "어휴 닥쳐!"를 의미하는 것이 아닌가 생각하는 대다수 신학자들을 설득하는데 실패한다. 그렇지만 부정신학은 침묵 속에 지워지지 않고 오히려 배어든 말들의 언어, 즉 그 빛나는 어둠의 언어에 인색하지 않았다.

부정신학은 하나님의 근대적 세속화를 추동하지 않았다. 그러나 우리가 인식하든 인식하지 못하든 간에, 하나님에 대하여 스스로 말하지 않음을 세속화의 몸짓으로 인식할 수도 있다. 그 자신의 알지못함unknowing을 아는 신학은 중요한 모든 대화의 핵심에서 심연을 드러낸다. 그것이 종교적 정치적 확실성의 종교정치가 남긴 폐허들 가운데서 이제 우리가 살아갈 수 있도록 도울 수도 있다. 부정신학이 그 자신의 긍정으로서 제공하는 숨 돌릴 공간은 성령의 공간이라 부를

숙하게 '부정신학적'이라고 번역한다.

40) 역주: 몬티 파이튼(Monty Python)은 비틀즈에 버금가는 영향력을 끼쳤다는 희극 그룹으로, 영국의 유명한 텔레비전 희극 스케치 쇼의 주인공이었으며, 이들의 희극 텔레비전 쇼는 1969년 10월 5일부터 BBC에서 방영되어, 총 45개의 에피소드로 구성된 4개의 시리즈로 이어졌다.

수 있는데, 이해에 도움이 된다면, 심연의 성령주의pneumatism라고 부를 수도 있다. 이 공간은 물화적物化的, matteringly 명상의 갱신을 제공한다. 그것은 영적 재충전이긴 하지만, 사랑의 경합주의가 수행하는 정치적 활동을 대치하지는 않는다.

아주 실천적으로, 그래서 실로 정치적으로, 스스로 알지못함unknowing을 자각하는 여백이 비판적 차이와의 만남에서 힘을 발휘한다. 그 여백은 이원적 대립들을 얼룩지게 더럽히고, 협상의 용어로 "듣고 있어요. 말씀해 보시지요"I hear you를 고려하면서, 협상의 여지를 용납한다. 이 여백은 진보주의자들이 우선순위들을 놓고 충돌할 때, 또는 마음을 정하지 못한 공공대중과의 거리감에서 실제로 매우 빈번히 발생하는 일이다. 미결정성의 분출은 불확실성 안에서 내적-작용intra-action41)을 열어준다. 어떤 뜬금없는 중간groundless middle은 정통주의나 타협주의보다 더 유동적인데, 이 중간은 스스로를 탈/종료dis/close할 수 있다. 붕괴가 종료가 아니라 응축된다. 예를 들어 마하트마 간디의 운동이나 마틴 루터 킹의 운동 혹은 오랜 명상훈련과 힌두교나 퀘이커의 침묵의 운동 속에서 일어나곤 하는 세상을 바꾸는 효과들을 고려해 보자. 그 운동들은 "성공"했는가? 암살들, 배신들, 실망들, 반발하는 세대들 등을 고려해 보면, 그 운동들은 분명코 최종 승리를 성취하지 못했다. 그러나 동시에 그 운동들은 정의를 위해 결집하는 정치적 사건들보다 자신들의 희망을 실현하는데 더 가까이 다가왔다.

창조 공유지의 종말론 속에서 메시아적 잠재력이 현재의 과거가 실현하지 못한 잠재성으로서 비폭력적 동요를 동반하는 다수의 후속 운동들을 통해 실패들

41) 역주: '내적-작용'(intra-action)은 Karen Barad가 *Meeting the Universe Halfway* (2007)에서 제안하는 개념이다. 바라드는 '상호작용'(interaction) 개념이 상호작용을 가능케 하는 주체나 대상들을 전제로 하기 때문에 언제나 상호작용을 주체와 대상 간의 혹은 대상들 간의 작용으로부터 부수적으로 발생하는 것으로 간주하는 경향이 있음을 비판하면서, '상호작용' 자체가 오히려 주체와 대상을 창출한다는 것을 강조하기 위해서 '내적-작용' 개념을 제시한다. 존재하는 모든 것이 "얽힘"(entanglement) 속에 있다면, 모든 작용은 주체와 객체의 현존에 의존하는 '상호작용'(interaction)이라기보다는 오히려 얽힘의 '내적-작용'(intra-action)이다.

과 실현들이 교차하는 미래로 불연속적으로 전달된다.

> "언제나 도전했다. 언제나 실패했다. 상관없다. 다시 도전한다. 다시 실패한다. 실패하는 게 낫다." 사무엘 베케트

신학의 실패한 역사들을 카이로스적 돌파의 순간들과 십자가형의 순간처럼 실망스러운 순간들과 함께 그려내는 것은 낙관주의를 고취하지 않는다. 그러나 그것은 할 수 있는 한 안으로 솟구쳐[42], 보다 낯선 영의 숨결을 전달한다. 할버스탐이 말하는 실패의 퀴어적 예술은 결국 성공에 반대하고, 무성취를 주장하는 허무주의가 아니다. 그것은 "과도하게 낙관적이지 않은 앎과 존재의 대안적 방식들에 관한 것이지만, 그러나 그 대안적 방식들은 허무주의적 비판의 막다른 골목에 빠져 허우적거리지 않는다. 그것은 잘 실패하는 것에 관한, 자주 실패하는 것에 관한, 사무엘 베켓의 말을 따르자면, 보다 낫게 실패하는 방식을 배우는 것에 관한 책이다."[43]

그것은 베켓의 마지막 저작 중 하나인 『최악을 향하여』*Worstward Ho* [44]에 대한 암시이다. 그 제목만으로도 미국적 예외주의와 그에 담긴 서구지향적 진보 담론을 끄집어내 열외 시킨다. 베켓은 언제나 언어를 그 자체의 가장자리에서, 그 전적인 미결정성의 종말 eschatos에서 수행한다. 기표는 가장자리의 경계에 선 이 언어를 포착하는데 실패하고, 그래서 초월적 기의를 포착하려는 시도를 즉 영어를 하얗게 지워내지 못한[화이트-

---

42) 역주: '안으로 솟구쳐'(in-spire)라는 말은 '고취한다'(inspire)는 말을 어원적으로 분해해서 표현한 것이다. 신학의 실패한 역사를 돌아보는 것은 즐겁고 낙관적인 분위기를 고취하지는 않지만, 나름 내적으로 실패를 통해 어떤 영의 숨결을 느끼게 된다는 것을 표현하는 말이다.

43) Halberstam, *The Queer Art of Failure*, 24.

44) 역주: 베켓의 이 책은 찰스 킹슬리(Charles Kingsley)의 『웨스트워드 호』(*Westward Ho!*)를 패러디한 중편소설로 1983년 쓴 그의 두 번째 소설이다.

아웃-시키지-않는] 백인 친구를 실망시키면서, 통치권력의 문법을 엉망진창으로 만들어 버린다. 그러면 언어는 계시적 혼돈 속으로 난입한다.

> 한 자리. 아무도 없는 곳. 보려고 노력하는 때. 말하려 노력한다. 얼마나 작은가. 얼마나 광대한가. 경계가 없는 것이 경계 지어진다면 어떨까. 그 기원은 불투명하다. 지금은 아니다. 이제는 더 잘 안다. 지금은 모르는게 더 낫다.unknow better now 단지 빠져나갈 수 없다는 것만을 안다. 빠져나갈 수 없다는 것만을 어떻게 아는지 알지 못한다. 오직 안으로 가는 길만을 안다. 그래서 또 다른 자리로 들어간다.

극소 시공간이든 거대 시공간이든 간에, 시공간의 방향을 잃은 지금은 말할 수 없는 모름apophatic unknowing의 언어 속으로 응축한다. 지금now과 앎know의 내적-활동성intra-activity 속으로 말이다.45) 이것은 오직 "지금 더 나은 것을 알기" 위해 각자 스스로를 부정하고 또한 서로를 부정하는 지금과 앎의 내적-활동성이다. 이것은 곧 "지금 더 나은 것을 모르기"unknow better now 위함이다. 이것은 하나님을 베켓 위에 두기 위함도 아니다. 그러나 아마도 고도Godot를 기다리며, 즉 밖에 계신 하나님[God-out]을 기다리며, 베켓은 어떤 형태의 부정신학과 마주쳤다. "단지 빠져나갈 수 없다"는 것을 알면서. 출구 없이, 우주로부터 추출됨 없이, 열외된 초월의 신비 없이, 그 무지의 언어는 그 자신의 무종교적irreligious 신비주의를 수행한다. 존재의 대명사적 닻에 해당하는 문법적 주어 "나"를 상실한 채, 거기서 저 너

---

45) 역주: 앞의 각주 39)에서 언급한 것처럼, 카렌 바라드는 주체와 객체가 행위활동 속에서 창발한다고 보면서, 상호작용(interaction) 대신 내적-작용(intra-action)이란 용어를 사용한다. 행위 혹은 활동 바깥에는 아무것도 없고, 존재를 기표하는 모든 것은 활동으로부터 도래한다는 것이다. 즉 '내적-활동성'은 존재가 활동에 선행하는 것이 아니라, 활동으로부터 존재가 도래한다는 것을 강조하는 용어이다.

머로의 운동이 일어난다. 하지만 "오직 안으로 가는 길"로서 말이다. 출구도 없고, 예외도 없다. "그래서 또 다른 자리로 간다." 그 다른 자리, 타자, 차이, 관계는 언제나 이미 내재적이다. 끄집어내어지고, 열외되지 않는다.

예전에 혹은 어쨌든 화이트헤드는 그러한 헤어나올 수 없는 차이를 "상호 내재"mutual immanence46)라고 불렀다. 그는 모든 살아있는 존재를 가로질러, 혹은 살아있는 것으로서 모든 존재를 가로질러 하나의 "빠져나갈 수 없음"no out of을 표기했다. 상호 내재는 알든 모르든 혹은 좋아하든 좋아하지 않든 간에, 우리를 우리의 타자성 안으로 불가분리하게 모은다. 각 피조물은 그 순간에 된다.becomes 그리고 피조물은 각각 그 얽힘의 세계로부터, 좋든 싫든 간에, 스스로를 구성한다. 이렇게 하여 더 나은 것을 모르기unknowing better로서 더 나은 것을 알기knowing better의 실천은 더 잘 실패하기failing better의 우주론에 따른 인식론적 귀결을 수행한다. 그렇게 더 잘 실패하기는, 그 더 나은 실패는, 실패하고 진화하는 다른 생물 종들과 인간을 그 자체로 구별하지 않으면서 전체 세계를 그 어깨 위에 짊어진다. 불쌍한 아틀라스.

어떤 우주론은 다른 것들보다 더 잘 실패할 것이다. 이것은 그 우주론이 자신의 "제일 원리들"을 "직관적 도약에 무언으로 호소하는 은유들"로 인식하는 것과 관계가 있을 것이다.47) 그 세계-담론들 사이의 우주론적 균열들 속에서 퀴어 예술은, 만일 할 수 있다면, 신학적 예술이 된다. 또한 더 잘 모르는 그래서 우리가 모른다는 것을 더 잘 아는 우리는 이 신학이 몰락하는 시대에 더 잘 실패할 수 있을까? 우리는 하나님이, 그분이/그녀가/그것이/그들이/당신이/우리가/타자가 더 잘 실패하도록 할 수 있을까? 그분-하나님the He-God의 올곧은straight 말씀

---

46) Alfred North Whitehead, *Adventures of Ideas* (New York: Free Press, 1967 [1933]), 168.
47) Alfred North Whitehead, *Process and Reality: An Essay in Cosmology*, corrected ed., ed. David Ray Griffin and Donald W. Sherburne (New York: Free Press, 1985 [1927-8]), 4.

이 그 자신의 혼돈 속으로 빠져들게 된다. 전능성과 선함 사이에서처럼, 내적인 모순들은 그 말씀을 어두운 구름 속으로 몰아넣는다. 그의 기원은 어두워져 흐릿해진다.

그렇다면 세상을 고치지 못한 그분의His 실패는 우리를 놀라게 하고 실망시킬 능력을 상실한다. 희생양들을 요구할 힘 말이다. 악을 물리치거나 선을 지키기 위한 그리고 말할 것도 없이 그의 제도기관들교회을 생존케 하기 위한 그 하나님의 성공이나 실패는 더 이상 핵심이 아니다. 심지어 당신이 "믿는" 바를 예 아니면 아니요로 대답하라고 강요받는 하나님의 "실존"이라는 신앙의 핵심조차 여기서는 요점을 벗어난다. 그 개념은 시신 옆에서 붕괴한다. 그분의His 죽음은 그 시신이 썩어가는 과정에서 증식된다. 그러면 우리가 하나님이라 칭하는 우주적 생명은 더 이상 성공의 제조자나 파괴자를 의미할 수 없을 것이다. 왜냐하면 그분 일자One는 자신의 약속들을 이행하는 데 너무도 철저하게 실패했기 때문이다. 그분의 깨어 일어남 속에 가능성의 심연이 잔잔하게 물결치며 일어날까?

"경계가 없는 것이 경계 지어진다면 어떨까." 여기서 잠깐의 순간을 위한 대안들이 불꽃처럼 날아오른다. 여기서 하나님은 통제적 보살핌을 기대하는, 유신론자든 무신론자든 간에, 우리의 눈높이를 맞추는데 가장 분명하게 실패한다. 그분이든 그녀이든 그것이든, 암튼 그분은 결코 성공하는 것을 의미하는 것이 아니라, 물화物化, materialize하는 것을 의미할지도 모른다. 만일 무제약자the unconditional 개념이 문제라면 어쩔 것인가? 물질적 조건들의 모든 방식 가운데서? 그렇다면, 이 체현embodiment은 피조물들의 호응하는 신체들에 의존할 것인데, 상당히 우려스러운 정도까지 그렇게 의존할 것이다. 하나님의 형상, 성육신, 모든 자의 육체적 부활, 출생을 하나님에게로까지 연장한 에크하르트의 각 영혼 안에 하나님의 탄생 개념을 포함한 기표들, 이 모든 기표는 세계 속에 물화하는

mattering 신성의 풍성하고 오래된 암호로서, 통제가 아니라 협동을 통해서 일어나는 물화를 의미한다. 협동적 창조creatio cooperativa 이것은 완수되어야 할 계획의 문제라기보다는 일어나야 할 실험들의 문제가 될 것이다.

지구 위에서 그 실험은 다수의 시간성들을 가로질러, 끝없는 난기류들과 지층들, 시험들과 실패들을 통하여 일어나고 있는 중인 듯하다. 총괄적으로 그 실험이 최종 판정에서 "성공"할 것이라거나 성공할 것이 분명하다는 증거는 없다. 그 실험이 비극적으로 단축될 수도 있다는 약간의 증거는 존재한다. 어쨌거나, 끝없이 많은 것들이 그 길을 따라 창조적으로 발생되고, 살아가고, 상실되고, 기뻐하고 그리고 고난을 겪는다. 어떤 사람은 "비장미"悲壯美, tragic beauty48)적 의미로 성숙해 가기를 희망할 수도 있다. 우리가 여전히 가끔씩 하나님이라 부르는 존재는 줄거리 대본을 제공하지도 종말을 독점하는 독재권력을 제공하지도 않는다. 과정철학의 도식 속에서 하나님은 참신한 가능성의 유혹을 제공한다. 어떤 것이 실패하더라도 상관없이 말이다. 그러나, 곧 보게 되겠지만, 그 가능성의 유혹은 세계에 예외가 되는 기적으로서가 아니라, 오히려 세계 안에서 시작의 은총으로서 제시된다.

우주의 에로스

만일 하나님이 도래하는데 실패하셨다면, 우리는 이미 언제나 하나님을 실망시켰다. 그것은 아마도 "우리"가 우리의 추상과 적출의 시스템들 속에서 우리의 집단적 가능성을 꺾어 버렸기 때문일 것이다. 아마도 "혼란에 의한 혼란으로부

48) "우주의 모험은 꿈과 더불어 시작하고, 비장미(悲壯美, tragic Beauty)를 수확한다." Whitehead, *Adventures of Ideas*, 296.

터 혼란"엘리엇이 그의 실현을 가로막고 있는 것 같다. 실현이란 마음어린mindful 현실화를 의미한다. 그것은 우리의 하나님에 대한 믿음을 의미하지 않는다. 만일 우리의 말이 그 안에 생명력을 담보하고 있다면, 우리가 그분을 믿든, 그녀를 믿든, 그것을 믿든, 그들을 믿든, 범신을 믿든 혹은 공空을 믿든 신경 쓰지 않으실 그분 말이다. 그 말 속에서 신성은 오히려 선문답으로 남는다. "주여, 주여"라는 호칭과 더불어 우리는 이미 충분히 선문답을 하고있는 셈이다. 환상을 관통하고 고통을 줄여주십시오![49] 중요한 것은 우리가 각자 그리고 모두 함께 창조공동체the Genesis collective로서 상호창조적으로 실현하고 있는가, 마음을 다해mindfully 물질적으로 구현하고materializing[50] 있는가 이다. 우리의 가장 결정적인 차이들을 가로질러서 말이다. 우리가 최종적으로 성취하고 있는 것이 아니라, 우리가 각각의 응축된 지금의시간 속에서 양육하고, 숙성하고, 결집할 수 있는 것이 중요하다는 말이다.

과정신학의 언어로 하나님은 한편으로 "시초적 본성"primordial nature으로서, 즉 유혹으로서 혹은 가능성의 뉘앙스로서 모든 순간 속으로, 모든 피조물 속으로 포개지고, 그리고 동시에 다른 한편으로는 "결과적 본성"consequent nature으로서 피조물이 실현한 것을 받아들이고, 느끼고, 아파하고, 공감하신다.em-pathos 유혹하고 영향을 끼치지만, 통제하지 않으신다.[51] 이 신성은 '움직이지 않고 움직이

49) 마태 7장 21-23절. "나더러 주여 주여 하는 자마다 다 천국에 들어갈 것이 아니요, 다만 하늘에 계신 내 아버지의 뜻대로 행하는 자라야 들어가리라. 그날에 많은 사람이 나더러 이르되 주여 주여 우리가 주의 이름으로 선지자 노릇 하며 주의 이름으로 귀신을 쫓아 내며 주의 이름으로 많은 권능을 행하지 아니하였나이까 하리니, 그때에 내가 그들에게 밝히 말하되 내가 너희를 도무지 알지 못하니 불법을 행하는 자들아 내게서 떠나가라 하리라"(개역개정).

50) 역주: 이미 언급한 것처럼, 켈러의 이 책에는 'matter'에 대한 신물질주의(new materialism)의 성찰이 담겨 있어서, 'mattering'이 언제나 물화(物化)를 함의하며, 구현을 의미하는 'materialize'는 언제나 모든 구현은 물질과 더불어 구체적으로 구현된다는 것을 함의하고 있다.

51) 하나님의 전능성, 열정 그리고 '고통에-함께하는-열정'(com/passio)의 문제들에 대한 개론들을 참고하려면 Catherine Keller, *On the Mystery: Discerning Divinity in Process* (Minneapolis: Fortress Press, 2008), 특별히 4장 "After Ominpotence: Power as Process," 5

는 자'the Unmoved Mover의 형이상학, 즉 아리스토텔레스/토마스 아퀴나스의 형이상학으로부터 상당히 거리가 먼 신성으로서, 오히려 '가장 많이 움직이며 움직이는 자'Most Moved Mover, 찰스 하츠혼로서 세계 안에서 신성의 운동을 가리키며, 이것은 역사 속 통치권력의 성공 이야기들이 말하는 움직이는 자와 흔드는 자들의 움직임을 말하지 않는다.52) 이 운동은 오히려 사랑하고, 잃어버리고, 그리고 찾아 나서는, [『카라마조프가의 형제들』에 나오는] 알로샤 형제처럼, 사랑으로 더 많은 것을 주는 사람을 닮았다. 만일 '닮았다'는 말을 쓸 수 있다면 말이다.

그러나 이 신성theos은 그가 만든 세계처럼 거의 비인간nonhuman이다. 우리에게는 대체로 어둡게만 보이는 에너지와 물질의 무한한 몸체 속에서 지구는 세계를 작은 은하수적 기관으로 응축시킨다. 하지만 우주의 시공간은 광활한 공간을 가로질러 즉각적인 상호연결성에 대한 암시들을 물질화하는 "유령같은 원거리 작용"spooky action at a distance, 아인슈타인53)을 지니고 있어서, 그저 무심한 것으로 상상되지도 않는다. 각 사물은 스스로가 되어가면서 자신이 맺고 있는 관계들을 느낀다. 쿠자의 니콜라스를 상기해 보면, 무한한 우주는 모든 피조물의 바로 그 유한한 차이 속으로 응축한다. 이 무한한 상대성 속에 "사물의 함께하는 모양

장 "Risk the Adventure: Passion in Process" 그리고 6장 "Sticky Justice: Com/passion in Process"를 참고하라. 켈러의 이 책은 『길 위의 신학: 하나님의 지혜를 신비 가운데 분별하기』, 박일준 역 (서울: 동연, 2020)으로 번역되어 있으며, 특히 4장은 "폭력과 혐오의 시대의 하나님의 전능성 재고찰: 전능성을 넘어서", 5장은 "감시와 통제 시대 열정으로서 사랑: 에로스와 아가페의 이분법을 넘어 모험을 감행하기", 그리고 6장은 "프레카리아트 시대의 '함께-고난당하는-열정': 끈적거리는 정의 해방적으로 함께-고난당하는-열정"이라는 제목으로 번역되어 있다.

52) 과정철학자 찰스 하츠혼(Charles Hartshorne)은 그의 선생 화이트헤드가 고전적 유신론의 "무감정"(dispassion) 개념에 전개한 비판을 더욱 예리하게 다듬었다. 특히 *Omnipotence and Other Theological Mistakes* (Albany: SUNY Press, 1984)를 참고하라.

53) 아인슈타인의 상호연결성 사고실험에 대한 최근의 신학적 성찰이 『불가능한 것의 구름: 부정신학과 행성적 얽힘』(*Cloud of the Impossible: Negative Theology and Planetary Entanglement* [New York: Columbia University Press, 2014]) 중 "유령같은 얽힘: 비분리성의 물리학"(Spooky Entanglements: the Physics of Nonseparability)에 담겨있다.

새shaped togetherness가 창발한다." 화이트헤드54) 사물들은 각자의 고유성 속에서 부름을 받아, 각자의 가능성으로 테두리를 구성한다. 그러나 그것들은 서로에게서 벗어날 수 없다. "현실성은 하나부터 열까지 함께함togetherness이다."55) 함께의 바깥은 없다. 다른 것으로 함께할 뿐이다. 그리고 "하나님"은 여기서 구체성의 원리를 이름하면서, 새로운 특별화를, 새로운 차이들을, 몸으로 함께하는 새로운 형태들을 만들도록 도발하신다. 그 자신으로서 되도록 말이다.

존 캅은 화이트헤드를 기독론적으로 전개해 나아가는데, 신성은 언제나 어디에나 있으면서 체현, 즉 육화incarnation를 간구한다.56) 그리고 대부분의 신학 운동에서는 아직은 아니지만, 최소한 과정신학자들 사이에서 '더 낫게 실패하기'는 행성적 생태정치의 물질적 구현이 창출하는 함께함의 모양새를 요청해 왔다. 그래서 성육신 담론은 지구정치신학에 의미있게 남아있는데, 하나의 예외적인 성자를 의미하는 것이 아니라, 잠재적으로 도처에서 일어나고 있는 일의 특별한 돌파를 의미한다는 점에서 그렇다. 이 성육신 담론을 이제 '신과-함께-만들기'theopoiesis57), '만물 중에 만물되기'becoming all in all, 달리 말해서 '사이의 육화'intercarnation라 불러보자. 그러나 당신의 소명에 대한 책임감을 가져라.

고전 유신론의 전능성 개념에 대한 이 조직신학적 대안을 들으면, 대부분의 유신론자들은 우리의 퀴어적 예술을 축하하지 않는다. 대신 그들은 다음과 같이 응답할 것이다. "이것은 그저 초월적 통치권력의 공백을 채우는 내재와 무능성

---

54) Alfred North Whitehead, *Science and the Modern World* (New York: Free Press, 1967 [1925]), 174.

55) Whitehead, *Science and the Modern World*, 174.

56) 참조 - John B. Cobb Jr., *Christ in a Pluralistic Age* (Eugene, OR: Wipf and Stock, 1998).

57) 역주: 해러웨이는 Staying with the Trouble (2016)에서 '공-산'(共-産, sympoiesis) 개념을 제시했는데, 움베르트 마투라나와 프란시스 바렐라가 생명유기체의 정의를 '자가생산'(autopoiesis)으로 제시한 것을 보완하고 넘어서는 의미에서였다. 켈러는 이를 더 신학적으로 보완하여 theopoiesis를 제시하는 것인데, theo는 '신' 혹은 '하나님'을, poiesis는 '만들기' 혹은 '작업하기' 혹은 '생산'을 의미한다.

개념에 불과한 것 아닌가? 나약하다! 자유주의적 기독교가 실패하고 있다는 게 놀라운 일도 아니다." 같은 이유로 "우주의 에로스"화이트헤드로서, 생태하나님으로서, 혹은 혁명적 사랑으로서 불리는 이 섬세한 신 개념은 무신론자들의 심기를 거슬리게 하는데, 그들은 전능한 그분을 당당하게 대적자로 원하고 있기 때문이다.

그래서 바로 그 약함의 포용이 세속종교적 제삼의 공간에서, 타협 없는 세속주의와 심지어 그보다 더 강직한 정통주의 사이의 기반 없는 중간에서 일어난다. 과정신학과는 별도로 매우 영향력을 지닌 텍스트는 『하나님의 약하심』*The Weakness of God*인데, 여기서 존 카푸토John Caputo는 해체담론을 동원하여 불가피하게 신학적일 수밖에 없는 기획을 가동한다. 그는 메시아적인 것과 말할 수 없는 것the apophatic이라는 두 주제를 따라 데리다의 신학적 반향들에 대한 묵직한 해석을 제시한 바 있는데, 앞에서 보았듯이, 이를 통해 카푸토는 전능한 신으로부터 해방된 정치신학에 합류한다.58) 카푸토의 신학적 방법론은 화이트헤드와는 확연히 다르면서도 다른 한편으로 그와 유사하게 부동의 동자unmoved Mover와 그의 통치권력적 확신주의에 기반한 실체 형이상학을 잘라내 버린다. 그가 말하는 "불가능한 것의 시학"poetics of the impossible은 전능성에 맞서 "부름the call의 약한 힘"59)을 노래한다. 카푸토에게 이 약함은 신의 죽음으로서가 아니라, 신 죽음 이후로 설정되는데, 하나님의 존재의 해체와 하나님의 고집insistence에 대한 놀라운 경험을 동시에 표현한다. 리처드 커니Richard Kearney의 『존재하셨을 수도 있는

58) John D. Caputo, T*he Prayers and Tears of Jacques Derrida: Religion Without Religion* (Bloomington: Indiana University Press, 1997). 또한 클레이튼 크로켓(Clayton Crockett)의 *Derrida After the End of Writing: Political Theology and New Materialism* (New York: Fordham University Press, 2017), 53-108에 수록된 6장 "Caputo's Derridian Gospel"에 카푸토의 급진 신학에 대한 탁월한 해설이 수록되어 있다.

59) John D. Caputo, *The Weakness of God* (Bloomington: Indiana University Press, 2006), 103.

신』*God Who May Be*을 상기하면서, 카푸토는 "아마도"*perhaps*의 신을 선포한다. 커니의 재신론anatheism[60], 즉 "신 죽음" 이후에 다시 일어나는 신은 그 자체로 쿠자의 니콜라스가 말하는 posse ipsum으로서의 하나님, 즉 "가능성 그 자체"로서의 하나님을 유포한다. 만일 하나님이 이 포스트모던적 되풀이 속에서 "실패"하신다면, 그것은 하나의 예술적 사건이다.[61]

카푸토는 그 다음에 출판한 책에서 다음과 같이 주장한다. "하나님은 존재하시는 것이 아니라 고집하신다." 그러나 다른 한편으로는, "하나님은 존재하시기를 고집하신다."[62]라고 말한다. 우리는 그 '고집'이 언제 존중된 적이 있는지 의구심이 든다. 존재와 고집 사이에서나 가능할 이 모순어법이 언어의 가장자리에서 또 다른 대립의 일치coincidentia oppositorum를 낳는가? 하나님은, 만일 존재하신다면*s'il y en a*, 피조물적 사건 속에서 그리고 그 사건들을 통해서 존재하고, 운동하신다고 생각해 볼 수 있을 것이다. 다마스커스로 가는 길에 일어난 바울의 메시아적 추락처럼, 침묵으로apophatically 피어나는 에크하르트의 장미처럼, 레이크랜드 고등학교 학생들의 봉기처럼.[63]

---

60) 역주: anatheism은 'an atheism'을 의미하는 것이 아니다. 접두어 'ana-'는 '새롭게', '다시'를 의미하며, 그래서 anatheism은 새로운 신론을 의미할 뿐만 아니라, 더 나아가 "하나님 이후의 하나님"이라는 표현 속에 담겨있는 "이후"(after)라는 의미도 폭넓게 담고 있다. 그래서 커니는 Anatheism이라는 자신의 책의 부제로 "하나님 이후의 하나님으로 돌아가기"(Returning to God After God)라는 제목을 달았다.

61) 참조 - Richard Kearney, *The God Who May Be: A Hermeneutics of Religion* (Bloomington: University of Indiana Press, 2001)과 또한 커니가 매튜 클레멘테(Matthew Clemente)와 공동으로 편집한 책, *The Art of Anatheism* (New York: Rowman and Littlefield, 2018)을 참고하라.

62) John D. Caputo, *The Insistence of God: A Theology of Perhaps* (Bloomington: Indiana University Press, 2013), 27. 또한 그의 다음 논문을 참고하라: Caputo, "If There Is Such a Thing: Posse ipsum, the Impossible, and le peut-être même. Reading Catherine Keller's Cloud of the Impossible," *Journal of Cultural and Religious Studies* 17, no.1 (December 2017), http://www.jcrt.org/archives/17.1/Caputo.pdf.

63) 참조 - Catherine Keller, "The Becoming of Theopoetics: A Brief, Incongruent History," in *Intercarnations*, esp. pp.111-14.

하나님의 실존이 세계의 얽힌 물질적 구현들, 즉 난삽하게 분포된 사이적 육화의 "감각적 교차성들"을 통해서만 일어날 수 있다고 우리는 실험적으로 상상할 수 있을 것이다. 할 수 있는 한 최소한 조금 더 이거나 혹은 아주 많이 더를 하나님은 주장한다. 하지만 단지 가능성으로서만 말이다. 그 가능성은 "하나님"과 더불어 추상적으로 남을 수도 있고 혹은 어떤 역사와 더불어 응축하며 실존하게 될 수도 있다. 그래서 또 다른 역사가 될 수도 있다 "지금까지 그래왔던 것과 앞으로 벌어질지도 모르는 일"엘리엇의 응축 속에서 그 현실화는 그것이 개괄하는 세계 속에 얽히게 된다. 이것은 하나님의 실존을 어떤 기존의 존재로 근거하지 않을 것이다. 그러나 그 기존하는 것이 번쩍이며 빛을 발할 수도 있다. 지금의 시간 속으로 말이다.

그때 아무것도 상관하지 말고 다시 시도해 보라는 유혹적 부름, 그 우연의 선물은 점점 더 고집적으로insistent 되어간다. 점점 더 우주정치적으로 되어간다. 그의 신성한 생태학은 우리의 행위작용에, 우리의 인간동물-식물-흙-양자적 내적-작용성에 의존하는 것으로 모습을 드러낸다. 결코 우리의 인간적 혹은 정치적 혹은 심지어 지구적 실존만이 걸려있는 문제가 아니다. 그렇기 때문에 군주적 주님의 해체는 창조자/피조물 관계를 지구정치신학 내에 재정초한다. 그렇지만 그것이 그 하나님의 해체나 그분의 시신 화장이나 그 추락하는 성부로부터 우리 자신을 예외로 분리하는 일을 수반하지는 않는다. 장엄한 흔적들이 어둠으로 들어가 무장을 내려놓고 누그러진 마음으로 서성인다.

약한 메시아적 힘

그렇다면 바울의 정치신학적 관점에서 "하나님의 약하심"을 보여주는 주요 본문은 다름 아닌 고린도전서 1장이라는 사실이 반드시 언급되어야만 한다. "하나님의 어리석음이 사람보다 지혜롭고 하나님의 약하심이 사람보다 강하니라" 1:25, 개역개정 카푸토는 신적인 약하심을 언급하는 표준본문을 바울의 의미맥락에 등장하는 하나님의 침노하는 나라와 다시 연결시키는 데, 바울이 말하는 하나님 나라는 제국들의 통치권력들 면전에서 비상하는 바실레이아basiliea를 의미한다.[64] 바울은 고린도 교인들에게 그들의 명백한 무능력과 공신력있는 전문지식의 결여에 관하여 지적하고 있었다. 바울의 요점은 다음과 같다. "형제들아 너희를 부르심을 보라 육체를 따라 지혜로운 자가 많지 아니하며 능한 자가 많지 아니하며 문벌 좋은 자가 많지 아니하도다." 고전 1:26 다른 말로 표현하자면, [그들을 부르시는] 그 유혹은 계급, 인종, 성, 혼인여부, 재능, 교육수준 그리고 종교를 가로질러, 즉 어떤 상황에서도 결정적 차이를 가로질러, 자신의 상황 속에서 부르기를 고집한다. 그것은 우리가 지금 각자 고유하게 그리고 더불어 함께 "서로 지체"members of each other, 롬 12:5가 되라고 부르고 있는 것이다.

바울에게 하나님의 약하심은 무엇보다도 십자가 속에 체현된다. "메시아, 하나님의 능력"이 "십자가에 달리신 메시아"로 현현한다. 고난의 미화와 희생양 시스템의 영속화로서가 아니라, 사실 십자가상이 그렇게 체계적으로 활용되었기도 했지만, 오히려 그와는 반대로 약자에게 힘을 부여하는 방식으로 그렇게 현현한다. "하나님께서 … 세상의 약한 것들을 택하사 강한 것들을 부끄럽게 하려 하시며…." 고전 1:27 그러고 나서, 존재의 전체 위계질서를 근본적으로 절단하는 몸짓 속에서, "하나님께서 세상의 천한 것들과 멸시받는 것들과 없는 것들things that are not을 택하사 있는 것들things that are을 폐하려 하시나니…." 고전 1:28 있

64) *St. Paul Among the Philosophers*, ed. John D. Caputo and Linda Alcoff (Bloomington: University of Indiana Press, 2009).

는 것들은 현 상황의 실질적 권력을 쥐고 있는 자들이고, 없는 것들은 자산이나 재산 혹은 적합한 존재를 결여하고 있는 이들, 제국의 존재론에서 심지어 "존재들"로조차 간주되지 않는 이들이다. 언어는 말할 수 있는 것의 가장자리에서 무력화되고, 경련을 일으키고, 뒤집어지고, 어두워진다. 그 존재/할 수 있는 것the be/able

린치가 자행된 나무와 십자가에 대한 제임스 콘의 위대한 유비가 담고 있듯이, 노예의 후손들"없는 것들"과 하나님의 연대는 곧장 십자가 처형의 자리로 나아간다.[65] 그렇지만 그러한 끔찍한 사형집행은 더 이상 하나님의 의지로 탕감될 수 없다. 하지만, 예수 수난극의 피날레 직전 막에서 그려지는 것과 달리, 그 어떤 신정론도 그것을 하나님의 행위로 성화하지 않는다. 십자가 처형의 이야기를 통해 흘러내리고 절단된 것은 평범함 정통 교리 속에 은닉된 계시, 즉 대속신학 속에 감추어진 하나의 계시이다. 즉 그 수난은 진정으로 수난, 즉 pascho 다시 말해서 고난이라는 사실 말이다. 예수의 아빠Abba는 그 고통을 초래한 것이 아니라, 느끼신다.feels 부동의 동자 교리에 이단이 되어, 그 수난은 하나님의 취약성을 드러낸다.

만일 루터가 먼저 "하나님의 죽음"을 십자가로 서술했다면, 그것은 하나님이 그래서 존재하기를 그만두셨다는 사실을 설교하기 위한 것이 아니었다. 루터교인이었던 헤겔은 역사의 영의 내재적 생성에 길을 내주는 방식으로서 신학서설theologoumenon을 발전시켰고, 그리고 그의 후예들은 여전히 하나님 죽음의 의미 주변을 서성거린다. 그러나 루터는 고전 정통주의에 맞서, 최소한 그 메시아적 순간 동안 살아계신 분으로서as living 하나님이 인간의 아픔 속으로 온전히 들어오셨다는 사실을 고집하고 있었다. "루터는 영광의 신학자들이 하나님을 발견

---

65) James H. Cone, *The Cross and the Lynching Tree* (Maryknoll, NY: Orbis, 2011).

하기에 소름끼침을 느끼는 자리에서 정확히 하나님이 발견되어야 한다는 사실을 목도했다. 말 구유의 아기로서, 십자가에 달린 범죄자로서, 지하에 매장된 송장으로서. 하나님은 타락으로 망가진 인간 실존의 바로 그 한복판에 자신을 숨기심으로써 스스로를 드러내신다."66) 이 실존에 하나님은 형이상학적 예외를 가져다 주시지 않는다. 그러나 창조 "안에, [창조와] 더불어 그리고 [창조의] 아래에"in, with, and under 내재하심은 숨어계신 하나님Deus absconditus과 드러내시는 하나님Deus revelatus에 담긴 하나님의 신비를 폄하하는 것이 아니라, 재분배한다.67) 말할 수 없는 것the apophatic은 피조물적 삶과는 거리가 먼 예외를 표현하는 것이 아니라 그를 근거하는 무근거grounding Unground를 표현하는 것이다.

데리다의 메시아성messianicity은 메시아를 뺄셈한 개념으로서, 그 메시아성은 종교 없는 종교religion sans religion라는 해체적 표현으로 함축된다. 이 개념이 함축하는 하나님의 약하심은 형이상학적 예외주의와 아무런 관계가 없다. 실로 하나님의 약하심은 우리가 이상의 성찰을 통해 훑어본 어두운 텍스트적 상호연관성발터 벤야민과 그의 "약한 메시아적 힘"을 실어 나른다. 유대교 안에서 설명하기 복잡한 이 개념을 타우베스Taubes와 아감벤은 바울의 유대교와 약한 메시아 개념으로 그만큼 복잡하게 연결시킨다. "벤야민에게 신학은 메시아주의/메시아이다. 이것은 정말 있을법하지 않은 꿈 혹은 신화이다"68)라는 사실을 타우베스는 강조

---

66) Robert Kolb, "Luther on the Theology of the Cross," in *The Pastoral Luther: Essays on Martin Luther's Practicial Theology*, ed. Timothy Wengert (Grand Rapids, MI: Eerdmans, 2009), 41.

67) "이에 관하여 루터에게 중요한 것은 하나님의 살아있는 성육신은, 즉 (루터가 거듭해서 반복하듯이) 창조 "안에, 더불어, 그리고 그 아래" 성례전적으로 내재하심을 드러내시고 숨기시는 하나님의 복잡한 상호작용이라는 사실이다. 그래서 피조물의 고난에 하나님이 내재하심은 하나님이 어떤 분이신지에 대하여 어떤 것을 말해주지만, 다른 한편으로 그것은 또한 그것이 인간의 이해를 넘어서 있는 것이라는 사실을 드러낸다 (영광의 하나님[God-like-glory]의 이면)." Jake Erickson, personal email, March 2018.

68) Jacob Taubes, "Seminar Notes on Walter Benjamin's Theses on the Philosophy of History," in *Walter Benjamin and Theology*, ed. Colby Dickinson and Stéphane Symons (New York:

한다. 그러면 벤야민이 주창하는 역사적 유물론은 "역사적 유물론의 급진적 내재성 개념과 함께 갈 수 있는 신학 개념"의 발전을 통하여 "협정을 맺을" 필요가 있을 것이다.69) 역사에 내재하는 침입으로서 메시아적인 것은 순간적인 폭발로서, 즉 시간이 아닌 초월적 목적론의 방해물로서 도래한다.

연관된 맥락에서 가톨릭 신학자 요한네스 메츠Johannes Metz는 "소위 새로운 정치신학"을 제안했는데, 여기서 '새로운'이라는 형용사는 무엇보다도 슈미트적 정치신학에 반대되는 정치신학임을 나타내기 위해 첨가된 것이다. 세속적 비판이론을 포용하면서, 그 새로운 정치신학은 주류의 도식에 맞서 기독교의 유대교적 뿌리들을 재평가하는데, 말하자면 정치적인 것은 영적인 것으로부터 결코 분리되지 않는다는 것이다. 그래서 메츠에게 정치적인 것은 "20세기 후반과 21세기 초반의 세계화된 세계의 주어진 역사적 시간과 사회-정치적 맥락 속에 종교적 실천과 종교적 추론을 정초하는 한 … 정치신학이다. 사실 새로운 정치신학은 최소한 부분적으로라도 벤야민의 저술들에 대한 논평으로 읽혀질 수 있을 것이다."70)

벤야민에 대한 해설들이 계속해서 늘어나면서, 시간성의 새로운 변주들이 주목대상으로 떠오르고 있다. 결정적으로 메시아적 약한 힘은 그에게 결코 신의 단발적인 출현을 가리키지 않는다. 과거의 성육신이나 영원한 현재나 예정된 미래 속에 드러나는 신적 출현을 가리키지 않는다. 오히려 메시아적 약한 힘은 "과거의 미래"인데, 이것은 부활 속에서가 아니라 회상 속에서 긴장된 현재를 응축시킨다. 여기서 주디스 버틀러는 벤야민과 맥을 같이 한다. "결론은 메시아적인 것이

Fordham University Press, 2016), 184.

69) Taubes, "Seminar Notes," 184.

70) Hille Haker, "Walter Benjamin and Christian Criticial Ethics—a Comment," in *Walter Benjamin and Theology*, 299.

또 다른 질서에 속한다는 것이 아니라, 그것이 구성적 타자성constitutive alterity으로서 이 질서 속에서 작동한다는 것이다. 이 세계적인 영역과 내세적인 영역을 붕괴시키지 않고 침입하여 일어나, 화를 내며 당혹스럽게 하면서 말이다."71)

꼽추 신학

사나우면서고 취약한 행성의 다중적 시간성과 비교하여 "세계의 종말"을 다룬 지난 장의 성찰 속에서 우리는 어쩔 수 없이 벤야민과 함께 버틀러를 이해하는 카렌 바라드의 독해로 이끌리게 되는데, 바라드의 그러한 독해 방식은 물리학을 통해 "시간-공간-물화mattering" 자체의 메시아적 질감이 드러나도록 만들어 준다. 벤야민 스스로 암시적으로나마 메시아적인 것을 물질 우주의 시간적 구조에 연결시켰는데, 여기서 '물질적'인 것은 단지 경제적인 것 이상의 것을 가리킨다. 그러면서 벤야민은 진동하는 "자연" 안에서 소멸과 고난으로 가득 찬, 모든 방식의 몰락으로 가득 찬 인간 역사들을 맥락화한다. 메시아적인 것은 그 어떤 인간적 예외를 넘어서 박동한다. "이 영원히 덧없는 세속적 실존의 리듬은, 다시 말해서 메시아적 자연의 리듬은 그 전체성에서, 그 공간적 전체성에서 그리고 또한 시간적 전체성에서 행복이다."72)

그렇다면, 다음과 같은 구절이 전혀 놀랍지 않다. "왜냐하면 자연은 그의 영원하고 전적인 사라짐으로 인해 메시아적이기 때문이다."73) 이 무상함의 전체성은 묵시적 종말의 메시아주의를 제안할 수도 있을 것이다. 그렇게 되면 사라

71) Judith Butler, "One Time Traverses Another: Benjamin's Theological-Poltical Fragment," in *Walter Benjamin and Theology*, 278.
72) Walter Benjamin, "Theologico-Political Fragment," in *Reflections: Essays, Aphorism, Autobiographical Writings*, ed. Peter Demetz (New York: Schocken, 2007 [1978]), 313.
73) Butler, "One Time Traverses Another," 279.

짐, 즉 유한성은 "영원"적일 수 없을 것이다. 이 메시아적 자연은 그 "영원한 무상함"의 특성 가운데 읽혀야 하고, 그래서 시공간의 무한한 리듬 속에서 모든 생명의 몰락, 즉 모든 유한한 피조물들의 몰락을 의미하는 것으로 읽혀야 한다. 그것은 당시에는 알려지지 않았던 생각을 상기시킨다. 그와 동시대인이었던 화이트헤드의 "영구적인 사라짐"perpetual perishing이라는 생각, 즉 각 생성이 "진동하는 우주"에 속함에 따라 리드믹컬하게 모든 생성의 순간을 표시하는 죽음.[74] 예외란 없다. 그렇기에 "메시아적 자연"이란 생각은 그 어떤 예외주의적 메시아주의도 무효화시킨다. 그의 차이는 절대적인 것이 아니라, 구성적constitutive이다. 소멸하는 자연은 "또 다른" 자연에 참여한다. 신학적으로 활력을 부여받은 얽힌 차이entangled difference

버틀러는 벤야민과 함께 "행복은 아마도 애도와 슬픔의 결과물이 아니라, 내적인 음악적 차원일 것"이라고 성찰한다. 그래서 아마 우리도 모차르트의 레퀴엠을 듣거나 블루스[75]를 노래하면서 문자 그대로의 의미에서 안녕의 분출radiant well-being을 경험하기도 한다. "비극적 아름다움." 그러면서 버틀러는 묻는다. "우리는 행복을 무상함의 리듬에 대한 염려로 존재하는 것, 그래서 심지어 상실을 바라보는 인간중심적 관계의 포기에 존재하는 것으로 이해할 수 있을까?" 이것은 인간의 애도 문제에 사로잡혀 있던 사람이, 그래서 자신의 철학 속에서 "인간중심적 자만"[76]을 쉽사리 놓아줄 수 없었던 사람이 할 수 있는 강력한 물음이자, 분명히 자기-심문이다.

---

74) 하나의 음표처럼 물질의 각 조각은 "에너지의 진동하는 흐름의 조직화된 체계" 내에서 "진동들의 결과물"이다. Whitehead, *Science and the Modern World*, 35.

75) 역주: 블루스(blues)는 미국 흑인들의 음악들로부터 발전한 음악 장르의 이름이기도 하지만, 그 말의 본래적인 뜻은 '우울'을 의미하는 말이기도 하다. 그래서 블루스는 인종차별과 학대 아래 살아가는 미국 흑인들의 애환을 구슬프게 노래한다.

76) Butler, "One Time Traverses Another," 279.

난국들과 더불어 머물면서, 생태세에 인간의 배신들을 염두에 두면서, 우리는 이 리듬을 점점 더 생생하게 경험할지도 모른다. 메시아적인 것the messianic을 세계의 유한한 모두All로 번역해 내는 일은 우리보다 더 큰, 지구보다 더 큰 우주적 불안정성precarity을 노출한다. 메시아적인 것을 그렇게 모든 것으로 번역해 내는 일은 어떤 변명도 허용되지 않을 바로 그 순간에서조차 인간의 약탈에 어떤 상황성을 부여해 준다. 그 "전체성" 속에서 시간의 척도들은 모든 역사적 몰락을 포박한다. 그렇기에 벤야민의 "방대한 요약"enormous abridgement이 전개된다.77)

"얼마나 광대한가. 얼마나 작은가"베켓 "거대한 시간과 짧은 시간 사이의 바로 그 미묘함"로버슨 그래서 버틀러와 벤야민의 이 대화는 여느 역사적 유물론이나 여느 메시아주의 그리고 인간 투쟁을 기치로 하는 여느 정치신학이 빠지기 쉬울 인간중심적 중간을 교정한다.

물론 이 덧없는 무상함의 리듬은 신학적 확실성 또한 교정할 것이다. 우리의 애통과 웃음을 불러일으킬 때도, 그 무상함의 리듬은 우리의 역사적 실패들을 즉시 드러낼 것이다. 메시아적 반예외성counterexception은 우리를 낳고 지우는 그 "자연"을 체현하면서, 한 마디 거들 수도 있다. 하나의 종말'론'eschatologos으로서, 모든 끝은 가능성이 벼랑 끝으로 내몰리는 자리라는 것을 말이다. 유일하신 통치자 왕the One sovereign Lord의 죽음은 신학의 죽음과 새로운 세속화들의 차단을 보증하지 않는다. 신의 죽음은 메시아적 반예외성이라는 기획의 장엄함을 빼앗지 못한다. 바위처럼 차가운 그-폐하majest-He는 닳아져서 보다 퀴어적인 지질학적 퇴적물이 되어 버린다.

---

77) Walter Benjamin, "Theses on the Philosophy of History," in *Illuminations: Essays and Reflections*, ed. Hannah Arrendt, trans. Harry Zohn (New York: Schocken, 2007 [1969]), 263.

"테제들"Theses에서 벤야민은 신학에 "곱추 난장이"의 역할을 부여하는데, 그 곱추 난장이는 "동원되어야" 하지만 동시에 "안 보여야만" 하는 역할을 감당한다. 최근의 신학적 직관들과 제도들의 실패들을 볼 때, 신학의 등에 붙은 혹은 점점 깊게 커져가고, 그래서 눈에 띄지 않는 것이 어지간해서는 쉽지 않아 보인다. 하지만 세속적 활동을 위해 동원된 비가시성 전략은 정치신학의 전략을 그대로 흉내 내고 있다. 그래서 우리는 군주적이든 메시아적이든 신학적 영향력들을 적어도 주시하고자 노력하고 있다. 이 곱추를 위한 투명하고 단순한 비가시성 전략이란 존재하지 않는다. 그런 것이 가능하다면, 신학은 책임적일 수 없을 것이다. 그래서 부정신학의 잔여가 계속 물화物化 mattering하고 있다. 이 잔여는 어둠의 발광 속에서 보고, 바로 그렇기에 또한 보여질 수밖에 없다. 그 부정신학의 잔여가 보기와 안 보기, 앎과 무지, 말하기와 말 안하기의 상호작용 속에서 우리를 연습시킨다. 그래서 부정신학은 가시적인 공적 효과들과 감추어진 신학 간의 상호작용 자체를 시야에서 놓치지 않도록 도와줄 수 있다. 보다 신중하고 진실되게 말하자면, 신학은 언제나 이미 활처럼 등이 심히 굽어진 채 도래한다.

그의 추락하는 몸이 점점 더 지구에 가깝게 등이 굽어감에 따라, 그 고유의 고대적 관행이 신비주의, 영성, 종교적 다원성 혹은 세속종교적 동맹의 이름으로 새로운 공공대중들의 놀라운 창발을 위해 동원될 것이다. 이 새로운 공공대중들이 생태사회적 공공대중임을 자각하는 것은, 곧 앞서 언급한 도전들의 행성적 성격으로 인해 우리가 완전히 난장이처럼 작아진다는 것을 자각하고 있음을 의미한다. 지구와 관련해서, 벤야민의 "자연"과 바라드의 "양자적 퀴어성" 속에서, 즉 지구의 다중적 시공간성 속에서 볼 수 있는 메시아적인 것의 얽힘은 유신론과 무신론의 인간 예외주의에 저항하는 신학의 정치적 생명력을 더욱 활기차게 만든다. 우리가 논증해 왔던 것처럼, 그 생명력은 비인간 존재들의 약동하는 활력에 영향을 받는다. 생태정치적 신학에서 그 생명력의 비인간성nonhumanness은 언제나 그 활력에 담긴 신적 형상과 피조물적 형상 간의 분별 불가능성으로 인해 흐려져 간다. 신학이 응축하며, 우리를 지구에 보다 가깝게 끌고 내려가면서, 신학은 우리의 동물 친족, 말하자면 배로 기고 그리고 엉금엉금 기어 다니다 이따금씩 일어서는 우리 동물 친구들에게 동조하기 시작하는 것인가? 그리고 우리의 존재의 근거 안팎으로 뿌리근과 뿌리줄기를 움직이며 나아가는 식물 친족들에게 동조하기 시작하는 것인가? 깊어가는 혹.

곱추라는 상징 속에서 샤론 베처Sharon Betcher78)는 "장애의 영"spirit of disablement이 작용하고 있음을 우리가 인식하게 만들어 줄 것이다. 그래서 덧없는 취약성들과 더 나은 실패들의 체현을 포용하도록 해줄 것이다. 절름거리는 신학자이자 유기농 농부인 베처는 생태학과 장애의 겹침, 즉 절름거리는 지구와 그의 다양한 덧없는 몸들의 겹침을 드러내 왔다. 그리고 그 인터페이스, 즉 접점에서 베처는 신학을 빛나는 어둠 속에 계속 감출 수 없었다. "하나님은 여기서, 이 장애 신학에서 파멸되어, 아무것도 갖지 못한 빈손이 되어, 아무것도 아닌 어떤 것nothing-something이 되셨고, 그래서 우리는 감각의 육감적인 달아오름과 그의 불안정한 취약성과 손상가능성을 그대로 간직한 채 서로 마주하게 된다."79) 이 생태하나님ecogod의 빛나는 어둠 속에서 신학의 폐허들이 다른 지구신체들의 폐허들 사이에 널브러져 놓여있다 글렌 마지스[Glen Mazis]80) 혹은 베처가 자신만의 신학적

78) 역주: 샤론 베처는 켈러가 박사논문을 지도한 제자로, 1998년 학위를 받고 밴쿠버 신학대학에서 12년간(2000-2012) 가리킨 후, 현재는 작가이자 독립 연구자로 활동하고 있다. 박사 과정 중에 희귀한 질병에 감염되어 한쪽 다리를 절단하는 불행을 겪었다. 그래서 켈러는 그녀를 '절뚝거리는 신학자'(crip theologian)이라고 부르는 것이다. 베처가 겪은 그 사건은 켈러의 『길 위의 신학』 후반부에 매우 감동적인 이야기로 신학적 성찰을 동반한 채 수록되어 있다.

79) Sharon Betcher, "Crip/tography: Disability Theology in the Ruins of God," *Journal for Cultural Religion and Religious Theory* 15, no.2 (2016): 113.

80) "지구신체들"(earthbodies)이라는 표현은 무엇보다도 현상학자 글렌 마지스(Glen A. Mazis)의 것이다. 그의 책 *Earthbodies: Rediscoverying Our Planetary Senses* (Albany, NY: SUNY

시학theopoetics을 발전시켜 나가면서 말하기를, "영Spirit과 세계의 구별이 긍정적으로 파괴될 때까지 영은 세계로 부어졌다. 이것은 영이 부재하다거나 존재하지 않는다는 것을 말하는 것이 아니다. 왜냐하면 '나의 장애에는 언제나 바람이, 밤에 꽃을 피우는 포도덩굴들의 향취를 풍기며 앞 바다를 향해 부는 바람이 있기 때문이다' 닐 마커스[Neil Marcus]"81)

다시 숨을 쉬는 신학, 그래서 바람 속에 일렁이며 우리를 다시 공적 광장으로 불어대며 내모는 신학은 사도행전 2장의 성령강림 이야기 속에서처럼 혀들의 행성적 다원성을 말할 것이다. 여기서 '혀들의 행성적 다원성'이란 문화적 관점들과 정치담론들의 행성적 다원성을 말하는 것으로, 행성적 다원성은 낯설면서도 기묘하게 의미심장하다. 그러한 성령론은 보다 새로운 유물론[혹은 물질주의]과 비밀스러운 협정을 맺을 것인데, 그 유물론은 역사가 우주의 비인간의 시기들을 포함하는 것을 의미할 때에만 "역사적"일 수 있는 유물론을 말한다. 그의 반예외적 물화 속에서 신학적 시학의 광휘가 심지어 때로는 행복감까지도 우리의 영원적 감성의 소중하고 취약한 살결을 보살핀다. 그 폐허들 속에 계신 하나님: 갈라진 틈들 사이에서 들꽃들이 자라날 때, 고대 사원들과 중세 교회들의 아름다움은 그 돌이 무뎌지고 무너지면서 만들어내는 고유한 아름다움이라는 것을 생각해 보자. 그 어떤 험악한 권력도 무너진 장벽들을 배경으로 옥좌에 앉아있지는 못한다.

베처가 말하는 "아무것도 아닌 어떤 것"nothing-something은 어거스틴이 『고백록』에서 창세기를 여는 태홈tehom을 번역한 말을 떠올리게 한다. 어거스틴은 거

Press, 2002)를 참고하라.

81) Betcher, "Crip/tography," 114; Neil Marcus, "The Metaphor of Wind in Cripple Poetics," in *Cripple Poetics: A Love Story*, ed. Petra Kuppers and Neil Marcus (Ipsilanti, MI: Homofactus, 2008).

기서, 즉 해석학적 다원주의의 순간 속에서 창세기의 첫 번째 장은 단순히 무로부터의 단 번의 창조가 아니라, 오히려 "다수의 진정한 해석들"82)을 지지한다는 사실을 인식하고 있었다. 우리가 앞에서 주목한 바, 전능성의 투사로 인해 하얗게 지워지지whited-out 않았을 때 심연the deep은 기원없는 시작beginning without origin을 보여주고 있었다. 즉 예외를 허용치 않는 유창한 흐름의 끝없이 깊은 시작을 보여준다. 물들의 얼굴 위로 부는/진동하는/호흡하는 루아흐ruach83)는 해안가의 산들바람으로 오거나 혹은 가열된 기후로 인한 폭풍들로 도래할 수 있다. 루아흐는 결코 물질적 영material spirit이 아닌 것은 아니지만, 그러나 그 영의 물질은 다시 말해서 사물들의 가장 미묘한 에너지는 아무것도 아닌 것이 아니지만, 그렇다고 어떤 것인 것도 아니다. 그 루아흐가 생성하는 피조물의 혼돈적 질서chaosmos 속으로 난입해 들어올 때, '메시아적 자연'의 영은 그 전능자the Almighty를 긍정적으로 파괴하지 않는가?

그 시작과 끝에서, 몰락을 마주한 메시아적 새로운 시작 속에서 하나님은 기독교 왕국이 세워왔던 통치 규범의 기준들을 충족하는데 긍정적으로 실패한다. 그러한 긍정적 실패가 부정신학과 동조되면서, 바울이 말하는 "하나님의 약하심"이 취약한 관계적 엮임의 가소성plasticity으로 번역된다. 지배관계의 인과적 투사를 박탈하면서, 하나님과 세계의 접속interface은 그 어디에나 등장할 수 있다. 말하자면, 모든 곳에 말이다. 그래서, 예를 들자면, 화이트헤드가 말하는 "우주의 에로스"는 모든 "감각의 육감적인 달아오름"을 불러 일으킨다. 그리하여 모

82) 특히 Augustine의 『고백록』(*Confessions*), 12장을 보라. *The Confessions of Saint Augustine*, trans. John K. Ryan (Garden City, NY: Image, 1960), 358. 창세기의 피조물적 다수성과 연관해서 어거스틴의 해석학적 다원주의에 대한 주석을 위해서는 나의 *Face of the Deep*의 특히 2장과 4장 " 'Floods of Truth': sex, love, and loathing of the deep"과 " 'Mother most dear': Augustine's dark secrets"를 참조하라.
83) 역주: 히브리어로 '영'(spirit)을 의미하는 단어의 영어 음역이다.

든 몰락에 그림자를 드리우면서, 마지막 심판이 아니라 다정함의 심판judgment of a tenderness이 일어나게 되는데, 다정함의 심판이란 "구원받을 수 있는 그 어떤 것도 잃어버리지 않는 심판"을 말하는 것으로서, 일종의 기억의 재활용memorial recycling이라 할 수 있을 것이다.[84] 그렇다면 우리는 명령과 인과관계의 상호작용이 아니라 열정과 긍휼compassion의 상호작용을 상상한다.[85] 예외적인 창조와 성육신과 구원의 인과율적인 '단 한번'once-for-all이 아니라 오히려 우리는 청각보다 낮은 수준에서 모두를 부르는 어떤 것을 듣는다—언제나.

반예외성의 하나님

군주적 전능성에 대한 대안들이 전능성 신학을 대변하는 이들의 정치에 의해 지금껏 억압되어 왔다. 공개적으로 예외성에 맞서 만물의 상호내재성counterexceptional all-in-allness을 성찰하는 신학은 모두 이단으로, 범신론자로, 혐오스러운 민주주의로 낙인찍힐 위험을 감수해야만 했다. 만물의 상호내재성. 즉 만물에 내재하는 하나님God *pan en pasin*이라는 수사 자체가 바울 서신의 문구고전 15:28라는 사실은 전혀 상관하지 않고 말이다. 정통주의와 권력 간의 결탁이 권력과 힘의 주님에 대안적인 사랑 개념들이 광범위하게 발전할 수 있는 길을 가로막았다. 열정과 긍휼은 기독교적 군주제나 그의 근대적 세속화의 목적들에 잘 부합하지 않는다. 그런 것들은 "영원한 대화"나 반가부장제, 민주적 혼돈, 신비적 무정부주의, 혁명적 경합주의 등으로 불리면서 슈미트적인 조롱의 대상들이 될 뿐이다. 피조물들의 상호작용이 낳는 예민한 미결정성 대신, 성부와 성자 그리고 땅

---

84) Whitehead, *Process and Reality*, 346.
85) 참조 - Keller, *On the Mystery*, 특별히 chaps. 4-6.

의 통치권력 대변자들의 위계질서가 대체로 질서를 유지했다. 하나님의 예리함edge이 종말의 검-같은-혀sword-tongue로서 날카롭게 유지되어 왔다. "예외 속에서" 통치하기 위해서 말이다.

그래서 신의 예외성을 분명하게 거절하기란 쉽지 않다. 기독교적 표현들을 취한 채, 거기에 담긴 정치를 대면하면서, 노골적으로 반예외주의적인 신학으로 돌파하는 일이 교리적 핵심에서가 아니라, 철학적 주변부에서 일어난 것은 결코 우연이 아니다. 하지만 화이트헤드는 "정치신학" 자체에 대해서는 전혀 자각하고 있지 않았다. 그와 동시대인이었던 슈미트처럼, 화이트헤드는 기독교의 정치적 계보를 훑어보면서 신학적으로 나아간다. 그러나 기독교에 대한 그의 평가는 슈미트와 정반대였다. "서구 세계가 기독교를 받아들였을 때, 가이사르는 정복했다. 그리고 서구신학이 받아들인 본문은 가이사르의 법률가들에 의해 편집되었다."86) 『과정과 실재』의 마지막 장에서 우리는 우리 자신의 모습을 발견한다. "갈릴리 사람이 품었던 겸손의 비전은 짧은 시간을 살다 갔지만, 시대들을 넘어 깜박거린다, 불확실하게."87)

정치적 성공을 구가하면서, 기독교는 그 자신 안에서 갈릴리를 실현하는 데는 실패했다. 하지만 때로 실패하는 것이 더 낫다. 기독교는 메시아적 겸손의 심상을 지워낼 수 없었다. 비록 그 어구는 약간 모순어법적으로 들리지만 말이다. 그 갈릴리적 비전은 예언적 메시아주의의 반제국주의적 잠재력을 유포하였고, 블로흐가 "기독교 사회주의적 유토피아"라 불렀던 것을 통해 전해져 내려왔다. 그 비전은 계속해서 깜박거렸고, 정의와 인권 및 혁명을 지향하는 서구의 모든 운동 가운데 활활 타올랐다. 기독교적 통치권력sovereignty에 맞선 기독교인의 저항

86) Whitehead, *Process and Reality*, 342.
87) Whitehead, *Process and Reality*, 342.

이 격동적인 역사적 세속화를 거쳐 가는 가운데 어떻게 블로흐의 마르크스주의가 희망의 "위험한 기획"harzardous business을 포착하고 있었지를 우리는 살펴본 바 있다.

화이트헤드는 기독교 제국의 형성기, 즉 우상을 맹공하던 시대를 세밀하게 들여다 본다. 그는 서구 정치신학의 중심에서 배신을 포착한다. "그러나 보다 심층적인 우상숭배, 즉 하나님을 이집트와 페르시아 그리고 로마 통자자들의 형상으로 옷 입히는 우상숭배는 유지되었다. 교회는 오직 가이사르에게만 속했던 속성들을 하나님에게 부여했다."[88] 그러고는 이 흥미진진한 장의 다음 페이지에서 화이트헤드는 최초의 명시적인 반예외주의 신학이 될법한 것을 제시한다. "하나님은 모든 형이상학적 원리들에 대한 예외로서 다루어지지 말아야 하고, 그 원리들의 붕괴를 막기 위해 소환되지 말아야 한다. 하나님은 그 원리들의 최고로 중요한 예증이다."[89]

형이상학적 원리들은 계속해서 붕괴한다. 과정신학과 함께 하든지 그렇지 않든지 상관없이 붕괴하기 마련이다. 화이트헤드적 우주론은 형이상학적으로 실체 형이상학을 해체한다. 실체 형이상학은 본질적으로 분리된 실체들의 도식으로서, 정신적 실체와 물리적 실체 모두를 포괄하며, 서로 외부적으로 상호작용하면서 지배권을 주장하거나 종속되는 실체들의 모습을 가정한다. 이 형이상학은 실체를 재산으로 소유한 남자들과 더불어 근대 서구의 상식으로 굳어졌고, 데리다는 이를 현존의 형이상학metaphysics of presence이라 불렀다. 그리고 은폐되었든 혹은 드러났든 그 배후에는 언제나 그 신학적 배경이 작용하고 있었다. 거기서 무로부터 모든 만물을 만드신 예외적 제작자로서 하나님의 봉사가 요구되

---

88) Whitehead, *Process and Reality*, 342.
89) Whitehead, *Process and Reality*, 343.

는데, 검은 공허를 극복한 백인 하나님 말이다. 위로부터 전체 기계를 통제하고, 기적적으로나 혹은 징벌적으로 스스로 원하시는 때 개입하시면서, 그분 하나님He은 주객의 이분법적 상태에 고착되었을 시스템들에 생명과 운동과 책임감accountability을 부여하였다. 이 분리되고 자기-현존적인 하나님은 거룩한 미봉책holy stopgap으로 이바지하면서, 창조 도식이 스스로 붕괴하지 않도록 방지한다.

화이트헤드의 신성이 예증하는 것은 창조 과정인데, 그 과정 속에는 현실적인 어떤 것도 생성becoming의 상호의존적 활동으로만 존재한다. 그 누구도 스스로를 바깥으로 끄집어낼 수 예외로 만들 수 없다. 그리고 하나님도 예외가 아니다. 각 현실체는 앞에서 언급한 "함께함의 모양새"shaped togetherness를 형성하는데 참여한다. 신을 포함하여 각 현실체actuality는 우주의 얽힌 물질적 실현들entangled materializations을 각자 안에 응축하는 체현 과정이다. 이것은 어느 피조물도, 심지어 전자 하나까지도 전혀 통제하지 않으시는 분으로 신을 비유하는 은유가 된다.[90] 존재론적 미결정성의 여백은 모든 척도에서 그 어떤 것으로도 환원불가능irreducible 하다. 그래서 신의 행위주체성은 그 어떤 생성의 결과도, 심지어 자기 자신의 생성조차도 통제하지 않는다. 신의 행위주체는 그저 부름calling으로 일이 일어나도록 할 뿐이다. 신적 행위주체는 내부로부터 하나의 내면을 유혹하는데, 그 내면 속에서 우리 모두pan는 언제나 함께 "살고 움직이고 그렇게 우리가 존재한다."행 17:28[91]. 이러한 구상 속에서 신성은 시원적으로 가능성의 선물로서, 그리고 결과적으로 그 물질적 구현의 환대로서 자신을 내어준다. 신성은 자신의 목적으로 피조물을 이끌어 가려고 조종하지 않는다. 가능성을 느끼거나 아니면 가능성

---

90) 전능성이라는 주제에 관하여 보다 정통적인 전통들과 정중한 의사교환을 시도하는 과정 신학에 관해서는 Thomas Oord, *The Uncontrolling Love of God: An Open and Relational Account of Providence* (Downers Grove, IL: Intervarsity, 2015)를 참고하라.

91) 역주: 사도행전 17장 28절은 개역개정에서 "우리가 그를 힘입어 살며 기동하며 존재하느니라"라고 번역되어 있다.

을 걸러내거나 하면서, 우리는 투쟁하거나 진화하거나 아니면 붕괴한다. 우리가 우리 자신의 재량에 남겨진다는 말이 아니다. 우리는 좋든 싫든 모두 신성 안에서 함께 있다. *pan en theos*.

다른 말로, 그리고 대체로 하나님이라는 말을 사용하지 않은 채, 화이트헤드는 리듬있게 엮인 생성들의 우주론을 펼쳐낸다. 양자역학의 초창기에 전체 세계 도식을 재고해야 할 필요성에 자극받은 그는 창조 세계를 반복의 구별된 순간들 속에 예외없이 구성된 것으로 소묘한다. 소우주적 응축들의 진동하는 우주. "각 원자는 모든 사물의 시스템이다."92) 모든 피조물은 생성의 각 순간에 자신들의 고유한singular 시공간 관점으로부터, 즉 그들 자신의 지금의 관점으로부터 자신들의 과거 세계를 자신 안에 요약한다. 그들이 맺고 있는 관계들은 자신들이 되어가고 있는 것에 외부적인 것이 아니다. 다른 존재에 대한 각자의 관계는 "구성적"constitutive이다. 그리고 그 응축들 속에서 과거의 것과 가능한 것 사이의 대비들이 강화되고, 복잡해지고, 그리고 자기-조직화의 창발적 도식들 속에서 자기만의 패턴들을 반복할 것이다. 거기에는 항상 감정적 영향력affect이 있고, 심지어 가장 덜 복잡한 소위 무기물의 수준에서도 삶이 존재한다.

자기-조직화가 대조적으로 응축되어감에 따라, 의식이 일어날 것이고, 의도를 지닌 공공대중들이 형성될 것이고, 사람들도 결국 그들 중 하나이다. 자기-조직화의 박동들은 방대한 차이들을 수집하고, 그리고 만일 이 차이들이 상호적 배타성으로 붕괴되기보다는 오히려 유지될 수 있다면, 복잡성이 강화된 새로운 사회적 패턴들이 일어난다. 여기서 우리는 이분법적 적대주의의 반진화적 습벽에 저항하는 사랑의 경합주의amorous agonism의 유혹이 작동하고 있음을 보게 될 것이다. 그 유혹은 모든 순간의 "시초적 목적"initial aim으로서 타자성의 화이트아

---

92) Whitehead, *Process and Reality*, 36.

웃보다는 오히려 통합을 요구한다. 생성하는 과정의 내부로의 통합 말이다. 그래서 또 다른 순간을 위한 계기가 된다. 그러면 이 구성적 관계들이 과거의 잠재력으로 느껴지게 된다. 아니면 지금의 실현을 위한 잠재력으로 느껴진다. 덧붙여 말하자면, 차이의 위기 속에서 방어적 단순화나 혹은 두려움에 가득 찬 붕괴보다는 창조적 응축을 위한 잠재력으로서 말이다. 심지어 배알이 뒤틀리는 차이조차도 창조적 응축을 위한 잠재력이 될 것이다. 쉽게 와 닿는 예를 하나 들어보자면, 우리 중 정치적 색깔이 강하지 않은 사람은 공화당원인 친척들의 관점들을 감당할 수 있는 수준에서 받아들이고, 그들이 느끼는 바를 이해심을 가지고 느끼며, 그래서 반동에 덜 취약하고 보다 설득력을 갖춘 급진 정치를 주장할 수 있을 것이다.

화이트헤드는 복잡성의 모든 수준에서, 예를 들어 전자의 수준에서든 엘로힘의 수준에서든 마찬가지로, 현실적 생성들을 우주론적으로, 말하자면 예외없이 nonexceptionally 가장 방대하고 가장 자유분방한 차이들이 진동하며 작용하는 과정에 참여하는 것으로 상상하였다. 과정 도식은 차이가 통치권력의 결정권자에 의해 가장 잘 뒷받침된다는 개념을 배제한다. 왜냐하면 그 결정권자는 섭리적으로 스스로 선택하고, 그의 결정을 다른 군주와 신학들이 따른다는 개념을 함의하고 있기 때문이다. 이런 연유로 무신론자이자 다수성을 맹렬히 전개하는 철학자 들뢰즈는 차이를 반복하고 리좀적으로 증식하는 화이트헤드적 "카오스모스"chaosmos를 찬양한다. 들뢰즈는 화이트헤드를 라이프니츠와 비교하면서 말하기를, "심지어 하나님조차 가능한 세계들을 비교하여, 그중 가장 풍성하게 공존 가능한 세계를 선택하는 존재Being가 되기를 단념하신다. 하나님은 과정이 되셨다. 공존 불가능한 것들을 긍정하면서 동시에 그것들을 통과해가는 과정 말이다."93) 비록 기술적으로 말해서 화이트헤드는 공존 불가능한 것들incompossibles

93) Gilles Deleuze, *The Fold: Leibniz and the Baroque*, trans. Tom Conley (Minneapolis:

이라는 말 대신 다수적 가능성들multiple possibilities이라는 말을 사용하긴 하지만, 요점은 과정은 단순한 모순이 존재해왔던 자리에서 그와 대조적으로 공존가능성compossibility을 추구한다는 것이다. 그것은 세계를 감싸고, 그리고 그 세계를 다른 방향으로 풀어내는 과정이다. 그래서 과정 우주론은 우리가 카렌 바라드Karen Barad에게서 볼 수 있는 최신의 양자역학적 성찰을 지지하는데, 그에 따르면 물질의 가장 작은 조각들이 자신 안에 "전체가 뒤얽힌 다수성"을 드러낸다.

지구에서 그 결집은 놀랄 만큼 엄청난 밀집도를 획득해 왔다. 그리고 그 응축 속에서 시원적인-정치적proto-political 집회가 일어난다. 화이트헤드는 윌리암 제임스를 언급하면서, "우리는 와글거리는 세계 속에 즉 동료 피조물들의 민주주의 한복판 속에 있는 우리 자신을 보게 된다"94)고 적고 있다. 그렇게 전체 물질세계는 정치적으로 소란스럽다. 그러나 화이트헤드는 이를 민주주의의 우주정치라는 급진적 의미 속에서 보고 있다. 이것은 창조주가 위로부터 하나의 시원적인 예외의 몸짓 속에서 추후 평등한 우주가 되도록, 그리고 그 우주에 하나님은 영원한 예외로 머물도록 만들었기made 때문이 아니다. 이러한 맥락에서 화이트헤드는 다음과 같은 사유를 제시하는데, 정통주의자들에게는 불가능한 상상력일 것이다. 신은 "시원적 피조물"the primordial creature이다.95) 과정 우주론은 창조주/피조물의 이원론을 근원적으로 위반한다. "신의 초월은 그분에게 고유한 것이 아니다. 모든 현실적 존재는 그가 만들어내는 새로움 때문에 신을 포함하여 우주를 초월한다."96) 우리의, 우리의 모든 상호 초월mutual transcendence은 우리의 상호적 내재성으로 접히고, 그리고 다시 다르게 펼쳐진다. 그 초월하기는 차

University of Minnesota Press, 1993 [1988]), 81.
94) Whitehead, *Process and Reality*, 50.
95) Whitehead, *Process and Reality*, 31.
96) Whitehead, *Process and Reality*, 94.

이를 간직한 반복을 의미하는데, 이때 차이란 어떤 식으로의 차이든 모든 차이를 의미한다. "된다는 것[to become]은 만드는 것과 같다 [에크하르트].97) 따라서 우주는 새로움으로의 창조적 전진이다."98) 그 다른 피조물들의 필수불가결한 조건인 신은 헤아릴 수 없이 그리고 형이상학적으로 모든 피조물과 다르지만, 그러나 이 신은 창조 과정 자체로부터 제외된excepted 창조주나 제일원인First Cause으로서 존재하지 않는다. 이 과정철학의 신은 되어가신다.becomes 어느 특별한 기원의 지점이나 무로부터가 아니라, 언제나 되어 가시며, 모든 생성들의 흐름 내부로부터 되어가신다. *Pan en pasin.*

창조성의 이 심연적 흐름, 즉 화이트헤드의 "궁극적인 것의 원리"는 에크하르트의 신성 혹은 '근거 아닌 근거'unground 혹은 심연이라는 것과 의미있게 비견되어 왔다. 이것은 인식가능성의 묵언적 어두워짐apophatic dark-out을 나타내는 신호이다.99) 대부분의 다른 과정 신학자들은 신-담론을 둘러싼 이 묵언적 어둠흐름, 깊이, 구름 혹은 불가능성에 노골적인 시선을 두지는 않는다.100) 기독교적 유신론의 교리적 가정들을 부서뜨리는 화이트헤드 도식의 반예외주의counterexceptionalism는 '말하지 않음으로 말하는 것'unsaying이 허용하는 것을 말하는 실험에 적합하다. 즉 구성 속에 해체적인 것, 형이상학 속에 은유적인 것을 말하는 실험 말이다. 만일 그러한 형이상학들이 신성에 대한 환유들을 포함하여 "말없이 호소

---

97) Eckhart, Meister Eckhart: The Essential Sermon, 187.
98) Whitehead, *Process and Reality*, 222.
99) 기독교적 혹은 아시아적 신비전통들의 비인격적 매트릭스 혹은 근거 혹은 심연과 화이트헤드적 유신론 간의 관계에 대한 보다 심도있는 성찰을 위해서는 Joseph A Bracken, *The Divine Matrix: Creativity as Link Between East and West* (Delhi: Motilal Banarsidass, 1997)을 참고하라.
100) 롤란드 파버(Roland Faber)와 나는 비록 서로 다른 방식이지만, 화이트헤드적 신학의 구성적 작업에 대한 부정신학적/신비적 보충작업을 주장해 왔다. 특히 Roland Faber, *The Divine Manifold* (Lanham, MD: Lexington, 2014)와 *God as Poet of the World: Exploring Process Theologies* (Louisville, KY: Westminster John Knox, 2008)을 참조하라.

하고 있는 은유들" 속에서 시작한다면, 그 침묵의 호소는 고대 신비주의 전통들과 공명한다. 그 공명들은 "어두운 구름"의 시내산 음향 시스템에서 증폭되는데, 거기서 "하나님"에 대한 어떤 상투적인 표현들이나 문구도 더 넓은 장으로 퍼져나가는 공명을 막지 못한다.101) 이것은 공적인 자기-정체성을 "종교적"이거나 "무종교적"인 것보다는 "영적인" 것으로 표방하는 이들이 늘어나고 있다는 사실과 공명할 것이다. 그러한 이들에게 이 공명의 증폭은 말하지 않음으로 말하는 묵언의 신비가들이 종교적으로 보증하는 언어로 말을 건넬 것이며, 그들 중 일부는 배우려는 관심을 보일 것이다. 정확히 말해서 바로 이 담론의 말없는 그림자가 그 어떤 종류의 유신론도 훌쩍 능가하는 공공대중과의 "행성적 연대"planetary solidarity를 가능케 한다.102)

훈련된 묵언默言, muteness은 항상 더 기술적인 소통과 번역의 실천들을 찾아야만 한다. 이 묵언 실천은 세속적 공공대중들 사이에 점점 더 퍼져가는 무지를 대면할 생각을 하고 있어야만 하는데, 이 공공대중들은 모든 형태의 대중들을 의미하지만, 저속하고 폭력적인 형태의 종교대중은 제외한다. 동시에 그리고 동일한 신비에 의거하여, 과정사상이 자연과학과 맺고 있는 구조적 관련성은 캘리포니아와 중국처럼 다양한 상황들 속에서 온전한 행성적 분별력planetary sanity을 향한 세속적 투쟁들에 대한 믿음을 계속 유지할 수 있도록 돕는다.103)

언어의 그러한 묵언적 가소성apophatic plasticity은 또한 실패를 거듭하고 있는 주

101) "여호와께서 모세에게 이르시되 내가 빽빽한 구름(dense [dark] clound) 가운데서 네게 임함은 내가 너와 말하는 것을 백성으로 듣게 하며 또한 너를 영영히 믿게 하려함이니라"(출 19:9, 개역개정). 참조 - C. Keller, *Cloud of the Impossible*의 특별히 2장 "Clound-Writing: A Genealogy of the Luminous Dark"를 참고하라.

102) 다음의 책을 참고하라: Grace Ji-Sun Kim and Hilda P. Koster, eds., *Planetary Solidarity: Global Women's Voices on Christian Doctrine and Climate Justice* (Minneapolis: Fortress, 2017).

103) 과정사상이 캘리포니아에 본거지를 두고 중국에서 벌이는 운동의 영향력에 대해서는 이 책의 결론부에 해당하는 "부정신학적 후기"(Apophatic Afterword)를 참고하라.

류 신학의 어떤 주변부들에는 활력을 불어넣어 주기도 하는데, 그들의 교회와 사원들과 모스크들이 건전한 시민사회에 결정적이었음을 증명할 것이다. 통제하는 신에 맞서 가장 발전된 유신론적 대안을 전달하는 과정사상 운동은 군주적 전능성의 제국주의적, 신자유주의적 혹은 독재주의적인 억압적 세속화들에 맞서 지역적이고 동시에 행성적인 저항을 오랫동안 조장해 왔다. 과정사상은 자기-세속화하는 신학으로서 확실히 그러한 역할을 감당해 왔다. 존 캅John B. Cobb, Jr.에 따르면, 세계 종교들의 모든 창시자는 자신들이 속한 공동체들의 광신적 초자연주의를 배격했는데, 말 그대로 "종교"를 배격했다. 대신 창시자들은 예언적 전통 혹은 지혜 전통의 세속성secularity을 가르쳤는데, 캅은 이를 세속주의와 엄격하게 구별한다. 그 창시자들의 운동이 "종교"가 되어가면서, 정의롭고 의식있는 물질적 실천들에 대한 관심이 빈번히 사회 주변부의 수도공동체나 급진공동체로 퇴행했다. 그러기에 지구정치신학은 지구적 물화mattering의 실천에 참여하는 그 누구나 무조건 환영한다. 생태세 집단체들의 세속적 종족saeculum의 연대 속에 결집하는 모든 전-세속주의와 탈-세속주의를 표방하는 모두를 말이다.

모두를 안에 담다. All In

"하나님"과 "세계"의 차이가 지워지는 그런 것이 아니다. 민주적 내재성은 신비를 축소하는 것이 아니라, 오히려 그 대신 경계선탐구적으로limitrophically[104] 신비를 확장한다. 내재성이 보다 깊어지고 보다 밀집하면, 그것은 점점 더 묵언

104) 역주: 'limitrophically'라는 부사는 자크 데리다의 limitropy로부터 유래하는데, 이것은 "구성된 것과 일탈된 것 사이의 틈새 공간을 조사함으로써. 틈새들과 공간들과 불연속성들을 확인함으로써. 기존에 인식된 경계들의 타당성을 묻는 전략을 제공"하는 방법론을 가리킨다.(참조 - https://www.foreignobjekt.com/limitrophy).

적 초과성으로 붐비고 암운을 드리우게 된다. "어떻게 할지 모른다는 것은 단지 출구로 나갈 방법을 모른다는 것이다." 그런데 우리의 앎의 실패들이 점점 더 배움의 동기를 부추긴다. 우리는 실패하는 게 나을지도 모른다. 왜냐하면 우리가 이미 알고 있지 못함을, 그래서 배울 수 있음을 알게 되기 때문이다. 그때 부정성을 통해 표현되는 신적 초과성이 비분리적 초월을 의미한다면, 그것은 어느 응축된 관점 내에서 인식할 수 있는 것을 타고-넘어가는 것climb-across을 의미하는 초월일 뿐만 아니라, '내적인 넘어섬' 즉, '초월적 내재'transimmanence가 되기도 한다. 장-뤽 낭시 내부의 초과란, 곧 시작105)의 새로움을 의미한다. 그렇다면 초월은 더 이상 존재론적 예외를 나타내지 않는다. "하나님이 세계를 초월한다고 말하는 것만큼 세계는 하나님을 초월한다고 말하는 것도 맞는 말이다."106)

만일 모든 피조물이 물리적으로 세계 안에 둥지를 틀고, 그리고 우리가 하나님이라는 애칭으로 불리는 어두운 차이 안에 은유적으로 보금자리를 마련하고 있다면, 그러한 신은 스스로를 바깥으로 끄집어내지 않고 오히려 그들 모두를 안에 담는다.all in 크리스 헤이스의 올인[all in 107)은 그의 정치학을 암시한다! 그렇게 모두를 담는 구성은 바울적이고 범재신론적인 것으로 간주될 수 있을 것이다. 메리-제인 루벤스타인이 그녀의 책『범신학들』[Pantheologies] 108)에서 적절히 경고하고 있듯이 한편으로는 범재신론panentheism을 정통주의에 대립시키고, 다른 한편으로는 범신론pantheism

---

105) 역주: 한글로 번역하면서 시작(inception)이라는 단어를 사용하다보면, 켈러가 표시한 강조가 잘 살아나지 않는다. 켈러의 의도는 모든 시작은 이미 내부에서 '시작'한다는 의미로 inception이라고 강조했다.

106) Whitehead, *Process and Reality*, 348.

107) 역주: All In은 미국의 MSNBC에서 평일 저녁 8시에 방영하는 TV 뉴스 프로그램의 이름으로, 2013년 4월 1일에 처음 방송되었다. 패널 참여자들이 여러 이슈에 대해서 길게 대화하는 형식으로 구성된 All In의 첫 방송은 85만 명이 넘는 시청자들이 접속했으며, 2015년 에미상 뉴스 다큐멘터리 분야에서 수상하기도 했다.

108) 참고 - Mary-Jane Rubenstein, *Pantheologies: Gods, Worlds, Mostrosities* (New York: Columbia University Press, 2018).

에 대립시키는 것이 간편해 보일 것이다. 그러나 그러한 대립 속에서 우리는 묵언적 범재신론apophatic panentheism109)의 경합주의적agonistic 미결정성을 상실하는데 그치지 않는다. 우리는 우리 대 이단의 통치권력 놀이를 재연하면서, 동시에 하나님과 세계 사이의 개념적 경계선을 강화하는 위험에 처하게 된다. 차이를 분열에 붙들어 매어버리는 일은 일관성을 상실하고 만다. 만일 그 하나님이 무한하시다면 말이다. 무한infinite은 말 그대로 외부를 표시하는 한계인 'fin'이 없는 것을 의미하는 말이기 때문이다. 그리고 만일 세계가 하나님 안에 있고, 그래서 말 그대로 하나님의 일부가 된다면 말이다. 분리가 아니라, 구별distinction이 적절한 표현이다. 범재신론panentheism이라는 말 속의 en은 "내부"the within를 의미하는데, 이것은 창조주와 피조물 사이를 구별하는 선에서 발생한다. 그 선을 부드럽게 하고 흐릿하게 만드는 것은 하나님/세계 관계를 매개하면서 동시에 왜곡하는 모든 암운의 격변을 분별하기 위함이다.

따라서 어두운 구름의 묵언적 전통은 바로 세계의 응축된 무한성과 신성의 부정적 무한 사이를 구별했는데, 이 신의 부정적 무한 속에 세계는 응축된다. 우주적 응축으로부터의 그러한 추론은 우리가 오백년 전에 발견한 것처럼, 그리고 또한 명확하게 하나님/세계 구별을 지우지 않고 흐리게 한다. 쿠자의 경이로운 신-우주theocosm는 다음과 같이 논리를 전개한다. "우주가 현실적으로 존재하는 각 사물 속에 응축되기 때문에, 우주 안에 계신 하나님이 각 사물 안에 계시고, 그리고 현실의 각 사물은 하나님이 우주 안에 계심으로 즉각적으로 하나님 안에 있다. 그러므로 '각 사물이 각 사물 안에 존재한다'고 말하는 것은 '모든 사물을 통해 하나님이 모든 사물 안에 계시다'고 말하는 것과 '모든 사물을 통해 모든

---

109) Rick Benjamins, "Apophatic Panentheism: Catherine Keller's Constructive Theology," *Neue Zeitschrift für systematische Theologies and Religionsphilosophie*, 60, no.1 (2018): 103-11, https://doi.org/10_1515/nzsth-2018-0006.

것은 하나님 안에 존재한다'고 말하는 것과 다르지 않다."110) 그래서 무지의 지無知의 知, De Docta Ignorantia는 무한을 다수성 "안에서" 그리고 다수성"으로서" 전개하는 것으로 서술한다. 일단 하나님을 무경계한 것을 위한 이름으로 간주하면, 그 무경계한 것과 피조물들이 전개하는 다양체 간에는 그 어떤 통치주권적 경계도 유지될 수 없다. 신학자 요한네스 벤크Johannes Wenck가 이때를 틈타 일어나, 쿠자의 이단적 주장에 관한 책 한권을 출판했다. 후대에 범신론pantheism으로 불렸을 것을 바라보는 정통주의의 관점을 멋지게 포착한 신학적 공식으로 그는 논증하기를, 쿠자는 "모든 것을 신격화하고 파멸시키면서, 파멸을 신격화deification로 제시한다."111) 범신론 그러므로 허무주의, 이 논리는 정통주의의 논리적 근거로 남아있다. 모든 것 안에서 모든 것으로서 신성을 분별하는 것은 곧 무신론과 같다. 만일 하나님이 예외적인 분이 아니시라면, 하나님은 아무것도 아니시게 된다.

분명히 쿠자는 신화神化, theosis, 즉 deification 개념을 성육신적 예외주의뿐만 아니라, 인간 예외주의를 넘어 재배치하고 있었다. 앞에서 언급한 것처럼, 그는 우주를 하나의 전체로서, 하나님으로부터 전개되는 우주동물universanimal로서, 그래서 하나님을 가장 닮은 것으로 기술한다. 하나님의 그러한 무한한 내재는, 곧 우주가 신성으로 포화되었다는 것을 의미하는데, 이것은 곧 통치권력적 차이의 소거, 그러므로 정통주의를 공유하는 "우리"의 인간적이고 기독교적인 정치적 특권의 소거를 초래한다는 두려움이 상존한다. 다행히도 쿠자에게 크게 의지하고 있었던 교황은 벤크가 말할 시간을 많이 허용해 주지 않았다. 그 다음 세기 쿠자적인 생각의 노선을 따르던 조르다노 부르노는 그만큼 운이 따르지 않았다. 분

110) Nicholas of Cusa, "On Learned Ignorance," in Selected Spiritual Writings, 140 (II.5.118).
111) 벤크는 다음에서 인용되었다. Mary-Jane V. Rubenstein, *Worlds Without End: The Many Lives of the Multiverse* (New York: Columbia University Press, 2014), 86.

리 가능한 실체들의 형이상학을 해체하는 그래서 우주론적으로 급진적인 형태의 범재신론을 주장한 혐의로 쿠자를 고발한 것은 정당할 수도 있다. 어쨌든 쿠자는 서구 신학을 변혁하는데 실패했다. 아니 오히려 보다 정확히 말하자면, 서구 신학이 쿠자와 더불어 변화하는데 실패했다. 우리는 그러한 신학적 실패를 가보지 않았던 길에 대한 지표로서, 가능했었을 길에 대한 지표로 읽어낼 수도 있을 것이다. 그 길은 긴박한 현재를 압박하면서 동시에 지지한다. 쿠자의 신학이 연속적으로 승계되어 과정신학으로 이어지지 않았다는 사실은 이 두 신학이 묵언적 범재신론 안에서 응축된다는 사실을 우주정치적으로 더욱 더 설득력있게 만들어준다. 범재신론은 본래 제안한 저자들이 사용하지 않는 이름하에 엄청나게 이질적인 도식들을 함께 엮는 하나의 실 가닥을 의미한다. 그 실 가닥은 그들보다 훨씬 더 멀리 떨어진 선조, 바울까지도 함께 엮는다.

누가복음-사도행전의 기록에서 보이듯이, 바울은 적어도 아테네에서 철학자들에게 말할 때, 우리의 삶과 움직이는 모든 것들이 하나님 안에 존재하는all-in-God 역동적인 범재신론을 분명하게 선포한다.[112] 그런데 이것은 모든-것-안에-계신-하나님God-in-all의 반대를 의미하는가? 쿠자에게 하나님은 모든 피조물 안에서 "전개하고" 계신다. 화이트헤드에게는 신의 예상이 지금의 시간을 살아가는 모든 피조물 안에 "시초적 목적"initial aim으로 참여한다.

만일 모든 존재가 하나님 안에 있지만, 하나님이 모든 존재 안에 계시는 것은 아니라면, 신의 존재는 하나의 담지자container로 기능하는 것이며, 그 신적 존재 안의 빈자리에 세계가 발생하는 것이다. 이것은 여전히 외부적이고, 예외적인 존재로 인식될 수도 있을 것이다. 다른 한편으로, 만일 하나님이 모든 것이 안

112) "[하나님] 안에 우리는 살고 움직이며 존재한다."(In [God] we live and move and have a being) (행 17:28). 옮긴이주)켈러가 인용하는 영어 성경의 원문은 이와 같으나, 한글 개역개정에는 "우리가 그를 힘입어 살며 기동하며 존재하느니라"고 번역되어 있다.

에 있는 존재all in라면, 우리는 이미 더 나은 실패를 준비해야 하지 않을까? 범신론적 통일성이나 전능한 통제력 없이도 말이다. 물론 모든 존재 안에 계신in all 하나님과 모든 존재를 안에 품은all in 하나님이 아주 동일한 것은 아니다. 바울은 고린도교회에 보내는 첫 번째 서신에서 곧바로 그 차이를 조금 기묘하게 조명해주고 있다.113) 거기서 바울은 사람들의 상호연결성interconnectivity을 성찰하고 있다. 바울이 "아담 안에서 모든 사람이"라고 말할 때, 그로 인해 그의 실패가 전염되었다. "그래서 모든 사람이 그리스도 안에서 삶을 얻으리라"고전 15:22라고 말할 때, 마찬가지로 "안에서"라는 말을 사용하여 그는 "메시아 안에서"114)라고 말하며 생명의 활력을 강조하고, 그런 다음 "그래서 하나님이 모든 것 안에 모든 것all in all이 되실 수도 있을 것이다."고전 15:28115)고 말한다.

되실 수도 있을 것이다.May be 하나님은 순수한 현존에서 모든 것 안에 모든 것으로 이미 "존재"하시지는 않은 것처럼 보인다. 어떤 우발성, 어떤 지연이 그 차이를 만들고 표기한다. 누군가는 이를 종말론적 지연으로 읽을 수도 있을 것이다. 하나님은 어떤 궁극적 목적의 지점에서 이 정해진 종말의 시간까지 하나님 스스로 되셨던 것과는 형이상학적으로 다른 어떤 분이 되시는 것인가? 갑자기 피조세계에 내재하신다. 이전에는 그러지 않으셨었는데? 분명코 정통주의가 주장하는 변함없으시고 자기-동일적인 하나님은 바울의 본문과 잘 들어맞지 않는다. 그러나 초월로부터 내재로의 하나님의 한 번이자 마지막 회심은 그분

113) 쿠자는 (본래 사도행전과 함께 위-디오니시우스를 전거로 하여) 바울의 부정신학적 "알려지지 않은 하나님"(unknown God)을 그와 대비되는 바울적 범재신론과 연결한다. "그럼에도 불구하고, 하나님은 그 누구로부터도 멀리 계시지 않는다고 바울은 말한다. 왜냐하면 우리는 하나님 안에서 존재하고 살고 움직이기 때문이다." Cusa, "On Seeking God," in *Nicholas of Cusa, Selected Spiritual Writings*, 217.

114) 옮긴이주)개역개정에는 "그리스도 안에서"라고 되어 있다.

115) 옮긴이주)개역개정에는 "이는 하나님이 만유의 주로서 만유 안에 계시려 함이니라"고 되어 있다.

의 변화하지 않으심을 주장하는 모든 정통주의 신앙을 위반할 뿐만 아니라, 또한 그 자신의 독단적 예외성을 주장하는 것처럼 보인다. 아마도 신학적으로 보다 미묘한 어떤 것이 목소리를 내고자 하는 것 같다. "모든 것 안에 모든 것이 되실 수도 있을 것이다." 가급적 그리 되실 것이다. 하지만 이것은 "그리 될 것이다"의 예측적 뉘앙스를 갖지는 않는다. 이 "되실 수도 있을 것이다."may be는 하나님이 언제나 이미 보였던 모습과는 다른 어떤 다른 분이 되실 수 있다는 것을 의미할 수도 있다. 그러나 이 '되기'becoming는 실체 형이상학의 규칙을 증명하는 예외로서 일어나지는 않을 것이다. 대신 어떻든 간에 언제나 작용하고 있어야만 하는 신적인 '되기'becomingness를 전제하는 것처럼 보인다. 따라서 신성의 예견된 모든-것-안에-모든-것all-in-all은 모든 것 안에 언제나 이미 있는 가능성의 보다 온전한 실현일 것이다. 그러나 이것은 주님이 종말을 위한 때를 결정하신다거나 혹은 언제나 결정해 오셨다는 의미는 아닐 것이다. 오히려 우리는 여기서 잠재적으로 항상 "모든 것 안에 모든 것"이시고, 그 자체로 철저하게 관계적인 신성이 우리의 참여를 요구하신다는 사실을 인식하게 된다. 그래서 모든-것-안에-모든-것은 그것을 깨달음으로서 경험한 우리만을 위한 것이다. 이것은 "선불교의 '각'覺과 같은 지각의 전이"이며 그러므로 행위, 즉 현실화의 전이를 의미한다.116)

"죄"라는 은유가 언제나 가리키는 것은 우리의 서로를 향한 실패 가운데 우리가 또한 어떻게 하나님을 실망시키는가 이다. 그리고 최소한 우리의 협소한 지구적 시각에서 보자면, 우리가 하나님을 실망시키는 것은 실로 이중 소유격, 즉 양면성을 의미한다. 만일 우리가 보다 더 큰 공통선을 이루는데 실패한다면, 하나님이 우리를 위해 그것을 대신 하실 수는 없다. 따라서 하나님도 그것을 이

116) 이런 기민한 표현을 만들어준 웬디 라흐너(Wendy Lochner)에게 감사를 전한다.

루시는 데 실패하신다. 바로 지금 이 순간을 향한 하나님의 욕망은 우리의 제한된 실현에 의존한다. 그와 대조적으로, 우리가 전지전능한 통제의 신학을 영속화 시킨다면, 우리는 우리의 모든 실패를 하나님 탓으로 돌릴 수 있다. 왜냐하면 하나님은 개입하셔서 우리를 구원하셨을 수도 있었기 때문이다. 그 실패는 마치 배신처럼 느껴질 수도 있을 것이다. 그러나 그 배신은 결국 우리 자신의 배신인 것처럼 보인다. 그리고 우리의 신학, 즉 우리의 하나님-구성물이 그 배신의 공범이다. 우리가 신성하다고 부르는 사랑과 정의라는 목표들을 달성하는데 실패하는 것은, 곧 인간적 실현의 실패인 것이다.

따라서 죄는 우리 각자와 모두의 내부로부터, 그 너머로의 부름으로부터 우리의 소외를 가리키는데, 이것은 우리의 자기-조직화하는 도식 속에서 수행되는 매우 체계적이고, 집단적이고, "본래적인"original 소외이다. 초대나 명령으로 느껴지는 그 부름은 어떤 새로운 실현이나 혹은 양심이나 소신의 박동을 자극하기 위해 "하나님"을 이름짓거나 알 것을 요구하지 않는다. 서로에 대한 우리의 관계들은 모든 것 중에 모든 것으로서 더욱 더 '함께 되어가는 관계'more becoming togetherness를 발전시킨다. 혹은 그것을 이겨낸다.117) 그래서 많이 언급되어왔던 우리 모두가 이미 "아담 안에서 죄를 지었다"를 의미하는 "원죄" 개념의 불공정성은 우리의 집단성, 즉 우리의 구성적 사회성의 이면을 이름하려는 시도로부터 유래한다. 우리는 서로 안에서 얽혀 있기 때문에, 이미 우리를 형성해 온 모든 것들 때문에, 가능한 것을 실현하려는 우리의 능력, 곧 우리의 자유는 처음부터 구속되어 있다. 어떤 의미로든 우리가 선택했다고 말할 수 있기 전에 두려움, 질병, 인종차별주의, 성차별주의, 심지어 정치적 당파성 같은 것들이 이미 주입되

117) 역주: 켈러는 여기서 의도적으로 "trump"라는 단어를 사용한다. 당시 미국 대통령이 도널드 트럼프였던 것을 기억하면, 켈러가 여기서 의도적으로 정치적 풍자를 하고 있음을 알 수 있다.

어 있다. 우리는 백지상태나 무로부터 시작하지 않는다. 그 광대한 생태사회성에 우리는 의존해 있지만, 그것은 이미 실패들로 가득 차 있고, 그것으로부터 우리 자신을 빼낼 수는 없다. 어거스틴이 말하는 파멸 덩어리massa perdita, a "lump of perdition"로서 우리 인간들.

책망받을 만한 것이든 불행한 것이든, 우리의 만성적 무능력 가운데 우리는 그럼에도-불구하고-응답할-수-있는118) 우리 자신을 보게 된다. 그러나 응답하려는 그 능력 가운데, 우리의 함께함의 모양새shaped togetherness를 담지한 그 덩어리는 파멸보다 훨씬 더한 능력을 재능으로 물려받았다. 우리는 그 덩어리의 진화 혹은 혁명에 참여할 수 있다. 우리는 각자 그리고 모두 함께 차이를 그 순간의 은혜로 만들 수 있다. 그러나 모든 차이를 그렇게 만들 수 있는 것은 물론 아니다.

그렇다면 신학적으로 우리가 서로에 대하여 저지른 실패는 모두the All에 대한, 따라서 모든 것 중에 모든 것 되실, 혹은 그렇게 되실 수도 있을 분the One에 대한 우리의 실패를 의미한다. 그렇기에 죄와 마찬가지로, 은혜도 예외적 수행능력의 문제가 아니다. 바로 그 모두the All의 새롭고 신선한 예증들 속에서, 즉 우리 집단성의 어떤 결집과 응축 속에서 우리는 범재신panentheos의 신theos을 이름을 붙이건 아니건 간에 실현한다. "모든 것은 모든 것 안에 있고, 그리고 각각은 그 각각 속에 있기 때문에, 하나님은 모든 것 안에 계시고, 모든 것은 하나님 안에 있다." "하나님"으로 부르건 아니면 익명으로 불리건 간에 말이다. 그리고 그 어떤 이름으로든 그 존재는 동참을 강요하지 않는다. 까칠한 페미니스트로서 표

---

118) 역주: 켈러는 "그럼에도 불구하고 책임이 있는"(nonetheless-responsible)이라는 문구를 "그럼에도 불구하고 응답할 수 있는"이라는 뜻으로 여기서 쓰고 있는데, 이것은 responsibility라는 말을 response-ability로 풀어서 이해할 수 있다는 것을 가리킨다. '책임이 있는'(responsible)이라는 말을 "응답할 수 있는"으로 이해할 때, 우리의 윤리 개념은 급진적인 전환점을 갖는다.

현하자면, 우리는 그 자신을 우리에게 강요하는 하나님을 포용하지 않는다. 화이트헤드가 우주의 에로스라고 표현한 존재는 지배적 통제의 방식으로 작동하지 않는다. 그 존재는 유혹하고, 그리고 우리 모두의 얽힌 형성들의 실패와 전환을 함께 이루어가는 가운데 그의 물질적 실현materialization은 전적으로 우리에게 달려있다. 그렇다면, 바울이 말하는 '모든 것 안에 있는 모든 것'All in All은 종말이 아니라, 극단적 상황, 즉 카이로스적 가능성을 뜻하는지도 모른다. 모든 것 안에서 모든 것 되시는 하나님: 그 카이로스는 원리적으로in principium 모든 생성의 시작 속에 창조로의 유인lure을 시작한다. 창조genesis는 모든 존재의 층위에서 일어난다. 크든 작든 간에, 카이로스는 날 선 지금의 가장자리, 즉 종말에서, 다시 말해서 여기에서 일어난다.

오, 그리스도

그 종말eschaton은 그 묵시적 긴급성과 투쟁적 평화 속에서 우리의 지구-시간을 압박한다. 종말은 통치권력을 행사하는 우리 종의 인류세적 천박함을 강하게 압착한다. 우리는 바울과 더불어 한숨을 돌리는데, 그는 우리가 근심하기를 원치 않는다. 응축 속에, 결집 속에 짧아지고 있는 시간은 이미 어떤 '모든 것 안에 모든 것'을 수행한다. 마지막 종료의 예외성 속에서가 아니라, 메시아적 폭로disclosure 속에서 말이다. 그 시간은 과거와 미래를 비대칭적으로 열어간다. 조르조 아감벤이 카이로스를 지금의 시간Jetztzeit에 연결하는 사유로 과감히 열어젖히듯이, 고린도전서의 응축의 시간을 에베소서의 "반복"recapitulation의 형상119)과

119) 역주: 이레니우스가 처음 공식화한 대속의 반복 이론으로서, 첫 번째 아담이 잘못한 것을 새로운 아담이신 그리스도가 원상태로 되돌려서, 인간을 구원으로 이끄신다는 내용을 담고 있다. 이 책 1장의 각주 133번을 참고하라.

기민하게 연결한다: "[그리스도 안에서 *en christou*] 모든 것들, 즉 하늘에 있는 것이나 땅에 있는 것들을 결집하기gather up 위해서." 엡 1:10 이 반복은 "시간의 충만을 위해서" 일어나야만 한다. 아감벤은 여기서 카이로스를 발견하는데, 그 안에서 "과거즉 완료된 것는 현실성을 재발견하고 미완의 것이 되며, 현재즉 미완료 된 것는 일종의 실현을 획득한다."120) 벤야민의 과거를 돌아보는 응시 속에서처럼, 미완의 역사는 현재를 압박한다. 그리고 바울의 요약적 되풀이 속에서 메시아적 반복은 완료된 것으로서가 아니라, 하나의 열림, 아마도 분출로서, 새로운 가능성과 더불어 응축한다. 그래서 아감벤은 메시아적 반복과 벤야민의 "무시무시한 축약"monstrous abbreviation 간의 공명이 들려지도록 만들었다.

만일 모든 것all, pan이 언제나 이미 하나님 안에*en theou* 있다면, 그리스도 안에서*en christou* 일어나는 것은 그 시작을 예외로서가 아니라, 오히려 그와는 반대로 성취로서, 다시 말해서 실현으로서 그려낸다. 이것은 가능성을 당장 현실화하고, 그리고 그것을 드러내는 것to reveal을 의미한다. 따라서 아감벤의 독해는 모든 것을 대체하고 스스로를 모든 것으로부터 예외시키는 기독론이 아니라, 모든 것을 안에 담고 메시아적 사건 속에서 그리고 메시아적 사건으로서 자신 안에 응축하는 기독론을 표현하는데 도움이 된다. 바로 이 클라이막스적 반복을 위해 바울은 크로노스의 언어가 아니라, 카이로스의 언어를 사용한다: *pleroma ton kairon.* 카이로스적 시간의 충만함, [엡 1:10] 그래서 아감벤의 번역을 참고하자면, "메시아적 구원apolytrosis의 신적인 기획을 막 펼쳐 보여주면서, 바울은 '시간들의 충만함pleroma의 경제를 위해서인 듯이, 모든 것은 그 [그리스도]안에서 반복되어 진다'라고 적고 있다."121)

---

120) Giorgio Agamben, *The Time That Remains: A Commentary on the Letter to the Romans*, trans. Patricia Dailey (Stanford, CA: Stanford University Press, 2005), 75.
121) Agamben, *The Time That Remains*, 75. 이 반복의 역동성에 대해 필자의 저서들 중 *Face of*

나는 다른 곳에서 이 바울적인 "모든 것들을 요약하는 반복의 작업"에 대한 묵언적 독해를 제시한 바 있다. 2세기의 신학자 이레니우스Irenaeus에게 하나님은 "비가시적 방법으로 피조된 모든 것들을 담으시고," 그래서 "하나님의 말씀은 … 가시적 방법으로 그 자신의 말씀이 되셔서, 육肉을 입으시고, 나무에 달리셔서, 자신 안에 모든 것을 요약하실 것이다."[122] 이 비유적 표현은 대속을 초자연적인 끄집어 냄takeout으로서가 아니라, "방대한 받아들임intake"으로 이해한다. 지금의 시간 속에서 과거의 되먹임 고리로서, 이 비유는 푸코가 말하는 "현재 역사"의 우주정치적 확장을 제안한다. 그것은 모든 시간적 실현들의 알려진 세계뿐만 아니라, 알려지지 못했던 세계, 다시 말해서 그의 끝없는 실패들과 낭비의 역사를 거대하게 재활용recycling하는 것이다. 아감벤이 카이로스적 시간의 충만 oikonomia[123]을 언급하는 바울의 짧은 구절[124]이 무척 압축적dense이어서, "서구 문화의 기반이 되는 근원적 텍스트들, 예를 들면 오리겐과 라이프니츠의 만물회복설apocastasis, 키에르케고르의 반복 혹은 회복Gjentagesle, 니체의 영원회귀, 그리고 하이데거의 반복Wiederholung 등의 모든 텍스트가 그저 그 구절 안에 거하고 있는 의미가 파열한 결과라고 말할 수 있다"[125]고 적는다. 필자는 그 반복recapitulatio에 대한 독해들의 반복을 이레니우스의 고대 주석을 덧붙이는 것뿐만 아니라, 쿠자의 접힘complicans과 라이프니츠의 소우주적 모나드에 영향을 받은 화이트헤드의 과거 우주의 반복으로서 현실적 계기, 또한 라이프니츠와 키에르

---

the Deep (esp. pp. 55-56)과 *Clould of the Impossible* (esp. pp. 301-2)에서 논하고 있으니 참고하라.

122) *Iranaeus Against Iranaeus*, 다음에서 재인용: Keller, *Face of the Deep*, 55ff.

123) 역주: 개역개정에는 소실되었지만, 예를 들어 *King James Version*(*KJV*)에서는 에베소서 1장 10절에 "in the dispensation of the fulness of times"이란 문구가 등장하는데, dispensation(섭리 혹은 시혜)은 그리스어 *oikonomia*의 번역이다. *oikonomia*는 economy라는 말의 어원이기도 하다.

124) 역주: 에베소서 1장 10절을 말한다.

125) Agamben, *The Time That Remains*, 75.

케고르 그리고 화이트헤드를 함께 반복하는 들뢰즈의 반복과 접힘혹은 주름, fold의 의미와 더불어 재연한다.

화이트헤드는 메시아나 그리스도와 같은 말에 의지하지 않았다. 그의 우주론에서 어떤 예외들도 허용치 않는 가장 자연적인, 우주론적 리듬은 우주의 역사를 각각의 새로운 시-공간 관점으로부터, 즉 개별적으로 생성되어가는 피조물의 관점으로부터 반복한다. 그러나 그 리듬은 매 순간마다 모든 것을 그들 자체로 신적인 생성과정으로서 감싸는 "하나님의 결과적 본성" 속에서 스스로를 모두 재연한다. 그리고 그 리듬은 그 다음 순간 얼마나 실현되었던 지에 상관없이 각 현실적 계기의 시초에 신적인 유혹the divine lure으로서 흘러나온다. 캅은 신적인 유혹을 기독론으로 번역하는데, 로고스로서 그리스도는 전능한 성부의 군주적 성자와는 상당히 거리가 먼 "창조적 변혁"creative transformation126)으로의 부르심을 뜻한다. 캅의 과정신학적 계보 속에서 공통의 지구적 선을 위해 미국이 지배하는 세계 정치-경제 질서에 맞선 저항은 창조적 변혁을 위한 메시아적 작업으로 간주된다. 캅의 기독론은 예수 그리스도의 이미지나 교리 혹은 이름에 창조성을 종속시키려는 모든 시도에 저항한다. 그러나 이 투쟁은 이름을 내세우건 익명으로 이루어지건 간에 기독론적 형태를 취하며, 상황에 의존한다. 메시아적 섭리oikonomia, [dispensation]가 세계경제주의라는 골리앗에 도전한다.

아감벤이 메시아적 반복과 벤야민의 위대한 축약 사이에서 공명이 울리도록 만들 때, 우리는 거기에 작동하며 연루된 물질 경제가 강화되는 소리를 듣는다. 바로 그 요약 혹은 결정화結晶化의 압박 아래서 메시아적 사건에로의 문이, 어느 순간에라도 소리를 내며 열릴 수 있다. 그리고 2천년의 역사 동안 어긋난 때에

126) 참조 - John B. Cobb Jr., *Christ in a Pluralistic Age* (Eugene, OR: Wipf and Stock, 1998 [1975]).

폐쇄되어 갇혀 있었던 [시간의] 충만pleroma, [fullness]은 승리로 착각했던 비극적인 실패의 경험을 넘어 이 다시 읽기 속에서 지금까지 거의 가본 적이 없는 길을 가리킨다. 그 진리와 생명은 탕진되고, 이제 소진될 위협에 처해있다.

만일 기독교왕국이, 다시 말해서 독립된 왕국으로서의 기독교가 그리스도를 실망시켜 왔다면, 그것은 또한 그리스도가 우리를 실망시켰다는 사실을 의미하는 것이 아닌가? "그분의 성부"His Father에게 그랬듯이, 우리가 군주적 기독론에 복종한다면 당연히 그렇다.127) 그러나 만일 누군가 그 길을 다시 집어 들어, 보다 정직한 해석을 통해 고대의 원천들을 재활용하고자 시도한다면, 그건 그 길이 분명해졌기 때문은 아니다. 우리는 금방 증오의 언어를 마주친다. 예를 들어, 내가 열심히 인용했던 문장 다음에 이레니우스는 계속해서 다음과 같이 말한다. "그러므로 그리스도는 그의 반복의 사역 속에서 모든 것들을 요약하고, 우리의 적과 전쟁을 벌이고, 애초에 우리를 끌고 가 아담 안에 사로잡히게 만든 그를 짓밟아 버렸다. … 우리 인간 종족이 한 명의 패배한 사람을 통하여 사망으로 내려갔다면, 우리는 승리하신 분을 통하여 다시 생명으로 올라갈 것이다."

2세기의 위험에 처한 그래서 투쟁적 용기를 발휘하고 있는 소수자의 맥락에서 이 상징주의를 해독해 볼 수 있다. 실제로 기독교 운동은 그의 문화에 대한 비판에서뿐만 아니라, 제국, 악, 사탄, 체제의 세력 속에 담지된 죄, 그 지배적 세계도식을 포함한 "그 적"the Enemy에게 굴복하는 우리 인류 종을 비판하는데 단호했다. 그러나 그러한 수사에 담긴 적대적 이항대립을 벗어나지는 못한다. 슈미트적인 친구/적이라는 판단장치가 신학의 가장 초기부터 작동하고 있었다. 이 상징들이 아주 명명백백하게 호전적인 통치권력의 정치신학 안에 여전히 살아

127) 참조 - John B. Cobb Jr., *Jesus' Abba: The God Who Has Not Failed* (Minneapolis: Fortress, 2015).

있고 작동함에 따라서, 사람들은 확실히 그리스도를 버리는 길the dump-Christ route로 나아갈 것이다. 그리고 많은 이들이 윤리적으로 그렇게 하고 있다.

그런데 만일 지구정치신학이 재활용의 덜 낭비적인 해석에 헌신적으로 머무른다면, 우리는 어떻게 이 그리스도적 적대주의를 그 근원에서부터 전환할 수 있을 것인가? 우리의 상호존중적 경합주의가 어떻게 기독교적 승리주의에 속박된 그리스도를 반복적 구원회복의 그리스도로 해방할 수 있을까?

쉽지 않다. 노골적인 신정정치적 폭력이 고린도전서 15장의 반복recapitulatio의 원본문Urtext 속에서 이미 분출하고 있다. "그 후에는 마지막이니 그가 모든 통치와 모든 권세와 능력을 멸하시고 나라를 아버지 하나님께 바칠 때라. 그가 모든 원수를 그 발 아래에 둘 때까지 반드시 왕 노릇 하시리니 …"고전 15:24-25 페미니스트 신학자들을 기겁하게 만든다는 것 이외에, 그러한 언어는 분명히 모든 기독교적 우리/그들의 권력 놀이를 용인한다. 하지만 전혀 진보적이라고 보기 어려운 라이트N.T. Wright같은 바울신학 전문가조차 그 문장에서 작동하고 있는 정치학을 밝혀내는 방식은 인상적이다. "하늘로부터 땅으로의 예수의 복귀, 즉 재림parousia은 아마도 우리에게 가장 초기 기독교 신학자로 알려진 바울 자신에 의해 가이사르의 재림을 의식적으로 반대하면서 체계적으로 공식화되었다." 우리는 앞에서 "하나님 나라"와 가이사르의 통치권력 간의 전복적인 상호작용을 주목한 바 있다. "바울이 여기서 예수에게 사용하는 기독론적 명칭들구원자, 주님, 메시아은 노골적으로 반제국주의적counter-imperial인데, 특히 '구원자'saviour라는 명칭은 일반적으로 바울이 직접 작성한 서신들로 받아들여지는 것 중에서는 여기에서 유일하게 사용되고 있으며, 그 명칭은 지중해 세계 주변에서 가이사르의 권리를 떠올리게 하는 명칭이다." 역사학자들은 기독교의 등장 이전 가이사르의 정치신학을 인식하는 것이 중요하다는 사실을 분명히 강조하는데, 가이사르는 스스로를 구원자, 참으로 "신의 신성한 아들, 대속자, 주님 …으로 불렸다." 라이트는 바울의 수사가 담고 있는 반어법적 예리함을 포착한다. "따라서 바울의 마음속에서 세상을 향한 하나님의 계획은 가이사르의 세계 지배가 풍자로 전락하는 현실reality이다."128) 통치권력의 기독교적 제국화들은, 즉 "보다 심층적인 우상숭배"는 이내 풍자를 증폭할 것이다. 그리고 최근 우리는 백인우월주의자들의 불과 분노라는 미국적 익살극을 견뎌야 했다. 여전히 반제국주의적anti-imperial 메시아와 교류하고 있는 우리가 지금껏 반예외론자인 그리스도를 유통하고 때로는 세속화하고자 시도하는데 이보다 더 실패할 수 있었을까?

앞에 제시된 걱정스럽고 장엄한 구절에서 바울은 실제로 고대 시편 하나를 주석하면서, 그의 메시아를 그 메시지 안에 정초하고자 노력하고 있었다. "만물을 그의 발 아래에 두셨다 하셨으니 만물을 아래에 둔다 말씀하실 때에 만물을 그의 아래에 두신 이가 그 중에 들지 아니한 것이 분명하도다."고전 15:27; 참조 시 8 이것은 히브리 민족의 유일신론 속으로 새로운 그리스도-예외주의를 주입하고자 시도하는 바울을 보여주고 있는 것인가? 그렇다면, 바울이 바로 그 권력의 뒤통수를 친다는 사실은 더욱 놀랍게 다가온다. "만물을 그에게 복종하게 하실 때에는 아들 자신도 그때에 만물을 자기에게 복종하게 하신 이에게 복종하게 되리니 …"고전 15:28, 개역개정

다른 말로 표현하자면, 종말론적 충만함 속에서 이 '성자'Son도 예외가 아니다. 그도 또한 복종한다. 따라서 고린도전서 15장은 성자종속설subordinationism이라고 불려지는 것의 증거 본문으로 여겨졌다. 종속설은 이단이 된 아리우스주의와 친족처럼 비슷한 이론이지만, 보다 폭넓은 영향력을 끼쳤다. 이 본문은 그리스도가 신성divine으로 간주됨에도 불구하고, 성자에 대한 성부의 통치권을 지지하는 것으로 읽혀질 수

128) N.T. Wright, *The Resurrection of the Son of God* (Minneapolis: Fortress, 2003), 232.

있다. 우리는 여기에서 종속설과 삼위일체에 대한 낡은 교부시대의 논쟁에 초점을 두지는 않을 것이다. 그러나 이 논쟁이 현대 신학을 위한 정치적 중요성이 없다는 말은 아니다. 위르겐 몰트만Jürgen Moltmann은 "유일신론적 군주주의"와 종속설 간의 연결고리를 "흔치 않게 매력적인 종교-정치적 이데올로기"를 가지고 입증한다. 그는 여기서 "보편적이고 획일적인 종교 배후의 근본적 생각"을 발견한다. "한 하나님-한 로고스-한 인류. 그리고 로마 제국에서 다국적 다종교 사회가 내포한 많은 문제들에 대해 이것은 매우 설득력있는 해결책으로 보여질 수밖에 없었다."129) 우리는 유세비우스가 로마 황제가이사르의 군주제에 보낸 열렬한 지지가 성부의 군주제monarchos와 결합되어 있음을 주목한다. 우리는 유대교와 이슬람과 쉽사리 동일시되는 일신교monotheism를 제국의 통일성을 위한 정치신학의 억압적 보증자로 동일시하는 것을 피하고 싶을 것이다. 그러나 몰트만의 목표대상은 기독교적 군주제의 장구한 역사로서, 그가 삼위일체의 고유한 것이라고 생각하는 관계적 평등주의를 군주제는 효과적으로 방해해 왔다.

그보다 최근에 린 톤스테드Linn Tonstad는 삼위일체의 위격들을 "하나님의 생생한 삶 속에서 서로에게 지향된 관계들"130)이라고 쓰고 있다. 그녀는 종속설을 거절할 뿐만 아니라, "삼위일체 위격들과 구성"에 대한 그 어떤 고착도 거절한다. 삼위일체 위격들 사이의 경계선들은 경계탐구적limitrophic131) 관계들이 된다고 우리는 말할 수 있을 것이다. "다르지만 분열되지 않고, 구별되지만 분리되지 않은" 것으로서 삼위일체를 표현하는 본래의 아프리카적 논리터툴리안는 새로

129) Jürgen Moltman, *The Trinity and the Kingdom: The Doctrine of God*, trans. Margaret Kohl (Minneapolis: Fortress, 1993 [1980]), 131.

130) Linn Tonstad, *God and Difference: The Trinity, Sexuality, and the Transformation of Finitude* (New York: Routledge, 2016), 231.

131) 역주: limitrophy에 관해서는 이 장의 각주 102번을 참고하라.

운 기회를 부여받는다.132) 삼위일체의 내재적 관계성을 그렇게 강화하는 것은 세 위격을 하나의 단순한 형이상학적 실체로서 설명하는 예외주의 입장에 담긴 비일관성으로부터 "위격들"을 해방하는 일이다. 그녀의 "퀴어 신학" 속에서 성부, 성자, 그리고 성령은 사라지는 것이 아니라, 그 남성적 통치권력의 철의 삼각지대로부터 풀려나 날개를 퍼덕이며, 결국 우리의 신적인 얽힘을 상기시키는 행성적 은유들의 다수성에 자유롭게 합류한다. 그 신적인 얽힘은 행성적 다수성을 새롭게 체현하기 위해 우리를 부른다. 캐스린 태너Kathryn Tanner의 하나님의 정치학이 말하는 비경쟁적 창조주/피조물 관계에 기반하여, 톤스테드는 "하나님이 사람들과 더불어 성만찬을 제정하실 때 사람들 사이에 제정한 무제약적 공동체unrestricted community"133)를 고양한다. 벽들로 둘러 쌓인 우리 현재 시간의 정치신학을 위한 함축성들은 분명하다. 톤스테드는 "경계 없는 잔치들"의 풍성한 먹거리로 초대한다.

그러나 바울은 삼위일체 자체를 생각하지 않았다. 그는 자신이 알고 있는 유일신론과 더불어 씨름하면서, 종속설이 담지한 위계질서에 반하여 분투하는 중이다. 인용된 시편 속에서 "그 발 아래" 둔 이들은 증오에 기반하여 폭력을 행사하는 이들이다. 이것은 지배하는 통치권력들의 전체적인 도식이다. 만일 "만물을 그에게 복종하게 하실 때에는 아들 자신도 그때에 만물을 자기에게 복종하게 하신 이에게 복종하게 되리니"고전 15:28라는 구절을 그 구절의 반복 비유를 통해 읽어보면 어떨까? 그렇게 된다면 바울의 주석에서 "복종하게 된다"는 의미로 번역된 형용사 subject는 만물 '중에서'in의 경우처럼, 어떤 통지자의 발 아래서 "이

132) 참고 - Laurel C. Schneider, Ch.5. "'I am because we are': The Roots of Multiplicity in Africa," in L.C. Schneider, *Beyond Monotheism: A Theology of Multiplicity* (New York: Routledge, 2008), 53-72.
133) Schneider, *Beyond Monotheism*, 238.

제 열등한 존재가 되거나 지배를 받는다"는 의미가 될 수는 없다. 오히려 바울신학의 해석 속에서 "복종하게 된다."subject to는 모든 만물을 감싸시는, 반복하시는 분 안에 감싸여지는 것을 의미할 것이다.

마침내 그래서 "이것은" 28절에서 "하나님은 모든 것 중의 모든 것이 되실 것이다." 그 관계적 충만이 모든 존재가 강요받은 것이 아니라, "부름받은" 바이다. 다른 말로 표현하자면, "복종"과 고대적 풍자의 유감스러운 모호성에도 불구하고, 바로 메시아적 반예외주의counterexception가 이 '모든-것-안의-모든-것'all-in-all을 우주론적 시작으로 그래서 급진적인 생태사회적 시작으로 밝혀주고 있다고 우리는 주장할 수 있을 것이다.

사랑의 일깨움amorous awakening

흙으로 빚어진earthen 정치신학은 상호연결성의 기풍ethos이 아니라, 우주를 요구한다. 모든 피조물은 홀로그램적으로 그의 세계를 체현하는데, 이 체현은 세부사항과 적합도에서 방대한 다양성을 지니지만, 근사치와 자각의 정도에서는 엄청나게 다르다. 그렇기에 반복recapulatio은 형이상학적 예외들을 관리기획하는 것이 아니라, 언제나 이미 작용하고 있는 것의 새로운 실현을 기획할 것이다. 그러나 여기서 메시아적 몸은 그 지체들, 즉 그들의 세계들을 사랑의 충만으로 응축한다. 믿는 자들을 몸으로부터, 즉 세계로부터 끄집어내기 위해서가 아니라, 우리를 모두 안에 있는 것all in으로 보다 깊이 받아들이기 위해서 말이다.

그 심연에서, 저 창조적 물들 속에서, 새로운 실험들이 생태세의 우리의 동거를 경제적으로, 에큐메니컬하게, 생태적으로 새롭게 할 것이다. 예수의 특이성은 상호적 참여를 예증하는 것일 터인데, 이 상호적 참여는 언제나 이미 우리를 피조물로 구성하는 참여이지만, 그러나 메시아적 사건 속에서는 하나의 형이상학적 예외 속에서가 아니라, 고유한 충만함 속에서, 즉 앞으로 도래할 부단한 모든-것-속의-모든-것을 예시하는 몸속에서 실현된다. 보다 오래된 기독론 논쟁들이 고개를 들고 일어선다. 안셀름Anselm의 대속적 배상 대 아벨라르Abelard의 도덕적 모범의 기독론. 아벨라르의 모델은 종교개혁자들에 의해 단순한 의로움의 행위로서 강하게 거절당했다. 왜냐하면 근대 초기 이래로 기독교는 자기-구원을 추구하는 인문주의자들의 행위 대 전능성의 은혜라는 거짓된 양자택일의 덫에 사로잡혀왔기 때문이다. 그러나 모범의 길, 은혜로운 동반상승작용synergy의 뜬금없는 중간grouldless middle은 사라지지 않았다.

메시아적 모범이 아마도 우주의 도덕적 운명 속에서 인간의 좌표를 표시할 것이다. 만일 사람이 모든 다른 것들과 더불어 예수의 물화物化하는 삶 속에 "축약되어" 진다면, 그것은 예수의 반위계적 연결성을 통해서이다: "네가 가장 작은 이에게 한 것이 곧 나에게 한 것이다."마 25:31-46 계속 "주여 주여"하는 "내"가 요점이 아니다.134) 그 어떤 권력의 주체도 이 철저한 얽힘을 견뎌내지 못한다. 취약한 자를 변호하는 사랑의 경합주의는 도덕주의나, 순수주의나 정체성주의로의 환원을 용납하지 않는다. 오히려 사랑의 경합주의는 백인 우월주의와 이슬람혐오증 그리고 기후 부정주의가 정체를 드러내는 시대를 위한 교차횡단적 윤리를 성서에 기반하여 증폭시킨다.

그러한 협동적 복음의 은혜는 이미 저 충만한 모든 것 안의 모든 것에 의존하는가? 나의 예수 대 바울을 대비시키는 습벽을 잠시 접고 추측해 보자면, 지금의 시간의 압박 아래 그 어떤 윤리도 그 충만의 사랑스러운 영 없이는 지탱되거나

---

134) "나더러 주여 주여 하는 자마다 천국에 다 들어갈 것이 아니요 다만 하늘에 계신 내 아버지의 뜻대로 행하는 자라야 들어가리라"(마 7:21).

숨 쉴 수 없다. 그리고 타우베스Taubes가 주장하듯이, 놀랍게도 바울은 "네 이웃을 네 자신처럼 사랑하라"는 예수의 표현을 전혀 희석시키지 않고, 오히려 그것을 더 철저하게 만들었다. 바울은 그 사랑의 명령을 율법의 전체적인 요약으로 만들었다. "온 율법은 네 이웃 사랑하기를 네 자신 같이 하라 하신 한 말씀에서 이루어졌나니…"갈 5:14 타우베스의 요점은 그 이중의 명령에 신중하게, "논쟁적으로" "그리고 하나님"이라는 구절을 덧붙이지 않았다는 것이다.135)

웰본L.L. Welborn은 "타자"가 되는 "이웃"에로의 사랑의 명령을 환원하는 일롬 13:8b 136)을 "'일깨움'awakening의 가능성"이라는 뉘앙스로 전달한다. 지배질서의 제국주의적 통치권력도식이 부여하는 "잠"에서 깨어난 신앙인들이 자신들의 현재 삶을 위한 메시아적 사건의 온전한 의미를 파악하게 될 때, 그 일깨움이 일어날 것이다. 공동체가 종말론적으로 급진화 되어가는 가운데, 그 일깨움의 "별자리는 바로 신앙인들이 분별해야만 하는 '지금의 시간'이다."137)

"급진적 환대"radical hospitality의 카이로스적 가능성은 "메시아가 너희를 환대하듯이, 서로를 환대하는 것"롬 15:7 138)을 의미한다. 그 환대의 가능성은 인종이나 계급 혹은 성의 차이들을 가로질러 앙등한다: "너희는 유대인이나 헬라인이나 종이나 자유인이나 남자나 여자나 다 그리스도 예수 안에서 하나이니라."갈 3:28 이 위계질서적 정체성의 붕괴는 바디우와 같은 확고한 무신론자로부터 바

---

135) Jacob Taubes, *The Political Theology of Paul*, trans. Dana Hollander (Stanford, CA: Stanford University Press, 2003), 52f.

136) 역주: 켈러가 표기한 로마서 13:8에는 "남을 사랑하는 자는 율법을 다 이루었느니라"라는 구절이 등장하는데, 이 본문에서는 '이웃'이 아니라 "남"(the other)이 이웃의 자리에 표기되어 있다. 바로 이를 "타자가 되는 이웃으로의 사랑 명령의 환원"이라고 표현한 것이다.

137) L.L. Welborn, *Paul's Summons to Messianic Life: Political Theology and the Coming Awakening* (New York: Columbia University Press, 2015), 69.

138) 역주)개역개정에서 로마서 15장 7절은 다음과 같이 되어 있다. "그러므로 그리스도께서 우리를 받아 하나님께 영광을 돌리심과 같이 너희도 서로 받으라."

울의 "투사정신"militancy 139)으로 칭송받아왔다. 그 위계질서적 정체성의 붕괴는 바디우에게 "정체성들 속에서 보편적인 것을 통합하라"는 정치적으로 유토피아적이고 혁명적인 부름call을 의미한다. 웰본은 보다 민주적으로 급진적인 바울신학을 통해 바울의 반다원주의antipluralism를 점검한다. "따라서 바디우가 보편적 진리에 대한 장애물들로 비난하는 공동체주의적 개별주의communitarian particularism는 메시아 속에서 지워지는 것이 아니라, 포용되고 확증된다. 차이의 체현 그 자체인 타자, 그 타자를 사랑하는 사람은 바로 '율법을 완성한' 분이시다.롬 13:8b"140) 따라서 연합적 횡단교차성은 이 일깨움 속에서 육과 충만성을 찾는다.

우리는 어떤 경우에도 서로 안에 얽혀있는 우리 자신을 보게 된다. 그러나 사랑의 경합주의 속에서 서로의 구성원이 되는 자격은 하나의 부름이 되고, 책임감이 되고, 새로운 창조가 된다. 그래서 사랑은 그 급진성 속에서 율법에 대한 예외로 작동하지 않고 그의 "완성"으로 작동한다. 이것은 정치신학에 결정적인 핵심이 된다. 왜냐하면 정치신학은 그의 세속화들을 메시아적 가장자리에 맞추고 있기 때문이다. 율법의 구체적인 사항들과 공식들 그리고 규칙들은 만일 이 "하나의 명령"과 모순된다면 정지될 수도 있다. 그러나 이것이 율법 위에 존재하는 예외적 주권국가로 이동하라는 것을 의미하는 것은 아니다. 율법을 완성한다는 것은 그 위에 선다거나 그 법이나 후대의 인종차별받는 사람들을 대체한다는 것을 의미하지 않는다. 그것은, 언제나 문자를 통해 그리고 문자를 넘어 불어오는 루아흐처럼, 살아있는 율법의 정신spirit을 실현하는 것을 의미한다.

따라서 일깨워진 율법은 결정적 차이에 직면한 공공대중, 즉 차이의 위기들

139) Alain Badiou, *Saint Paul: The Foundation of Universalism*, trans. Ray Brassier (Stanford, CA: Stanford University Press, 2003).
140) Welborn, *Paul's Summons to Messanic Life*, 69.

을 마주한 공공대중들의 새로운 자기-조직화를 지지한다. 그러면 사랑의 명령은 묵언적 유연함을 가지고 공적 책임, 사회정의 그리고 지속력있는 생태학의 퀴어적으로 다양한 담론들로 번역된다. 그 사랑의 명령은 감상적 정서sentimentality를 벗어나 체계적으로 되어서, 정치가 보다 나은 역사의 천사들에게 매이도록 한다. 그 정신혹은 영은 심지어 몰락하는 정치적 체제들 사이와 너머로 흐르며, 가능성의 취약한 둥지들에서 알을 품는다. 그 순간이 무엇이든지 간에, 공공대중들은 기독교왕국의 프라이버시라는 덫으로부터 빠져나온다. 이것은 곧 사랑이란 자신과 동류인 것에 끈끈하게 달라붙는 덫을 넘어서는 것임을 의미한다. 저 이웃들은 이제 인간과 비인간을 포함하는 전체 거주민들이 된다.

확실성을 벗어 던지고, 그 정신을 비백색화unwhiting-out하면서, 누가 알겠는가, 그리스도-사건은 그 진부한 기독교보다 더 오래 살아남을지도 모른다. 지금은 알지 못하는 것이 더 낫다.unknowing better now 그의 세심한 은폐 속에서, 무엇보다도 "가장 작은 자"의 지체들 속에서 그리스도-사건은 연약하고 긴급한 새로운 동맹들을 먹여 살리고 있다. 그리스도-사건은 그 어떤 주님으로의 회심을 도모하지 않는다. 그의 메시아적 시작 속에서 그 사건은 그 자신이 일구어왔던 성공한 통치권력의 창백한 역사를 해체한다. 그 사건은 남성적 인간Man의 승리, 기독교인, 민족주의자들 혹은 자본주의자의 잔혹한 낙관주의들을 까발린다: 최악을 향하여.worstward ho

사랑의 경합주의의 노고는 승리한trumped 미래들로 향하는 행성의 공공대중이 전개하는 비경쟁적 아상블라주를 예증한다. 더 나은 실패를 도모할 작정으로, 그의 신학은 스스로를 그 자신의 상황으로부터 열외로 하지 않는다. 기독교인들은 이제 유대교, 무슬림, 힌두, 불교 그리고 토착종교들의 지혜 속에 언제나처럼 더 신중하게 얽히고, 우리를 연합하게 할 세속종교적 번역들 속에 중첩된 사람으로서 간주한다. 이 고대적 지구의 새로운 공공대중으로서 '우리'Us141)를 만들어내기 위해서 말이다. 모든 것 중에 모든 것.

우리는 여기서 지구를 향하여 등이 굽어, 곱사등이 된 신학에 대한 실험을 진행해 왔다. 이것은 이 실험이 시간의 압박과 위기 속에서 수행되었다는 것을 의미한다. 그럼에도 불구하고 그러한 정치신학은 시간을 명상으로 둔화시킨다. 그 순간은 애도로 후퇴하고, 희망으로 앞을 향해 이끌려지고, 그리고 그 응축들의 산고들 속에서 넓어진다. 과거의 상실들과 앞으로 도래할 상실들이 증식한다. 그러나 그 상실들을 마음에 담고mind, 그리고 그 불가피성을 거절하는 지체들도 그렇게 증식된다. 상호연결된 공공대중公共大中의 구성assembling, "서로의 구성원이 되어주는" 참여자들의 구성은 언제나 애도와 환희, 세계-상실과 또 다른 세계의 동원 간의 시너지동반상승효과였다. 결코 '저세상'적인other-worldly 것이 아니다. 그러나 이 세계와는 다른 세계의 구현을 말한다.

호색적인 영은 그를 호흡하며 살아갈 이들을 생동력있게 살아가도록 하는 일을 결코 멈추지 않는다. 그 영은 종교든, 무종교든 어디든 불어간다. 그럼에도 불구하고, 우리의 카리스마적 대안들은 십자가에 처형될 수 있다. 그들의 부활들은 우리 동료라는 울타리circle of companeros를 넘어 물질적으로 구현되는데material-ize 실패할 것이다. 카리스마적 대안 영성들은 죽어버린 대지를 가로질러 울부짖을 것이다. 아주 오래전 우리 유전자들은 우리의 조그마한 머리가 창조성을 발휘할 수 있도록 만들었다. 그리고 이제 우리의 여러 가지 묵시들apocalypses의 소용돌이가 우리를 벼랑 끝에 서게 하고 있다. 우리의 명상적 성찰은 그중 단지 세

141) 역주: 켈러는 미국신학자로서, 이 책도 미국인을 일차적 독자로 간주하고 있다. 그래서 미국(U.S.)이라는 이름이 '우리'(us)와 철자가 같다는 것을 기반으로 미국과 우리를 동시에 가리키는 'Us'라는 말을 사용하는 중이다.

가지만 다루어보았다. 정치와 생태학과 그리고 종교의 실패하는 도식들은 서로 합하여지는 것이 아니라, 불가분리하게 얽혀있다. 정치적이면서 또한 흙냄새 짙은earthen 것으로서 신학은 얽힘에 대한 믿음을 유지한다. 그 얽힘은 다른 방식으로는 닫혀있을 출구를 열어줄지도 모른다.

우리가 이따금 하나님이라는 애칭으로 부르는 사랑은 우리를 실망시키지 않더라도, 하나의 종으로서 우리는 그 최종 의미에서 사랑을 혹은 하나님을 실망시킬 수도 있다. 어찌될지 우리는 모른다. 그러나 우리는 이것을 한다. 시작은 도래하였고, 생성 중이며, 또한 도래할 것이며, 그 시작 속에서 더 나은 지금이 가능하다.

묵언의 후기

하나의 결론이 그 자신의 시간에 쫓겨 응축을 수행한다. 그것은 스스로 알지 못하는 미래들을 향하여 글을 적는다. 그의 '지금의 시간'은 어둠 속에 깜박거린다. 이 안에서 한 본문의 현재는 그 가장 광범위한 맥락의 현재와 같다. 순간은 역사 속으로 접혀 들어가고, 그의 현재는 비극이 충분히 심화되었을 때에야 겨우 실현될 수 있는 가능성들을 펼쳐 보인다. 혹은 바로 그 심연이 그 비극에도 실망하지 않고 오히려 예측할 수 없는 움직임들을 잔잔히 울리고, 그리고 포효할 것이다. 분명히 이 책은 응축들이 발작을 끝냈을 것이라고 기대하지 않고 글을 써 내려갔다.

만일 민주주의와 행성과 신학의 지배 도식들이 치명적 경련들을 일으키고 있는 한복판에서 우리가 탄생의 산고들을 분별할 수 있다면, 우리는 그 응축들을 여기서 다르게 다루어 볼 수 있다. 그 차이를 보살피며 우리의 정치신학은 종말the End을 지향하여 결코 글을 쓴 적이 없는 신학의 관점에서 지구의 긴박한 현재를 읽어내고자 노력해 왔다. 이 정치신학은 원리상 그러한 희망의 확실성이나 포기의 확실성을 담고 있지 않다.

그러므로 이 끝없는 끝the unending은 다변적인 무지multilateral unknowing의 훈련을 요구할 것이다. 기독교 역사 속에서 부정신학 혹은 묵언apophasis의 신학으로 실천되어왔던 이 마음가짐mindfulness의 형식은 마지막 장에서 "하나님"이라는 물物, 즉 하나님의 물질적 구현materialization에 얽혀있음을 배웠다. 이제 우리가 전체 기획을 반복적으로 요약할 수 있도록 하는 말이 다음 명제에 담겨있다. 특정한 의미에서 정치신학은 이미 언제나 부정신학이다. 세속화는 일종의 말없음 apophasis 혹은 묵언unsaying이다. 그런데 부정신학으로서 정치신학은 그 자신의 무지의 지docta ignorantia, 즉 그 순간에 자신이 모른다는 것을 알고 있음을 필요로 한다. 정치적 묵언은 종교의 모든 흔적을 침묵케 하는 것이 아니라, 그들의 반향에 귀를 기울인다.

만일 우리가 창발적 공공대중emergent public으로서 더 나은 실패를 해야 한다면, 종교의 이종적 감성들과 영향력들에 관심을 기울일 것이다. 그러면 우리는 어마하게 다양한 참여와 헌신의 정도 차이를 담지한 체, 과거와 현재의 살아있는, 그리고 더 나은 것과 더 나쁜 류의 신학들을 마음에 둘 것이다. 그것은 우리 연대의 날선 한계점들에서 세속종교적 얽힘들의 상상을 요구할 것이다. 거기서 세속적인 것 속에 말없이 드러난 신학은 베켓과 더불어 지금 더 나은 것을 알지 못하도록to unknow better now 우리를 도울 수 있다. 이것은 실천적으로 다음을 의미한다. 위기의 순간에 우리는 문제가 된 위험들을 함께 떠안을 것이다. 결정적 차이critical difference의 베틀을 가로질러, 우리는 카이로스라는 베틀북이 빠르게 현실화될 수 있도록 풀어줄 수도 있을 것이다.

더 어두워진 광명A Darker Brilliance

이 책의 논증은 예외적 통치권력을 생태사회적 시작의 잠재성과 병치시키면서 진행되어왔다. 이 대비는 적대주의적 통합의 정치와 사랑의 경합주의가 담지한 연대 역량 간의 차이로 정서적으로 표명된다. 친구/적의 이분법적 정치에 반대하여 우리는 혼돈의 가장자리에서 공공대중의 끈덕진 자기-구성self-assembling으로서 정치적인 것the political을 실천한다. 생태세에 우리의 국가 정치의 경제적

과오가 그 한계를 넘어 우리를 더 이상 인간 문명의 도식들에 우호적이지 않은 지구로 몰아넣기 시작하고 있다. 그동안 공공대중은 자기-파괴의 새로운 전선들을 구축한다. 심지어 이 책의 출판이 진행되는 동안에조차 어떤 홍수들과 화재들과 분노들이 진행되고 있는지 혹은 어떤 멸종과 어떤 몰살이 진척되었을지 나는 알지 못한다. 당장은 그러한 일들이 세계의 종말이 아니라 문명-친화적인 홍적세의 종말로 이어져 가고 있다. 홍적세는 그 어느 때 보다도 늦게 진가를 인정받는 시대가 될 것이다. 비상사태를 유발할 가능성이 또한 점점 커지고 있는 가운데, 홍적세 비상사태로 이어질 확률이 예상을 뒤엎고 커져가고 있는 중인 것 같다. 인간이하 존재subhuman로 간주되는 인간들은 말할 것도 없고 행성에 충만한 비인간 존재들nonhumans과 인간의 상호의존성에 근심 어른 눈길을 두어야 시대. 우리 인류의 예외주의를 탈피하는 것은 기묘하게도 완전히 하나로 엮여 작동하는 백인-이성애자-민족주의자-계급차별주의자-종교적 예외주의들의 끈을 벗어나는 것을 의미하는데, 이 일련의 연결된 예외주의들이 전혀 예외 없이 군림하고 있기 때문이다. 그렇다면 이 위기들의 복합적 얽힘은 시작의 교차횡단적 세력장으로 비틀려갈 것인가? 심지어 지금 그렇게 비틀려지고 있지 않은가?

앞 문단을 서술하는 언어는, 금방 알아볼 수 있듯이, 신학분야에서는 여전히 거의 지각되지 않는다. 하지만 이 책이 논증하는 것처럼, 신theos을 실망시키고, 제도들과 모든 것들을 쇠퇴하게 만든 신학은 그 정치와 행성성planetarity에서 우리의 잡다한 공공대중이 더 나은 실패를 할 수 있도록to fail better 도울 것이다. 전능성의 신학은 이미 서구 정치학으로 덧칠되어 대개 은밀하게 작동하고 있기 때문에, 반신학countertheology이 그에 저항하는데 필수불가결하다고 생각될 수도 있다. 보이든 안보이든 간에, 반신학은 예외적 권력과 대체주의자들의 진리에 기반한 신정정치적 습벽을 단념한다. 무조건적인 것the unconditional은 명백한 것the unquestionable 속에서 발견될 수 없다. 무조건적으로 문제가 되는 것은 예민한 불확실성 속에서 물질적으로 구체화한다. 생태사회가 일어나도록 하기 위해 무조건적인 것이 수행하는 메시아적 가능성은, 기독교적이건, 민족주의적이건, 혹은 자본주의적이건 간에 그 어떤 승리의 희망도 선행하며 초과한다.

메시아적 가능성은 하나의 가능성으로서 어둠 속에서 싹을 틔운다. 그의 뿌리는 더 잘 무지하기unknowing better의 오랜 영적 역사와 얽혀있다. 더 잘 무지하기unknowing better는 무엇보다도 자신이 알지 못한다는 사실을 모르는 것보다 아는 것이 낫다는 것을 가리킨다. 이것은 지난 장에서 살펴보았던 신학 자체의 단순한 침묵이 아닌 로고스로서 묵언apophasis이다. 신학 자신의 말로 표현할 수 없는 경계들에 대한 담론 말이다. 다른 말로 표현하자면, 심지어 인식recognition을 요구할 때조차 인지cognition를 탈피해 달아나는 eschatoi종말들에 대한 담론이다. 하나님을 가리키는 히브리어의 애칭은 말할 수 없는 "이름"을 포착하는 아이러니를 묘사한다. 히브리어로 하나님을 이름하는 말 하솀Hashem의 뜻은 그냥 "그 이름"이라는 말이다. 닛사의 그레고리가 말하는 "빛나는 어둠"brilliant darkness은 디오니시우스 아레오파기타Dionysius the Areopagite[1]가 말하는 급진적인 "일자나 일체성 혹은 신성이나 선이 아닌 것"으로 발전하는데, 여기서 군주적 통치권력의 신정정치가 붕괴한다: "그것은 힘을 갖지 않는다, 그것은 권력이 아니다. 그것은 왕위kingship가 아니다."[2] 부정신학의 많은 표현은 하나님의 이미지가 아니라 우상

1) 역주: 디오니시우스 아레오파기파(Dionysius the Areopagite)는 1세기의 아테네 학자로, 사도 바울에 의해 기독교로 개종했다고 알려져있다. 그가 저술한 신플라톤주의 저술은 스콜라 철학에 매우 큰 영향을 미쳤고, 중세 시대에는 위디오니시우스(Pseudo-Dionysius)와 같은 인물로 여겨지기도 했다.

2) Pseudo-Dionysius, T*he Mystical Theology*, *in Pseudo-Dionysius*: *The Complete Works*, trans. Colm Luibheid (Mahwah, NJ: Paulist Press, 1987), 141.

을 겨냥한다. 그 어떤 인간적 아이디어나 이미지 혹은 정의의 신격화deification를 겨냥한다. 그 목표는 신학적 담론을 결코 지우는 것, 즉 백색화whiteout3)하는 것이 아니라, 그의 어둠이 빛을 내도록 하는 것이다.4) 정치적으로 말해서, 즉 백색으로 지워져 삭제당한 침묵의 유권자 다중을 가로질러 번성하는 정의의 생태사회성에 대한 무조건적 관심을 가지고 말하자면, 이런저런 종교적 언어에 적응된 우리 중 일부는 신학담론을 그저 억압하는 것도 그렇다고 그저 주장하는 것도 아닐 것이다.

우리는 신학 자신의 포스트모던적 어둠이 빛을 내도록 할 수도 있을 것이다, 말하자면 그 신학의 어둠이 우리의 계몽에 맞서는 대신 바로 그 계몽을 위해 사용되도록 할 수도 있다는 말이다. 우리는 신학의 침묵들이 의미를 나타내도록 signify 할 수 있을 것이다. 왜냐하면 정치신학은 정확히 말하자면 그 자체로 세속화된 신학을 의미하기 때문이다. 말하자면 근대의 정치 담론들 속에 위장되어서 암묵적으로 작용하는 신학 말이다. 그러므로 정치신학은 그 스스로가 그렇게 인식하든 혹은 인식하지 못하든 간에, 부정신학의 한 양식으로 기술될 수 있다.

그러나 심지어 그런 명제를 허용하더라도, 물음의 여지가 남는다. 보수적 통치권력의 개념으로 보든지 아니면 메시아적 정의의 관점으로 보든지 간에 세속화된 신학의 바로 그 침묵을 신학적이라 부르는 것은 무슨 소용이 있는가? 일단 그 세속담론의 신학적 측면을 인식하고, 그 정치에 대한 책임을 인식하고 난 후에, 왜 거기에 숨겨진 신학이 은닉된 상태로 계속, 억압적이든 해방적이든, 세속

---

3) 역주: 백색화에 대한 설명은 이 책 2장의 각주 15번을 참조하라.

4) 내가 다른 곳에서 지적한 것처럼, 정통주의의 "빛 우월주의"가 담고 있는 인종적 공명들은 근대에 들어서면서 그 모든 순진무구함(innocence)을 상실한다. 왜냐하면 "심연의 얼굴 위에 드리운 어둠"이 모든 검은 피부의 사람들에게 무(nothingness)로 환원되어야 할 혼돈(chaos)의 짐을 지울 수 있기 때문이다. 참조: Catherine Keller, *Face of the Deep: A Theology of Becoming* (New York: Routledge, 2003), 특히 chap.12, "Docta ignoranta: darkness on the face"를 보라.

적 영향력을 그저 발휘하도록 내버려 두지 않는가?

나의 대답은 이렇다. 신학의 말해지지 않은 것에 주의를 기울이는 것, 그래서 말할 수 없는 것의 신학에 주의를 기울이는 것은 모두 집단적 시작의 가능성과 관계가 있다. 그러한 묵언적 실천은 언어를 둘러싸고 침투하는 꿈의 공간oneiric space을 접촉할 기회를 제공한다. 여기서 우리는 미지의 것the unknown에 사변적 거리감을 가지고 동조하는 것이 아니라, 집단적 무의식과 정치적 무의식 사이에 있는 어떤 것의 작용 속에서, 즉 그 어떤 것이 발휘하는 모호한 감성의 움직임들affects, 심미적 파문들 그리고 갑작스런 감정의 분출이 일어나는 가운데 미지의 것에 동조한다.[5] 종교적 상징들의 작용에 관한 클리포드 기어츠Clifford Geertz의 유명한 정의로 돌아가 보자면, 한 집단의 실천을 추동하는 영속적인 "정조들moods과 동기들motivations"이 여기서 협상될 수 있다. 예를 들어 사랑의 경합주의의 전파는 우파 종교정치세력의 견고한 적대감의 정치에 직접적으로 맞서 저항하는 하나의 정치신학을 수행한다. 사랑의 경합주의가 실천하는 공공 윤리로 나아가는 길이 그 무지the unknowing 의해 예비되는데, 여기서 말하는 무지는 알 수 없을 때 신뢰하고, 예측할 수 없을 때 희망하고, 동의할 수 없을 때 사랑하는 무지, 그 알 수 없음the unknowing을 말한다. 나의 바울식 믿음-소망-사랑의 정치[6]를 양해하기 바란다.

그 길에서 멸종의 확실성을 주장하든 대속의 확실성을 주장하든 간에, 혹은 세속적이든 초자연적이든 간에, 허무주의나 [기후변화] 부정론 모두 지금의 시간의 보다 어두워진 광명에 승복할 수 있다. 그저 그럴 수 있다는 말이다. 우리는

---

5) Fredric Jameson, *The Political Unconscious: Narrative as a Socially Symbolic Act* (NY: Cornell University Press, 1981).

6) 역주: 켈러는 여기서 'paultics'라는 단어를 사용하는데, 이 발음이 'politics'와 매우 유사한 것을 활용하여 '바울의 정치-신학'을 재치있게 표현한 것이다.

정치적인 것과 지구와 신학의 삼중적 묵시 종말apocalypse을 숙고해 보았다. 그런데 우리는 그 파멸의 삼위일체가 엮어내는 춤사위의 한복판에서 오히려 지역적이고 행성적인 변화의 가능성을 분별한다. 그 현재적 가능성의 카이로스 속에서 파멸의 묵시는 말을 잃어버리고 말 것인가? 다시 말해서 그 묵시는 예언적인 도발의 몸짓을 통해 드러날 것처럼 보였던 것을 확정하지 않은 체 다시 베일로 덮을 것인가? 만일 "수의에 쌓인 희망"의 베일을 통하여 묵시가 종결시켰던 것으로 보였던 것을 탈/종료dis/close시킨다면 어쩔 것인가?

그렇다면 그 바로 열림의 어둠 속에서 그리고 그 어둠을 통해 이 책의 세 장들에 암운을 드리운 삼중 실천, 즉 아상블라주 조립체로서, 동물성으로서, 그리고 행동으로서 정치적 묵언apophasis을 간략하게 요약하고 넘어가자.

묵언의 아상블라주 조립체 / 정치적인 것

말없음으로 말하는 길the apophatic은 아브라함적 종교들의 정통주의에서는 금방 주변으로 밀려난 전통이지만, 아시아의 영성들과는 매우 친화력을 가진 고대 신비주의 전통에서부터 출현한다.[7] 실로 부정의 길은 1453년의 『신앙의 평화』*Peace of the Faith*에서 종교문화적 다수성을 향한 최초의 명시적인 시도를 분명히 드러낸다. 정의상 만일 그 어떤 유한한 존재도 무한을 "알지" 못한다면, 그 어떤 신앙도 배제될 수 없다. "다른 이름들로 다른 예전들 속에서 추구되는" 것은 "모두에게 미지未知이고 말로 표현될 수 없는" 것으로 남는다.[8] 결정적으로, 이 종

7) 신비전통의 부정의 방식과 아시아 영성들과의 관계에 대해서는, 예를 들어 D.T. Suzuki의 고전적 작품인 *Mysticism: Christian and Buddhist* (New York: Routledge, 2002 [1957])을 참조하라.

8) Nicholas of Cusa, *On Interreligious Harmony: Text, Concordance, and Translation of De Pace Fidei*, ed. by James E. Biechler and H. Lawrence Bond (New York: Edwin Mellen, 1990), 6.

교 간 대화의 잠재력은 추상적 다원주의나 예의상 공손한 에큐메니즘교회일치운동을 위해서가 아니라, 행성적 평화를 위한 논증으로서 서술되었다. 그 특별한 순간에 가톨릭 중세유럽은 이제 막 비잔틴 제국을 무너뜨린 오스만 이슬람 제국의 침략을 두려워하며, 새로운 십자군운동의 위기에 직면하고 있었다. 달리 말해서, 부정신학은 오래전부터 이미 정치적이었다.

말없는 무지의 지apophatic unknowing는 불확실성의 공유를 환대할 수 있는 마음가짐을 길러준다. 그의 실천은 컴컴한 어둠 속에서 집단적 미결정성들을 영접할 수 있는데, 이 미결정성들이 공포 때문에 말할 수 없었던 것이든 혹은 취약성 때문에 말할 수 없었던 것이든 또는 놀라워서 말로 표현될 수 없는 것이든 상관없다. 묵언적 실천의 최소 형태로서 침묵으로 함께 숨 쉬는 순간con-spiratio이 이미 차이를 가로질러 대중을 모으기 시작했다. 말없이 숨쉬는 몸들이 엮인 세력장force field은 "우리"를 엮어내기 위해 그 어떤 "그들"도 요구하지 않는다. 단지 가끔 우리는 그 에너지를 루아흐*ruach*, 프뉴마*pneuma*, 세상의 숨결이라는 이름으로 부를 것이다. 그 "영적이지만 종교적이지 않은" 이들, "아무것에도 속하지 않은 이들", 불가지론자들, 심지어 무신론자들 중 가장 투쟁적인 이들조차 침묵의 공유 속에서 숨을 고르는 일을 기뻐한다. 그리고 그렇게 그 순간을 연장한다.

묵언으로 어두워진 신학의 가장 실천적인 잠재력은 결정적인 차이를 가로지르는 공중의 결집을 위한 잠재력이다. 그래서 정치적인 것 자체를 위한 잠재력이다. 따라서 코놀리는 종교적인 믿음이나 무종교적 신념으로 환원되지 않는 "신비를 대체하는 요소"가 적어도 이 나라에서는 "야망의 파시즘"aspirational fascism에 맞서 "다면화된 민주주의"multifaceted democracy를 위한 투쟁에 필요한 연대의 폭을 넓혀줄 수 있다고 주장하는 정치이론을 펼쳤다.[9] 그렇다면 신학은 그

---

9) William E. Connolly, *The Fragility of Things: Self-Organizing Processes, Neoliberal*

정서적 경합주의 속에서 생태사회적 아상블라주 조립체의 열망, 즉 함께-호흡하기con-spiration를 신비스럽게mysteriously 심화시킬 수 있을 것인가? 그리고 보다 심층적이고 어두운 연대의 정신 속에서 그러한 교차횡단적 다원주의는 그리 쉽지 않은 사회성을 심화시킬 수 있을 것인가?

이것은 승리를 쟁취한 트럼프적trumped10) 미국 우파가 민주 진영 전체에 야기한 위기를 대면하는 것만을 의미하지는 않는다. 그 위기는 또한 자유주의 또는 신자유주의와 사회 민주주의 간의 결정적인 차이 그리고 그보다 더 급진적인 민주적 사회주의와의 역사적 연결고리들과 함께 드러난다.11) 그래서 민주주의의 급진화는 선거정치라는 틀 안에서 선거를 통해서만 활발하게 활동해야 하는 선거연대에 사보타지하게 만드는가, 즉 비협조하게 만드는가? 그런 비협조적 태도는 보다 광범위한 연대를 위해 "중도적" 민주주의라는 입장을 우선시하는 이들이 반대할 것이다. 그러나 세대 간의 흐름은 그와는 다른 상황을 보여준다. 민주당 교조주의는 버니 샌더스를 지지하는 청년 대중들의 구미를 자극하지 못할 것이다. 청년들은 배신하기보다는 탈퇴할 것이다. 또한 정상적인 당이라면 아프리카계 미국인들의 결정적인 차이를 동원하거나 또는 아주 다른 방식으로 백인 노동계급의 결정적인 차이를 동원하려 들지 않을 것이다. 광범위한 민주적 스펙트럼은 모순들로 둘러싸여 있다.

미국의 45번째 대통령으로 당선되어 광대짓을 하던 트럼프12)는 증오심의 힘

Fantasies, and Democratic Activism (Durham, NC: Duke University Press, 2013), 9. 또한 Connolly, *Aspirational Fascism: The Struggle for Multifaceted Democracy* (Minneapolis: University of Minnesota Press, 2017)을 참고하라.

10) 역주: 도널드 트럼프가 미국 대통령 선거에서 승리를 쟁취한 시대에 이 글이 쓰인 것을 고려하면, 켈러가 일부러 여기서 'trumped'라는 단어를 사용하는 이유를 간파할 수 있을 것이다.

11) Garry Dorrien, *Democratic Socialism: Political Theology, Marxism, and Social Democracy* (New Haven: Yale University Press, 2019).

12) 역주: 자국 대통령을 조롱하는 직접적인 표현을 피하기 위해, 켈러는 Farcical 45란 단어를 썼는데, 이것은 미국의 45대 대통령 도널드 트럼프를 익살스럽게 표현한 말이다 (켈러와 번역

으로 그만의 "우리"를 자극해 왔는지도 모른다. 그러나 그와 대립하는 "우리"는 힘이나 분노 또는 자금력으로 우파의 총체적 적대감과 경쟁할 수는 없다. 그래서 우리가 적대주의가 주장하는 통합에 묵묵히 따르기를 거절한다면, 그것은 또한 우리가 그 대통령의 유해한 카리스마를 미국 정치의 위대한 예외로서 읽기를 거절하는 것이다. 대신 우리는 그를 애초부터 미국의 민주주의를 오염시켜왔던 인종/계급/젠더/성적인 인간 조건의 끔찍한 증상으로 읽는다. 새로운 시작이 더 나을 것 같지 않은가? 새로운 순수주의로서가 아니라 스스로를 엮어 넣는 복잡화self-implicating complication로서 말이다. 아마도, 결국, 그렇다면, 특히 인종 분석과 경제 분석 사이에서 중도적 입장을 지키지 못할 우리 좌파 진영 내에서 민주적 경합주의의 파란 물결들이 그 적대주의를 승화시킬 수 있다. 그것은 급진성의 엄격함을 포기하는 것이 아니라, 정통주의의 순수성을 포기하는 것을 의미한다.

예를 들어, 방대한 미국 대중들은 결코 정통주의적 사회주의를 따르지 않을 것이다. 그래서 나는 "묵언적 마르크스주의"apophatic Marxism가 시작되는 것을 본다. 이것은 유럽 사회주의 운동에서 미묘한 목소리를 내는 유명작가인 차이나 미에빌China Miéville에게서 분명하게 표현된다. 그는 "부정에 의한 정치의 길, 말없음으로 말하는 혁명주의"13)의 길을 연다. 가톨릭 신비주의 전통에는 해박했지만 유신론자는 아니었던 미에빌은 이 말하지 않음으로 말함unsaying을 혁명을 통한 구원의 정치신학이 아니라, 그가 『구난』*Salvage*이라고 불렀던 것으로 연결하는데, 이것은 저널의 이름이기도 했다. 그 저널은 "황량한 좌파가 스스로를 위해 편집하고 글을 쓰는 [저널로서], 자본주의와 그의 가학증에 신물이 나고, 좌

자가 주고받은 개인적 이메일, 2021년 8월 11일).

13) China Miéville, *October: The Story of the Russian Revolution* (New York: Verso, 2017), 305를 참고하라.

파의 배신bad faith과 허튼 소리에도 신물이 났음에도 불구하고, 급진적 변화에 헌신하는 이들이 스스로를 위해 만든"14) 저널이다. 바로 이것이다. 이 정치적 말없음으로 말하기political apophasis는 입 다물고 문을 닫는 것이 아니다. 기독교인의 배신bad faith에 대한 신학적 묵언unsaying을 비평하는 마르크스주의자의 부정적 태도와 관련해서, 이 정치적 묵언은 진보진영의 확신들에 대해 지껄이는 것은 그 예외주의자의 헛소리를 물리쳐 버린다. "전적인 재구성을 위한 잠재력"에 반대되는 것으로서 "현실에 기존하는 혁명들의 역설"을 말하면서, 미에빌은 "어떤 메시아적 중단, 즉 일상적인 것으로부터 창발하는 메시아적 중단"을 역사적 지금-순간 안에 그리고 "정확히 말해서 말들 너머에" 정초한다.15)

위기의 현재 상황 속에서 진보 운동이 스스로가 굳게 약속하고 보증해 왔던 것을 먼저 해체하지 않는다면, 그의 메시아적 약속들을 이행할 수 없다. 이 해체는 그 자신의 가능한 진실들을 "더 잘 알지 않는 것"unknowing better이 될 것이다. 믿을 수 없는 신앙들unbelievable faiths이 심지어 슬피 울며 어떤 신뢰할만한 얽힘에 길을 내주게 될 수도 있다. 심지어 생태학에 담긴 동물성을 두려워하지 않고, 그리고 민주주의 안에 담긴 사회주의를 두려워하지 않은 채, 거대한 생태사회적 다양체의 융합에 길을 내주게 될지 누가 알겠는가. 거주 가능한 지구의 미래를 지금의 비상사태 속에서 시작하여 구출하는 일에 묵언의 아상블라주 조립체가 수행하는 예술과 실천보다 더 중요한 것은 없을 것이다. 그의 시간적 응축, 즉 sunestalmenos는 차이의 메시아화된 난장판을, 그렇다, 아마도 차이의 난장판을 결집하고, 그래서 집단을 결집한다. 하지만 우리는 창발하는 시작의 정치신학과 함께 예외에 기반한 통치권력을 주장하는 세속화된 신학에 대응해야 하지 않을

14) 참고 - *Salvage*, "About Us," http://salvage.zone/about/.
15) Miéville, *October*, 306.

까? 그 가장자리에서 "메시아주의와 신비주의는 쌍둥이이다."16)

묵언의 동물성 / 지구

그러나 정치신학은 그 묵언 속에서 어떻게 지구로 향하게 되었을까? 그것은 적어도 정치적 무의식 속에 창조의 생태신학들을 심는 문제로서, 말하자면 하나님으로부터 위임받은 지구돌봄laudato si!, 혹은 생태영성 또는 성스러운 지구의 오래된 영적 도식들과 새로운 도식들을 심는 문제이다. 이것은 곧 생태신학을 세속적 형태로 물질적으로 구현하는 문제이다.

그러나 이 지구의 묵언apophasis에는 보다 조밀한 응축이 존재한다. 그의 말 없는 호흡이 우리를 땅에 뿌리 내린 몸들에게로 깊숙이 데려갈 것인가? 지구의 침묵하는 영-호흡은 "생명의 호흡 혹은 영을 지닌 모든 것들"창 1:30과 우리가 공유하는 육신에 살아있는 생명력을 줄 것인가? 그래서 우리는 가장 오만한 인간 예외주의를 정당화하기 위해 활용되는 바로 그 구절로 다시 눈썹 휘날리며 날아간다. 구절을 한데 읽으면, 창세기 1장 25-30절은 여섯째 날의 절정을 묘사하지만, 통상 무시되어왔다. 본래의 음식 규정이 예외 없이 숨 쉬며 살아가는 우리 모두를 위해 제시되고 있다.원래 모두는 절대 채식주의자[vegan]여야 한다! 그리고 습관화된 술책으로 그 동일한 구절이 우리의 통치권력적 "지배"라는 이름으로 종들을 파멸시키는 무분별함을 정당화하기 위한 변명으로 변한다. 동물적 숨결을 공유하는 우리의 모습에 대한 인간중심적 부인이 인류세의 기후부정주의라는 숨 막힘으로 변한다. 이 글을 쓰고 있는 동안에, 핵물리학자들은 트럼프 대통령의 무모한

16) 위르겐 몰트만이 24살의 회의주의자였던 내게 개인적으로 했던 말인데, 이 말이 그때 이래로 내 머릿속을 떠나지 않고 있다.

핵 위협과 지구 온난화 부정주의를 고려하면서, 지구종말 시계Doomsday Clock의 바늘을 자정을 향해 2분 앞당겨 놓았다.[17] 그런데 핵 위협은 다시 감소하고 있지만, 기후 시계만큼은 앞을 향해 째깍거리며 나아가고 있다.

생명의 호흡은 산소, 탄소, 질소 등의 순환 속에 살아가는 모든 것들과 우리의 상호의존성을 의미한다. 여기서 또 다른 묵언이 작동하기 시작한다. 지구의 무수한 다른 피조물들은 말하지 않는다. 그들은 소통하고, 의도를 보여주고, 그래서 언어와 같은 어떤 것을 갖고 있다. 다른 피조물들은 다양한 정도로 의사 표명과 복잡한 인지활동을 수행한다. 그러나 만일 그들이 "말을 한다면," 그것은 일종의 묵언의apophatic 대화이다! 우리와 다른 동물들 사이에, 예를 들어 언어의 문턱과 같은 어떤 확고한 선을 긋는 행위를 주의하라고 경고하는 마쑤미Massumi를 염두에 두더라도, 언어능력speech은 상당히 인간적인 관행인 것처럼 보인다.[18] 이것은 시원적인 우리-대-그들의 구별을 더 단단히 강화하는 문제가 아니다. 오히려 그 반대다. 말하지 않음unspeaking을 공유하는 그들의 부류에 합류하면서, 우리 사람동물들humananimals은 지금은 모르는 게 더 낫지 않을까? 그리고 무엇보다도 우리 동료 짐승들도 그렇지 않을까? 엄청난 양의 연구들은 예를 들어 식물들 간에 이루어지는 묵언적 형태의 소통형태들을 광범위하게 논증한다. 나무들이 "자신들의 필요를 소통하고, 그리고 이웃한 식물들을 돕기 위해 토양균류soil fungi의 네트워크를 활용"한다는 사실이 밝혀졌다.[19] 혹은, 예를 들어,

---

17) 예를 들어, Justin Worland, "Planet Earth's 'Doomsday Clock' Lurches Closer to Midnight Thanks to President Trump," in *Time*, 26 January 2018, http://time.com/4650438/doomsday-clock-donald-trump-atomic-scientists 를 참고하라.

18) 프란스 드 발(Frans de Waal)은 비인간 동물이 가진 지능의 정교함을 예증하는 설득력 있는 논증을 전개한다. 그러나 명백한 예외 사례로서 앵무새를 진지하게 고려한 후에 드발은 사람을 "유일한 언어적 종"이라고 생각한다.(*Are We Smart Enough to Know How Smart Animals Are*? [New York: Norton, 2016], 106).

19) Diane Toomey, "Exploring How and Why Trees 'Talk' to Each Other," Yale Environment 360, 1 September 2016, http://e360.yale.edu/features/exploring_how_and_why_trees_talk_

안나 칭Anna Tsing이 『세계의 종말에 서 있는 버섯』*The Mushroom at the End of the World*에서 기술하고 있는 송이버섯은 "자본주의의 폐허들 속에서" 훼손된 숲들이 다시 자라나고, 난민들이 생존할 수 있도록 돕는다.20)

지구의 부정신학negative theology은 우리의 환경을 구원하기 위해 사람들과의 연대를 넘어선 연합의 양식들을 가능케 할 수 있을 것이다. 우리는 행성의 불안정하게 상호의존적인 생명들을 구출하기 위해 우리 안에 있는 비인간 존재들뿐만 아니라, 우리 주변의 비인간 존재들과 함께 호흡하며 공모21)할 수 있을 것이다. 비록 그러한 다른 종들 사이의interspecies 연대성들이 토착 영성 전통들 안에서는 방대한 역사를 갖고 있더라도, 그러한 연대들은 이제 새롭고 실험적인, 심지어 마쑤미가 함께 주목했듯이, 장난기 넘치는 동물적인 상호작용들을 통해서만 일어날 수 있을 뿐이다. 이러한 실천행위들을 묵언적 동물성들이라 부를 수 있다.

"새롭게 주어진 조건들과 새로운 미지의 것들"을 조망하면서, 우리는 어쨌든 "어려운 난제the trouble를 물려받은 시대에, 즉 인간들의 전쟁과 인종 학살이 끊임없이 이루어지는 시대일 뿐만 아니라, 인간이 추동하는 대멸종들과 다양한 생물종들의 학살이 이루어지는 시대에 다양한 생물 종의 번성을 위한 조건들을 재발

---

to_each_other. 또한 Danile Chamovitz, What a Plant Knows: A Field Guide to the Senses (New York: Scientific American, 2012)도 참고하라.

20) 참고 - Anna L. Tsing, *The Mushroom at the End of the World: On the Possibility of Life in Capitalist Ruins* (Princeton: Princeton University Press, 2015)를 참고하라. 또한 지구 위 생명에 대한 호기심과 관찰 그리고 교차학문적 얽힘을 재활성화시키라는 요청이 담긴 책으로서, 그녀가 Heather A. Swanson, Elain Gan, and Nils Bubandt와 함께 편집한 *Arts of Living on a Damaged Planet: Ghosts and Monsters of the Anthropocene* (Minneapolis: University of Minnesota Press, 2017)을 참고하라. 이 책 2장에서 정치신학을 행성적으로 사유하기를 촉구하는 부분의 상당부분을 차지하는 Karen Barad와 Donna Haraway도 안나 칭이 공동으로 편집한 앞의 책에 글을 실었다.

21) 역주: '호흡하다'를 의미하는 respire와 '공모하다'를 의미하는 conspire는 같은 어원으로 연결되어 있다. 그래서 conspire는 '함께 호흡하다'라는 의미를 함축한다.

명"해야만 한다. 인간이 추동해 온 이 대멸종과 생물 종들의 학살은 "인간과 생물 짐승들을 격동의 소용돌이로 휘몰아가고 있다."22) 심지어 우리가 다양한 생물 종들의 번성을 위한 재발명을 위해 문명의 편리들을 단념하더라도, 그 소용돌이는 지속될 것 같다. 난국과 함께 머물기는 기술적 해결technofix23)을 통해 모든 것을 조망하는 오싹한 낙관주의와 그 반대의 어두운 이면들, 즉 '이미 너무 늦었다'는 관점들에 굴복하는 입장들 모두를 마음에서 놓아주는 것을 의미한다. 오히려 난국과 함께 머물기는 이종 간의 번역interspecies translation을 위한 새로운 기술들을 요구할 것이다. 그때 우리는 생명력을 불어넣는 말없음으로 말하기를 실천하는데, 이 말없음은 신적인 무한성에 대한 무지의 지가 아니라, 물질적 유한성들의 사실상 무한한 세계에 대한 무지의 지로 변화해 간다. 그 무한한 우주는 무지의 지de docta ignorantia 속에 자신을 동물로 제시한다. 우리는 새로운 말없는 보살핌으로 그 다종다양한 구성원들의 소통들에 귀 기울일 것이다. 우리 또한 그 구성원들이다.

여전히 언제나 "그러므로 나는 동물이다"는 말이 말없이 나의 재잘거림의 한 복판에서 비인간들로 충만한 지구 속으로 나를 다시 포개 접는다. 당신과 나는 결코 이 비인간의 지구를 떠나본 적이 없다. 우리의 동물성은 우리를 단지 감각적 놀이에 노출시킬 뿐만 아니라, 우리가 공유하고 있는 취약성에 가해지는 폭력과 탄식 속에 노출시킨다. 그것은 십자가형을 받는 인물 속에 응축된 *vulnus*,

---

22) Donna Haraway, *Staying with the Trouble: Making Kin in the Chthulucene* (Durham, NC: Duke University Press, 2016), 130.

23) 역자 - "technofix"는 우리가 당면한 문제들, 심지어 기후변화와 생태위기들 조차 기술적 발전을 통해 해결을 도모할 수 있다는 입장들을 묶어서 표현한 것으로, 켈러는 여기서 그 전거를 표시하지 않고 있지만, 아마도 Michael Houseman & Joyce Houseman, *Techno-Fix: Why Technology Won't Save Us or the Environment* (Gabriola Island, U.S.A: New Society Publishers, 2011)의 내용을 반영하거나 맥락을 공유하고 있는 듯하다. 따라서 'technofix'에 대한 비판적 성찰을 위해서는 이 책을 참고해도 좋을 것이다.

즉 상처에 주의를 기울이는 것이다. 두 번째 증언신약을 연구하는 학자인 스티븐 무어Stephen Moore는 십자가에 달려 있는 이의 비인간성nonhumanity을 주목하면서, 동물성에 대한 절묘한 통찰을 보여주고 있다.[24] 『계시록』에 대한 그의 독해에 따르면, 예수는 반복해서 그리고 일관성 있게 "살육의 표식들을 간직한 양"으로 등장한다. 『계시록』에서 "예수의 인간성은 희미하게 깜박거리고 마침내 그의 동물성으로 가려진다"[25]고 무어는 결론짓는다. 메시아는 "도살된 양이다. 그 메시아는 도처에 널려있는 양의 운명을 맞이했다."[26] 그래서 이 충격적인 생태적 번역 속에서 제국의 통치권력에 도전했던 사람은 공개적인 정치적 죽음을 맞이해야 한다. "아주 비하적인 죽음, 인간성이 완전히 말살된 죽음, 사람보다는 동물에게 더 적합한 죽음"[27]을 말이다. 이것을 정치신학으로 간주하는 것은 무어의 사족보행 해석학quadripedal hermeneutics에 과도한 부담을 지우는 꼴이 될 것이다.[28] 그의 사족보행 해석학은 이후 곧장 신성/동물/식물/광물로서 전개된다. 그러나 제국의 그리스도가 전개하는 통치권력의 예외주의를 기어이 해체하는 가운데, 무어의 신성한 동물divinanimal 예수는 『계시록』의 난해한 정점에서 바로 말없이 새로운 창조의 정치를 수행한다.

그래서 묵시적 소용돌이는 묵언의 동물성을 비틀어 열어젖힌다. 우리가 기독론의 난국과 더불어 머물든지 그렇지 않든지 간에, 우리가 그 모든 숨 쉬는 존재들을 위해 벌이는 반제국주의적인 행위들의 위험성에서 벗어나지는 못할 것이

---

24) Stephen D. Moore, *Untold Tales from the Book of Revelation: Sex and Genders, Empire and Ecology* (Atlanta: SBL, 2014)의 내용을 참고하기 바란다. 또한 Laurel Kearns와 그가 함께 공동으로 편집한 TTC 시리즈 출판물, *Divinanimality: Animal Theory, Creaturely Theology* (New York: Fordham University Press, 2014)도 참고하라.

25) Moore, *Untold Tales*, 209.

26) Moore, *Untold Tales*, 202.

27) Moore, *Untold Tales*, 214.

28) Stephen D. Moore, *Gospel Jesuses and Other Nonhumans: Biblical Criticism Post-poststructuralism* (Atlanta: SBL, 2017)을 참고하라.

다.

묵언의 행위 / 신학

장황한 이 책 3장의 서술이 증언하듯이, 묵언을 지향하는 신학이 말을 안 하는 것을 지향하는 것은 아니다. 물론 현재 절차 중 하나로서 묵언으로 말하는 신학apophatic theology이 포스트모던적 불확실성의 망령 속에 하나님의 가혹한 죽음을, 신비의 고딕적으로 아름다운 광휘 속에 덮인 시신을 그저 감싸고 있는 것은 아닌지 의심하는 것은 공정한 의심이다. 보다 활력 있는 어떤 것이 도래하는 중이길 희망한다. 아마도 묵언의 신학은 복고풍의 수도원적 양식에 대한 암시를 풍길 것이다. 왜냐하면 부정신학이 분명히 명상적 실천의 깊은 역사를 전해주고 있기 때문이다. 부정신학에서 말하는 침묵은 그 어떤 신학적 주장도 어둡고 그늘지게 만들지만, 그러나 그 주장들을 지워버리지는 않는다. 부정신학은 때로 너무 어두워 의미화할 수 없는 가능성불가능한 것과 더불어 신학적 주장들을 어두워지게 만든다. 그러면 부정신학은 불가능성에 얽힌 가능성으로, 즉 가능성 그 자체posse ipsum로서 여전히 더 어두워져 가지만, 거기서 그 검은 어둠이 빛을 발한다.

정치신학으로서 신학적 주장은 물질적 실현을 위한 투쟁 속에 세속화된다. 신학으로서 정치신학은 바로 행위를 실천하기 위해 어두워져 간다. 부정적 정치신학negative political theology으로서 정치신학은 그의 어둠을 마음에 두고mindfully 전달한다. 검은 지구와 분리될 수 없는 어두운 피부가 새로운 의미로 빛을 발하며, 새로운 불/가능성im/possibility을 체현하다.[29] 부정신학으로 불리든 다른 신학으

29) 『심연의 얼굴』(*Face of the Deep*), 12장 "Docta ignorantia: darkness on the face"에서부터 나

로 불리든지 간에 어떤 성스러운 책임감, 혹은 궁극적 의무의 느낌이 우리의 지구적 실현들을 그늘지게 한다. 부정신학의 부정성은 결코 "그저" 신학적인 것이 아니라, 탄식과 항거와 위기의 결정적인 끝자락에서 어두워지는 것이다. 그래서 그 부정성은 하나의 새로운 공공대중으로서 우리가 함께 형성되고 창발되도록 유도한다. 눈을 활짝 열고 우리 자신의 지금의 시간에 드리운 구름으로 진입하면서, 경합주의는 사랑스럽게amorously 심화되어 간다. 종교정치적 과거를 그토록 부끄럽게 만들고, 행성의 미래를 그토록 위협하는 유독한 적대주의를 통해, 그리고 그 적대주의를 넘어 우리는 투쟁한다.

이 침묵은 그저 주의력 훈련인 것이 아니라, 행위action의 훈련을 의미한다. 신학의 이론은, 만일 살아있다면, 실현actualization으로 흘러가거나 실현으로 타오른다. 이론은 말 그대로 자리를 차지한다.takes place30) 그 어떤 말도 행위의 자리를 차지할 수는 없다. 행위는 말의 어마어마한 분출을 요구할지도 모른다. 그러나 신神의 논論, 즉 theos logos로서, 이론으로서 신학은 가장 공통의 선을 실천하는 방식으로서 이 공통의 세계 속에 육화되기enfleshment를 추구하며, 그래서 지하서민들의 다채로운 피부들을 통해 목소리를 전한다. 우리에게 요구되는 것은 무엇인가? "정의를 행하고, 자비로 사랑하고, 너의 하나님과 함께 겸손히 걸으라."31) 지엽적으로 특별한 이야기 하나를 살짝 보태자면, 이 말들은 수년 동안 내가 섬기는 신학교의 기도문이었다. 그리고 이 말은 점차 "정의를 행하라, 자비

는 말없이 말하는 신학(apophatic theology)을 인종 문제와 연관 짓는 사유를 전개하기 시작했다.

30) 역주: take place는 통상 무언가가 '일어난다'는 뜻으로 번역하지만, 여기서는 '자리를 차지'한다는 의미로 의역했다. 켈러는 여기서 take place의 문자적인 뜻을 원용하여, 어떤 일이 일어나는 것은 우리가 살아가고 있는 세계에서 현실적으로 자리를 차지하는 것이고, 그것이 '실현'(actualization)이 언제나 '현실화'를 동시에 의미하는 이유임을 가리키고 있다.

31) 역주: 켈러의 본문에는 성서인용 표기가 없지만, 문장인용 표시가 되어 있어서, 이 문장이 성서의 인용임을 알 수 있게 한다. 이 구절은 미가서 6장 8절의 인용이다.

를 사랑하라, 겸손히 걸으라"는 말로 인쇄되기 시작했다. 이것은 하나님이 죽으셨기 때문이 아니라, 실천이 상투적인 말의 자리를 차지하게 되었기 때문이다. 신 담론Godtalk을 원하는 이들은 문장의 나머지를 알고 있고, 그리고 모르는 이들은 그저 이 말을 기꺼이 수용한다. 이제 그 마지막에는 다음과 같이 적혀있다. "뿌리를 내려라. 혁신적이 되라, 용기를 가져라." 이 글을 쓰고 있던 즈음, 우리 동문인 윌리엄 바버 목사Rev. Dr. William Barber II는 "도덕적 혁명"을 위한 정치적 행동으로 공동체를 훈련하러 가는 길이었다.32) 그 실천은 계속되고 있다.

미가의 발걸음에 담긴 온후한 겸손은 수동성이나 종속성과는 전혀 다르다. 복음서의 비유들 속에서 볼 수 있듯이, 무화과나무나 겨자씨나 혹은 청지기가 그 열매를 맺지 않을 때, 우리는 또한 미가의 발걸음에서 조바심을 느낀다. 신학은 본문들을 골라, 그것들을 다시 뿌리고, 심고 기를 수 있다. 그러나 신학은 우리를 대신해서 열매를 맺을 수는 없다.

더 이상 신학의 신theos이 열매를 맺을 수는 없다. 왜냐하면 그분은 우리의 실현들을 필요로 하시기 때문이다. 그저 존재to be하시기 위해서가 아니라, 행위to act하시기 위해서 말이다. 기적적인 개입의 마술사 하나님은 소리를 내지 아니하신다. 침묵하신다. 우리는 버림받았다고 느낄 수도 있다. 그래서 우리 각자와 우리 모두의 생성에 엮인 신적인 얽힘을 조망하는 반예외성의 신학을 생각해 왔

32) 드류 신학교(Drew Theological School) 졸업생인 윌리엄 바버 목사님은 20년 넘게 노스캐롤라이나의 골스보로(Goldsboro)에 위치한 그린리프 크리스챤 교회에서 목회해 왔다. NAACP(National Association for the Advancement of Colored People, 유색인 지위 향상 협회 혹은 미국 흑인 지위 향상 협회)의 구성원이자, [노스 캐롤라이나 지역에서 공적 영역에서 도덕성 회복을 추구하는 운동인] "도덕적 월요일" 운동(the Moral Mondays campaign)의 지도자이고, [미국의 도덕성과 헌법적 가치의 회복을 독려하는 시민운동단체] "무너진 방벽의 수선자들"(Repairers of the Breach) 운동의 설립자이며, 가난한 사람들의 캠페인(Poor People's Campaign)을 새롭게 만든 단체의 지도자로서, 목사님은 최근 몇 년간 미국의 종교적이고 정치적인 삶 속에서 진보진영을 이끌어가는 목소리로 활동해 왔다: http://www.breachrepairers.org/about#rev-barber.

다. 모든 것 안에서 모든 것이 되시면서, 그/분은 우리 각자로 인해 고통당하시고, 또 즐거워하신다. 맞다, 독자인 당신이 바로 경이로움 그 자체이기 때문이다 그러나 우리 모두-함께all-togetherness로부터 추상되어서 그런 것은 아니다. 우리 각자는 그 모두All 안에 응축되었다. 하지만 각 피조물은 모두를 자기 자신의 조망으로 응축하며, 그래서 "우주는 한 자락의 풀잎 속에 있다." 휘트만 33)

그 모든-것-안에-모든-것all-in-all은 그 어떤 아상블라주 조립체의 독특한 형태나 한계들을 지시하지 않는다. 풀잎 하나조차도 말이다. 우주적 독재자와는 아주 거리가 먼 "하나님의 말씀"word of God, 즉 신의 론logos theou으로서 신학은 그 풀잎의 침묵 속에서 소통한다. 이따금 신학이 알 수 없는 것the unknowable을 우리의 '더 잘 모르기'unknowing better로 번역했다고 하더라도, 그것은 보다 온전한 실현을 요구하고, 자극하고 초대하기 위함이다. 저 옛날부터 항상 계신 이Ancient of Days, 더 나은 날들을 향한 희망, 새로운 도성의 사랑스러운 정의를 향한 유혹, 천지, 새로운 날 등의 명칭들을 통해 신학은 우리에게 방어적 사생활로부터 밖으로 나오기를 요청한다. 우리의 심연들로 응축되어, 신학은 우리를 형성 중인 공공대중public으로 부른다. 지구로 내려와, 시민으로서 거주하고, 그리고 위험하게 얽혀있는 행성을 둘러 손을 뻗는 행위들 속에서 정치적으로 형성되는 공공대중의 일원으로 말이다. 딱 한 번의 최종적인 성공으로서가 아니라 보다 나은 실패로, 즉 모든 것 안에 모든 것으로 부른다. 전능한 대책이 아니라, 심지어 탄식 중에도 어둡게 깜박이는 어떤 유혹으로 말이다.

33) 휘트만(Whitman)의 글에 담긴 부정적인 신시학(negative theopoetics)에 대한 나의 명상이 Keller, *Cloud of the Impossible: Negative Theology and Planetary Entanglement* (New York: Columbia University Press, 2014), chap. 6, " 'Unfolded Out of the Folds': Walt Whitman and the Apophatic Sex of the Earth"에 실려 있으니 참고하기 바란다.

비꼬인 희망

자신의 이름으로 쓰인 시적 걸작의 초반부에서 우리는 탄식으로 완전한 고통 중에 있는 욥을 보게 된다. "전능자의 화살이 내게 박히매 나의 영이 그 독을 마셨나니." 욥 6:4 그는 자제하지 않는다. "내 마음의 괴로움 때문에 불평하리이다." 욥 7:11 욥은 이제 오직 하나님이 필요하지만, 그 하나님은 욥의 자녀들을 죽이고, 욥마저도 당신이 작정한 일을 마무리 하기 위해 그의 몸을 망가뜨리셨다. 그의 불평은 고통스럽게도 개인적이다. 그러나 그의 정치적 함축성들이 요란하게 덜컹거리며 굴러 나온다. 전능한 군주sovereign omnipotence의 모습을 한 신성의 모습이 그분의His 부정의 속에서 드러나고 있다. "이 땅에 사는 인생에게 힘든 노동이 있지 아니하겠느냐 그의 날이 품꾼의 날과 같지 아니하겠느냐. 종은 저녁 그늘을 몹시 바라고 …" 욥 7:1-2a

모든 신정론의 증거본문으로서, 하나님의 의로움에 대한 모든 도전의 근거가 되는 불평의 서사적 드라마가 다 끝난 후, 하나님은 그 신시학thepoetics의 절정에서 폭풍우 가운데 등장하신다. 그리고 이 전체 현현epiphany은 욥에게 되묻는 물음의 형식으로 전개되는데, 이 장면이 흔히 불량배의 허풍으로 잘못 읽히기도 한다: "내가 땅의 기초를 놓을 때에 네가 어디 있었느냐." 욥 38:4 그 물음이 우주적 맥락에서 이후 거의 백 구절 이상 계속 이어진다. 다른 말로 표현하자면, 하나님은 정답the Answer을 가지고 답변하시는 것이 아니라, 더 많은 물음으로 답하신다. 사나운 바람 속에서 나타나는 것은 비인간 우주의 모든 세부사항들에 완전히 매혹된 신이었다. 심지어 빙하까지도 말이다. "얼음은 누구의 태에서 났느냐 공중의 서리는 누가 낳았느냐. 물은 돌 같이 굳어지고 깊은 바다의 수면은 얼어붙느니라." 욥 38:29-30 그리고 그 시는 번개와 홍수들과 사자들과 새끼치는 염소들과 새끼낳는 사슴들을 상술하면서 이어지고, 자기 알이 짓밟혀 깨질 수도 있다는 위험을 망각하고 거칠게 날개를 퍼덕거리고 있는 타조의 코미디를 서술하면서, "그것이 몸을 떨쳐 뛰어갈 때에는 말과 그 위에 탄 자를 우습게 여기느니라" 욥 39:18고 말한다. 하나님은 그 피조물의 대범함chutzpah을 보고 웃으신다. 그러나 비웃으시는 것이 아니다.

그 폭풍우 속의 목소리는 욥에게 완전히 다른 신학을 가지고 도발하면서, 이미 정상규범이 되어버린 인간중심주의에 근본적인 도전을 던진다.[34] 그 목소리는 우주의 위대한 영Spirit에 의해 움직이며, 태어난 모든 것, 즉 예외 없이 모든 피조물에 활동적으로 관여한다. 이 생태적 신ecogod은 그 어떤 감상적 위로도 제공하지 않고, 그저 욥의 인간중심적 망상들을 날려 버린다. 창조성으로 가득 차고, 혼돈의 가장자리에서 펼쳐지고, 야단법석의 폭풍우 가운데 모습을 드러내는 우주에 대한 고대의 묘사는 전지전능한 예외주의자의 개입을 선동하는 신정정치를 털어버리는 것처럼 보인다. 하나님이 사탄과 내기하는 장면으로 시작해서 욥이 보상을 받는 장면으로 끝나는 전설적 이야기는, 그렇지 않았더라면 인식하기 힘든 그래서 인간의 삶이 스스로 찾아야만 하는 생명의 풍성함을 표현하면서, 역설적으로 불안정성의 한복판에 있는 생명을 동시에 표현하는 장치로서 등장한다. 그분의His 절대적sovereign 결정에 대한 이 욥의 도전을 처벌하기는 커녕, 이 욥의 격노하는 탄식은 성서에서 가장 긴 하나님의 독백을 통해 대답을 듣는다.[35] 그러나 이 책의 말미인 여기에서 욥을 다시 불러내는 이유는 그 계시 앞의

---

34) J. William Wheadbee, *The Bible and the Cosmic Vision* (Cambridge: Cambridge Univesity Press, 1998); Bruce Zucker, *Job the Silent: A Study in Historical Counterpoint* (New York: Oxford University Press, 1991). 또한 내 책 *Face of the Deep*, chap. 7 " 'Recesses of the Deep': Job's comi-cosmic epiphany"에서 욥에 대한 나의 "태홈친화적인"(tehomophillic) 주석을 참고하라.

35) 욥기서 38-41장. 이것은 욥에게 보상을 내리는 마지막 장을 포함하지 않는데, 욥기서 마지막 장인 42장은 신정론이라는 용어가 만들어지기도 전에 욥기서의 저자인 시인이 신정론을 해

장면들 때문이다. 그것은 욥의 트라우마에 대한 정확한 시학poetics이다. 욥이 불평을 늘어놓는 초반에 잠 못 이루는 고통의 밤들을 기술하면서, 욥은 다음과 같이 말한다.

> 나의 날은 베틀의 북보다 빠르니
> 희망[tiqvah] 없이 [그 끝을 맞는구나][36] (욥 7:6).

숨을 쉬거나 휴식하거나 살아갈 틈도 없이 빨리 지나가는 이 시간 속에서, 지금의순간에 대한 그 어떤 느낌도 없이 욥기서의 시인은 감당할 수 없는 상실 후에 무의미한 끝을 향해 달려가는 시간의 의미를 떠올리게 만든다. 시간이 속절없이 흘러가고 있다. 여기서 욥은 현재의 생태정치적 파국에 대한 비유가 된다. 그러나 이 표현을 살펴보자. 우리가 그리스어 어원인 *kairos*로부터 떠올리는 "베틀의 북"은 초고속 기술technological hyperspeed에 대한 고대의 이미지였다. 우리 대부분은 숙달된 손놀림으로 천을 짜는 모습을 본 적이 없어서, 천의 씨줄과 날줄 사이로 화살처럼 날아다니는 베틀의 북을 본 적이 없다. 심지어 베틀 북보다 더 날쌔다는 것은 멍하니 충격받아서 그저 비극적 종말로 미끄러져 가는 것을 의미하는 것으로 들린다.

희망 없이 우리가 종말에 이르게 되었다는 것, 이것은 우리가 두려워하는 미래가 아닌가? 그것은 이미 지구의 다중적 시간성들 속에서 비인간 종들의 멸종이라는 멍에를 짊어진 고통받는 사람들로 구성된 전 집단의 미래적 현재 아닌

체하도록 만들었던 뻔한 통속 민담 부분 말이다.

36) 역주: 한글 개역개정에는 "희망없이 보내는구나"로 번역되어 있지만, 켈러가 인용하는 영어 성경(NRSV)에는 "and come to their end without hope"으로 되어 있어 켈러가 인용하는 본문의 의미를 살리기 위해 달리 번역해서 실었다.

가? 이 절망이 정치적으로 책임감있고, 생태적 감수성을 지닌 생각있는 많은 사람으로 하여금 희망을 다름 아닌 잔혹한 낙관주의로 간주하고 포기하도록 만들지 않는가? 그럼 정직하게 말하자면, 나는 "내 영혼의 고통 가운데 말한다."[37]욥 7:11

"희망 없이." 욥기서 저자인 시인이 희망이란 말을 가리키기 위해 선택한 히브리어는 **tiqvah**[38]이다. 그것은 말 그대로 "강하고 단단한 코드줄을 만들기 위해 함께 비꼬인 섬유로 짜인 실들의 묶음"을 의미한다. 이 말은 "모으다."to collect를 의미하는 동사 어원으로부터 유래한다. 그래서 우리는 이 정치신학의 바울적 실을 제공하는 sunestalemnos를 모으거나 혹은 응축하여 희망을 묶어낼 수도 있다. 이 실이 엮어내는 희망은 현재로부터 추상된 미래와는 아무런 상관이 없는데, 말하자면 우리가 하늘에서의 행복한 결말을 상상하는 미래나 또는 더 시장성이 좋은 내일과는 아무런 상관이 없다. 첫 번째 성서, 즉 구약성서 학자 케네스 응구와Kenneth Ngwa는 욥의 tiqvah를 일종의 "외상적 희망"trauma-hope[39]이라 불렀다. **Tiqvah**희망은 미래의 투사가 아니라, 지금의 상호적 엮임interweave을 지칭한다. 그것은 시간과 이야기의 다중적 섬유들을 섞어 짬으로써, "모여져"collected

---

37) 역주: 켈러가 인용하는 영어성경 원문을 따라 번역했다.

38) 나에게 **tiqvah**라는 선물을 건네준 성서문학과 역사 교수이자 내 친구인 타마라 콘 에스케나지(Tamara Cohn Eskenazi)에게 감사를 전한다. 이 말은 "수집하다."(to collect)를 의미하는 qavah라는 어원으로부터 유래한다. *tiqvah*는 문자 그대로 "선"이나 "코드선"을 의미하는데, 강한 코드선을 만들기 위해 한데 꼬인 섬유선들의 묶임(collection of fiber)을 말한다. 그렇다면 "희망"으로서 *tiqvah*는 추상적 미래를 가리키는 것이 아니라, 한데 얽혀 강하고 단단해진 것(entwinement)을 말한다. 이에 대한 증거 본문은 여호수아 2장 18절과 21절인데, 거기서 *tiqvah*는 라합이 창문에 묵어야 했던 밧줄 혹은 실가닥들을 가리킨다. Tamara Cohn Eskenazi and Tikva Frymer-Kensky, *JPS Bible Commentary Ruth* (Philadelphia: Jewish Publication Society, 2011), 14-15를 참고하라.

39) 케네스 응구와(Kenneth Ngwa)는 이 희망을 "산산 조각나 흩어졌을 조각들을 외상적-희망(trauma-hope)으로 정의되는 새 생명의 형태들로 엮고 뜨개질하기"라고 서술한다. 이 과정에서 응구와는 자신의 책의 제목을 "내 백성이 살게 하라: 출애굽기에 대한 아프리카적 독해를 향하여"(Let My People Live: Toward an African Reading of Exodus)로 지었다.

강하고 단단해진 줄을 의미한다. 그래서 그 시인의 어두운 광명은 분열된 속도를 베틀의 북처럼 왕복하며 생명을 섞어 짜고 있는 시간적 리듬에 병치한다. 바로 그 비꼬인 희망이 우리를 지금 생명의 베틀에 묶고 있는데, 지금은 바로 과거와 그의 외상적 상처를 가능한 것the possible으로 매듭을 엮거나 그물로 엮는 지금-순간을 가리킨다. 여기서 가능한 것이란 환상의 미래가 아니라, 현재의 미래를 말한다. 만일 우리가 희망을 어떤 살이 부대끼는 물질적 의미로 붙잡거나 묶을 수 없다면, 그것은 희망이 아니다.

실천하는 과정

언급되든 그렇지 않든, 지구정치신학은 그의 시제들을 서로 엮는다.interweaves 고대 역사는 새로운 아상블라주 조립체의 어두운 희망 속에 응축한다. 이 책의 대부분에서 볼 수 있는 노골적으로 신학적인 언어에서 명백하게 드러나듯이, 이렇게 신학은 결코 세속화에 굴복하지 않는다. 그러나 신학은, 그럼에도 불구하고for all, 새로운 세속종교적 실현들에 자리를 내어줄 수도 있다. 가능할 것 같지 않은 것들의 현실화에 대한 묵언apophasis 속에서 카이로스는 다시 한번 '지금'으로서 일어난다. 신학은 그의 묵언적 행위 속에서 자신이 신학이라는 것을 안다. 그래서 신학은 자신의 떡을 물 위에 던진다.[40] 물들이 얼마나 혼란스럽든지 간에 말이다. "여러 가지 보답으로 되돌아오는 것"은 무엇일까?

언어와 행위 간에 일어나는 그 묵언적 파장의 예시로서 지난 장에서 서술한 신학의 핵심에 근접한 사례 연구를 서술해보려 한다. 만일 화이트헤드가 신적인

40) 역주: 전도서 11장 1절 "너는 네 떡을 물 위에 던져라. 여러 날 후에 도로 찾으리라"는 구절을 비유적으로 응용한 표현이다. 대가 없이 나눠주면 보답으로 돌아온다는 의미다.

예외주의에 대한 최초의 명시적인 거절을 보여준다면, 그것은 신의 유혹 혹은 "우주의 시인"처럼 그가 제시한 실마리들로부터 과정신학이 매력적인 대안을 구성했기 때문이다. 우리는 가능성을 제시하고, 결과들을 내면화하는 하나님이 어떻게 모든 것을 통제하는 군주의 자리를 대체하게 되었는지를 고려해 보았다. 각 순간의 잠재적 새로움novem은, 대개는 사소하지만 그러나 때로는 혁명적인 시작the inception의 시의적절한 은혜를 나타낸다. 하지만 과정신학은 부정신학을 발전시킨 것이 아니라, 구성신학, 즉 "말없이 호소하는" 대안적 "은유들"에 대한 긍정의 신학을 발전시켰다. 만일 우리 중 누군가가 과정신학의 긍정의 신학kataphasis을 우리의 부정성apophasis으로 응축한다면, 비정통적이고 개방적인 세계 도식의 솔직한 상상력으로 과정신학이 그 자신에 대한 확신을 포함하여 그 어떤 형태의 근본적인 확신에도 저항하고 있기 때문이다. 이 훈련된 겸손은 과정신학의 말하지-않음unsaying을, 정확히 말해서 정치적 전략으로서 용인한다. 그렇기에 과정신학의 확실히 놀라운 자기-세속화의 모습들을 주목해 보는 것이 도움이 될 것이다.

그러면 선도적인 과정신학자인 존 캅의 작업을 고려해 보자. 지난 반세기 이상의 시간 동안 그는 신학적으로 풍성하고, 명백히 기독교적인 언어로 학자들뿐만 아니라 평신도의 눈높이에 맞춘 다수의 책들을 저술해 왔다. 그런데 그의 몇몇 책들은 엄밀히 말해 세속적인 어휘로 저술되기도 했다. 생태학과 종교 컨퍼런스를 처음으로 조직했던 그의 수고로 결실을 맺은 책으로, 기후변화를 논의하던 초장기 시절의 그의 경고를 담은 『너무 늦었는가?』*Is It Too Late?*, 1971부터, 생물학자와 함께 저술한 『생명의 해방』*The Liberation of Life*, 경제학자와 공동 저술한 생태경제학의 걸작인 『공통선을 위하여』*For the Common Good*가 대표적으로 그렇다. 그동안 줄곧 캅은 기독교적 담론이나 여느 종교적 담론을 넘어가는 것과 동시에 모든 폐쇄된

분야의 경계를 넘어가기 위한 탈경계적 노력을 신학자로서 경주해 왔다.41) 그는 "세계 종교들"에 대해서보다는 "도道들" 혹은 "지혜들"에 대해서 말한다. 그리고 그는 모세, 노자, 공자, 붇다, 예수, 무함마드 등의 도道들의 창시자들을 "종교적" 지도자로서가 아니라, 추종자들이 세운 자기-울타리에 대해서 비판적인, 줄곧 세상적인, 세속화주의자들secularizers로 읽어낸다. "대안을 붙들자"Seizing an Alternative라는 제목으로 열린 대규모 컨퍼런스로 대중들을 인상적으로 모아낸 캅의 노력으로 빨리 넘어가 보자. 그 행사가 끼친 다중학문적multidisciplinary이고, 다각적인 영향력들은 자발적인 활동가 조직의 형태로 계속해서 진동을 울리고 있다. 예를 들어, LA 지역에서는 판도 포퓰러 네트워크the Pando Populus Network하나의 뿌리줄기로 연결된 포플러 나무/들이 100 에이커가 넘는 지역에 퍼져 존재하는 단일 수목 유기체의 이미지를 이름으로 삼았다가 엄청나게 다양한 시민단체들과 사회운동단체들과 더불어 활동하는데, 그들 중 종교적 정체성을 앞세우는 단체는 거의 없다.42) 마찬가지로 그 네트워크의 출판물들도 리좀적으로 증식한다. 같은 해 여름에 60편의 에세이를 한 권의 책으로 엮어 출판하면서, 그들의 생태사회적이고 신학적인 영향력을 확대하고자 했는데, 여기에는 프란시스 교황의 『찬미 받으소서: 교황의 두 번째 회칙』*Laudato Si*, [*Praise be to You*]에 대한 즉각적인 응답으로 작성된 빌 맥키빈Bill McKibben과 반다나 시바Vandana Shiva와 같은 선도적 세속활동가들의 글들이 포함되어 있었다.43)

41) John B. Cobb Jr., *Is It Too Late? A Theology of Ecology* (Denton, TX: Environmental Ethics, 1995 [1971]); Cobb and Charles Birch, *The Liberation of Life: From the Call to the Community* (Denton, TX: Environmental Ethics, 1990); John B. Cobb Jr. and Herman E. Daly, *For the Common Good: Redirecting the Economy Toward Community, the Environment, and a Sustainable Future*, 2d ed. (Boston: Beacon, 1994 [1989]).
42) Pando Populus: Where big ideas come down to Earth, "About," http://pandopopulus.com/about/pando-the-tree/.
43) John B. Cobb Jr. and Ignacio Castuera, eds. *For Our Common Home: Process-Relational Responses to Laudato Si'* (Claremont, CA: Process Century, 2013).

과정사상 연구센터the Center for Process Studies가 지난 수십 년 동안 진척시켜 온 "중국 프로젝트"와 함께, 이렇게 과정 사상이 신기원을 이뤄가는 동안, 중국 본토에서는 수십 개 이상의 과정사상 센터들이 생겨났다. 이 센터들은 이따금 유교나 도교에 관하여 학문적 교류를 나눌 때를 제외하고는 과정-신학적인 언어를 전혀 사용하지 않는다. 그 센터들은 "생태적 문명"을 교육하는데 지향점을 두고 있다. 캅은 중국을 여러 차례 방문하면서 미국의 석유화학 기반의 기업식 농업을 벗어나 지속가능한 농경법의 보존과 강화를 지향하는 방향으로 농경정책을 전환할 것을 주장하였다. 그의 언어는 그래서 엄밀히 세속적이다. 그렇기에 지구정치신학의 묵언적 행위를 예증한다. 그러면 그 파급효과는? 이것은 계산하기 불가능하지만, 그러나 전하는 바에 따르면, 캅은 중국 주석에게 긍정적으로 인용되고 있으며 또한 정부 고위관료들 앞에서 연설할 기회를 얻기도 했다. 그와 각별한 동료인 신학자 필립 클레이튼Philip Clayton은 자신의 관점을 "힌두-기독교"적으로 생각한다. 클레이튼은 중국어로 번역될 것을 염두에 두고, 그 어느 종교적 언어로부터도 자유로운 『유기적 마르크스주의』*Organic Marxism*라는 제목의 책을 출판했다.44) 중화인민공화국People's Republic의 역사와 공명하는 사회주의자의 어휘로 이 책은 지속가능한 생태학에 대한 책임감을 강력하게 밀어붙인다. 이 책은 중국 본토에서 마르크스주의 필수과목의 교재로 선정되어 금방 베스트셀러가 되었다. 지금까지 수십 편의 박사학위 논문들과 70편 이상의 논문들이 이 책을 다루었다. 과정 사상이 은밀히 기독교적 선교를 추구하고 있다고 고발하면서 캅과 클레이튼의 과정사상적 영향력에 반감을 표하는 합동공격들이 있었지만, 그럼에도 불구하고 지금까지 그들의 영향력이 퍼져 나가는 것을 억제하는데 그다지

44) Philip Clayton and Justin Heinzekehr, *Organic Marxism: An Alternative to Capitalism and Ecological Catastrophe* (Claremont, CA: Process Century, 2014).

성공적이지 못했다는 사실은, 곧 그 노력들이 어느 누가 예상하는 것보다 "더 낫게 실패하고 있는 중"failing better이라는 것을 증거하는 셈이다. 그렇지만 시진핑 주석은 최근 그의 통치권력을 절대화하면서, 중국헌법에 자신이 예외적 존재가 되도록 법을 바꾸었다. 범세계적으로 강력한 통치자들strongmen이 각광 받는 추세에도 불구하고, 이러한 동향은 과정사상이 전개하는 투쟁을 전혀 중단시키지 못했고, 오히려 그 경합주의에 힘을 더해줄 뿐이었다.

캅과 공모하여 클레이튼은 생태문명EcoCiv이라는 네트워크를 조직해왔다. 그 네트워크는 미국 내에서 뿐만 아니라, 아프리카와 아시아 그리고 유럽에서 프로젝트들을 출범시켰다. "생태문명EcoCiv은 생태적 문명의 실현을 향하여 학자들과 활동가들과 정책 전문가들을 움직여 나간다. 주변 생태계들 및 생명 공동체들과 조화를 이루는 완전하고 지속가능한 인간 사회의 실현을 향하여 말이다. 우리는 풀뿌리 공동체들의 혁신과 정책 개혁 그리고 지속가능한 미래를 위한 토대를 정초하는 구체적 행위로 나아가는 분야들간의 업무를 통합할 계기를 제공한다." 여기서 생태문명 강령은 행위의 신학적 묵언을 예증하는데, 그 묵언 행위는 그 프로젝트가 급진적으로 다양한 대중을 결집해낼 수 있도록 돕는다: "인류가 지속가능하고, 생태적인 사회를 장시간에 걸쳐 구축해내야 한다면, 사회 정치 경제의 삶이 어떻게 구성되어야 할지를 우리는 함께 분별해 내고자 한다."45)

이들의 노력들은 우리가 태어난 땅을 더럽히는 자본주의의 추악함이 각 지역에서 전개되는 행성적 투쟁들을 교란시키지 못하도록 한다. 생태문명 네트워크는 그 투쟁 안에 살아있는 잠재력을 응축한다. 그런게 얼마나 가능성이 있냐고? 연대의 상황에 달려있긴 하지만, 말하건 말하지 않건 간에, 여기서 작용하고 있는 신학은 일어나지 않을 것 같은 가능성들을 활성화시킨다. 여기에 신학은 심

---

45) Toward Ecological Civilization, "Our Mission," http://ecociv.org/about/our-mission.

오한 예감을 갖고 있다. 훌륭한 결과를 만들기 위한 천우신조의 보증을 확보하기는커녕, 신학은 성공의 확률조차 계산하지 않는다. 그와는 아주 반대로, 행성 생태계들의 체계적 붕괴에 대한 초기 증거들을 통해 "너무 늦었는가?"라고 물었던 것은 결국 캅이었다. 이 물음에 대한 그의 응답은 그때나 지금이나 거짓된 결정론들에 대한 거절과 집단적 책임으로의 부름이었다.

그렇게 반예외주의적인 신학은 비상사태의 공황 상태 속에서가 아니라 창발 과정 속에서 작업한다. 성과를 중시하는 독재권력적 사고를 해체하면서, 신학은 그의 알지못함unknowing과 더불어 은혜스럽게 살아간다. 신학은 과정 자체의 풍성한 향유를, 말하자면 모든 "현실적 경험계기들"acual occasions of experience의 활기찬 체현의 향유를 가르친다. 앞에서 추적해 보았듯이, 무뇨스Muñoz의 "감각적 교차횡단성"sensuous intersectionality은 생성하는 계기들의 물리적 상호관계성과 공명한다. 유사하게 과정신학은 상호연결된 차이들의 정치적 다원주의를 육성한다. 따라서 다르지만 서로 교차횡단하는 축을 따라서, 우머니스트46) 과정신학자 모니카 콜먼Monica Coleman의 실천은 인종과 성과 트라우마의 결합관계를 탐구한다. 양극성 장애47)에 대한 그녀의 비범한 기록은 통치권력을 지향하는 주체의 규범성과 예외주의를 단번에 해체한다.48)

---

46) 역주: 페미니즘과 우머니즘(womanism)은 모두 여성의 주체성과 인권을 위한 운동이지만, 모든 여성의 인권을 위한 운동이어야 할 페미니즘이 사실은 백인 고학력 중산층 여성을 중심으로 하는 운동이 되었다는 비판의식이 흑인여성을 중심으로 자신들의 문제에 대한 주체적인 운동을 만들어내도록 했다. 이 운동을 '우머니즘'이라고 구별해서 부른다.

47) 역주: '조울증'(maic-depressive disorder)이라는 명칭이 보다 널리 알려져 있지만, 이 명칭이 질병의 증상을 더욱 나쁘게 보이도록 만드는 효과 때문에 최근에는 '양극성 장애'라는 순화된 표현을 선호하여 사용하는 편이다. 하지만 조울증 환자이자 철학자인 로버트 코링턴처럼, 양극성 장애라는 표현이 이 질병의 근원적 성격을 희석시키고 있다고 생각해서 일부러 조울증이라고 부르는 이들도 있다. 참고: 로버트 코링턴, 『바람의 말을 타고: 조울증의 철학, 조울증과 전일성의 추구』, 박일준 역 (서울: 동연, 2018).

48) Monica Coleman, *Bipolar Faith: A Black Woman's Journey with Depression and Faith* (Minneapolis: Fortress, 2016).

그 순간에 임하는 신의 유혹에 귀 기울이면서, 인간 피조물들은 때로 사태에 대처하여 실제로 일어난다. 개인적 차원에서, 정치적 차원에서 그리고 행성적 차원에서 벌어진 불경한 장애물들과 감당할 수 없는 손상들의 바로 그 한복판에서 그 어떤 순간도 카이로스적 잠재성을 왕복할 수 있다. 그것은 전지전능한 해결책almighty fix이 아니라, 어둡게 깜박거리고 있는, 심지어 탄식 가운데 깜박거리고 있는 어떤 유혹lure이다. 그 유혹에 대한 급진적인 충실성radical fidelity 속에서 욥의 드라마는 절망적으로 다가오고 있는 크로노스로부터 물화物化하는 다시간적 우주의 피조물들에게 임하는 카이로스로의 전개를 상연한다. 그의 티크바tiqvah는 생태문명 프로젝트의 강령 마지막 줄로 눈을 돌리게 만든다: "절망이 일어나는 곳에서, 생태적 문명을 향한 우리의 발걸음에 다른 사람들이 참여하도록 부른다, 한 번에 한걸음씩." 각 연대의 행위는 어떤 희박한 가능성을 단번에 열어젖힐 수도 있다.

가능한 미래가 어렴풋이 다가온다. 그 미래는 결론짓거나 혹은 변하지 않고 그대로 있거나 혹은 보장하지 않는다. 그 미래는 생성들의 새로운 상호 엮임 안에서 우리를 결집해내면서, 진동하는 현재의 양식modality으로 머물러 있다. 심지어 대파국의 한복판에서도 말이다. 그 미래는 촉매로서 폭풍우를 움켜쥘 수도 있다. 신시학theopoetics을 어렴풋이 예감하면서, 어떤 신을 원망하거나 그 신에게 매달리지 않고, 신학의 정치학과 정치의 신학은 공공대중의 응답-능력response-ability이라는 빼곡하게 엮인 구조 속으로 엮여 들어간다.

지구정치신학이 육성하는 것은 바로 생태사회적 시작의 기회, 즉 새로운 공공대중의 창발과 그의 새로운 지구이다. 신학으로서 지구정치신학은 메시아적 잠재성이 담지된 과거를 수집하지 않은 채 미래를 내다볼 수는 없다. 사실 우리는 오직 이 메시아적 지금의 시간의 특별한 신학적 세속화를 상기함으로써 recollecting, 이제 겨우 결론을 내릴 수 있을 뿐이다. 앞에서 언급했던 미국의 비상사태라는 상황 속에서 지구정치신학은 바울의 카이로스를 딱 맞게 번역해 냈다: "지금의 맹렬한 긴급성." 따라서 리버사이드 교회에서 했던 마틴 루터 킹의 설교는 고대 예언자의 경고를 업데이트한다: "너무 늦었다는 말은 존재하지 않는다."[49] 비상사태는 일어날 것 같지 않은 창발의 긴급한 기회로서 탈/종료된다.dis/closed[50] 이것은 더 이상 종말의 선포가 아니라, 오히려 캅의 긴급한 물음 "너무 늦었는가?"와 다르지 않다. 너무 늦었다는 결정, 그것은 이제 그런 것은 존재하지 않는 것처럼 살아가는 것과 마찬가지로 무책임한 일이 될 것이다. 그 반대의 극단에서 우리는 우리 자신에게 알리바이를 만들어주거나 변명을 제공하면서, 난국들로부터 탈출구를 모색하기도 한다. 투쟁과 함께 머문다는 것은 두려움의 연속체로 진입하는 것이 아니라, 애도의 일깨움, 미결정성의 에너지 그리고 바로 지금의 각성된 잠재력으로 진입하는 것을 의미한다."나는 당신이 근심하기를 원하지 않는다" 무조건적으로 중요한 것이 가장 긴박한 조건들 아래서 물질적으로 구현될 수 있다.[51]

---

49) Martin Luther King Jr., "Beyond Vietnam: A Time to Break Silence," address delivered at Riverside Church, New York, 4 April 1967. In James M. Washington, ed., *A Testament of Hope: The Essential Writings and Speeches of Martin Luther King Jr.* (New York: Harper Collins, 1991 [1989]), 231-44.

50) 역주: 'disclose'는 덮여있는 것이 벗겨진다는 의미로 '폭로하다' 혹은 '밝히다'라는 뜻이지만, 켈러는 여기서 데리다식의 어투를 모방해서 '백슬래시'를 삽입하여 dis/close라고 표현한다. 모든 드러남 혹은 벗겨짐은 동시에 눈에 안 보이는 것을 은폐함 혹은 가림을 의미하기 때문에 폭로와 가림은 한패처럼 동시적으로 작동한다는 의미를 함축하는 켈러의 용어이다.

51) 역주: 원문 "What matters unconditionally may materialize under the most urgent conditions"에서 "matters"와 "materialize"라는 동사가 사용되어 물화(物化)를 강조하지만, 번역으로는 살리기가 어려워 의역했다.

가능성의 어두운 공간이 불확실성의 가장자리를 따라 열리면서, 묵시적인 것the apocalyptic과 묵언적인 것apophatic 사이에서 깜박거린다. 때로 그 깜박거림은 펄럭거림, 무리짓기, 비행이다: "놀람의 웅얼거림! 멋지고, 신비스럽게 그 누구도 이끌지 않지만, 모두가 함께 이끌고 있어요. …" 오늘 아침 나에게 도착한 이메일 메시지인데, 과정신학적 통찰들을 실천하는 나의 오랜 동역자가 보낸 것으로, 갑자기 새로운 동물학의 분출을 이렇게 나에게 나누어 주었다. 메시지는 새들의 고등지능을 주목하고 있다. 나는 지금 이 비유가 전달하는 공시성synchronicity을 억제할 수 없을 것 같다.

> 각각의 새는 다른 일곱 마리 새들에 주의를 기울이면서, "감지sensing의 불확실성"을 이겨내고 있으며, 무리의 응집력과 개체의 노력 사이의 균형을 최적화하고 있다. 아마도 이해해야만 하는 것들이 더 많이 있을 것이다. … 그 일곱 마리 무리를 어떻게 선정하고, 그들은 왜 선정되었을까? 근접성, 페로몬,[52] 윤기나는 깃털? 한 마리의 새가 주의를 집중하고 있는 다른 새들 가운데, 그렇게 많은 새 중에 각자가 주목하는 일곱 마리의 새가 동일하지 않을텐데, 그들은 어떻게 자신만의 일곱 마리에 집중할 수 있는 것일까? 만약에 그 일곱 마리가 700마리 중 일부가 된다면, 무슨 일이 벌어질까? 그들이 천지사방으로 날아갈 때, 그들을 이리 저리로 따라가게 만드는 것은 무엇일까?[53]

52) 역주: 페로몬은 같은 종 동물들 간의 의사소통에 사용되는 호르몬으로서, 경보 페로몬, 음식 운반 페로몬, 성적 페로몬 등이 다양한 종류로 존재하며, 그래서 동종 유인 호르몬이라 불리기도 한다.

53) 최근 찍은 새 사진에 대한 답신으로 이렇게 영감 가득 찬 말을 보내준 데이비드 로이 박사(David E. Roy, Ph.D.)에게 감사를 드린다. (이것은 비공식적인 서신교환이었다.). 그는 다음의 글과 영상을 읽고 있던 중이었다. Barbara J. King, "Swooping Startlings in Mumuration," *NPR*, 4 January 2017, https://www.npr.org/sections/13·7/2017/01/04/506400719/vid-

이 질문들이 폭풍우 속의 음성이 말하는 우주적 활력animacy을 희미하게나마 반영하고 있는 것일까? 그 누구도 선두에서 끌지 않지만, 모두가 선두에서 무리를 이끌고있는 그 새들의 춤 속에서 우리의 동물적 묵언은 이 집단성을 흉내 내고, 우리를 스스로 추스르고, 서로를 결집하고 있지 않은가? 상호적으로 엮인 차이와 더불어 박동하는 이 반예외주의적 웅성거림 속에서, 우리 자신의 정치적 가능성들에 대한 직감을 얻을 수 있지 않은가? 비록 우리가 수의로 덮이게 될지라도, 우리는 그것을 우리 안에 품고 함께 이루어 나갈 것이다. 너무나 인간적인 우리의 '지금'이 보여주는 맹렬한 긴급성 속에서 그 어떤 지역적 행성 연대local planetary solidarity가 창발할 것인가? 결코 모든 것 중의 모든 것으로는 아닐 테지만, 그럼에도 불구하고, 모든 것은 안에 있다.all in 왜 우리가 상상하는 새로운 지구, 새로운 대중이 되지 않겠는가?

---

eo-swooping-startlings-in-mumuration.

색 인

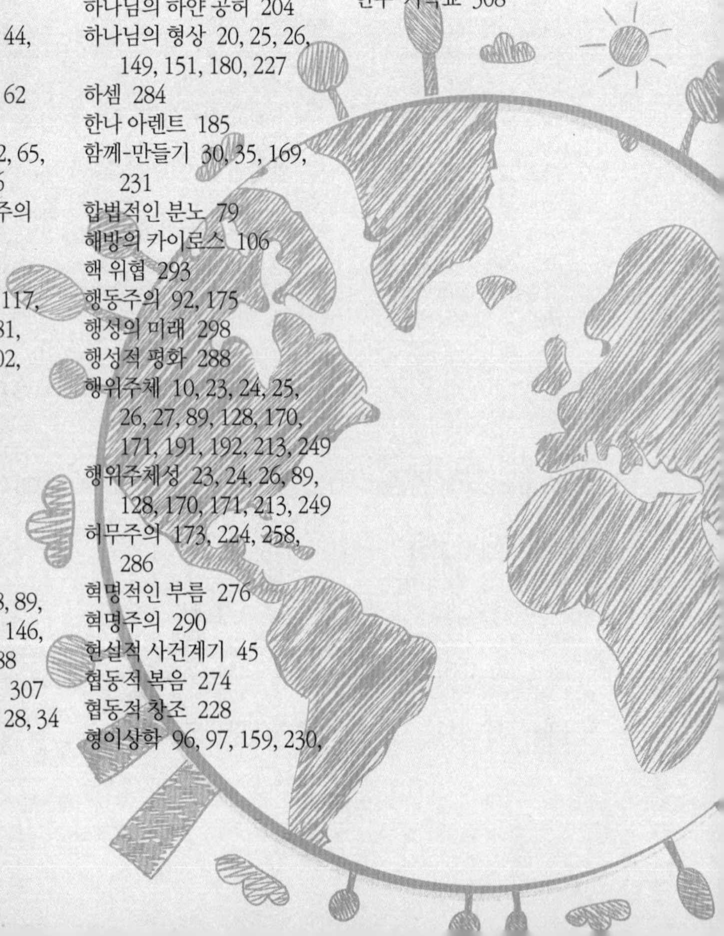